FALKEN VERLAG

Dieter Stein

Die Faszination der Philatelie

Briefmarken sammeln

FALKEN VERLAG

Vom selben Autor führt die Falken-Bücherei den Einsteigertitel „Briefmarken sammeln für Anfänger" (Nr. 0481)

CIP-Kurztitelaufnahme der Deutschen Bibliothek

Stein, Dieter:
Briefmarken sammeln: d. Faszination d. Philatelie / Dieter Stein. –
Niedernhausen/Ts.: Falken-Verlag, 1987.
(Falken-Handbuch) (Großer Ratgeber)
ISBN 3-8068-4273-6

ISBN 3 8068 4273 6

Titelbild: Kreativ-Design Gerd Aumann, Wiesbaden
Bildquellenverzeichnis: Arbeitsgemeinschaft Preußen/Gerhard Müller, S. 33 o.; Auktionshaus CORINPHILA, S. 17 Mitte, u., 21, 22, 28 Mitte, 54 o., 71 o., 150 Mitte, 161 o., 176 u., 177; Auktionshaus Ebel, S. 17 o., 27 o., 28 o., 80 u.; Auktionshaus Exklusiv-Philatelie, S. 162 u.; Auktionshaus Felzmann, S. 176; Auktionshaus Friebel, S. 33 u.; Auktionshaus Grobe, S. 175; Auktionshaus Habsburg/David Feldman, S. 71 u., 150 u. r.; Auktionshaus Jakubek, S. 167; Auktionshaus Köhler, S. 18, 29, 30, 31, 34 o., 35, 36, 37, 53, 150 o. r., u. l.; Auktionshaus Kruschel, S. 34 u.; Auktionshaus Schneider, S. 80 o., 127 o.; Auktionshaus Stanley Gibbons, S. 27 u., 28 u., 150 o. l., 162 o.; Auktionshaus Vlastos, S. 161 u.; BDPh, S. 55; Verlag Richard Borek, S. 62 o., 109, 112; Briefmarken-Magazin, S. 19, 20, 62 u., / Th. Weimann 121 und 122 u.; Bundesdruckerei, S. 72; DBZ, S. 60 a.; Thomas von Loeper Verlag, S 64; Messe Essen, S. 181; André Montag, S. 25 o.; Sammlung Dr. Müller, S. 23; Hans Paikert, S. 40, 73, 74, 75, 173; Philapress-Verlag, S. 61 u.; Philatelisten-Klub 1891 Nürnberg, S. 128 u.; Schwaneberger-Verlag, S. 61 o.; Schweizer Briefmarken Zeitung, S. 144 o.; Prof. Heinz Schillinger, S. 50; sd/sammlerdienst, S. 11, 13, 14 u., 15, 16 u., 47, 60 u., 126, 127, 134, 135, 136, 137, 140, 157, 158; Stanley Gibbons Ltd., S. 38, 39.

Satz: LibroSatz, Kriftel bei Frankfurt
Druck: Mainpresse Richterdruck, Würzburg

817 2635 4453 6271

Dieses Buch ist meiner Frau Regina
und meinem Sohn Sebastian gewidmet.

Für die Mitarbeit danke ich:

den Albenverlegern,
den Arbeitsgemeinschaften im BDPh,
den Auktionatoren im In- und Ausland,
dem Bund Deutscher Philatelisten,
der Deutschen Bundespost,
Jürgen-Peter Esders,
Fritz Heimbüchler,
Ellen Holz,
Franz-Josef Koensler,
Alfred Kreuzer,
der Landespostdirektion Berlin,
den Motivgruppen in der Deutschen
Motivsammler-Gemeinschaft,
Dr. Hartmut Paetzold,
Hans Paikert,
Margret Peek,
der philatelistischen Fachpresse,
Reinhard Schmidt,
Paul Steven,
Detlev Suchanek,
Maria Thomé,
Thomas Weimann,
Bernhard Wittmann,
Reiner Wyszomirski,
Professor Richard Zimmerl.

LIEBER LESER!

Vornehmlich in den letzten Jahren hat das Briefmarkensammeln einen deutlichen Aufschwung zu verzeichnen. Die Aktivitäten des neu gegründeten *Fördererkreises Philatelie* und die Bemühungen der *Deutschen Bundespost* zeitigen ihre Erfolge. Auch im Ausland bemüht man sich seit Anfang der 80er Jahre um den philatelistischen Nachwuchs, zum Beispiel in den Vereinigten Staaten von Amerika, Großbritannien und Schweden.

Millionen Menschen in aller Welt haben sich dem Briefmarkensammeln verschrieben, haben durch ihr Hobby neue Freundschaften geschlossen und durch die Beschäftigung mit den Postwertzeichen ihren Wissensstand in vielen Bereichen erweitert.

Briefmarkensammeln ist indes mehr als das Zusammentragen von Marken aus allen Kontinenten. Wer sich intensiv der Philatelie verschreiben will, benötigt Grund- und Hintergrundwissen, denn nur der Informierte ist in der Lage, aus seiner Freizeitbeschäftigung eine Erfüllung seiner Mußestunden werden zu lassen. Der vorliegende Ratgeber enthüllt die philatelistischen Geheimnisse und zeigt auf, welche Möglichkeiten das Briefmarkensammeln bietet. Viele Briefmarkenfreunde werden entdecken, was man aus einer Sammlung machen kann, wie man es machen kann und wie man fruchtbare Kontakte zu Gleichgesinnten herstellen kann.

Nicht zufällig ist das erste Kapitel dem *Tag der Briefmarke* gewidmet, der seit über 50 Jahren in vielen Ländern jährlich gefeiert wird. Mit ihm begann der schnelle Aufschwung eines Hobbys, das zuvor gerne über die Schulter angesehen wurde.

Mögen Ihnen die vielfältigen Informationen von Nutzen sein und Ihre Freude an der Philatelie erhöhen.

Dieter Stein
Falken-Verlag

INHALTSVERZEICHNIS

Verzeichnis der besonderen Tips und Ratschläge (Kästen)

150 JAHRE BRIEFMARKENGESCHICHTE

Tag der Briefmarke

Der »Tag der Briefmarke«, der in vielen Ländern der Erde mit zahlreichen Veranstaltungen und philatelistischen Ausgaben – seien es nun Sondermarken oder Stempel – gefeiert wird, ist heute aus der Welt der Philatelie nicht mehr wegzudenken.
Zwar wird dieser Festtag in den einzelnen Ländern zu unterschiedlichen Zeitpunkten begangen – in der Bundesrepublik Deutschland ist es jeweils der letzte oder vorletzte Sonntag im Oktober –, doch Anlaß und Zweck sind ein gemeinsamer: das Ansehen der Philatelie in der Gesellschaft zu fördern und für das Briefmarkensammeln zu werben. So jedenfalls liest man es immer wieder in den zahlreichen Publikationen, die auf diesen Tag hinweisen.
Dem deutschen Philatelisten und späteren Fortsetzer des *Kohl-Briefmarken-Handbuches,* Hans von Rudolphi (1884–1944), gebührt die Ehre, als erster die Schaffung und alljährliche Abhaltung eines Tages der Briefmarke angeregt zu haben. Wie er auf diesen Gedanken kam, läßt sich heute nicht mehr einwandfrei rekonstruieren. Nach Meinung des Herausgebers des Großen Lexikons der Philatelie, Ulrich Häger, mag vielleicht die »Erinnerung an die wenig beachteten gemeinsamen Veranstaltungen, die von Sammlern in Ungarn 1927 aufgezogen worden waren«, eine Rolle gespielt haben.
Rudolphi trug seine Idee anläßlich des Bundestages der Deutschen Philatelisten in Danzig 1934 zum erstenmal öffentlich vor und fand sofort breite Zustimmung unter den Versammelten. Doch man konnte sich nicht gleich auf einen geeignet erscheinenden Termin einigen, und so wurde die Angelegenheit erst einmal auf den folgenden Bundestag, der 1935 in Mainz stattfand, vertagt. Hier endlich konnte man sich zu einem Entschluß durchringen: Zu Beginn des Jahres 1936 sollte der erste »Tag der Briefmarke« im Deutschen Reich durchgeführt werden.
In Österreich, wo der Danziger Aufruf Rudolphis begeisterte Aufnahme fand, handelte man ohne langes Zögern und führte bereits am 1. Dezember 1935 den »Tag der Briefmarke« – und damit den ersten überhaupt – durch. Er wurde ein Erfolg, blieb allerdings im großen und ganzen auf die Hauptstadt Wien beschränkt.

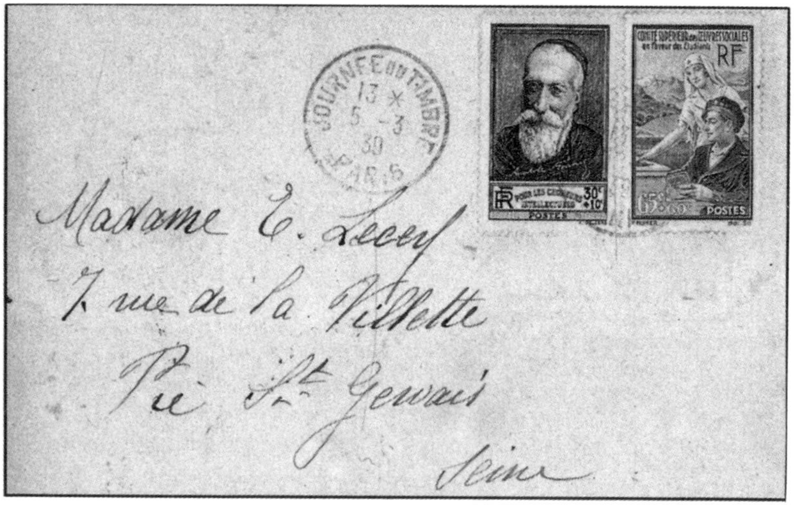

Ein früher Beleg aus Paris mit Sonderstempel »Journee du Timbre« vom 5. 3. 1939.

Die ersten Sonderpostwertzeichen zum Tag der Briefmarke: Den Anfang machte Belgien am 10. Januar 1937 (MICHEL-Nr. 442). Zwei Jahre später, am 7. 1. 1939, folgte die Freie Stadt Danzig (MICHEL-Nr. 302–305). Am 12. Januar 1941 das Deutsche Reich (MICHEL-Nr. 762).

Literaturtip zum »Tag der Briefmarke«

Zum *Tag der Briefmarke* erschien im Jahre 1986 ein Handbuch, das alle deutschen Ausgaben (Ganzsachen, Sonderstempel etc.) chronologisch auflistet. Interessenten wenden sich an den: Landesverband Bayerischer Philatelisten-Vereine e. V. (siehe Anschriftenverzeichnis).

Nachdem auf dem Bundestag in Mainz 1935 die Durchführung eines Tages der Briefmarke für das Jahr 1936 beschlossen war, stand ein Problem noch offen: das Datum. Wie man dieses Problem löste, erfahren wir aus einem Artikel von Fritz Kloppe, dem Vizepräsidenten des späteren Reichsbundes der Philatelisten, den er im Januar 1936 unter der Überschrift »Tag der Briefmarke« im Nachrichtenblatt des Reichsbundes veröffentlichte:

»... Noch war es nicht ganz entschieden, ob man eine solche Veranstaltung als Tag der Sammler aufziehen soll oder in nur einzelnen Gebieten Deutschlands je nach der dort vorhandenen örtlichen Möglichkeit.

Fußend auf den zuerst vorgetragenen Gedanken wuchs allmählich das, was möglich und notwendig war. Nicht nur ein Tag des Sammlers zum Werben neuer Mitglieder, sondern ein Tag der Briefmarke für das ganze Volk! Und als wir zuerst in Mainz darüber sprachen, war es mir klar, daß dieser Tag eine Bedeutung nur dann gewinnen würde, wenn wir ihn mit einem historischen Gedenktag verbanden. So konnte ich den Geburtstag des Generalpostmeisters von Stephan als»Tag der Briefmarke« vorschlagen.«

Kloppes Antrag fand allgemeine Zustimmung. Allerdings wäre den verantwortlichen Herren damals beinahe ein gravierender Fehler unterlaufen und der Geburtstag Stephans und damit der 1. Tag der Briefmarke auf den 8. Januar gelegt worden. Fritz Kloppe berichtet in seiner Veröffentlichung, die in modifizierter Form in der Sieger-Post Nr. 77 abgedruckt wurde, darüber:

»Es war eigentlich eigenartig, daß in Mainz am Abend vor der Annahme dieses meines Antrages alle auf den 8. Januar tippten als den Geburtstag des Generalpostmeisters von Stephan, und schon war eigentlich dieser 8. Januar angenommen, als ein noch klügerer Vertreter das Konversationslexikon wälzte und feststellte, daß doch von Stephan am 7. Januar geboren wurde.«

Die Vorbereitungen zu diesem großen Tag begannen bereits im November 1935. Materielle Unterstützung und helfende Hände von anderer Seite gab es, wie Fritz Kloppe später bekundete, kaum: »... Die Arbeit und die ganze Propagada, die ziemlich hohen Ausgaben, alles lastete auf unseren Schultern. Wir hätten gerne gewünscht, wenn auch andere Organisationen sich hier mit in den Dienst der Sache gestellt hätten.«

Und dennoch wurde der erste »Tag der Briefmarke« in Deutschland ein unbestreitbarer Erfolg, ein Tag, der Auswirkungen auf die internationale Philatelie hatte.

Am 29. August 1936 – etwas mehr als ein halbes Jahr nach dem großen Januar-Ereignis – trafen sich in Luxemburg die Mitglieder der »Federation

Internationale de Philatelie« (FIP) zu ihrem 11. Weltkongreß. Von deutscher Seite nahmen als Delegierte der schon oben erwähnte Fritz Kloppe und der damalige Reichskassenwart und maßgebliche Mitbegründer des neuen Reichsverbandes – später »Reichsbund« – der Philatelisten, Kurt Dahmann, teil.

Vor der Weltversammlung schlug Kurt Dahmann vor, den 7. Januar, den Geburtstag des Initiators des Weltpostvereins von Stephan, international als einen gemeinsamen »Tag der Briefmarke« einzuführen. Sein Vorschlag stieß auf offene Ohren, und es wurde der Beschluß gefaßt, daß der erste Sonntag nach dem 7. Januar von allen den FIP angeschlossenen Verbänden künftig als »Internationaler Tag der Briefmarke« begangen wird.

Daß man sich im Reichsbund Gedanken machte, wie der »Tag der Briefmarke 1937« zu einem gemeinsamen Fest werden könnte, läßt sich an Hand eines Briefes, den der Vizepräsident des Reichsbundes am 6. 11. 1936 an die Funktionäre der einzelnen FIP-Länder schrieb, nachvollziehen. Dort heißt es u. a.:

»Noch mehr wird der Gedanke der Stärkung unserer Förderation und der Gemeinsamkeit unserer Interessen unterstrichen, wenn wir in allen Ländern ein und dieselbe Festkarte verwenden. Wir haben eine solche Festpostkarte zum »Tag der Briefmarke 1937« herstellen lassen, die das Ab-

PAUL KOCH GMBH

VERTRETUNGEN:
Groß-Berlin:
Erduin Goetz, Berlin C 2,
An der Spandauer Brücke 6
Fernruf: D 2 Weidendamm 3349
Groß-Hamburg:
Friedrich Eggers, Hamburg 8,
Gr. Reichenstraße 12
Fernruf: 33 51 20
Leipzig: F. Volckmar, Kommissionsgeschäft, Leipzig C1, Hospitalstr. 10
Fernruf 70211, 72211,
Fernverbind. 16967—16971

● BANK-KONTEN:
Reichsbank-Giro-Konto
Aschersiebener Bank
v. Kessel & Co., Comm.-Ges.,
Aschersleben
Stadt-Sparkasse Aschersleben
Konto Nr. 777

● POSTSCHECK: Berlin 323 80
Zürich VIII 8002

● DRAHTANSCHRIFT: PAKO

● FERNSPRECHER: 2556

HERSTELLUNG UND VERLAG DER ›KA-BE‹ BRIEFMARKEN-ALBEN

Österreich:
Josef Rubinstein, Wien VII/2,
Sigmundsgasse 11, int. Tel. 31-5-60
Dänemark:
A. Hermes, Kopenhagen-K.,
Klosterstr. 18, Fernruf: Byen 900
Holland und Kolonien:
M. A. Manuskowski, Den Haag,
Wagenstr. 105, Fernruf 111610
Tschechoslowakei:
Kunz & Jenatschke, Aussig,
Bräuhausgasse 6, Fernruf 2944
Ungarn:
Rudolf Gergely, Budapest VII,
Erzsébet-Körut 20, Tel. J. 444-18
KOMMISSIONÄR:
F. Volckmar, Kommissionsgeschäft
Leipzig C 1, Hospitalstr. 10,
Fernruf 70 211, 72 211,
Fernverbind. 16 967 — 16 971

Mitglied des Internat. Postwertzeichen-Händler-Vereins, Berlin, des Börsenvereins der Deutschen Buchhändler zu Leipzig, des Bundes Reichsdeutscher Buchhändler e. V. und unter Nr. B 14391 der Reichsschrifttumskammer

Herrn
P.J. M a i n g a y
97, rue de la Poste
B r ü s s e l (BELGIEN)

K/Ka **ASCHERSLEBEN**
den 14. November 1936

Sehr geehrter Herr Maingay !

Unter Bezugnahme auf das beiliegende Schreiben des Reichsbundes der Philatelisten erlauben wir uns , darauf aufmerksam zu machen, dass die Postkarten zum Tag der Briefmarke von uns hergestellt werden.

Da wir den Entwurf und die Druckwalzen zur Verfügung haben, so können wir Ihnen die Karten preiswert und in der Sprache Ihres Landes anfertigen und würden uns sehr freuen, wenn Sie uns Ihren Auftrag zukommen liessen .

Wir bieten die Karten wie folgt an :

bei	5.000	Stück	RM 45.--	das Tausend
bei	10.000	"	" 35.--	das Tausend
bei	25.000	"	" 30.--	das Tausend
bei	50.000	"	" 20.--	das Tausend

rein netto ab Fabrik, bei Zahlung in Devisen oder im Clearingwege.

Da die Anfertigung der Karten immerhin etwa 3 Wochen Zeit erfordert, so empfiehlt es sich, die Bestellung recht bald aufzugeben, und wir sehen Ihren geschätzten Nachrichten mit Interesse entgegen.

Hochachtungsvoll !
P a u l K o c h , G.m.b.H.
Papierwarenfabrik.

Schreiben von KA-BE an den damaligen FIP-Präsidenten Maingay, worin die Sonderpostmarke für den Tag der Briefmarke 1937 angepriesen wird. Bemerkenswert: Schon damals war eine Bezahlung per Clearingweg möglich.

Sonderstempel der Landesverbände im BDPh zum Tag der Briefmarke 1983.

Kaum bekannt ist dieser Sonder-Einschreibezettel zum 1. Tag der Briefmarke in Deutschland vom Postamt Berlin W 62. Im Amtsbereich dieses Postamtes lagen die Zoo-Festsäle, in denen am 7. Januar 1936, dem Geburtstag Heinrichs von Stephan, die Feierlichkeiten begangen wurden.

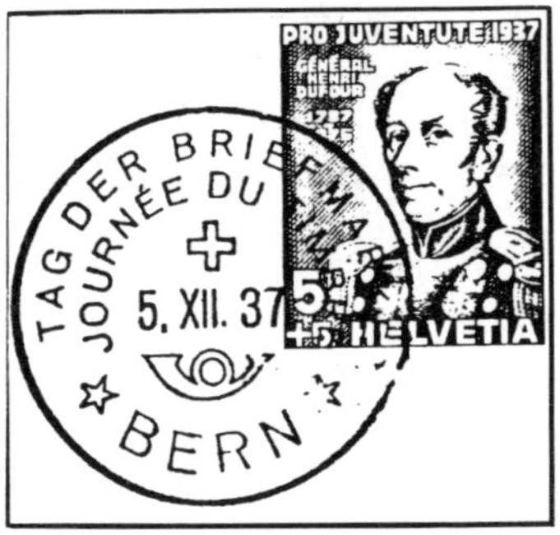

zeichen der FIP zeigt, und wir fügen ein Muster mit französischem Text bei und bemerken, daß die Herstellungsfirma natürlich auch gern bei Bestellung den gewünschten Text der anderen Länder, z. B. Dänisch, Niederländisch, Ungarisch, Griechisch, Polnisch usw. eindrucken lassen wird, wobei die Vereinigungen nur den von ihnen gewünschten Text anzugeben brauchen.
Wir hoffen, daß die gleiche Karte mit dem gleichen Bild, aber natürlich mit verschiedensprachigem Text, auch von den anderen Ländern übernommen wird. Inwieweit die Herren dann von ihren Postverwaltungen, wie es in Deutschland üblich ist, eine feststehende Marke eindrucken lassen, stellen wir in ihre Erwägung…
Reichen wir Philatelisten uns zu friedvoller Arbeit die Hand, zeigen wir durch einen gemeinsamen Tag mit einer gemeinsamen Postkarte unser Zusammengehörigkeitsgefühl über alle Grenzen hinweg…«
Einige Länder nahmen diese Anregung für 1937 auf, wie etwa die Schweiz, andere brachten eigene Produkte heraus, so zum Beispiel die Niederlande.
Der in Luxemburg beschlossene gemeinsame Termin für den Tag der Briefmarke zu Beginn eines jeden Jahres wurde zwar kurze Zeit später aufgegeben – die Gründe dafür sind verschieden und auch heute nicht mehr ganz eruierbar, zweifellos aber spielte nach Kriegsbeginn der Umstand eine Rolle, daß der Jubiläumstag mit einem Deutschen verknüpft war und deshalb ein neutraleres Datum notwendig wurde –, aber der Gedanke Kurt Dahmanns, den »Tag der Briefmarke« international – über alle Grenzen hinweg – zu feiern,

sollte Bestand haben und immer weiter um sich greifen. Und so dauerte es auch nicht lange, bis die ersten Sondermarken zum »Tag der Briefmarke« erschienen.
Pioniere auf diesem Gebiet waren die Belgier. Bereits im Jahre 1937 brachten sie eine Sondermarke zum »Tag der Briefmarke« heraus (MICHEL-Nr. 442). Zwar fehlte noch der thematische Bezug zum Anlaß – die Marke war lediglich eine Farbänderung einer zuvor erschienenen Tuberkulose-Ausgabe –, aber der Anfang war damit gemacht. Zwei Jahre später folgte Danzig mit einem vierwertigen Satz (MICHEL-Nr. 302–305), und wiederum zwei Jahre darauf (1941) kam die erste Sondermarke zum »Tag der Briefmarke« im Deutschen Reich an die Schalter (MICHEL-Nr. 762).
Von nun an ging es Schlag auf Schlag: 1943 folgten die ersten Ausgaben von San Marino (MICHEL-Nr. 269/70) und den Niederlanden (MICHEL-Nr. 422), 1944 kamen Spanien (MICHEL-Nr. 923) und Frankreich (MICHEL-Nr. 672) hinzu. Bulgarien (MICHEL-Nr. 528) und Monaco (MICHEL-Nr. 321) gaben 1946 ihre ersten Sondermarken zum »Tag der Briefmarke« heraus. Ungarn folgte 1947 (MICHEL-Nr. 999), Österreich 1949 (MICHEL-Nr. 946), und ab 1950 gab auch das Saarland – bis zum Ende der postalischen Selbständigkeit – entsprechende Sonderpostwertzeichen ab.

Die erste Marke zum »Tag der Briefmarke« im Nachkriegsdeutschland erschien 1948 in der SBZ (MICHEL-Nr. 228), Berlin folgte 1951 (MICHEL-Nr. 80/81), und ein Jahr später hatten auch die Bundesrepublik Deutschland (MICHEL-Nr. 160) und die DDR (MICHEL-Nr. 319) ihre ersten Marken zum »Tag der Briefmarke«.
Wenngleich man festhalten muß, daß einige renommierte Markenländer, wie beispielsweise die Schweiz, bislang noch gar kein Interesse für derartige Ausgaben gezeigt haben, so kann man doch heute von einer wahren Ausgabenflut zum »Tag der Briefmarke« sprechen. Das mag für die Sammler dieses Motivgebietes vielleicht erfreulich sein, läßt sich doch so sehr leicht eine umfangreiche und sicherlich auch bunte und abwechslungsreiche Sammlung aufbauen. Aber letztlich stellt sich dann doch die Frage: Ist hier nicht eine Entwicklung eingetreten, bei der der »Tag der Briefmarke« eigentlich nur noch von der kommerziellen Seite her betrachtet wird und nicht mehr als das große jährliche Ereignis, das die freundschaftliche Verbundenheit der Philatelisten in aller Welt dokumentieren sollte?
Die vielen Privatganzsachen, Erinnerungskarten und -blätter und wie sie alle heißen mögen, die jedes Jahr von neuem farbenprächtig aufgelegt werden, scheinen dies leider zu erhärten.

Der allererste Sonderstempel zum Tag der Briefmarke stammt aus Österreich und datiert vom 2. Dezember 1935.

Ihren 2. Tag der Briefmarke feierten die Österreicher mit diesem Sonderstempel. Die erste österreichische Sondermarke zu diesem Ereignis kam erst am 3. Dezember 1949 heraus (MICHEL-Nr. 946).

10 Millionen Sammler!

Jeder sechste Bundesbürger interessiert sich für Briefmarken. Neueste Umfragen ergaben, daß 10 Millionen Bundesbürger regelmäßig beim Markenkauf auf Sondermarken achten und die täglichen Frankaturen für die eigene Sammlung verwenden. Etwa 5 Millionen Sammler beziehen sämtliche Neuheiten im Abonnement über den Fachhandel.

Wer sammelt Briefmarken? Altersstruktur und sozio-ökonomische Merkmale

Altersschichtung	
bis 25 Jahre	3,7%
26 bis 45 Jahre	36,6%
46 bis 65 Jahre	41,0%
über 65 Jahre	18,7%

Berufe	
Schüler	1,3%
in Ausbildung	1,5%
Arbeiter, Handwerker	10,1%
Angestellte, Beamte	49,0%
Selbständige, leitende Positionen	15,8%
Rentner, Pensionäre	22,4%

Ausbildung	
Volksschulabschluß	37,6%
Realschulabschluß	30,6%
Abitur	14,8%
Universitätsexamen	17,0%

Monatliches Nettoeinkommen	
unter 750,– DM	3,0%
750,– DM bis 1000,– DM	3,1%
1000,– DM bis 1500,– DM	18,4%
1500,– DM bis 2000,– DM	25,7%
2000,– DM bis 4000,– DM	21,2%
über 4000,– DM	7,4%

Ausgaben für Briefmarken (monatlich)	
bis 5,– DM	0,9%
5,– DM bis 10,– DM	3,8%
10,– DM Bis 25,– DM	20,5%
25,– DM bis 50,– DM	27,9%
50,– DM bis 75,– DM	14,9%
über 75,– DM	32,0%

(Quelle: Leseranalyse des BDPh-Verbandsorgans »Philatelie«, 1981)

▶

Norwegen: 4 Skilling, Zehnerblock mit Brückenansatz. Das legendärste Stück der Norwegen-Philatelie wurde bereits in den 20er Jahren von Lars Amundsen erworben. 1956 lehnte Amundsen ein Gebot aus den USA in Höhe von 50 000,– Dollar ab. Der Zehnerblock ist die Zierde jeder großen Ausstellungssammlung – Unikat ex Amundsen/Liechtenstein. Ex 140. Ebel-Auktion, März 1984, Frankfurt a. M. (oben)

Schweiz: Basler Taube auf Brief. Ex 72. CORINPHILA-Auktion, September 1985, Zürich. (Mitte)

Rumänien: Zwei Ochsenköpfe auf Briefstück. Ex 70. CORINPHILA-Auktion, März 1984, Zürich. (unten)

BERGEN
10
3
1856
SKILLING

STADT·POST·BASEL
Rp.

ПОРТО СКРИСОРИ
54

ПОРТО СКРИСОРИ
27

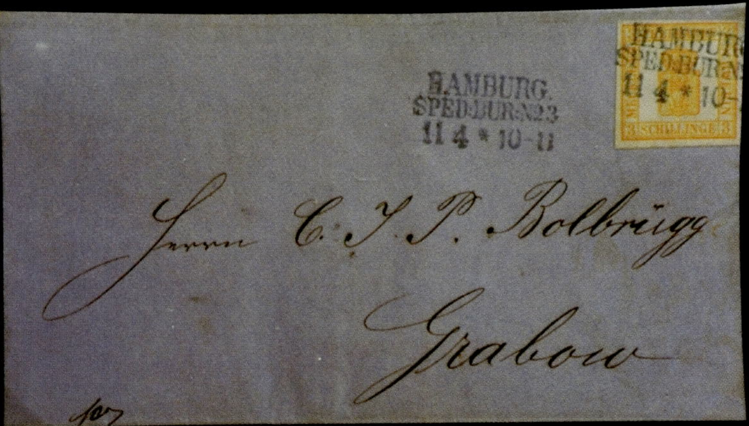
HAMBURG.
SPED-BUR.No 3
11 4 * 10-11
Herrn C. J. P. Bolbrügg
Grabow

BRAUNSCHWEIG
ZWEI SILB. GR.
Recomandirt
Recommandirt
Herrn Jac. Thein
550
RECOMMANDIRT.
RECOMMANDIRT.
Prag

per first Steamer over Liverpool.
P.D.
Nordlinger Brothers
New York
Nord-Amerika
BOPFINGEN
27
FEB

◀ *Sammler von Marken und Belegen Altdeutschlands*

Mecklenburg-Schwerin: 3 Schillinge orange 1856 mit Preußenstempel »HAMBURG SPED. BUR. № 3« entwertet. Portogerecht für 21 Meilen. Ungewöhnliche Frankatur. (oben)

Braunschweig: 2 Silbergroschen schwarz auf blau, sehr breitrandig, in Mischfrankatur mit erster Ausgabe 3 Silbergroschen orangerot, ebenfalls sehr breitrandig, entwertet mit zart aufgesetztem Halbkreisstempel BRAUNSCHWEIG auf fast kompletter eingeschriebener Briefvorderseite nach Prag. Links unten befindet sich der blaue braunschweigische Recommandirt-Stempel im Oval, oben der preußische Zackenkranzstempel. Diese Einschreibe-5-Silbergroschen-Kombination ist an sich schon sehr selten, in dieser phantastischen Qualität jedoch einmalig (MICHEL-Nr. 7, 3). Ex 3. Boker-Auktion im Auktionshaus Köhler, März 1986 Wiesbaden. (Mitte)

Württemberg: 1 Kreuzer schwarz auf hellsämisch, Einzelstück plus senkrechtes Paar, zusammen mit 2 Stück 6 Kreuzer schwarz auf grün, 9 Kreuzer schwarz auf rosa und 2 Werten 18 Kreuzer schwarz auf lila als außerordentlich seltene 4-Farben-Frankatur über 60 Kreuzer = 1 Gulden mit blauem Steigbügelstempel BOPFINGEN 27 FEB 1853 nach New York gelaufen. Sämtliche Marken dieser einmaligen Frankatur sind vollrandig: ein Bug durch die mittleren Marken und unten am Rand wurden geglättet: phantastische, hochdekorative 4-Farben-Frankatur (MICHEL-Nr. 1b, 3b, 4a, 5). Ex 3. Boker-Auktion im Auktionshaus Köhler, März 1986 Wiesbaden. (unten)

Postgeschichtliche Skizzen

Es kann nicht Aufgabe dieses Buches sein, einen ausführlichen Beitrag über die Geschichte der Philatelie zu leisten. Wer sich da eingehend und umfassend informieren will, sei auf das zweibändige Werk von Professor *Carlrichard Brühl, Geschichte der Philatelie, Georg Olms Verlag, Hildesheim 1985 und 1986,* verwiesen, das in hervorragender Weise nahezu alle erdenklichen Aspekte der Briefmarkengeschichte beschreibt. Ohne kurzen Rückblick geht es aber einfach nicht, weil jeder Sammler doch zumindest die Daten der Entstehung der Briefmarken in den einzelnen europäischen Ländern gegenwärtig haben sollte.
Wir wollen uns die näheren historischen Umstände anhand dreier exemplarischer Ausgaben deutlich machen: der *Schwarzen Einser* von Bayern, der ersten deutschen Briefmarke, der Schweizer *Kantonalmarken* und der rumänischen *Ochsenköpfe.*

Schönes breitrandiges waagerechtes Paar mit sehr sauberem Mühlradstempel »20« aus Bamberg.

Der Schwarze Einser

Die fortschreitende Industrialisierung in den dreißiger und vierziger Jahren des vorigen Jahrhunderts machte das Verkehrsnetz auch in Deutschland immer dichter und ließ den Wunsch der Öffentlichkeit nach einer Vereinfachung und Verbilligung der Briefposttaxen laut werden. Bei den Briefpostzustellungen mußten die Postgebühren in Listen und dann auf den Briefen vermerkt werden. Im Januar 1849 entschloß sich Bayern als erster deutscher Staat, die Postgebühren herabzusetzen und die Ausgabe von Postmarken vorzubereiten.
Der Staatsminister des Handels und der öffentlichen Arbeiten, Frhr. v. d. Pfordten, beauftragte den Graveur der Bayerischen Hypotheken- und Wechselbank, Joh. Peter Haseney, Entwürfe und Kostenvoranschläge für die ersten bayerischen Marken vorzulegen, deren Befestigung auf dem Brief die Frankierung bewirken sollte. Haseneys erster Entwurf der Markenbilder lag bereits im Februar 1849 vor, doch verzögerte sich die

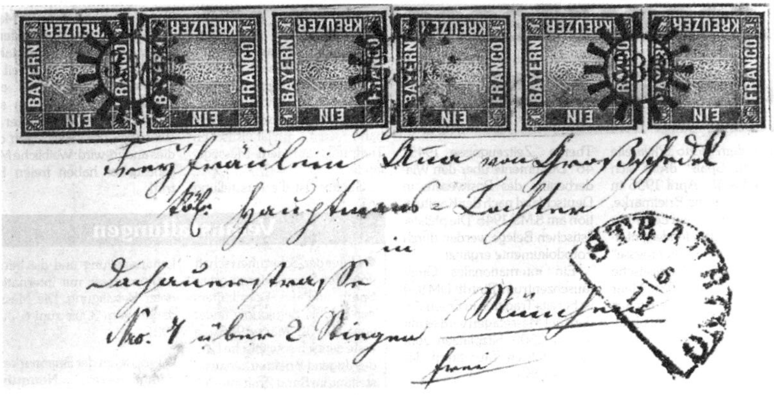

Brief mit zwei Dreierstreifen des Schwarzen Einsers.

Markenausführung noch lange Monate, da man sich über die technischen Einzelheiten sowie über die Möglichkeiten, Nachahmungen zu verhindern, nicht einigen konnte. Es wurde schließlich beschlossen, die Ausgabe der am meisten gebrauchten Lokalportomarke zu 1 Kreuzer auf gewöhnlichem Papier in Schwarzweißdruck, die 3- und 6-Kreuzer-Marken in Farbdruck auf einem mit rotem Seidenfaden durchzogenen Papier herstellen zu lassen. Am 1. November 1849 wurden diese drei ungezähnten Briefmarken endlich ausgegeben.

Glücklich der Sammler, der die erste deutsche Briefmarke besitzt. Aber der Kauf des Schwarzen Einsers ist noch immer ein teurer Spaß.

»Es ist der Traum eines jeden Sammlers in Deutschland, ihn zu besitzen – den legendären Schwarzen Einser«, so schrieb die Fachzeitschrift *Briefmarken-Magazin*. Korrekt müßte diese erste deutsche Briefmarke bezeichnet werden als »Freimarke mit Wertziffer im Viereck des Königreichs Bayern von 1849, 1 Kreuzer, schwarz, MICHEL-Nr. 1«. Von der ursprünglichen Auflage von 832 500 Stück sind relativ viele Exemplare erhalten.

Wie bei allen altdeutschen Marken gilt auch hier: Qualität bestimmt den Preis. So ist es durchaus möglich, einen wenig schön geschnittenen Schwarzen Einser, der vielleicht auch noch minimal repariert ist, für unter 1000,– Mark zu bekommen. Normalerweise kostet er aber mehr.

Wer die erste deutsche Briefmarke gar auf einem Ganzstück besitzen will, muß natürlich wesentlich mehr ausgeben.

Die Kantonalmarken

Über einhundertvierzig Jahre alt sind sie, die zwei ältesten Briefmarken der Schweiz: die Schwarze Vierer und die Schwarze Sechser des Kantons Zürich, ihr Ersttag – vermutlich der 1. März 1843. Diese beiden Marken waren die zweiten Briefmarken überhaupt, die in der Welt herausgegeben wurden. Nur in Großbritannien waren schon drei Jahre vorher, am 6. Mai 1840, Freimarken mit dem Bildnis der Königin Viktoria erschienen.

Damit gab es in unserem Nachbarland Postwertzeichen schon mehr als sechs Jahre früher als im ersten deutschen Staat – in Bayern (1. November 1849). Doch es gibt noch weitere Unterschiede in den Sammelgebieten Altdeutschland und Altschweiz: Nur drei Kantone gaben eigene Briefmarken heraus, die sogenannten Kantonalmarken.

Auf Zürich folgte am 30. September 1843 der Kanton Genf mit der sogenannten »Doppelgenf« und am 1. Juli 1845 der Kanton Basel mit den zwar bekanntesten, aber dadurch nicht minder seltenen »Baseler Täubchen«. Die im gleichen Jahrzehnt noch herausgekommenen sogenannten »Waadt« und »Neuenburg« sind eigentlich Ausgaben des Kantons Genf, und die sogenannte »Winterthur« ist eine Ausgabe des Kantons Zürich.

Zu den seltensten und beliebtesten aller Schweizer Marken gehören seit jeher die von der Züricher Post herausgegebenen zwei Briefmarken, die »Zürich 4« und die »Zürich 6«. Diese Bezeichnungen sind heute jedem Briefmarkensammler geläufig.

Zürich darf also stolz darauf sein, als ein Pionier der Briefmarke zu gelten. Über die Vorgeschichte zur Einführung von Postwertzeichen im Kanton Zürich geben uns leider die archivalischen Quellen nur geringen Aufschluß. Der Regierungsrat beschloß am 21. Januar 1843 die Schaffung von 4- und 6-Rappen-Marken. Bereits zwei Monate später gelangten sie zur Ausgabe. Die frühesten Datierungen dieser Marken gehen in den Monat März 1843 zurück, so daß mit einiger Gewißheit angenommen werden kann, die Marken seien mit Beginn dieses Monats in den Verkehr gekommen. Diese heute gerne als klassisch bezeichneten beiden Postwertzeichen gelten in ihrer vorbildlichen graphischen Gestaltung noch heute als Beispiel einer schönen und einfachen Marke, wie sie besser seither kaum geschaffen wurde. Als richtige Taxmarke stellt sie die Ziffer eindrucksvoll in den Mittelpunkt, jedermann klar ersichtlich. Die feine Ausführung in Steindruck durch die Züricher Buchdruckerei Orell Füßli sicherte diese Marken von Anbeginn an in höherem Maße als andere vor Fälschungen. Oben weist der Name »Zürich« auf die Herkunft der Marke, unten zeigen die Bezeichnungen »Local-Taxe« (bei der 4-Rappen-Marke) und »Cantonal-Taxe« (bei der 6-Rappen-Marke) auf den Verwendungsbereich hin. Ein feines Linien-und Netzwerk bildet den Untergrund, einfache Verzierungen weisen auch die seitlichen Randleisten auf.

Von diesen Kantonalmarken gibt es zwei Haupttypen, nämlich die Stücke mit senkrechtem rotem Linienunterdruck und diejenigen mit waagerechtem Linienunterdruck. Die ersten werden höher bewertet. Marken mit dem waagerechten Linienunterdruck treten zeitlich später auf, so sind die ersten bekannten Exemplare erst seit Dezember 1843 (6 Rappen) und Juli 1844 (4 Rappen) festzustellen. Im übrigen unterscheiden die passionierten Sammler gerade bei den Züricher Kantonalmarken unzählige, durch das Druckverfahren bedingte Typenvarianten. Über die Auflagenhöhe der beiden Marken, die von 1843 bis 1850 in Verwendung standen, kann man nur Vermutungen anstellen. Die Neuerung der

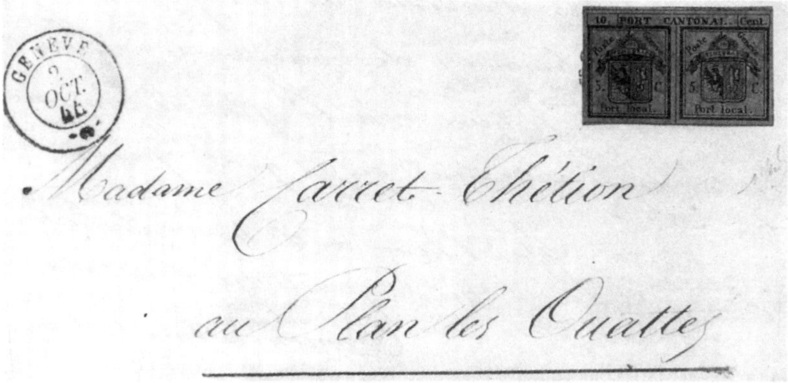

Doppelgenf, Luxusstück auf Brief. Ex 72. CORINPHILA-Auktion, September 1985 Zürich.

Zürich 6 (Type I) auf Brief. Ex 72. CORINPHILA-Auktion, September 1985 Zürich.

Zürich 4 (Typen IV+V), prächtiges, waagerechtes Paar, sehr farbfrisch und mit deutlich hervortretenden Untergrundlinien. Allseits gut bis zum Teil sehr breit gerandet (zwei sauber aufgesetzte rote Züricher Rosetten) auf Brief nach Erlenbach. Seltene Frankatur in Ermangelung einer Zürich 6 (nur ein weiterer gleichartig frankierter Beleg an die gleiche Adresse bekannt). Größte Rarität und Prunkstück einer jeden Ausstellungssammlung. Atteste Hunziker/Nussbaum/Rellstab. Ex 72. CORINPHILA-Auktion, September 1985 Zürich.

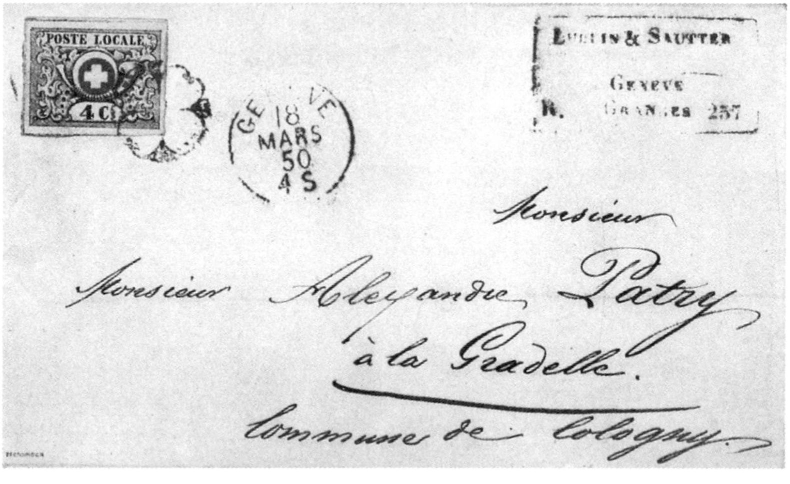

Waadt 4, Luxusstück auf Brief. Ex 72. CORINPHILA-Auktion, September 1985 Zürich.

Frankatur der Briefe scheint nicht überall in der Bevölkerung rasch Anklang gefunden zu haben. Immerhin geben uns alte Rechnungen der Züricher Postverwaltung vom Jahre 1843 einen interessanten Aufschluß: Ihnen zufolge wären im genannten Jahre 4000 4-Rappen- und 26000 6-Rappen-Marken verkauft worden. Da sich in den nachfolgenden Jahren die Zahl merklich steigerte, könnte man die Gesamtzahl der von 1843 bis 1850 verausgabten Stücke für die »Zürich 4« auf rund 30000 und für die »Zürich 6« auf rund 200000 schätzen. Zu diesen Zahlen gelangt ein angesehener Schweizer Philatelist. Auf die heutige Seltenheit der beiden Züricher Marken haben diese Zahlen natürlich keinen Einfluß, denn tatsächlich ist der größte Teil der Marken nicht bis in unsere Zeit erhalten geblieben.

Die systematische Sammeltätigkeit der Philatelisten, die zur Aufstöberung aller Archive im ganzen Land geführt hat, blieb allerdings nicht unbelohnt, und so kann man in schweizerischen Sammlungen heute Briefstücke der »Zürich 4« und »Zürich 6« sehen, die, sowohl was die wundervolle Erhaltung als auch die Schönheit oder Seltenheit der Abstempelungen betrifft, mit Recht zu den sogenannten Luxusstücken gezählt werden können.

Aber nicht nur bei Schweizer Sammlern müssen die zwei Züricher Kantonalmarken auf besondere Beliebtheit gestoßen sein. Denn im Jahre 1862 bereits veranlaßte die französische Gesandtschaft Neudrucke dieser Marken, die gemäß amtlicher Verfügung unmittelbar vor der Zerstörung der Originaldruckplatten hergestellt und verausgabt wurden.

Zum 100. Geburtstag gab es, wenn man so will, ebenso amtliche Nachdrucke – denn die beiden ersten Züricher Marken bildeten das Motiv der Jubiläumsausgabe. Und eine besondere Briefmarkenausstellung gab es außerdem.

Die Ochsenköpfe

Etwa am 21. Juli 1858 erschienen im damaligen Fürstentum Moldau die ersten Briefmarken Rumäniens. Der Auerochse war seit Jahrhunderten das Wappentier des Landes an den Hängen der Ostkarpaten. Noch befanden sich die Moldau und die benachbarte Walachei, auch Muntenien genannt, unter türkischem Einfluß. Im Frieden von Paris 1856 erhielten die beiden sogenannten Donaufürstentümer von den Signatarstaaten erhebliche Zugeständnisse, wie z. B. das Selbstverwaltungsrecht u. ä., eingeräumt.

Die Währungseinheit des Fürstentums Moldau war damals der Leu (1 Leu = 40 Parale). Man orientierte sich in jener Zeit in vielerlei Hinsicht an Frankreich, Österreich und anderen westlichen Ländern. Das galt auch für das Postwesen. Als Ausdruck der Zugeständnisse von Paris beschloß man die Herausgabe von eigenen Briefmarken. Der Gegenwert für 1 französischen Franc betrug 108 Parale. So verausgabte man vier Marken zu 27, 54, 81 und 108 Parale; entsprechend 25, 50, 75, 100 Centimes. (Siehe Farbtafel S. 17)

Allerdings stellte sich bald heraus, daß es schwierig war, mit diesen ungeraden Zahlen zu rechnen. Auch der Posttarif vom 1. Mai 1858 war kompliziert. Das Porto mußte nach dem Gewicht der Briefe und nach der Entfernung der Ämter berechnet werden.

Die Postbeamten waren sicherlich überfordert. Schon zwei Monate nach dem Erscheinen der ersten Ausgabe vereinfachte man den Posttarif, reduzierte die Wertstufen und das Porto. Die Entfernung blieb nun unberücksichtigt. Damit benötigte man neue Briefmarken, und gleichzeitig war die Seltenheit der ersten Ausgabe programmiert, ohne daß man sich in Jassy dieser Tatsache bewußt geworden wäre.

Wir wissen inzwischen viel, doch lange nicht alles über die ersten Briefmarken Rumäniens. So kennen wir die Druckerei, das kleine Markenatelier in Jassy, die Daten des Druckes, die Auflagenhöhe, nicht aber den Entwerfer und Stecher; wir wissen den ersten Tag der Ausgabe nur ungefähr und das erst seit kurzer Zeit. Die Marken sind sehr selten, und von den ersten Tagen ihrer Verwendung kennen wir kein Exemplar.

Die Ausgabe sollte am 15. Juli 1858 erscheinen. Der zu diesem Zeitpunkt fertiggestellte Vorrat war für eine Verteilung an die Postämter offensichtlich zu gering. Am 21. Juli meldet der Brief Nr. 64 des Markenateliers in Jassy die Bereitstellung der gesamten bestellten Markenmenge. In diesem Schreiben an das Finanzministerium finden wir auch die Anzahl der gedruckten Marken, unterteilt nach den vier Wertstufen, ferner den Hinweis, daß die für den Druck verwendeten vier Stahlstempel der Lieferung beigefügt sind. Der Stecher und Entwerfer, vermutlich in einer Person, dürfte wohl in Jassy im Umkreis des Schatzamtes, der Postdirektion oder auch des Markenateliers zu suchen

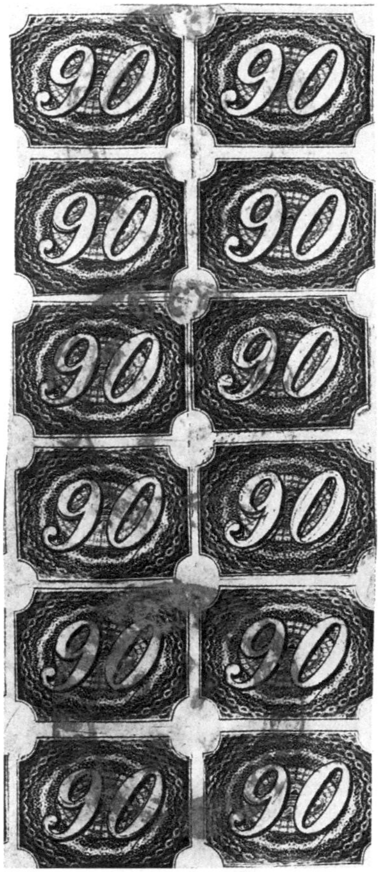

Neben den »Ochsenköpfen« gab es »Ziegenaugen« aus Brasilien. Einheit ex Sammlung Dr. Müller.

Der einzig erhaltene Bogen der Sachsen-Dreier.

Sir Rowland Hill, abgebildet auf Marken vieler Länder, gilt als Erfinder der Briefmarke.

sein. Im Schreiben Nr. 5895 vom 1. Juli 1858 an das Markenatelier, die Bestellung von Marken betreffend, findet sich der Satz: »Zu diesem Behufe hat das Departement die erforderlichen Klischees hergestellt...«

Doch wann kamen diese Marken zum ersten Mal wirklich zur Verwendung? Hier haben Nachforschungen in den Archiven in Rumänien durch Kiriac Dragomir Licht in das Dunkel gebracht. Man fand drei noch gut erhaltene Postregister der Stadt Jassy aus der fraglichen Zeit: Register I für normale und Einschreibebriefe und Pakete – von Jassy abgehend, Register II für Wertbriefe und Geldsendungen – von Jassy abgehend, Register III für Wertbriefe und Geldsendungen – nach Jassy gerichtet.

Für uns ist Register I von Bedeutung, denn es beginnt am 1. Mai 1858, dem Inkrafttreten des neuen Posttarifes. Vom 1. Mai bis 21. Juli 1858 enthält das Register die Anzahl der abgehenden Einschreibebriefe, gewöhnlichen Briefe und Pakete. Ab 22. Juli 1858 ändern sich die Eintragungen; nun erscheinen neben den Namen der Sender und Empfänger auch Portobeträge für Briefmarken. Unter der Reg.-Nr. 992 erscheint am 22. Juli 1858 als erster Beleg: »J. Neibeyer (an) J. Robin (in) Tecuci 1 Brief 2 Lei 28 Parale.« 2 Lei 28 Parale sind 108 Parale; hier wurde wahrscheinlich die erste Briefmarke zu 108 Parale Nennwert für einen Einschreibebrief verwendet. Der 22. Juli 1858 war ein Dienstag. Es wäre durchaus denkbar, daß man am Montag, dem 21. Juli, mit dem Verkauf der Marken in Jassy begann und diese am darauffolgenden Tag vor Abgang der Post abstempelte.

Dazu kommt nun, daß in der Literatur verschiedene Autoren von Marken der ersten Ausgabe mit einem Poststempel Jassy 21/7 berichten. Leider fehlen zu diesen Angaben fast immer die entsprechenden Abbildungen. Man hat fast den Eindruck, daß es sich um die gleiche Marke handelt bzw. die Informationen einfach übernommen worden sind. Valerian Tebeica erwähnt und zeigt in »Die ersten rumänischen Postmarken«, Bukarest 1962, ein Exemplar der 108 Parale aus der Sammlung Ed. Cohen mit dem Stempel Jassy 21/7. Diese Marke wurde vor einiger Zeit im Original vorgelegt. Es gibt keinen Zweifel daran, daß sich Tebeica geirrt hat. Der Poststempel lautet richtig 21/10. So sollte man nach Abwägung der bisher bekannten Tatsachen als Tag der Ausgabe der ersten Ochsenkopfmarken des Fürstentums Moldau den 21. Juli 1858 julianischer Zeitrechnung bzw. 2. August 1858 gregorianischer Zeitrechnung betrachten. Das in den meisten Katalogen genannte Ausgabedatum 15. Juli 1858 dürfte nicht richtig sein. Sollten sich aus den Archiven neue Erkenntnisse ergeben oder Marken mit früheren Daten gefunden werden, so wird man diese Erfahrungen nutzen.

Abschließend ist zu sagen, daß bisher kein Exemplar der ersten Ausgabe mit einem Stempel Jassy und Datum vor dem 29. 7. vorgelegen hat. Gäbe es wirklich tatsächlich gebrauchte Exemplare, so wären sie es wert, besonders registriert zu werden.

Es dauerte mehrere Tage, ehe die erste Ausgabe an den Postämtern in der Provinz erscheinen konnte. Außer dem Postamt der großen Handelsstadt Galatz, welches erst am 2. September mit Briefmarken frankierte, begannen die übrigen Ämter alle etwa am 4. August 1858 mit der Verwendung. Die Kursgültigkeit der ersten Ausgabe endete am 31. Oktober 1858 durch einen neuen Posttarif und die Einführung der 2. Ochsenkopfmarken zum 1. November 1858. Mischfrankaturen der ersten mit der zweiten Ausgabe waren nicht zulässig und sind auch nicht bekannt geworden. Der Restbestand an Marken wurde von den einzelnen Ämtern registriert und nach Jassy zurückgeliefert.

Über die spätere Verbrennung gibt es keine schriftlichen Unterlagen, doch glaubwürdige Aussagen von Postbeamten, die in der Literatur erwähnt sind.

Die Verwendungsdauer für die ersten moldauischen Ochsenköpfe betrug für das Postamt Galatz 60 Tage, für die übrigen Ämter ca. 89 Tage. Nach Abzug der Restbestände von der Gesamtauflage ergab sich für den Verkauf vom 21. 7. – 31. 10. 1858: 27 Parale 3 691 Stück, 54 Parale 4 772 Stück, 81 Parale 709 Stück, 108 Parale 2 584 Stück. Der Moldau-Kartei des Münchners Fritz Heimbüchler, Leiter der Arbeitsgemeinschaft Rumänien im BDPh e. V., zufolge dürften heute noch etwa folgende Marken vorhanden sein (und zwar gebraucht und ungebraucht zusammengerechnet), in % der verkauften Marken: 27 Parale 4,5%, 54 Parale 5%, 81 Parale 7,5%, 108 Parale 7%.

Der Empfänger mußte zahlen

Wer sich erstmals mit Postwertzeichen beschäftigt, wird das Vorhandensein von Briefmarken als ganz selbstverständlich hinnehmen. Er wird kaum auf die Idee kommen, über die Entstehungsgeschichte nachzudenken. Doch wer mit der Verwendung von Briefmarken eine jahrhundertealte Tradition verbindet, irrt gewaltig. Die Briefmarke ist eine Erfindung des 19. Jahrhunderts, eine Neuerung, die nur etwa einhundertfünfzig Jahre zurückliegt.

Postbeförderung hingegen hat es schon lange vor der Zeitenwende gegeben. In China wurde ebenso Post zugestellt wie in Ägypten.

In deutschen Landen kamen nach dem Beginn der Neuzeit, Anfang des 16. Jahrhunderts, Postverbindungen auf. Die Namen derer von Taxis sind eng damit verbunden.

Das gewöhnliche Volk durfte die Dienste der Post aber nicht in Anspruch nehmen. Die Beförderung von Briefen oder kleinen Gepäckstücken blieb einzig dem dynastischen Bereich vorbehalten. Als dann deutlich wurde, daß auch Privatleute auf den Postverkehr nicht verzichten wollten und zudem ständig illegal Privatpost von den Postkurieren mitgenommen wurde, ließ eine rechtliche Genehmigung nicht lange auf sich warten.

Im Gegensatz zu den heute selbstverständlichen Bestimmungen hatte nicht der, der die Post abschickte, die Beförderungsgebühr zu entrichten (die nach Schwere des Briefes und nach der Länge der zurückzulegenden Strecke berechnet wurde), sondern der Empfänger.

Erst ab 1653 änderte sich dies, zumindest in Frankreich, wo der Absender auch die Gebühr der Beförderung auf sich nehmen mußte.
Am 1. Mai 1840 verkaufte der Engländer Rowland Hill zum erstenmal gummierte Postwertzeichen. Freilich war das nicht allein seine Idee, denn in den Jahren zuvor waren schon mannigfaltige Anregungen in verschiedenen Ländern dazu gegeben worden.
Rowland Hill, bis zu seiner Erfindung nicht gerade vermögend, wurde für seine Leistung nicht nur in den Adelsstand gehoben, sondern auch mit üppigen Geldgeschenken und einer jährlichen Pension von 2 000 Pfund bedacht.

Blick nach Preußen

Vergegenwärtigen wir uns an dieser Stelle die Bedingungen, nach denen in den Anfangsjahren der Briefmarke vorgegangen werden mußte. Blicken wir nach Preußen, auf ein Gebiet, das heute besonders viele Liebhaber hat. Alfred Kreuzer hat im »sammlerdienst« Nr. 16/1959 dazu ausgeführt: Die Briefe und die Begleitbriefe zu Paketen waren nach der Annahme sofort zu stempeln. Dieser Aufgabestempel enthielt Ort, Datum und Stunde der Einlieferung. Auch wenn die Post an demselben Tage nicht abging, war sie doch zu stempeln. Der Stempel war stets auf der Vorderseite des Briefes, und wenn es ging, oben rechts anzubringen. Bei Briefen, die durch Freimarken oder Freiumschläge (Franco-Couverts) frankiert waren, mußte der Aufgabestempel auf die Freimarken oder Franco-Stempel gedruckt werden, um sie zu entwerten. Außerdem war an einer freien Stelle der Adressenseite ein weiterer Aufgabestempel abzudrucken. Dieser zweite Abdruck war auch bei Warenproben und Mustersendungen erforderlich. Briefe, welche unterwegs von Landbriefträgern, Postfußboten oder Postillionen angenommen wurden, erhielten beim Postamt den entsprechenden Stempel. Die Begleitbriefe zu Paketsendungen wurden gewöhnlich mit dem Aufgabestempel der Postanstalt versehen. Wenn es der Umfang des Verkehrs erforderte, konnte ein besonderer Paketausgabestempel beschafft werden. Statt eines Abdrucks des Petschafts in Siegellack auf dem Ablieferungsschein zu eingeschriebenen Sendungen konnte auch ein deutlicher Abdruck eines Stempels in Druckerschwärze oder in einer sonstigen Farbe oder ein trockener, in das Papier eingedrückter Stempel gebraucht werden.
Alle Gegenstände der Briefpost und von den Fahrpostgegenständen die Briefe und Begleitbriefe mußten bei den Postanstalten des Bestimmungsortes mit dem Bestellungs- oder Ausgabestempel bedruckt werden.
Jede Postanstalt mußte einen Briefaufgabestempel haben. Er war rund oder viereckig. Ein runder Stempel genügte, wenn außer dem Ortsnamen keine nähere Bezeichnung der Postanstalt erforderlich war. Wenn Bezeichnungen wie Bahnhof oder Stadtpost-Expedition im Ringe keinen Platz hatten, so war ein viereckiger Stempel zu verwenden. Zu jedem Briefaufgabestempel gehörten 1 Blechkasten zur Aufbewahrung der Zahlentypen, 1 Pinzette zum Herausnehmen der Typen aus dem Stempel. 12 Typen von Schriftgut mit Monatszahlen, 31 Typen von Schriftgut mit Tageszahlen, 1 Type von Eisen mit der Jahreszahl, 2 Typen von Schriftgut mit je 1 Strich. Postanstalten, bei welchen Briefaufgabestempel mit Stundenzahlentypen verwendet wurden, hatten 13 Typen von Schriftgut mit Stundenzahlen.
Außer diesen Stempeln gab es noch Kursstempel und Stempel mit der Bezeichnung »Recommandé« für eingeschriebene Sendungen.

Britisches Vorbild

Daß die als besonders konservativ bezeichneten Briten als erste Briefmarken benutzten, verwundert eigentlich, und es verwunderte auch die Postverwaltungen in den anderen Ländern der Welt. Viele standen dieser Neuerung mit einer gehörigen Portion Skepsis gegenüber. Doch nach und nach setzte sich das Postwertzeichen durch. In Europa eiferten bald alle Länder dem britischen Vorbild nach:

- Belgien
  Am 1. Juli 1849 kamen zwei Marken mit dem Bild König Leopolds I. in den Verkauf.

- Dänemark
  Die ersten Marken erschienen am 1. April 1851.

- Finnland
  Erste Ausgabe am 3. März 1856.

- Frankreich
  Der »Kopf der Ceres« ziert die erste Ausgabe vom 1. Januar 1849.

- Gibraltar
  Erste Ausgabe am 1. Januar 1886.

- Griechenland
  Den »Kopf des Hermes« wählten die Griechen für ihre ersten Postwertzeichen vom 1. Oktober 1861.

- Island
  Der Inselstaat verfügt seit dem 1. Januar 1873 über eigene Postwertzeichen.

- Italien
  Italienische Staaten:

Kirchenstaat:	1. Januar 1852.
Modena:	1. Juni 1852.
Neapel:	1. Januar 1858.
Parma:	1. Juni 1852.
Romagna:	1. September 1859.
Sardinien:	1. Januar 1851 (zuvor schon Stempelbogen).
Sizilien:	1. Januar 1859.
Toskana:	1. April 1851.

Ausgaben für das Königreich Neapel: 14. Februar 1861.
Ausgaben für das gesamte Königreich Italien: Februar 1862.

- Liechtenstein
  Ausgaben der österreichischen Postverwaltung ab 1. Februar 1912. Ausgaben der »Fürstlich-Liechtensteinischen Post« ab 2. März 1920.

- Luxemburg
  Wilhelm III., Großherzog von Luxemburg und König der Niederlande, wurde als Darstellung für die ersten Marken am 5. September 1852 gewählt.

- Malta
  Erstes Postwertzeichen am 1. Dezember 1860. Zuvor verwendete man Marken von Großbritannien.

Norwegen. 8 Skilling-Elferblock auf seltenem Brief nach Peru von Christiania über Svinesund-Hamburg-London. Der einzige Brief nach Peru. Ausstellungsstück und Unikat. Ex 140. Ebel-Auktion, März 1984 Frankfurt a. M.

Dänemark. MICHEL-Nr. 3, achtmal auf Brief. Ex Stanley-Gibbons-Auktion, Februar 1985 London.

Norwegen. 3 Skilling grau und 10mal 8 Skilling karmin auf ältestem Brief nach den USA. Ex 140. Ebel-Auktion, März 1984 Frankfurt a. M. (oben) Frankreich. Dreifarben-Frankatur mit MICHEL-Nr. 1, 4 und 6. Ex 70. CORINPHILA-Auktion, März 1984 Zürich (Mitte). Sechserblock der Black Penny, der ersten Briefmarke der Welt. Ex Stanley-Gibbons-Auktion (links).

- Monaco
  Die ersten Marken dieses kleinen Staates zeigen Fürst Karl III. und erschienen am 1. Juli 1885.

- Niederlande
  Der Start mit den ersten niederländischen Postwertzeichen erfolgte am 1. Januar 1852.

- Norwegen
  Die norwegische Post gab am 1. Januar 1855 die erste Briefmarke heraus.

- Österreich
  Kaiserreich Österreich:
  1. Juni 1850.
  Österreich-Ungarn: 1. Juni 1867.

- Portugal
  Die ersten Marken des Königreiches erschienen am 1. Juli 1853.

- San Marino
  Ausgaben mit dem Landeswappen erstmalig am 1. August 1877.

- Schweden
  Ebenfalls ein Wappen wählte Schweden für die ersten Postwertzeichen. Ausgabetag: 1. Juli 1855.

- Schweiz
  Schweizer Kantone:
  Zürich: 1. März 1843.
  Genf: 30. September 1843.
  Basel: 1. Juli 1845.

  Die ersten Ausgaben der schweizerischen Bundespost erschienen am 22. Oktober 1849.

- Spanien
  Königin Isabella II. zierte die Eröffnungsausgaben des Königreiches Spanien, die am 1. Januar 1850 an die Postschalter kamen.
- Türkei
  Das Siegel des Sultans wurde als Darstellung der ersten Ausgaben gewählt: 13. Januar 1863.

Altdeutsche Staaten

Ganz besonderer Beliebtheit erfreuen sich die Ausgaben der sogenannten altdeutschen Staaten. Viele Philatelisten haben sich als Historiker versucht und die Postgeschichte der einzelnen Gebiete erforscht. Deshalb sei auf diese Spezialuntersuchungen verwiesen. Vor der Gründung des Deutschen Reiches gaben folgende Gebiete Marken heraus:

- Baden (Großherzogtum): ab 1. Mai 1851.
- Bayern (Königreich): ab 1. November 1849, erste deutsche Marken.
- Bergedorf (gemeinsamer Besitz der Freien und Hansestädte Hamburg und Lübeck; ab 1. Januar 1868 durch Kauf alleiniger Besitz Hamburgs): ab 10. Juni 1861.
- Braunschweig (Herzogtum): ab 1. Januar 1852.
- Bremen (Freie Hansestadt): ab 10. April 1855.
- Hamburg (Freie und Hansestadt): ab 1. Januar 1859.
- Hannover (Königreich): ab 1. Dezember 1850.
- Helgoland (von 1814 bis 9. August 1890 britische Kolonie mit eigener Posthoheit ab 1867): ab März 1867.
- Lübeck (Freie und Hansestadt): ab 1. Januar 1859.

Thurn & Taxis. ¼ Silbergroschen schwarz im waagerechten Paar mit sehr schön klar aufgesetztem Stempel »230« auf Brief mit Aufgabestempel DERNBACH 25. 6. 1867 nach Kaltennortheim mit Ankunftsstempel vom gleichen Tag. Phantastisch gut erhalten mit völlig intaktem Durchstich: bei dem prachtvollen weißen Brief fehlt rückseitig ein Stück der Klappe und ist ergänzt. Einer der schönsten Briefe dieser Marke überhaupt. Signiert Bloch (MICHEL-Nr. 45). Ex 3. Boker-Auktion im Auktionshaus Köhler, März 1986 Wiesbaden.

Lübeck. 12-Schilling-Frankatur nach Frankreich: 2 Schilling rot, Einzelstück und Paar, zusammen mit ½ Schilling grün und 4 Schilling hellbraun als Zusatzfrankatur auf 1½ Schilling Ganzsachenumschlag mit Stempel vom 6. 12. (1867) als sehr seltenes Doppelporto aus der bedeutenden Du-Montat-Korrespondenz nach Cette. Unikat (MICHEL-Nr. 10, 8, 12 + U 11), Ex 3. Boker-Auktion im Auktionshaus Köhler, März 1986 Wiesbaden.

Bremen. 5 Grote schwarz auf rosa »Franco-Marke«, kompletter Originalbogen von 120 Stück, davon je 60 Stück Type I und Type II, sämtliche Abarten zeigend, darunter markanter Plattenfehler Position 13 mit Strich durch die 5 in Grote. Einzig erhalten gebliebener Bogen dieser Marke. Aus der Koch-Sammlung (Gilbert & Köhler, Paris 1908). Attest Bremer Kartei (MICHEL-Nr. 2). EX 3. Boker-Auktion im Auktionshaus Köhler, März 1986 Wiesbaden.

- Mecklenburg-Schwerin (Großherzogtum): ab 1. Juli 1856.
- Mecklenburg-Strelitz (Großherzogtum): ab 1. Oktober 1864.
- Norddeutscher Postbezirk: ab 1. Januar 1868.
- Oldenburg (Großherzogtum): ab 5. Januar 1852.
- Preußen (Königreich): ab 15. November 1850.
- Sachsen (Königreich): ab 1. Juli 1850.
- Schleswig-Holstein (Herzogtümer): ab 15. November 1850.
- Thurn und Taxis (Fürstliche Lehnposten): ab 1. Januar 1852.
- Württemberg (Königreich): an 15. Oktober 1851.

Nahezu alle Erstausgaben zählen heute zu den teuersten Exemplaren. Wenn sie auf Auktionen auftauchen, versammeln sich sofort international bekannte Sammler, um sie zu erwerben. Für die meisten Philatelisten bleiben diese Stücke Wunschträume, denn die Summen, die heute verlangt und auch gezahlt werden, übersteigen bei weitem die finanziellen Möglichkeiten der meisten Sammler.
Wer nun aber daraus folgert, daß alle alten Marken besonders wertvoll wären, muß diese Meinung schnell revidieren. Die Preise hängen von vielen Faktoren ab, auf die an anderer Stelle noch eingegangen wird. Die Erzählungen von Familienmitgliedern, die ehrfurchtsvoll von den wertvollen alten Marken des Vaters, Großvaters oder Onkels schwärmen, erweisen sich in den meisten Fällen als Märchen, weil zum einen die ernsthafte Beschäftigung mit der Briefmarke fehlt und zum anderen die Möglichkeit des Erbens den Blickwinkel oft verklärt.

Tips für Sammler von Marken und Belegen Altdeutschlands

Im *Bund Deutscher Philatelisten (BDPh)* bemühen sich mehr als zehn Gruppierungen um die Erforschung der Marken und Belege Altdeutschlands. In ihnen sind nahezu alle Experten dieser Sammelgebiete zusammengeschlossen. Vom »Altbriefsammlerverein« über Baden bis hin zu Württemberg reicht die Palette (die Adressen aller Arbeitsgemeinschaften siehe Anschriftenverzeichnis).
Drei Zusammenschlüsse von Sammlern sollen vorgestellt werden.

Bundesarbeitsgemeinschaft Braunschweig
Nach der intensiven Vorarbeit von Walter Behme wurde am 20. Oktober 1978 die Arbeitsgemeinschaft gegründet, der sich namhafte Braunschweig-Spezialisten anschlossen und die auch gleich von der *Bundesstelle Forschung im BDPh* als *Arbeitsgemeinschaft Braunschweig im Bund Deutscher Philatelisten e. V.* anerkannt wurde. Neben den in den Veröffentlichungen erscheinenden grundsätzlichen Beiträgen werden auch Gesetze, Verordnungen, Circulare, Amtsblätter usw. abgedruckt. Dadurch klären sich vielfach noch

(Fortsetzung S. 32)

Braunschweig. 2 Silbergroschen blau auf schwarz, diagonal halbiert, rechte untere Hälfte; sehr breitrandig und mit Stempel »18« entwertet auf Brief mit Stempel HALLE A.D. WESER 28. 8. Die Halbierung ist besonders breitrandig und groß geschnitten. Der Brief ist in der Mitte etwas gestützt. Diese Halbierung war in Europa noch nie auf einer Auktion (MICHEL-Nr. 7 H). Ex 3. Boker-Auktion im Auktionshaus Köhler, März 1986 Wiesbaden.

Bisher erschienene Hefte und Sonderdrucke der *Arbeitsgemeinschaft Braunschweig im Bund Deutscher Philatelisten e. V.:*

Heft Nr.	Autoren	Seiten	Abbildungen	Erscheinungsjahr
1	Fr. Gerhard	45	3	1979
2	Fr. Gerhard	44	29	1980
3/4	Fr. Gerhard	52	48	1981
5	Fr. Gerhard, W. Marx	20	13	1982
6	J. Barnstorf, Fr. Gerhard, G. Wenzel	43	31	1983
7	M. Gelowic, W. Steven, G. Wenzel	34	8	1983
8	M. Gelowic, Fr. Haubner, K. Pumpenmeier, W. Steven, G. Wenzel, H. Wölper	32	16	1984

Sonderdrucke	Autor, Titel	Seiten	Abbildungen	Erscheinungsjahr
1	Fr. Haubner, Verzeichnis der philatelistischen Literatur über das altdeutsche Sammelgebiet Braunschweig.	155	–	1981
2	W. Marx, Braunschweig – Postscheinausschnitte auf Brief.	42	28	1984
3	W. Herzog, Meine Braunschweig-Sammlung. G. Wenzel, Inhalt der neun Bände, die W. Herzog testamentarisch dem Reichspostmuseum vermacht hat.	17	–	1984
4	W. Marx, Die Halbierungen von Braunschweig.	54	94	1985

(Fortsetzung von S. 31)

bestehende Fragen. Im Laufe der Jahre hat sich herausgestellt. daß über das altdeutsche Sammelgebiet hinaus auch die Postgeschichte bis zur Neuzeit mit erfaßt werden muß, denn auch hier ist noch einiges im unklaren. Zudem erscheinen die Rubriken »Fragen«, »Kaufgesuche« und »Verkäufe«. Die Gruppe führt Arbeitstagungen durch, um den persönlichen Kontakt zwischen den Mitgliedern herzustellen und zu fördern. Eine weitere Aufgabe sieht die Arbeitsgemeinschaft darin, das Standardwerk von Henri Bade, »333 Jahre Braunschweigische Post«, zu überarbeiten, um es auf den neuesten Stand zu bringen.

Bundesarbeitsgemeinschaft Preußen

Die Mitglieder beschäftigen sich mit dem überaus interessanten und vielseitigen Sammelgebiet Preußen. Mehr als 170 ernsthafte Philatelisten, die nicht nur in der Bundesrepublik Deutschland, sondern auch in den USA, in Kanada und Japan sowie in Großbritannien, Italien, Belgien, Spanien, den Niederlanden und in Österreich leben, haben sich in der Arge Preußen zusammengeschlossen.
Das Feld der preußischen Philatelie ist weit. Es umfaßt die Freimarken und Ganzsachen der königlich preußischen Post, das Gebiet der sogenannten Vorphilatelie, die markenlosen Briefe, die Postscheine, die Grenzübergangs- und Taxstempel und auch die Regionen, die zwischenzeitlich selbständig waren, das Königreich Westpha-

len, Großherzogtum Berg und die Gebiete, die zu Anfang des 19. Jahrhunderts unter französischer Verwaltung standen.
Ein weiteres beliebtes Sammelgebiet sind die preußischen Stempel, die in vielfältiger Form zur Verwendung kamen. Nicht vergessen werden dürfen auch die Gebiete Bahn- und Feldpost sowie die Cholerapost.
Der Kontakt zwischen den Arge-Mitgliedern wird durch die viermal jährlich erscheinenden Preußen-Rundbriefe aufrechterhalten. Darin werden philatelistische Aufsätze, neue Erkenntnisse und Entdeckungen veröffentlicht. Neu erscheinende Literatur ist kommentiert, Randgebiete werden angesprochen und Veröffentlichungen (Mitteilungsblätter) benachbarter und befreundeter Arbeitsgemeinschaften sind aufgeführt. Jedes Mitglied hat die Möglichkeit, in den Preußen-Rundbriefen den anderen Mitgliedern spezielle Fragen vorzulegen und Kleinanzeigen aufzugeben.
Auf regionalen Mitgliedertreffen (jährlich drei bis vier) ist Gelegenheit zu Fachgesprächen gegeben und genügend Zeit zum Tausch. Auf diesen Treffen sind Gäste immer herzlich willkommen.
In der Arge Preußen können alle Sammler Mitglied werden, die einem BDPh-Verein (im Ausland einem der FIP angeschlossenen Verein) angehören. Der Jahresbeitrag beträgt zur Zeit 45,– DM. Bei der Aufnahme wird eine einmalige Gebühr von 20,– DM erhoben.
(Fortsetzung S. 34)

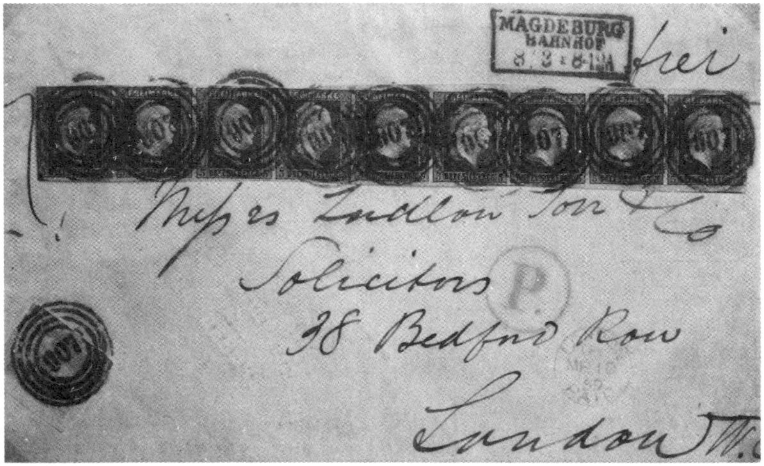

Neuner-Streifen 3 Sgr. schw.-gelb mit 1 Sgr. rosa (Eckrand-Stück). Aufgabestempel »MAGDEBURG/BAHNHOF« und Nummernstempel »907« nach London. Rote »P.«- und »LONDON PAID«-Stempel (Porto: 28 Sgr.)! Bei einem Briefgewicht von 3 bis 4 Loth entstand das 4-fache Porto x 7 = 28 Sgr. – d. h. je 12 Sgr. preußischer und englischer Anteil zusammen 24 Sgr. –, dazu 4 Sgr. belgische Transitgebühr = 28 Sgr. Gesamtporto. Dies ist die größte bekannte Einheit des 3 Sgr.-Wertes und der 1. Ausgabe auf Brief. (Foto: Sammlung Gerhard Müller)

Eine Weltrarität ersten Ranges: Preußen U 14 mit Beifrankatur MICHEL-Nr. 10. Ex 67. Friebel-Auktion, Juli 1986 Linnich.

(Fortsetzung von S. 33)

Bundesarbeitsgemeinschaft Württemberg

Jeder ernsthafte Württemberg-Sammler wie auch alle Heimatsammler, die sich mit Orten befassen, die im ehemaligen Königreich Württemberg lagen, sollten Mitglied in der Arge Württemberg sein – zur Unterstützung der gemeinsamen Forschungsaufgaben, vor allem aber auch zum eigenen Nutzen.

Die Arge Württemberg bietet ihren Mitgliedern:

- jährlich vier umfangreiche Rundbriefe mit aktuellen Informationen, Forschungsergebnissen, neuesten Erkenntnissen, Berichten über die Marktlage, Preisgestaltung u. v. a. m.;
- Information über neue Literatur mit zum Teil verbilligten Bezugsmöglichkeiten;

(Fortsetzung S. 37)

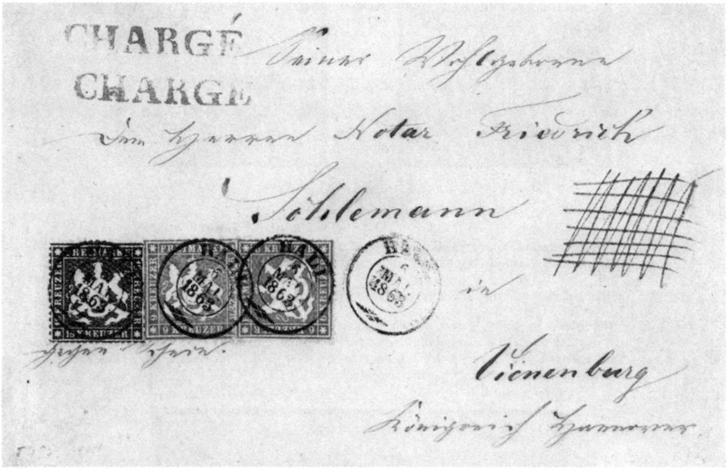

Württemberg. 18 Kreuzer dunkelblau zusammen mit der seltenen 9 Kreuzer lilarot und 6 Kreuzer grün in phantastischer Farbkombination und prachtvoller Frische, je mit zentrischem Stempel HALL 6. MAI 1863 entwertet auf Chargé-Brief nach Vienenburg im Hannöverschen. Die Marken sind überdurchschnittlich gut gezahnt. Der Spitzenbrief dieser Ausgabe. Aus der Rothschild-Sammlung (MICHEL-Nr. 18y, 19by, 20). Ex 3. Boker-Auktion im Auktionshaus Köhler, März 1986 Wiesbaden.

▶

Mecklenburg-Schwerin: 2 Schilling braungrau, wundervoll frischer Originalfarbton der nicht zersetzten Farbe, als Paar geklebt in allerfeinster Erhaltung, zusammen mit 4/4 Schilling rot und entwertet mit Doppelkreisstempel ROSTOCK vom 29. 10. (1867) auf komplettem Faltbrief mit Inhalt nach Berlin. Rückseitig als Ankunftsstempel der Maschinenstempel BERLIN vom 30. 10. Der Brief ist in bemerkenswerter frischer Erhaltung, durch die 4/4-Schilling-Marke geht eine leichte Faltspur. Es sind nur drei Buntfrankaturen dieser Marke bekannt: der vorliegende ist neben einer Ganzsache der einzige Brief überhaupt, der zwei 2-Schilling-Marken grau trägt. Unikat. Signiert R. Friedl, Wien. Aus der Rothschild-Sammlung (MICHEL-Nr. 6b, 5). Ex 3. Boker-Auktion im Auktionshaus Köhler, März 1986 Wiesbaden.

Oldenburg: 1/15 Thaler schwarz auf rosa, Type I, im allseits sehr breitrandigen waagerechten Viererstreifen auf recommandiertem Brief mit zartem, auf den Brief übergehendem Rahmenstempel HEPPENS nach Hannover gelaufen mit Ankunftsstempel. Dieser Streifen ist die höchste Frankatur dieser Marke auf Brief. Das einmalige Stück aus der Rothschild-Sammlung (MICHEL-Nr. 3 I). Ex 3. Boker-Auktion im Auktionshaus Köhler, März 1986 Wiesbaden.

ROSTOCK
FREIMARKE
MECKLENB.
SCHWERIN
2 SCHILLINGE
Herrn M. Schleicher
Marmor Handlung
Berlin
fr.

Recomandirt
Recommandirt
HEPPENS
30/12
Herrn J. H. Janssen
Adr Herrn Heberlien
Hannover
franco
1/15 THALER
OLDENBURG

HAMBURG PAID APRIL 6 18.60
N. YORK 30 Br PKT APR 22 PAID
AACHEN 7 4 PAID 25 Cts.
Box 838
New York
paid

FRANCO
KREUZER
BAYERN

Hameln

◀
Hamburg: 9 Schilling hellgelb in der selten zarten Farbe der frühen Auflage im senkrechten Paar, allseits voll- bis sehr breitrandig mit übergehenden zarten Strichstempeln entwertet auf schönem Brief nach New York mit diversen, bestens kontrastierenden roten Aufgabe-, Übergangs- und Ankunftsstempeln. Einzig bekannter Brief mit senkrechtem Paar. Eine ganz große Seltenheit in Luxuserhaltung. Aus der Rothschild-Sammlung. Signiert R. Friedl, Wien (MICHEL-Nr. 7). Ex 3. Boker-Auktion im Auktionshaus Köhler, März 1986, Wiesbaden. (oben)

Bayern: 9 Kreuzer bläulichgrün mit breitem waagerechtem Zwischensteg im Viererstreifen, allseits sehr breitrandig mit Zwischenlinien und teils mit Randlinie der Nachbarmarke, sehr schön entwertet mit Stempel »243« auf großem Briefstück. Die Brücke ist eine Rarität aus dem sogenannten »Rothschild-Schatz«. Ein unübertreffliches Stück (MICHEL-Nr. 5c). Ex 3. Boker-Auktion im Auktionshaus Köhler, März 1986, Wiesbaden. (Mitte)

Schleswig-Holstein: 1850, 1 Schilling blau im Viererblock, allseits sehr breitrandig, paarweise gestempelt mit zart und klar aufgesetztem Rost-Stempel »3« auf Brief nach Hameln mit vorderseitigem Aufgabestempel von ALTONA vom 24. 6. 1851. Signiert Bloch, Calves und Fotoattest Georg Bühler (MICHEL-Nr. 1). Ex 3. Boker-Auktion im Auktionshaus Köhler, März 1986, Wiesbaden. (unten)

(Fortsetzung von S. 34)

- regelmäßige Zusammenkünfte mit Vorträgen, Tauschmöglichkeiten, Diskussion und Gedankenaustausch;
- Teilnahme am Rundsendeverkehr der Arge, sowohl als Entnehmer als auch als Einlieferer;
- Mitarbeit an Forschungsaufgaben innerhalb spezieller Arbeitsgruppen;
- Auskunft und Beratung in allen persönlich interessierenden Fragen;
- Warnung vor Fälschungen und Betrug;
- Beratung und Hilfe beim Aufbau von Sammlungen, insbesondere Heimatsammlungen;
- uneigennützige Nachlaßverwertung sowie Beratung von Hinterbliebenen;
- engen Kontakt zu namhaften Sammlern, vor allem auch zu den zuständigen Bundesprüfern, Mitwirkung bei Großtauschtagen und Teilnahme an Ausstellungen.

Der Jahresbeitrag von 40,– DM schließt alle genannten Leistungen ein.

Die »Handbücher der Württemberg-Philatelie«, Teil II/1 und II/2, »Kreuzerzeit«, sowie Teil I/2, »Postscheine der Kreuzerzeit«, können beim Verlag Neues Handbuch bezogen werden.

Württemberg: Der schönste Zierbrief. Verkauft auf der 11. Kruschel-Auktion in Berlin.

Von der Drogerie zum größten Briefmarkengeschäft

Mit dem Aufkommen und der Verbreitung der Postwertzeichen begann nach und nach auch die Sammelleidenschaft, und es dauerte nur etwas mehr als ein Jahrzehnt, bis sich Händler etablierten, die die Nachfrage befriedigen konnten. Die älteste philatelistische Geschäftsgründung der Welt, die auch heute noch besteht, mag als Beispiel für die Bedeutung des Briefmarkenhandels dienen. Fast wie die Geschichte vom amerikanischen Tellerwäscher, der es zum Millionär brachte, liest sich der Lebenslauf von Edward Stanley Gibbons, dem Gründer des größten Briefmarkengeschäftes der Welt.

Stanley Gibbons

Sein Geburtsjahr 1840 fällt mit der Ausgabe der ersten Briefmarke der Welt, der berühmten britischen *Penny Black,* zusammen. Sein Vater, ein Drogist in Plymouth, ließ den Sohn den ehrenwerten Beruf eines Bankkaufmannes erlernen.

Das Schicksal wollte es jedoch anders. Gibbons älterer Bruder starb, und so mußte Edward in das väterliche Geschäft eintreten. In dieser Zeit begann seine Leidenschaft für die Philatelie. Da Vater Gibbons die Möglichkeiten der Philatelie rasch erkannte, richtete er seinem Sohn eine eigene Briefmarkenabteilung in der Drogerie ein.

Bald begann die Idee des Jungunternehmers Früchte zu tragen, und Gibbons beschäftigte seine erste Angestellte. Als der Vater starb und das Geschäft ganz in seinen Besitz überging, gab Gibbons die Drogerie auf und widmete sich nur noch dem Briefmarkenhandel.

Der eigentliche Durchbruch kam dann im Jahre 1863. Wie eine gute Fee kamen zwei Seeleute zu Gibbons und boten ihm einen Seesack voll mit Marken vom Kap der Guten Hoffnung, den berühmten »Cape Triangulars«, an, den sie bei einer Verlosung in Kapstadt gewonnen hatten. Gibbons bot ihnen dafür die damals horrende Summe von 5 Pfund, und beide Parteien waren mit dem Handel sehr zufrieden. Der Profit, den Gibbons aus diesem Handel zog, lag nach seinen Angaben bei ungefähr 500 Pfund.

Die Glückssträhne des Hauses ging weiter. Gibbons Bruder, der Kapitän bei der Royal Navy war, brachte seltene Marken aus allen Ecken der Welt mit. Der Posthalter von Albany in Westaustralien übersandte Gibbons mit freundlichen Grüßen postfrische Material im Wert von 20 Pfund. Dies waren 120 Marken zu 2 Shilling, die in der Farbe des Wertes zu 6 Shilling gedruckt waren, und man hatte ihm halt 6 Shilling dafür berechnet. Die Werte stehen heute mit gut 40 000,–Mark im Katalog.

Im Jahre 1872 kam dann der große Wechsel. Gibbons zog mit seinem Geschäft nach London. Zuerst in einem kleinen Privathaus im Südwe-

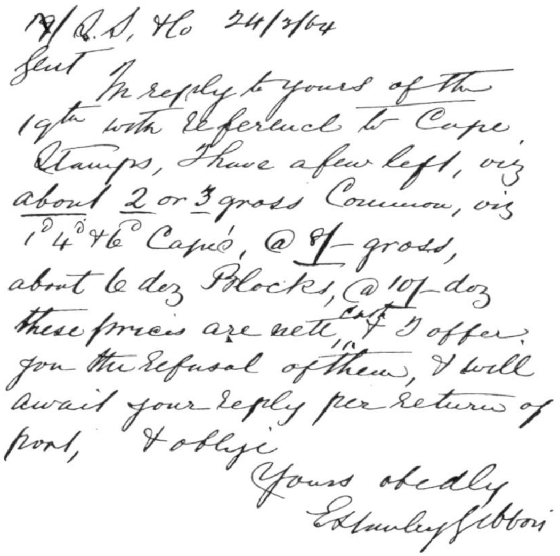

Gent
In reply to yours of the 19th with reference to Cape Stamps, I have a few left, viz about 2 or 3 gross Common, viz 1d 4d & 6d Capes, @ 8/- gross, about 6 doz Blocks, @ 10/- doz these prices are nett cash & I offer you the refusal of them, & will await your reply per return of post, & oblige
Yours obedly
E Stanley Gibbons

Handschrift Stanley Gibbons aus dem Jahr 1864.

sten der Stadt ansässig, verlagerte er seine Aktivitäten bald näher in das Stadtzentrum. Der schnelle Umzug wurde notwendig, da der Vermieter in der vornehmen Gegend sich über Gibbons wirkliche Geschäfte nicht so ganz im klaren war: Die weiblichen Angestellten und der ständige Fluß männlicher Kundschaft ließen in ihm allmählich einen bestimmten Verdacht aufkommen…

Diese Dienste konnten bei Gibbons jedoch nicht in Anspruch genommen werden, dafür gehörten zu seinem Geschäftsprogramm nun Kataloge, Alben und anderes Zubehör.

Auch der Versandhandel blühte. An manchen Tagen beantwortete Gibbons zwischen 200 und 300 Briefe.

Nach 34 Jahren im Geschäft hatte Gibbons sein Vermögen gemacht, und er zog sich selbst in das Pensionärsdasein zurück. Die Geschäfte wurden von Charles Phillips übernommen, der Preis für das vorhandene Briefmarkenmaterial auf 25 000 Pfund festgesetzt. In den folgenden Jahren wuchs die Firma kontinuierlich weiter. 1890 war das erste Erscheinungsjahr der Hauszeitschrift »Monthly Journal«, die sich heute zur in England viel beachteten Fachzeitschrift »Gibbons Stamp Monthly« entwickelt hat.

Eine der größten Ehrungen konnte der im Jahre 1913 gestorbene Gibbons selbst nicht mehr erleben. Im Jahre 1914 wurde das Unternehmen zum königlichen Hauslieferanten für Briefmarken ernannt und ist es bis heute geblieben.

Nachdem die Firma schon im Jahre 1891 an den Strand gezogen war und im Jahre 1900 weite Teile des Unternehmens in das Haus 391 Strand verlegt worden waren, erfolgte der näch-

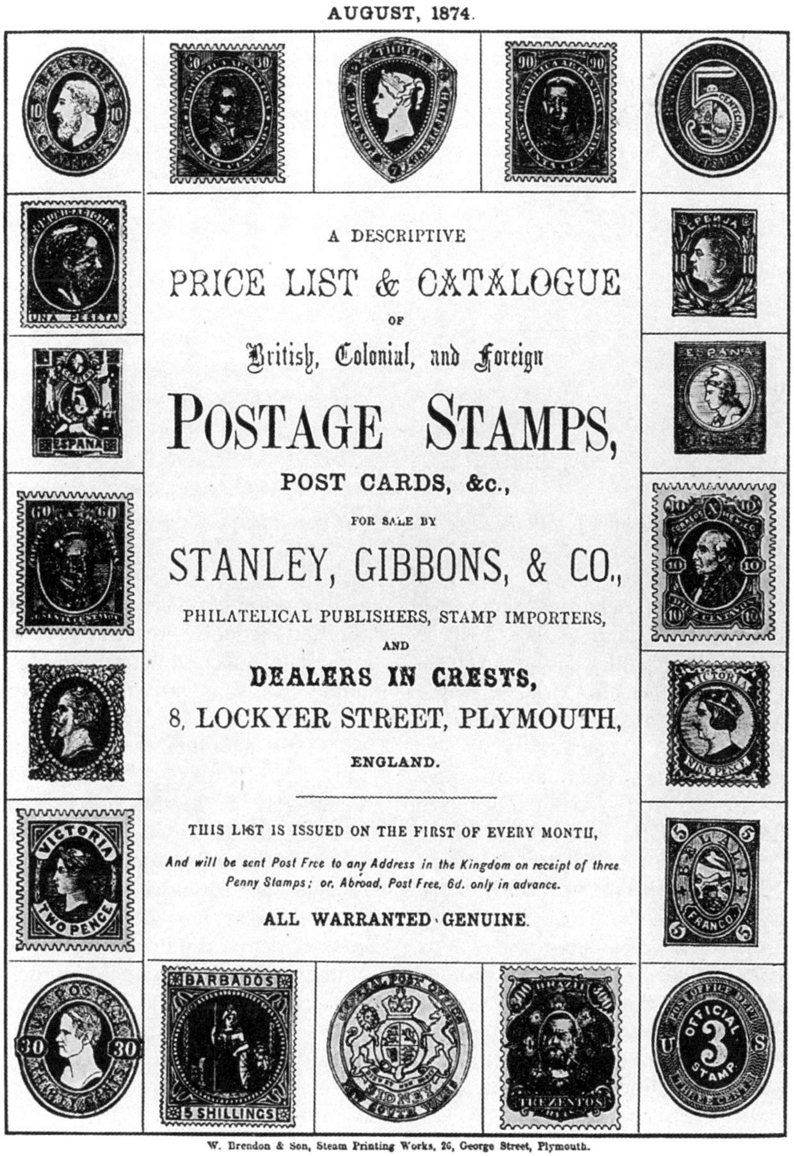
AUGUST, 1874.

A DESCRIPTIVE
PRICE LIST & CATALOGUE
OF
British, Colonial, and Foreign
POSTAGE STAMPS,
POST CARDS, &c.,
FOR SALE BY
STANLEY, GIBBONS, & CO.,
PHILATELICAL PUBLISHERS, STAMP IMPORTERS,
AND
DEALERS IN CRESTS,
8, LOCKYER STREET, PLYMOUTH,
ENGLAND.

THIS LIST IS ISSUED ON THE FIRST OF EVERY MONTH,
And will be sent Post Free to any Address in the Kingdom on receipt of three Penny Stamps; or, Abroad, Post Free, 6d. only in advance.

ALL WARRANTED GENUINE.

W. Brendon & Son, Steam Printing Works, 26, George Street, Plymouth.

Gibbons-Katalog aus dem Jahr 1874, herausgegeben in Plymouth.

Postkarte an Stanley Gibbons, abgesendet 1881 von Julius Goldner in Hamburg.

ste große Wechsel am 19. September 1968: 399 Strand, so die heutige Adresse von Stanley Gibbons. Das sogenannte »Romano House« wurde erstmalig bezogen, in den folgenden Jahren weiter ausgebaut und ist zum heute größten Briefmarkenfachgeschäft der Welt geworden. Seit 1981 hat Stanley Gibbons auch die Räumlichkeiten eines früheren Schuhgeschäftes übernommen und ist so zu einem philatelistischen Supermarkt erster Güte geworden.

1979 tätigte Gibbons den größten Einzelkauf in der Geschichte der Philatelie und zahlte 10 Millionen Dollar für die Marc-Haas-Sammlung. In wirtschaftlicher Hinsicht kam Stanley Gibbons in den letzten Jahren häufiger negativ in die Schlagzeilen. Im Februar 1979 wurde die Firma von »Letraset« übernommen. Kurz danach kam ein weiterer Besitzwechsel. »Letraset« wurde im Oktober 1981 von der schwedischen Firma »Esselte« übernommen. Dieses Unternehmen hatte jedoch keinerlei Interesse am philatelistischen Betrieb und bot Stanley Gibbons auf dem offenen Markt an.

Die Firma gelangte in die Hände eines Konsortiums, dem auch die ehemaligen Direktoren angehörten. 1984 ging die Firma an die Börse für nicht registrierte Wertpapiere (USM = Unlisted Securities Market). Aufgrund eines Artikels in »The Sunday Times« brach diese Börsenphase zusammen. Clive Feigenbaum, einer der Direktoren, mußte sein Aktienpaket (56,84%) verkaufen. Erwerber wurde die »Ionian Securities«, eine Investitionsfirma, die das Aktienpaket so aufteilte, daß keiner der Besitzer mehr als 5% hielt.

Im Januar 1987 schuf die Londoner Börse den »Over-The-Counter Market«, und ab März wurden hier Stanley-Gibbons-Aktien gehandelt, die nun jedermann erwerben kann.

Geschichten rund um die Briefmarke

Jede Briefmarke hat ihre Geschichte. Sie ist in den meisten Fällen nicht gerade spektakulär, aber – und dies sollte bedacht werden – immer vorhanden. Wenn z. B. ein Gruß aus dem Urlaub verschickt und mit einer Briefmarke frankiert wird, verbindet der Urlauber damit Erinnerungen, und den Empfänger führt das Motiv in eine andere Welt.

Der Philatelist beginnt ebenfalls zu träumen, wenn er besondere Kostbarkeiten vor sich sieht, und er erinnert sich in manchen Fällen an die Begebenheiten, die mit einzelnen Ausgaben verbunden waren.

Die Briefmarken des Kaisers von Brasilien und die Postmeisterausgaben in den USA

Dom Petro, auch Peter II. genannt, Kaiser von Brasilien von 1831 bis 1889, war einer der ersten, der die neue Idee der Briefmarke in seinen Postdienst übernehmen ließ. Er ließ bei Perkins, Bacon & Co., London, Tiefdruckplatten gravieren. Gedruckt wurde in der kaiserlichen Münze in Rio. Zentrales Motiv der Marken waren die Zahlen 30, 60 und 90, den Postsätzen von 30, 60 und 90 Reis entsprechend. Die Zahlen waren von einem kunstvollen Liniengewirr, der Guilloche, umgeben. Eine Schrift befand sich auf der Marke nicht, also weder Landesbezeichnung noch Währung. (Siehe Farbtafel S. 71.)

Als die Marken am 1. August 1843 erschienen, wußten die Postbeamten, daß es sich um Wertzeichen zur Einziehung der Postgebühr handelte. Die Währung war den Postkunden bekannt und auch, daß sie sich in Brasilien befanden. Wozu, fragte sich die brasilianische Postverwaltung, sollen wir dies auf die Briefmarke drucken. Außer dieser Eigenart gab es für diese Briefmarken, die nach ihrem Aussehen »Ochsenaugen« genannt wurden, noch eine weitere: Auf den ersten brasilianischen Bogen befanden sich vierundfünfzig Marken, also sämtliche Werte der ersten Ausgabe, die Marken zu 30, 60 und 90 Reis in drei Gruppen zu je achtzehn Marken.

Etwa zur gleichen Zeit, als in Brasilien diese Marken erschienen, gaben in den Vereinigten Staaten bis zur Einführung allgemeiner Postausgaben die Postmeister der einzelnen Städte ihre eigenen Briefmarken heraus.

Sie werden heute von Liebhabern gesucht, und verschiedene existieren auf Brief in nur einem Exemplar.

Von den Sammlern dieser Marken werden vor allem in Amerika phantastische Preise gezahlt. Diese Raritäten interessieren aber in erster Linie nur den amerikanischen Liebhaber, und deshalb wollen wir davon nur ein Beispiel erwähnen. Es ist die Postmeistermarke von Millbury in Massachusetts, die 1846 erschien. Sie zeigt im Kreis, der die Worte »Post Office« und »Paid 5 Cts« enthält, den noch jugendlichen Kopf von George Washington. Die Marke ist im Holzschnitt ausgeführt. Mit dieser Marke existiert unter anderem ein Brief vom 7. Dezember 1846 an Miss Sarah Sibley in Oxford, Massachusetts. Ob es ein Liebesbrief ist oder eine Schneiderrechnung, wissen wir nicht, denn der Textteil ist abgetrennt.

Maskenball auf Mauritius

Es ist merkwürdig, nachdem in England bereits 1840 die ersten Briefmarken erschienen waren, daß es in den englischen Kolonien viele Jahre dauerte, bis diese Neuerung eingeführt wurde. Auf Mauritius war es eine Sache des Prestiges, daß für die Versendung der Einladungskarte zum Maskenball der Gattin des Gouverneurs, Lady Gomm, am 30. September 1847 Briefmarken benutzt wurden, die das Bild der englischen Königin zeigten. Denn die Herstellung dieser Marken kostete mehr als die ganzen Einnahmen für die Briefmarken. Den Auftrag, für die 1-Penny- und 2 Pence-Marke die Druckplatte zu gravieren, bekam der Uhrmacher Barnard in Port Louis. Er hatte wohl hin und wieder Visitenkarten graviert, war aber kein berufsmäßiger Graveur. Wenn die Marken auch nicht so schön wie das Londoner Vorbild wurden, so waren es doch Marken, mit denen sich die Kolonie sehen lassen konnte. Neben dem Kopfbild der Königin hatten die Marken oben das Wort »Postage« und unten den bezahlten Betrag eingesetzt. Rechts stand »Mauritius«, links waren die Worte »Post Office« zu lesen. (Siehe Farbtafel S. 71.)

Es wird gesagt, daß die Worte »Post Office«, die in korrekter Übersetzung nicht Postamt, sondern Postdienst bedeuteten, durch einen Irrtum des Graveurs Barnard auf die Marken gekommen sind. Man erzählt sich, daß Barnard die Marken bereits fertig graviert hatte und nur die linke Seite noch frei war, aber Barnard sich nicht mehr erinnern konnte, was er auf diese Seite zu gravieren hatte. Er machte sich deshalb auf, um den Postmeister zu fragen. Als er vor dem Postamt stand, fiel sein Blick auf die Tafel »Post Office«. Nun glaubte er sich zu erinnern, daß er »Post Office« auf die Marke zu gravieren hätte. Und so, schließt die falsche Lesebuchgeschichte, gravierte Barnard die Worte »Post Office« auf die Briefmarke.

Die Leute, die diese Geschichte verbreiten, wissen nicht, daß vor hundert Jahren die Worte »Post Office« Postdienst bedeuteten, auch Rowland Hill nannte ja seine berühmte Denkschrift »Post Office Reform«. Und warum sollte auf einer Briefmarke von Mauritius nicht »Postdienst« stehen, wenn auf vierzehn verschiedenen Marken der Vereinigten Staaten die gleichen Worte vorkamen. Niemand hat sie bis jetzt für Fehldrucke gehalten.

Barnard druckte also von seiner kleinen Platte 500 1-Penny-Marken in rotorange und 500 2-Pence-Marken in blau. Für das Gravieren der Platte und das Drucken der Marken bekam er zehn Pfund zehn Schilling. Das war mehr als die Portoeinnahmen der Post, die für die ganze Markenauflage nur sechs Pfund fünf Schilling betrugen. Diese Mauritius-Post-Office gehören heute zu den größten Raritäten, und es sind nur die reichsten Sammler, die Jagd auf sie machen können. Das war durchaus nicht so, als man anfing, diese Briefmarken zu sammeln.

Als im Jahre 1864 Madame Borchard, die Gattin eines Kaufmannes in Bordeaux, die Firmenpost ihres Gatten nach ausländischen Briefmarken durchsuchte, fand sie auch ein Exemplar der roten 1-Penny-Mauritius, das auf dem Brief ungestempelt geblieben war. In ihrem neuen Briefmarken-Vordruckalbum von Lallier aus

Paris war für eine solche Marke gar kein Platz vorgesehen. Sie riß also die Marke recht unordentlich vom Brief und tauschte sie mit Madame Desbois für zwei andere Marken, die den Vorteil hatten, im Album angegeben zu sein. Nachdem sie im Laufe der Jahre durch sechs weitere Hände gegangen war, gelangte sie 1923 zusammen mit einer blauen 2-Pence-Mauritius für 30 000 Dollar in die Hände Arthur Hinds, des amerikanischen Millionärs. Heute existieren weniger als 30 *Post Office-Mauritius* in der Welt, und wenn eine davon den Sammler wechselt, ist das eine Sensation, die in der Sammlerwelt für entsprechende Schlagzeilen sorgt.

Die Lady-McLeod-Briefmarke

Im April 1847 verkehrte ein neues Dampfschiff zwischen den beiden Haupthäfen der Insel Trinidad, der vor dem südamerikanischen Festland liegenden Insel. Das Schiff, die Lady McLeod, schaffte mit einer Dampfmaschine von 14 Pferdestärken Fracht, Passagiere und Post von Port of Spain nach San Fernando. Dabei gab es so viel Post, daß Kapitän David Bryce, der auch Eigentümer des 60-Tonnen-Schiffes war, am Posttag nicht genug Wechselgeld hatte, um allen Kunden bei der Bezahlung des Portos herausgeben zu können. Um diesem Übelstand abzuhelfen, ließ er Briefmarken drucken, die dann vorher in der Schiffsagentur für fünf Cent das Stück zu kaufen waren. Für gute Kunden gab es einen Discount, so konnten sie die Briefmarken für vier Dollar das Hundert beziehen und einen Dollar einsparen. Man kennt den Entwerfer und Drucker dieser Marken nicht, sie gehören aber zu den schönsten der frühen Briefmarken. Das *Dampfsegelschiff* Lady McLeod ist auf ihnen mit wehenden Flaggen und geblähten Segeln auf hoher See zu sehen. Aus dem Schornstein kommt eine kräftige Rauchfahne. Die untere Hälfte der Marke trägt die Initialen »LML«, die Abkürzung für den Namen des Schiffes, das nach der Gattin des britischen Insel-Gouverneurs benannt war. (Siehe Farbtafel S. 54.)

Nach dem Aufkleben auf den Brief wurden die blauen Marken zur Entwertung nicht besonders gut behandelt. In der Schiffsagentur, wo Feder und Tinte vorhanden waren, wurden sie mit einem dicken Federkreuz entwertet. Bei der Auslieferung auf dem Schiff selber hob man die Marke mit dem Fingernagel leicht vom Brief und riß eine Ecke ab.

Millionen Dreiecksmarken verschwunden

Vor langer Zeit, als es noch so wenige Briefmarken gab, daß auch die großen Sammler nicht daran dachten, sich auf ein Land zu spezialisieren, übten die Marken vom Kap der Guten Hoffnung durch ihre Dreiecksform eine besondere Faszination auf den Markenliebhaber aus. Eine Sammlung war ohne sie unvollkommen. (Siehe Farbtafel S. 54.)

Am Kap war 1852 ein Untersuchungsausschuß eingesetzt worden, der die Postverwaltung überprüfen sollte. Der Ausschuß stellte fest, daß die Einführung von Briefmarken eine wünschenswerte Verbesserung sei, die sobald wie möglich in die Tat umgesetzt werden sollte. In dem Bericht heißt es: »Um Irrtümer beim Sortieren oder Abstempeln von Briefen zu vermeiden, würden wir vorschlagen, Briefmarken in Form und Aussehen ganz verschieden von den englischen Briefmarken zu verwenden, so daß sie mit einem Blick unterschieden werden können. Wir würden ein Dreieck vorschlagen mit der Figur der Hoffnung in der Mitte und den Worten Postage, Four Pence, Cap of Good Hope im umgebenden Rahmen, alles auf einem maschinengravierten Feld, wie es in beiliegender Skizze zu sehen ist.«

Das Porto für Inlandsbriefe war schon einige Zeit früher auf vier Pence für die halbe Unze festgesetzt worden, das Zeitungsporto betrug ein Penny. Die Briefmarken sollten bei Perkins, Bacon & Co. in London gedruckt werden, wo auch der Prägestock von William Humphreys nach der Skizze von Charles Bell, dem Surveyor-General vom Kap der Guten Hoffnung, graviert wurde. Die Marken wurden bereits am 9. Mai 1853 geliefert, aber an das Publikum erst am 1. September ausgegeben.

Um den Verkauf der Marken zu fördern, wurden sie nicht nur am Postamt, sondern auch in kleinen Läden abgegeben. Die Verkäufer erhielten zweieinhalb Prozent Discount.

Im Januar 1860 wurden in London 1,2 Millionen 1-Penny-Marken und 1,44 Millionen 4-Pence-Marken bestellt. Die Lieferung wurde abgesendet und kam auch richtig am 15. Juni in Capetown an. Aber die Begleitpapiere gingen verloren, und die Union Steam Ship Co wußte nicht, was sie mit der Kiste anfangen sollte, und stellte sie ins Lagerhaus, wo sie mehr als ein Jahr später gefunden wurde.

Tips für posthistorisch interessierte Sammler

Wer posthistorisch interessiert ist, kann sich an folgende Gruppen wenden (siehe auch Anschriftenverzeichnis):

- *Bundesarbeitsgemeinschaft für Philatelie und Postgeschichte in Bayern e. V.*
- *Bundesarbeitsgemeinschaft für Postgeschichte und Philatelie in Hessen e. V.*
- *Arbeitsgemeinschaft Postgeschichte und Philatelie Mittelrhein e. V.*
- *Bundesarbeitsgemeinschaft Philatelistische Postgeschichte in Nordrhein-Westfalen e. V.*
- *Deutscher Altbriefsammler-Verein e. V.*
- *Poststempelgilde Rhein-Donau e. V.*

Mittlerweile war die Kap-Postverwaltung ohne Briefmarken. Sie mußte sich bemühen, so rasch wie möglich Marken in Capetown drucken zu lassen. Der Auftrag ging an Saul Solomon & Co. Diese Firma hatte eben neue Buchdruckmaschinen aufgestellt, und nach diesem Verfahren wurden die Briefmarken gedruckt. Es wurden Bleiklischees gegossen. Aber diese fielen so primitiv aus, daß die Marken in der Philatelie als Holzschnitt bezeichnet werden. Für diesen Druck wurden verschiedene Platten mit verschiedenen Klischees zusammengesetzt, so daß die Holzschnitt-Kap eine Wissenschaft für sich sind. Die Marken von den verschiedenen Platten blieben immer primitiv. Als die ersten Briefe mit diesen Marken nach England kamen, hielt sie die Post für Fälschungen. Erst als sich der Postdienst über den Grund und die Art der Herstellung informiert hatte, wurden die Marken anerkannt.

Im Mai des Jahres 1861 wurden endlich die richtigen Marken durch einen Hinweis von London im Lagerhaus von Capetown gefunden, sofort an die Postämter geliefert und zur Ausgabe gebracht.

Sieben Kronen für die seltenste Marke der Welt

Im Jahre 1885 kaufte der Briefmarkenhändler H. Lichtenstein in Stockholm alle Skilling-Marken aus dem Jahre 1855 und zahlte für die selteneren 3- und 24-Skilling-Marken sieben Kronen. Das hatte sich unter der Schuljugend bald herumgesprochen, und man begann, die Familienbriefschaften zu durchsuchen.

Als der Schüler G. W. Backman zu Weihnachten von Stockholm zu seiner Großmutter nach Boras fuhr, plagte er sie, ob nicht unter den Papieren seines verstorbenen Großvaters auch alte Briefe mit Marken wären. Er bekam eine Anzahl Briefe mit schönen Skilling-Marken. Auf einem gefalteten Briefpapier fand sich auch eine 3-Skilling in gelber Farbe. Als er nach Stockholm zurückkam, ging er mit seinen Marken zum Händler Lichtenstein, der interessierte sich gleich für die gelbe Marke, betrachtete sie unter der Lupe und murmelte, daß sie gelb sei. Der Schüler hatte schon Angst, daß er nicht seine sieben Kronen bekommen würde und fragte, ob die gelbe Farbe nicht in Ordnung wäre. Nein, sagte der Händler, die Marke müßte grün sein, aber er wäre trotzdem bereit, die sieben Kronen zu bezahlen.

Nicht lange danach berichtete die Zeitung *Svenska Dagbladet* über eine Briefmarkenausstellung, die von Herrn Lichtenstein organisiert war. In dieser war die Hauptattraktion eine schwedische 3-Skilling-Marke, die in gelb statt in grün gedruckt war. Es wurde betont, daß Herrn Lichtenstein bereits 300 schwedische Kronen geboten worden waren. Aber Herr Lichtenstein war nicht bereit, die Marke um diesen Preis zu verkaufen. Er rechnete damit, daß er eines Tages viel mehr dafür bekommen würde. Wie recht er damit hatte, zeigte sich, als der Händler Lichtenstein die Marke an den Wiener Briefmarkenhändler Friedl verkaufte, der ihm 4000 Gulden dafür bezahlte. Friedl hatte die Marke für Ferrari gekauft, in dessen Sammlung sie landete.

Das Guyana-Unikum

Zu Anfang des Jahres 1856 befand sich der Postmeister von Guyana in Schwierigkeiten. In Georgetown war das Schiff mit der bestellten Markensendung von Waterlow & Sons aus London nicht eingetroffen. Es mußten so schnell wie möglich selbst Marken gedruckt werden. Der Postmeister beauftragte die Herausgeber der *Official Gazette* Joseph Baum und William Dallas mit der Herstellung der Marken. Sie sollten die Beschriftung wie die bisherigen Marken haben und im Mittelpunkt ein Schiff zeigen.

Im Handsatz fielen die Marken etwas groß aus. Es mußte deshalb, um alles unterzubringen, Querformat gewählt werden. Man hatte aus Linien einen doppelten Rahmen gesetzt und zwischen den doppelten Linien *British Guiana, Postage* und die Wertbezeichnung untergebracht. Innerhalb des Rahmens brachte man das Motto der Kolonie *Damus Petimusque Vicissim* und eine Schiffszeichnung unter. Für die Schiffszeichnung stand ein Druckblock zur Verfügung, der die Liste der Schiffsankünfte geschmückt hatte. Dies bedeutete, nachdem man nur einen solchen Druckblock hatte, daß die Marken einzeln gedruckt werden mußten. Dies geschah dann auf einer kleinen Handpresse.

Die Order, nur 4-Cent-Marken zu drucken, scheint ziemlich früh gekommen zu sein, was man an der Anzahl der heute existierenden 1-Cent-Marken feststellen kann: Es ist eine einzige Marke.

Diese Marke wurde 1873 von einem kleinen Jungen in British Guyana gefunden. Er hatte gerade angefangen, Briefmarken zu sammeln und die alten Briefe seiner Familie nach Marken abgesucht. Auf einem von den Briefen fand er die 1-Cent-Marke aus dem Jahre 1856.

Sie war achteckig geschnitten und ziemlich schmutzig. Später versuchte er, sie zu verkaufen, um einige schöne ausländische Sätze erwerben zu können. Er bekam mit knapper Not sechs Schilling, und der Erwerber der Marke hielt sich noch für großzügig. In den nächsten Jahrzehnten wanderte die Marke von Hand zu Hand, bis sie bei Ferrari in der größten Sammlung der Welt landete. Ferrari scheint 3000 Mark dafür bezahlt zu haben.

Als die Sammlung Ferraris von der französischen Regierung versteigert wurde, erwarb sie der amerikanische Millionär Arthur Hind für 300 000 französische Franken. Die Marke wurde nach dem Tode Hinds weiterverkauft und ist heute gut über eine Million Mark wert.

Als die Postgebühren schneller als die Druckmaschinen liefen …

Ein besonderes Kapitel in der deutschen Postgeschichte ist zweifellos die Inflationszeit gewesen. Ein Kapitel, das einer eigenen Würdigung bedarf, hat doch auch jeder Sammler, selbst der Anfänger, Werte zu 800 000,– Mark oder gar 50 Milliarden Mark in seinem Album. Die Postgebühren veränderten sich sozusagen über Nacht. Marken mit überdruckten Wertbezeichnungen erwiesen sich innerhalb von wenigen Stunden nicht mehr als verwendbar, zumindest nicht in der eigentlich dafür vorgesehenen Verwendungsart (Einzelmarke für Briefporto usw.). Die Postgebühren liefen schneller als die Druckmaschinen …

Ja, das muß schon eine total verrückte Zeit gewesen sein damals, in den letzten Monaten des Jahres 1923 – die Zeit der Hochinflation. Selbst für Menschen von heute, denen das Wort Inflationsrate eine gewohnte Alltagsvokabel ist, die kaum noch eine Gänsehaut erzeugt, und die in den Massenmedien täglich von hohen, zweistelligen Inflationsraten in verschiedenen Ländern der Welt erfahren, ist jene schwere Krise völlig unvorstellbar.

Werfen wir einen Blick zurück in die Geschichte: Es war nicht die erste Inflation, von der in der Geschichte berichtet wird, diese rasende Geldentwertung des Jahres 1923. Die erste historisch belegte Inflation war die Silberinflation in Spanien im 16. Jahrhundert, verursacht durch die unvernünftige Ausbeutung der Silbervorkommen in der »Neuen Welt«.

Die erste Papiergeldinflation erlebte Frankreich in den Jahren 1719/1720 durch die von John Law verursachte Banknotenausgabe.

Law, schottischer Bankier, entwickelte die Theorie des Kreditgeldes. 1717 gründete Law die privilegierte »Compagnie d'Occident« für den Kolonialbesitz Frankreichs in Nordamerika. Die dafür ständig spekulativ ausgegebenen Aktien und Banknoten lösten die Inflation aus.

Weitere Inflationen gab es während der Französischen Revolution und im nordamerikanischen Unabhängigkeits- und Sezessionskrieg im vorigen Jahrhundert. Aber die Inflation des Jahres 1923 wird allgemein als größte Inflation in der Geschichte angesehen.

Natürlich stellt jedermann die Frage: »Wie kam es zu dieser gigantischen Inflation?« Die Ursachen sind natürlich im Ersten Weltkrieg zu suchen. Durch die Kriegsanleihen und durch das schnellere Laufenlassen der Notenpressen zur Deckung der Kriegskosten erhielt die Reichsmark den ersten Schlag. Der Außenwert der deutschen Währung betrug bei Kriegsende nur noch die Hälfte des Vorkriegswertes.

Der zweite Stoß für die deutsche Währung waren die unsinnig überzogenen Reparationsforderungen der damaligen Siegermächte, die sowohl Geldentschädigungen als auch Sachlieferungen umfaßten und damit nicht nur die Währung, sondern auch die gesamte Wirtschaft schädigten. Die Barzahlungen wurden 1921 auf insgesamt 132 Milliarden Goldmark festgelegt, zahlbar in 30 Jahren. Hinzu kamen die Ablieferung des Großteils der Handelsflotte sowie die Reparationslieferungen von 360 Millionen Tonnen Kohle und einer Vielzahl von Industrie- und Landwirtschaftserzeugnissen.

Im Versailler Vertrag waren bekanntlich außerdem noch Gebietsabtretungen im Osten und Westen und die Übertragung des Mandats über die ehemaligen Kolonien an den Völkerbund festgelegt worden. Zur Sicherstellung ihrer Forderungen hatten die Siegermächte das linke Rheinufer besetzt, davor lag eine entmilitarisierte Zone. Im März 1921 waren als Sanktionen für die Ablehnung der alliierten Reparationsforderungen durch Deutschland die Städte Düsseldorf, Duisburg und Ruhrort von Truppen der Siegermächte besetzt worden.

Den endgültigen Stoß schließlich brachte die Ruhrbesetzung. Am 11. Januar 1923 marschierten französische und belgische Truppen in das Ruhrgebiet ein. Anlaß für diese Besetzung war die nicht rechtzeitig erfolgte Reparationslieferung von rund 250 000 Telegrafenstangen, einigen hunderttausend Festmetern Holz und zwei Millionen Tonnen Kohle. Die damalige Reichsregierung beantwortete die Besetzung mit der Ausrufung des passiven Widerstandes, das heißt, sie forderte die Arbeitnehmer im Ruhrgebiet auf, die Anordnungen der Besatzungsbehörden nicht zu befolgen. Das hatte Massenausweisungen und riesige Arbeitslosenzahlen zur Folge. Das wiederum brachte die Wirtschaft des Ruhrgebietes nahezu zum Stillstand und den Staat in den Bankrott. Jeder Tag des Widerstandes hatte das Reich rund 40 Millionen Goldmark an Unterstützungen für die in den Generalstreik getretenen und ausgewiesenen Rhein- und Ruhrländer gekostet. Allein dafür mußten schließlich 30 Druckereien Tag und Nacht Banknoten und »Notgeld« drucken, um diesen Personenkreis mit dem nötigsten Geld zu versorgen. Hinzu kamen die verschiedensten Einnahmeausfälle. Die Inflation raste. Der Dollarkurs stieg vom Februar bis Dezember 1923 von 27 900 auf 4,2 Millionen Mark. Das ist eine Inflationsrate von 150 537,63% in zehn Monaten!

Die am 13. August 1923 ins Amt getretene Reichsregierung unter Führung von Stresemann und der von ihm berufene Währungskommissar Dr. Hjalmar Schacht brachten schließlich das Ende der Inflation. Mit Hilfe von Sondergesetzen der Reichsregierung gründete Schacht am 15. Oktober 1923 die Deutsche Rentenbank. Sie wurde einen Monat später eröffnet und war für die Ausgabe der neuen Währung, der Rentenmark, zuständig, die ab 1. Dezember 1923 galt. Per Verordnung wurden eine Billion Papiermark einer Rentenmark gleichgesetzt. Ein einziger neuer Pfennig war also 10 Milliarden alter Mark wert! In der gleichen Verordnung wurden 4,2 Millionen Papiermark einem Dollar gleich gewertet und damit auch ein internationaler Bezugsrahmen gesetzt.

Eine Billion ist sehr schwer zu veranschaulichen. Zwar kann man sagen, daß 1 Billion 1000 Milliarden hat, also eine 1 mit 12 Nullen dahinter ist. Aber was heißt das schon? 1000 Tausendmarkscheine (also 1 Millionen Mark) sind aufeinandergelegt etwa 10 Zentimeter hoch. 1 Billion ist 1 Million mal

1 Million. Oder auf unser Beispiel übertragen gäbe es 1 Million mal einen 10-cm-Stapel! Fixe Denksportler haben es schnell heraus: Aufeinandergelegt ergäbe das einen 100 Kilometer hohen Turm!

Es ist wohl klar, daß das Leben damals sehr schwer war. Zeitgenossen, die das noch selbst miterlebt haben, erzählen darüber Episoden, von denen eine unwahrscheinlicher klingt als die andere, die aber allesamt wahr sind: Am Tage der Ernennung Schachts zum Währungskommissar im September 1923 kostete 1 Ei 45 Millionen Mark, 1 Pfund Margarine 800 Millionen Mark und 1 Pfund Butter 1,5 Milliarden. Ein paar Wochen später, Ende November 1923, kostete 1 Schachtel Streichhölzer 5 Milliarden, 1 Brot 200 Milliarden und 1 Liter Milch 300 Milliarden. Lohn wurde täglich ausbezahlt und man mußte das Geld sofort umsetzen, weil das Brot im wörtlichen Sinn von Laden zu Laden teurer wurde. Nur war längst nicht immer alles zu kaufen.

Erschütternd sind zeitgenössische Überlieferungen, nach denen kleine Kinder morgens keine Milch und kein warmes Frühstück erhielten; nach denen Schüler wegen Mangels an Kleidung und Schuhen vom Schulbesuch zurückgehalten wurden; nach denen in Berliner Kleingartengebieten Polizeistreifen gegen Plünderer patroullierten; nach denen in Düsseldorf ganze Straßenzüge ausgeraubt waren; nach denen zum Schutz vor Plünderern in den Schaufenstern von Geschäften Schilder mit der Aufschrift prangten »Inhaber dieses Ladens ist Mitglied des Ausschusses für die Unterstützung Erwerbsloser«; nach denen schließlich Wagen, die Lebensmittel in die Städte bringen sollten, überfallen und ausgeraubt wurden.

Doch national wie international faßte man schnell Vertrauen zu der neuen Rentenmark. Sie war durch Zwangshypotheken in einer Gesamthöhe von 3,2 Milliarden Rentenmark abgesichert, mit denen die Unternehmen der deutschen Industrie, der Landwirtschaft und des Handels belegt wurden. Dieses Vertrauen führte dann zu einer kurzen Periode der Stabilität, die als »die goldenen Zwanziger« nostalgisch verbrämt ist und die mit dem »Schwarzen Freitag« an der New Yorker Börse am 29. Oktober 1929 wieder jäh gebremst wurde.

Philatelistisch gesehen, bildet diese Zeit geradezu ein Idealgebiet für Sammler, sozusagen eine »Hohe Schule der Philatelie«. Hier sind nicht nur die Marken, sondern noch viel mehr die Belege bedeutungsvoll, ohne die keine Infla-Sammlung – so kürzen die Philatelisten das Wort Inflation ab – denkbar wäre. Aber auch Gesichtspunkte der Herstellung, wie Papier, Druck, Überdruck, Wasserzeichen, Gummi, Farben oder Trennungsart, spielen bei der Beurteilung eine erhebliche Rolle.

Zeitpunktmäßig könnte man den 1. Oktober 1919 als den Beginn einer Inflationssammlung festsetzen. Bis zum 30. September 1919 nämlich galt immer noch der Posttarif des am 1. Oktober 1918 eingeführten zweiten Kriegszuschlages. Nach ihm kostete eine Fernpostkarte 10 und ein Fernbrief 25 Pfennige. Und dann ging es stetig aufwärts, zunächst langsamer und dann rasend schnell. Die Gebühren für die gebräuchlichsten Postsendungen änderten sich zum Schluß fast wöchentlich. Sie sind in der Tabelle zur leichteren Übersicht zusam-

mengefaßt, so daß sich langatmige Ausführungen erübrigen.
Die Gebührentabelle ist gerade bei Infla-Belegen besonders wichtig, ist sie doch ein Mittel, um die gerade hier vorhandene Mache von echten Belegen zu unterscheiden, denn Infla-Belege sind begreiflicherweise rar.
Am 1. Dezember kamen Briefmarken in der neuen Rentenwährung heraus. Sie konnten mit den vorhandenen Infla-Marken in Mischfrankatur verwendet werden, da diese erst mit Ablauf des Jahres 1923 ungültig wurden. Dieser Termin wäre damit auch das zeitliche Ende einer Infla-Sammlung. Was die Marken betrifft, rechnet man die MICHEL-Nummern 105 bis 337 zu den Infla-Marken (das sind die am 1. Mai 1919 erschienenen Germania-Überdruckmarken mit Zuschlägen zugunsten der Kriegsbeschädigten, die MICHEL-Nr. 337 ist die 10-Milliarden-Überdruckmarke auf 100 Millionen, die am 16. November 1923 herausgegeben wurde).
Einige Besonderheiten sind zu erwähnen. Da die Portoerhöhungen sehr rasch aufeinanderfolgten, kam die Reichsdruckerei mit dem Drukken neuer Marken nicht mehr nach. Sie behalf sich mit Überdrucken nicht mehr zu verwendender Marken. Doch auch das schaffte sie im Laufe der Zeit nicht mehr. Denn neben dem Markendruck hatte die Reichsdruckerei auch noch die Banknotenherstellung und den Druck von Steuer- und Versicherungsmarken zu bewältigen.
Die Belastung der Reichsdruckerei schilderte der damalige Reichsbankdirektor Rudolf Havenstein in einer öffentlichen Erklärung im August wie folgt: Täglich seien zahlreiche Geldtransporte von Berlin in die Provinzen unterwegs, um die Banken mit Geld zu versorgen, man habe in der letzten Zeit für diese Transporte sogar Luftfahrzeuge eingesetzt. Schließlich zog man sowohl für den Noten- als auch für den Briefmarkendruck private Druckereien heran.
So wurden im September 1923 elf Oberpostdirektionen im unbesetzten Gebiet beauftragt, bei ihnen noch vorrätige Markenbestände bei privaten Druckereien mit den neuen Nennwerten überdrucken zu lassen. Die Reichsdruckerei lieferte nur noch die Druckplatten für diese Überdrucke, manchmal auch noch unüberdruckte Bogenbestände.
Als auch das noch nicht reichte, ließ die Post die Barfrankierung wieder zu. Diese wurde handschriftlich oder mit dem Stempel »Gebühr bezahlt« in variierenden Formen durchgeführt. Auf Auslandspost lautete der Vermerk »Taxe percue« oder »Taxe payée«. Aus dieser Barverrechnungsanweisung leiteten mehrere Postämter das Recht zur Herstellung eigener, lokaler Gebührenzettel ab, so beispielsweise verschiedene Berliner Ämter, Breslau, Charlottenburg, Krefeld, Dresden, Karlsruhe, Leipzig, Pirna usw.
Doch damit nicht genug: Eine weitere Notmaßnahme wurde wegen Überlastung der Reichsdruckerei notwendig. In der Zeit vom 26. November bis zum 30. November 1923 sah sich die Post wegen Markenmangels gezwungen, die für den Postgebrauch nötigen Marken zum vierfachen Nennwert abzugeben und anzunehmen. Eine 20-Milliarden-

Eingeschriebener Brief mit Infla-Frankatur von der Postwertzeichen-Ausstellung in Berlin 1922. Adressat ist Major Hans von Rudolphi, der zwölf Jahre später, 1934 in Danzig, den Tag der Briefmarke anregte.

Postgebühren während der Inflation vom 1. 10. 1919 bis zum 31. 12. 1923 für die häufigsten Postsendungen (Abkürzungen: Pf = Pfennig, Mk = Mark, Td = Tausend Mark, Mio = Millionen Mark, Mrd = Milliarden Mark)

Gebühren-festsetzung	Drucksache bis 25 g	Orts-postkarte	Fern-postkarte	Ortsbrief bis 20 g	Fernbrief bis 20 g
1. Okt. 1919	5 Pf	10 Pf	15 Pf	15 Pf	20 Pf
6. Mai 1920	10 Pf	30 Pf	30 Pf	40 Pf	40 Pf
1. Apr. 1921	15 Pf	30 Pf	40 Pf	40 Pf	60 Pf
1. Jan. 1922	50 Pf	75 Pf	125 Pf	125 Pf	200 Pf
1. Juli 1922	75 Pf	75 Pf	150 Pf	200 Pf	300 Pf
1. Okt. 1922	150 Pf	150 Pf	3 Mk	2 Mk	6 Mk
15. Nov. 1922	2 Mk	3 Mk	6 Mk	4 Mk	12 Mk
15. Dez. 1922	5 Mk	5 Mk	15 Mk	10 Mk	25 Mk
15. Jan. 1923	10 Mk	10 Mk	25 Mk	20 Mk	50 Mk
1. Mrz. 1923	20 Mk	20 Mk	40 Mk	40 Mk	100 Mk
1. Juli 1923	60 Mk	60 Mk	120 Mk	120 Mk	300 Mk
1. Aug. 1923	200 Mk	200 Mk	400 Mk	400 Mk	1 Td
24. Aug. 1923	4 Td	4 Td	8 Td	8 Td	20 Td
1. Sept. 1923	15 Td	15 Td	30 Td	30 Td	75 Td
20. Sept. 1923	50 Td	50 Td	100 Td	100 Td	250 Td
1. Okt. 1923	400 Td	400 Td	800 Td	800 Td	2 Mio
10. Okt. 1923	1 Mio	1 Mio	2 Mio	2 Mio	5 Mio
20. Okt. 1923	2 Mio	2 Mio	4 Mio	4 Mio	10 Mio
1. Nov. 1923	20 Mio	20 Mio	40 Mio	40 Mio	100 Mio
5. Nov. 1923	200 Mio	200 Mio	500 Mio	500 Mio	1 Mrd
12. Nov. 1923	2 Mrd	2 Mrd	5 Mrd	5 Mrd	10 Mrd
20. Nov. 1923	4 Mrd	4 Mrd	10 Mrd	10 Mrd	20 Mrd
26. Nov. 1923	16 Mrd	16 Mrd	40 Mrd	40 Mrd	80 Mrd
1. Dez. 1923	30 Mrd	30 Mrd	50 Mrd	50 Mrd	100 Mrd

Marke beispielsweise war während dieser Zeit 80 Milliarden Mark wert. Ein Ortsbrief beispielsweise, der 40 Milliarden kostete, war nur mit einer 10-Milliarden-Marke frankiert. Wohl verständlich, daß von den riesigen Mengen gedruckter Infla-Marken nur ein geringerer Teil bedarfsmäßig gebraucht und noch weniger portogerecht verwendet wurde. Deshalb sind gestempelte Infla-Marken naturgemäß seltener als postfrische. Das wiederum ist der Grund für zahllose Gefälligkeitsentwertungen während der Gültigkeitsdauer der Infla-Marken (häufiges Kennzeichen: Originalgummi noch vorhanden) oder zu Abstempelungen mit rückdatierten Stempeln nach Ablauf der Markengültigkeit. Natürlich wurden auch falsche Ganzbelege auf diese Weise produziert. Darum sollte man Infla-Raritäten nur geprüft sammeln. Bei den Infla-Marken denkt man landläufig immer nur an die Marken des Deutschen Reiches. Aber auch die Marken von Bayern und Württemberg gehören in dieses Sammelgebiet. Diese beiden altdeutschen Staaten verloren nämlich erst am 31. März 1920 ihre Posthoheit, und für die Gültigkeit ihrer Marken gab es noch Nachfristen. Weiter muß auch auf die Dienstmarken hingewiesen werden, für die die Inflationsportosätze natürlich auch galten. Der Vollständigkeit halber sei noch vermerkt, daß auch andere deutsche und europäische Gebiete von der Inflation nicht verschont blieben und ebenfalls Inflationsmarken herausgaben. An deutschen Gebieten wären hier vor allem Memel, Saar und besonders Danzig zu nennen. An anderen europäischen Staaten müßte man Österreich, Polen und Ungarn erwähnen.

Nicht von Pappe

Seit dem Erscheinen der ersten Briefmarken im Jahre 1840 bis zum Jahre 1955 stand es außer Frage: Briefmarken werden aus Papier hergestellt. Dieser Grundsatz wurde auch in Notzeiten durchgehalten, als Papier ein knapper Rohstoff war und deshalb auch auf Bestände zurückgegriffen werden mußte, die eigentlich gar nicht für den Postwertzeichendruck bestimmt waren, wie zum Beispiel einseitig bedruckte Geldscheinbogen, Rückseiten von Landkarten, Zigarettenpapierbahnen, Brotkartenpapier, liniertes Schreibpapier usw.
Ungarn blieb es vorbehalten, zum »Internationalen Buntmetallkongreß 1955« in Budapest eine Sondermarke auf eine 0,009 mm dünne Aluminiumfolie zu drucken (MICHEL-Nr. 1449). Mit dieser Marke begann ein Reigen von Metallbriefmarken, wobei außer Aluminiumfolie, die auch die UdSSR verwendete (MICHEL-Nr. 2540, 2541 usw.), Stahlfolie (Bhutan), Silberfolie und sogar Goldfolie (zum Beispiel Dahomey – heute Benin –, Gabun, Kamerun, Mauretanien, Niger, Obervolta, Tschad, Republik Kongo, Haiti, Arabische Republik Yemen usw.) Verwendung fanden. Der Staat Bhutan ließ sogar Briefmarken aus Pappe und Briefmarken in Schallplattenform (abspielbar) herstellen. Gabun druckte auf hauchdünnem Furnier des Okoume-Baumes, also auf Holz, das rückseitig eine Selbstklebeschicht mit abziehbarer Schutzfolie trägt, zum 22. Jahrestag der Unabhängigkeit dieses afrikanischen Staates im Jahre 1982 einen Block.
Auch aus deutschen Landen gibt es derartiges zu berichten: Die DDR würdigte 1963 die Rolle der Chemie und verwendete für den Block 18 Derongewebe, einen in der DDR gefertigten Kunststoff.
Derlei Erscheinungen sind freilich nichts anderes als Skurrilitäten, die nur für Philatelisten geschaffen werden und mit praktischen Gegebenheiten des Postbetriebes unvereinbar sind.

Postwertzeichen – Druckkunst im Kleinformat

Über Geschmack läßt sich bekanntlich nicht streiten. Das gilt natürlich auch für die Briefmarkengestaltung. Nicht selten stoßen die Sujets auf die Kritik der Sammler, wohingegen die »normalen« Postbenutzer diesem Thema reserviert gegenüberstehen.
Wer sich näher mit Briefmarken befaßt, wird bald erkennen, daß einzelne Postverwaltungen ihren individuellen Stil entwickelt haben. Die Skala reicht von der abstrakten Lösung bis hin zum farbenprächtigen naturalistischen Motiv.
In jedem Land wird ein anderer Weg beschritten, bis ein Postwertzeichen an die Schalter gelangt. Die Deutsche Bundespost läßt durch den Programmbeirat die Themen festlegen, wobei der jeweilige Bundespostminister Änderungen vornehmen kann. Er hat immer das letzte Wort!
Ist das Ausgabeprogramm festgelegt, werden Graphiker aufgefordert, die ausgewählten Themen für ein Postwertzeichen zu gestalten bzw. umzusetzen. Über die eingereichten Vorschläge und graphischen Lösungen entscheidet der Kunstbeirat der Deutschen Bundespost.
Entscheidend für die Gestaltung einer Marke sind mehrere Kriterien. Von besonderer Bedeutung ist das Druckverfahren. Briefmarken können im *Buchdruck*, im *Stichtiefdruck*, in *Rastertiefdruck*, im *Offsetdruck* oder im *kombinierten Stichtief-/Offsetdruckverfahren* hergestellt werden. Es würde zu weit gehen, alle Verfahren in den Einzelheiten zu erläutern, zumindest einige kurze Angaben sind aber gewiß von Interesse (sämtliche Abbildungen Farbtafel S. 72).

So »wirklich« können Marken sein

Der Nürnberger Graphiker Heinz Schillinger gestaltete die Jugendmarken 1987, Ausgaben Deutsche Bundespost und Deutsche Bundespost Berlin. Er besuchte die Handwerker vor der Markengestaltung mit der Kamera und führte dann den Fotografien den »modernen« Teil der Ausgabe aus.

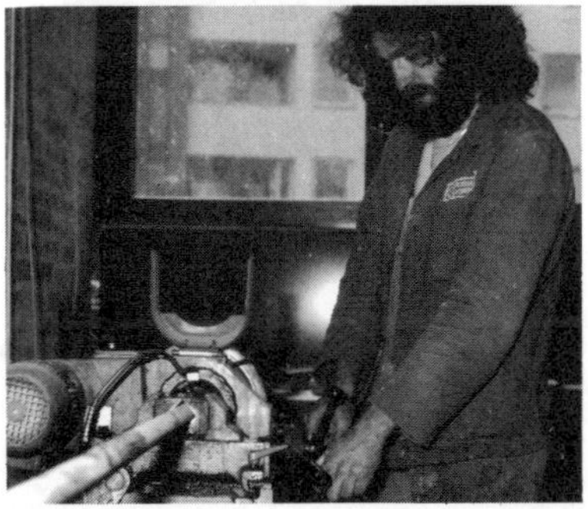
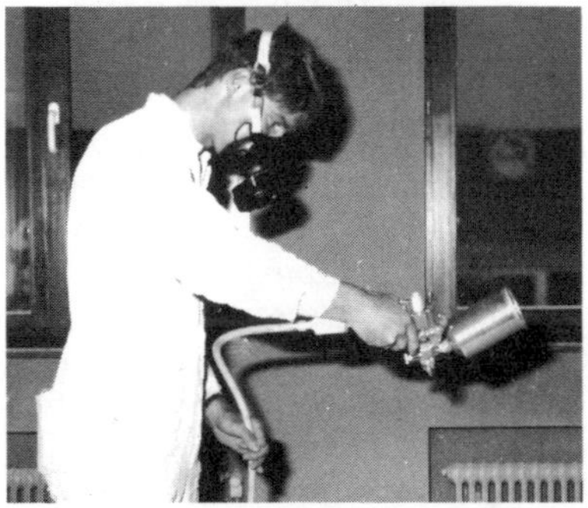

Buchdruck
Das älteste Druckverfahren für die Herstellung deutscher Postwertzeichen wurde schon für die erste deutsche Marke, den »Schwarzen Einser« von Bayern angewendet. Die Deutsche Bundespost stellte insbesondere Rollenmarken-Dauerserien und Postwertzeichen für Markenheftchen im Buchdruck her.

Stichtiefdruck
Diese Marken zeichnen sich durch eine sehr feine Linienführung und scharfe Konturen im Markenbild aus. Der »Stich« wird vom Sammler schnell erkannt, weil er auf dem Briefmarkenpapier ein leichtes Farbrelief fühlt. Beispiele für dieses Verfahren sind: Albert Schweitzer (Bundesrepublik Deutschland MICHEL-Nr. 830) und Dr. Erich Klausener (Deutsche Bundespost Berlin MICHEL-Nr. 719).

Rastertiefdruck
Erstmalig wurde dieses Verfahren im Jahre 1965 bei den Ausgaben zur Verkehrsausstellung in München (Bundesrepublik Deutschland MICHEL-Nr. 468–474) eingesetzt. Die Farbe wird aus Vertiefungen im Druckzylinder an das Papier abgegeben. Im Gegensatz zum Buch- und Offsetdruck drucken die tiefer liegenden Stellen. Vier Merkmale bestimmen dieses Verfahren:

- Tonwerte können von hell bis dunkel übergangslos wiedergegeben werden.
- Glatte Flächen wirken leicht geperlt.
- Farbdrucke können sehr farbintensiv sein.
- Schriftzeichen sind wegen der Rasterung des Druckbildes nicht konturenscharf.

Offset- und Offset-Stichtiefdruck
Der Offsetdruck ist ein Flachdruckverfahren, bei dem druckende und nichtdruckende Elemente praktisch in einer Ebene liegen. Dabei nehmen die druckenden Teile der Form die Farbe an und stoßen das Wasser ab. Die nichtdruckenden Elemente reagieren genau entgegengesetzt. Das Offsetdruckverfahren ist ein chemisch-physikalisches Verfahren, das auf der Wechselwirkung zwischen Fett und Wasser beruht. Beispiel: Deutscher Katholikentag (Bundesrepublik Deutschland MICHEL-Nr. 977) und Eduard Gaertner (Deutsche Bundespost Berlin MICHEL-Nr. 542). Wer sich näher und intensiver mit den Druckverfahren befassen will, kann bei der Bundesdruckerei die »Information über die Briefmarkenherstellung« anfordern (siehe Anschriftenverzeichnis).

DEM SAMMELN SIND KEINE GRENZEN GESETZT

Organisationen

Wie in jedem Bereich des täglichen Lebens verfügen sowohl Sammler als auch Berufsphilatelisten, wie sich die Händler so schön nennen, über eigene Organisationen. Man begegnet dabei immer wieder Kürzeln, die nicht von allen Sammlern richtig eingeordnet werden können.

BDPh – Bund Deutscher Philatelisten

Philatelisten, die vorwärtskommen wollen, streben die Zugehörigkeit zu einer Sammlergemeinschaft an. Gegenseitige Hilfe, Erfahrungsaustausch und sachverständige Anleitung auf allen Sammelgebieten geben den Mitgliedern ständig neue Anregungen und helfen mit, philatelistisch wertvolle Sammlungen anzulegen.

Die Sammlervereine im Bund Deutscher Philatelisten e. V. bieten ihren Mitgliedern echte Vorteile. Zum Beispiel:

- Informations- und Erfahrungsaustausch unter aufgeschlossenen Sammlern.
- Günstige Tauschmöglichkeiten an den regelmäßigen Vereinsabenden und Tauschtreffen.
- Ermäßigte Eintrittsgebühren bei Ausstellungen und Veranstaltungen des BDPh.
- Sechsmal im Jahr Zusendung der Verbandszeitschrift »philatelie« frei Haus! Mit jährlich einem »Block-Gedenkblatt« als Jahresgabe.
- Kataloge, Fachzeitschriften und oft auch Spezialliteratur sowie Prüfgeräte zur kostenlosen Nutzung und Ausleihe.
- Rundsendedienste und günstige Bezugsmöglichkeiten für Neuausgaben zur Komplettierung der Sammlung.
- Warnung vor Fälschungen und Teilnahme am Sammlerschutz des BDPh.
- Gezielte Tips und sachverständiger Rat für den philatelistisch wertvollen Aufbau der eigenen Sammlung.

Für Mitglieder besteht weiterhin die Möglichkeit, sich den mehr als 150 Forschungs- und Arbeitsgemeinschaften des BDPh anzuschließen, an den zahlreichen geselligen und gesellschaftlichen Veranstaltungen des BDPh, seiner Landesverbände und Vereine teilzunehmen sowie eine Vielzahl weiterer Vorteile zu nutzen!

(Quelle: Handbuch Philatelie; mit Genehmigung der Bundesstelle Öffentlichkeitsarbeit)

APHV – Bundesverband des Deutschen Briefmarkenhandels

Händler, die heute in ihren Anzeigen den Zusatz »APHV-Mitglied« verwenden oder in ihren Schaufensterauslagen mit einem 1978 geschaffenen Signet werben, verdienen das Vertrauen der Käufer. Man kann nahezu sicher sein, daß man bei Mitgliedern dieses Verbandes sorgfältig und ausreichend beraten wird und zudem durchweg mängelfreie Ware erhält. Zudem hat der Verband die Möglichkeit, alle Händler seines Verbandes zu beobachten. Sollte einmal der Fall eintreten, daß ein Käufer mit der erworbenen Ware nicht einverstanden ist, so kann er bei berechtigten Reklamationen mit Hilfe des Verbandes erreichen, daß die Marken umgetauscht werden oder voller finanzieller Ersatz geleistet wird.

Für den APHV ist es seit jeher oberstes Gebot, nur korrekte Geschäftsleute in den eigenen Reihen zu haben.

Es ist ratsam, immer auf das APHV-Zeichen zu achten. Man kann behaupten, daß dies ein Markenzeichen für zuverlässige Bedienung darstellt. Wenn Sie einen dem Verband angeschlossenen Händler in Ihrer Nähe in Erfahrung bringen wollen, wenden Sie sich an den APHV.

Altdeutsche Spezialitäten aus Baden: ▶

6 Kreuzer blaugrün, die normale 6-Kreuzer-Marke auf Brief mit Aufgabestempel FREIBURG 18. Mai 1851 nach Karlsruhe. (oben)

9 Kreuzer blaugrün, der Farbfehldruck mit Aufgabestempel ORSCHWEIER 20 JUL (18)51 auf Brief nach Karlsruhe. Im Besitz des Bundespostmuseums, Frankfurt am Main. (Mitte)

9 Kreuzer blaugrün, der Farbfehldruck auf Brief mit Aufgabestempel ETTENHEIM 25 AUG (1851) auf Brief nach Karlsruhe. Verkauft bei Heinrich Köhler anläßlich der 1. Boker-Auktion am 16. März 1985 für DM 2 300 000,– (excl. Aufgeld). (unten)

FREIBURG
18.Mai.
Freimarke
6

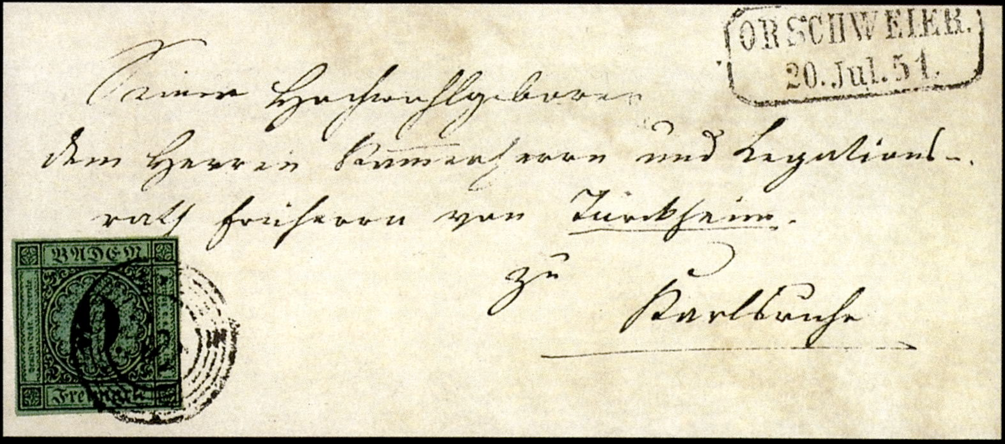
ORSCHWEIER.
20.Jul.51.
BADEN
9

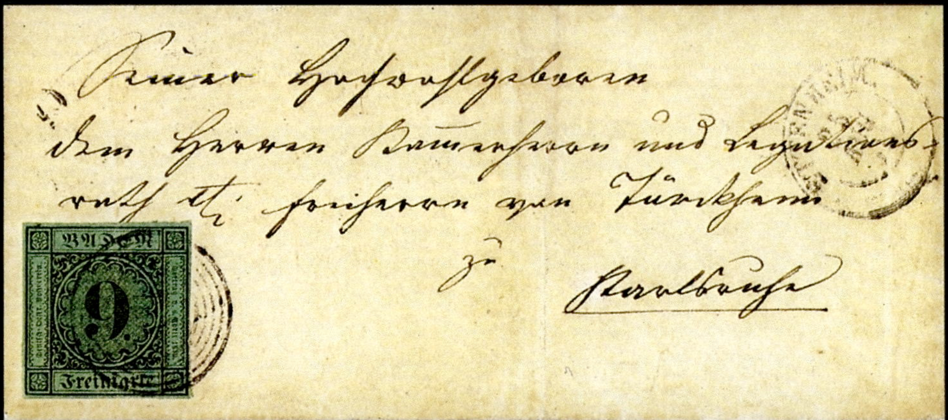
BADEN
9.
Freimarke

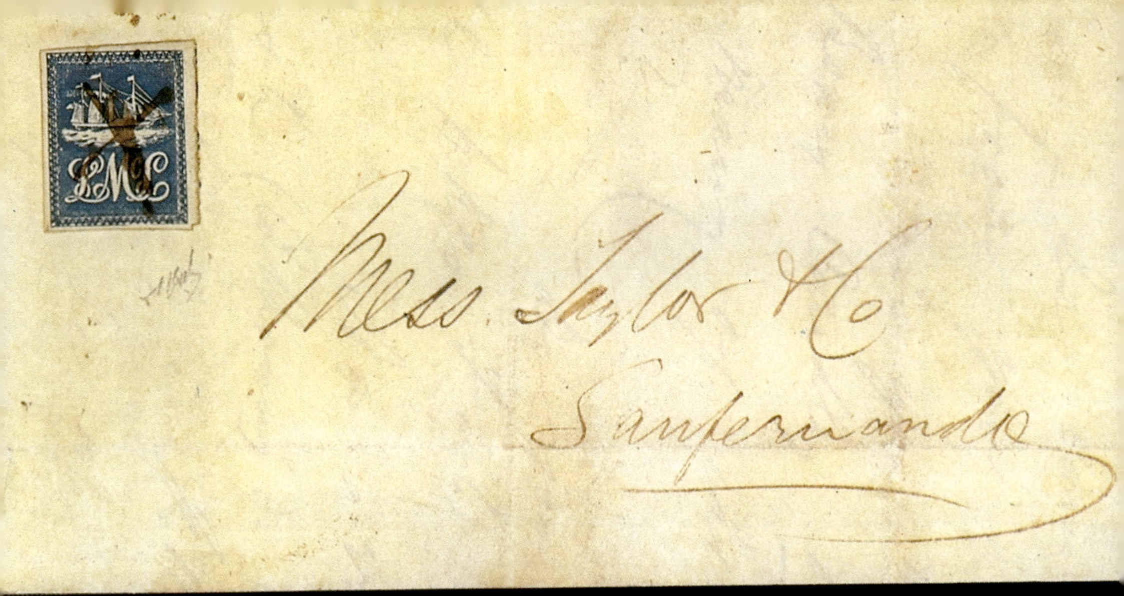

POSTAGE
CAPE OF GOOD HOPE
ONE PENNY

ONE SHILLING
POSTAGE
CAPE OF GOOD HOPE

Tip für Anfänger

Die *Philatelistische Akademie Bayern e. V.* bietet Kurse für Anfänger an. Interessenten können hier solide Grundkenntnisse erwerben (siehe Adressenanhang).

Das richtige Zubehör

Eine Briefmarkensammlung kann nur dann richtig aufgebaut, geordnet, bewertet und nicht zuletzt gepflegt werden, wenn man das richtige Zubehör besitzt. Wer seine »Schätze« in der Zigarrenkiste aufbewahrt, sie zwischen alten Zeitschriften ablegt oder sie in Tassen und Tellern, dazu in feuchten Räumlichkeiten hortet, wird nicht lange Zeit Freude daran haben. Es ist deshalb notwendig, das richtige und notwendige Zubehör von Anfang an zu benutzen. Diese Ausgaben sollten auf keinen Fall eingespart werden. Es bringt mit Gewißheit Ärger und Verdruß mit sich.

◄

Trinidad: Lady McLeod auf Brief. Auch für Motivsammler zum Thema »Schiffe und Schiffahrt« eine begehrte Rarität. Ex CORINPHILA-Auktion, März 1984 Zürich. (oben)

1860 wurden erstmals für das Kap der Guten Hoffnung, Südafrika, dreieckige Briefmarken gedruckt, die sich in Form und Aussehen von den englischen Briefmarken unterscheiden sollten. (unten)

Zur Grundausstattung zählen:

- Lupe
- Pinzette
- Wasserzeichensucher
- Zähnungsschlüssel
- Einsteck- oder Falzlosalbum
- Katalog
- Analysenlampe

Lupe

Auf dem Markt werden Lupen unterschiedlicher Qualität in verschiedenen Preislagen angeboten. Es muß wirklich nicht gleich eine Lupe angeschafft werden, die eine 50fache Vergrößerung garantiert. Eine Lupe bis zur 15fachen Vergrößerung ist empfehlenswert.

Pinzette

Hier sollte immer darauf geachtet werden, daß eine spezielle Briefmarkenpinzette gekauft wird. Ungeeignet sind Produkte, die an ihrer Spitze scharfkantig und nur dem Arzt hilfreich sind, wenn er einen Splitter entfernen will. Briefmarkenpinzetten kosten zwischen 2,– und 5,– DM.

Wasserzeichensucher

Wahrscheinlich der preiswerteste Zubehörartikel der Grundausstattung. Eine schwarze Schale, in die man Marken einlegt (mit dem Rükken nach oben). Durch wenige Tropfen Feuerzeug- oder gereinigtes (Wund-)Benzin wird das Wasserzeichen der betreffenden Marke sichtbar (kein Auto-Benzin verwenden). Vorsicht bei benzinempfindlichen Postwertzeichen (Angaben in Katalogen immer beachten).
Empfehlenswert sind elektrische Wasserzeichensucher, hier besonders das Signoscope der Firma SAFE. Der Fachhändler stellt es gerne vor.

Alben

Wer mit dem Sammeln beginnt, sollte anfangs ein Einsteckbuch verwenden oder sich gleich für ein Falzlos-System entscheiden, das mehrere Firmen anbieten (siehe hierzu die Übersicht im Anschriftenverzeichnis). Beim Einsteckalbum ist unbedingt darauf zu achten, daß die verwendete Folie »weichmacherfrei« ist, da sonst die Marken nach längerer Lagerung angegriffen werden. Für den Individualisten, der seine Albenseiten selbst gestalten will, gibt es mittlerweile eine weite Palette von vordrucklosen Blättern. Dies bietet die Möglichkeit, auch Briefe und Postkarten oder Abarten mit in die Sammlung zu integrieren, was bei Vordruckalben nicht möglich ist, da diese nur die Katalog-Hauptnummern beinhalten. Da die einzelnen Systeme der Firmen in sich geschlossen sind, läßt sich auch ein Vordruckalbum durch vordrucklose Blätter ergänzen.

Zähnungsschlüssel

Mehrere Varianten aus unterschiedlichen Materialien sind auf dem Markt. Empfehlenswert sind die aus

Wer liefert was?

Zubehör	Borek	DAVO	KA-BE	Kobra	Kronen	Leucht-turm	Lindner	MICHEL[1])	Prinz	SAFE	Schau-bek
Auswahlhefte			×	×			×				×
Bogen-Alben			×	×		×	×			×	
Einsteckbücher	×		×	×	×	×	×		×	×	
Ersttagsblattalben			×	×	×	×	×		×	×	
Fadenzähler						×					
Farbenführer								×			
FDC/Brief-Alben		×	×	×	×	×	×		×	×	
Fehllistenblocks								×			
Jahrgangsbücher-Kassetten					×					×	
Einstecktaschen						×	×		×	×	
Leuchtlupen			×			×	×		×	×	×
Marken-Prüfgerät								×		×	
Marken-Steckbox			×	×			×		×	×	
Mikroskope							×		×		
Philatelisten-Set (Grundausstattung)										×	
Pinzetten			×		×	×	×		×	×	×
Postkarten-Alben			×	×	×		×			×	
Prüfgeräte elektrisch										×	
Prüflampen			×			×		×	×	×	×
Ring-/Klemmbinder	×	×	×	×	×	×	×	×	×	×	×[2])
Schneidegeräte						×	×		×	×	

Zubehör	Borek	DAVO	KA-BE	Kobra	Kronen	Leuchtturm	Lindner	MICHEL[1])	Prinz	SAFE	Schaubek
Trockenbuch			×	×	×	×	×				×
Vordrucklose Albenblätter	×	×	×	×	×	×	×	×	×	×	×
Zähnungsschlüssel			×			×		×		×	

Die Firma Hawid bietet für alle Markengrößen Klemmtaschen sowie Schneidegeräte an.
[1]) MICHEL bietet zusätzlich ein Fehl- und Bestandslistenprogramm für Computer an. – [2]) Schaubek bietet zusätzlich Schraubbinder an.

Metall oder Plastikfolie. Dieser Zubehörartikel ist besonders wichtig, wenn es gleiche Markenausgaben mit unterschiedlichen Zähnungen gibt. Das kann erhebliche Preisunterschiede ausmachen.

Katalog
Siehe hierzu den Abschnitt *Ohne Katalog geht es nicht.*

Analysenlampe
Mit der Analysenlampe lassen sich unterschiedliche Papiersorten unterscheiden. Das ist bei einigen Ausgaben von besonderer Bedeutung (z. B. Heuss normal und Heuss Lumogen). Mit der Analysenlampe lassen sich auch Fälschungen erkennen.

Jedes gute Fachgeschäft in Ihrer Nähe legt Ihnen gerne die unterschiedlichen Fabrikate vor und berät Sie unverbindlich. Die Zubehörhersteller bieten eine breite Palette von Produkten an, und sie bemühen sich ständig, den Interessen der Sammler gerecht zu werden. Die Qualität der Produkte ist ähnlich, weil in allen Firmen die modernsten Fertigungsmöglichkeiten eingesetzt werden. Unser Überblick zeigt das komplette Angebot der Firmen, die sich in jahrelanger Praxis auf dem Markt einen Namen erworben haben. Wer sich über die Produkte der verschiedenen Hersteller vorab genauer informieren will, sollte sich wegen des Prospektmaterials an die Hersteller wenden (siehe Anhang).

Ohne Katalog geht es nicht

Wie auch in anderen Freizeitbereichen üblich, so haben auch die Briefmarkensammler ihre »Freizeit-Bibel« ständig zur Hand: den Katalog. Für manchen ist Sammeln nur eine Anhäufung von Werten. Die Freude am Gesammelten steigt und fällt mit den Katalognotierungen. Ein Trend, der von den echten Philatelisten nicht geteilt wird, um es einmal vorsichtig auszudrücken.
Viele Sammler warten schon wochenlang vor Erscheinen der neuen Kataloge mit Ungeduld auf die Notierungen ihres »vergrößerten Reichtums«. Doch sie übersehen dabei zumeist, daß der Katalog nur Richtwerte notieren kann, daß es noch andere entscheidende Faktoren zu bedenken gilt, die den Preis bestimmen. Wer sich nur an den Preisen der Kataloge orientiert, kann ein böses Erwachen erleben, denn auch die Redakteure der Verlage können irren, und zum anderen kann der Preis zwischen Drucklegung des Katalogs und Erscheinen, was zumeist mehrere Wochen dauert, schon völlig andere Formen angenommen haben.
Einige Sammler – und man darf diese Zahl nicht als gering ansehen – sind dem Katalog nahezu hörig. Sie wollen stets zu Preisen kaufen, die längst überholt sind, lehnen ein preislich höheres Angebot eines Händlers trotz intensiver Aufklärung ab, um dann schließlich für den anscheinend günstigen Preis bei irgendeinem »Ganoven« nur minderwertige Ware zu erhalten.
Der Umgang mit einem Katalog will gelernt sein. Denn er ist nur ein Faktor des Briefmarkensammelns, was eigentlich schon aus dem Begriff »Zubehör« hervorgehen sollte.
Wie entstehen nun die Preise eines Katalogs? Werden da willkürlich Preisansätze vorgenommen? Werden Gebiete »gemacht«? Nur wenige Fragen, die nur ganz wenige beantworten können, weil für sie die Hintergründe und nicht nur das Ergebnis, sprich der Preis, wichtig sind. Die Redakteure der Verlage, die für die

Ein engagierter Geschäftsmann preist in seinem Stempeleinsatzstück die Notwendigkeit von Fachzeitschriften an.

Briefmarkenkataloge zuständig sind, verfügen über jahrelange Erfahrung. Sie sind in der Lage, den Markt zu analysieren, denn auch im Briefmarkenhandel regulieren Angebot und Nachfrage den Preis. Eine Ausgabe, die nur in einer Auflage von 50 000 erschienen ist, muß noch lange nicht teuer sein. Entscheidend ist die Zahl der Sammler, die sich diesem Sammelgebiet zugewendet haben. Trotz dieses Einblicks in den Markttrend verlassen sich die Redakteure nicht allein auf ihr Wissen und ihre Einschätzung. Sie ziehen Experten zu Rate, lassen sich Listen namhafter Großhändler kommen, stimmen diese Angaben ab und ermitteln einen Mittelwert. Bei äußerst seltenen Marken wagt indes keiner eine Preisangabe, denn wer will schon wissen, wieviel Interessenten in aller Welt gerade dieses Raritäten suchen?

Trotz der mannigfaltigen Informationen kommt es immer wieder vor, daß die Verantwortlichen für die Kataloge irren. Es entstehen dann Preisnotierungen, die wesentlich überhöht sind. Dann spricht man von »Katalogschlagern«. Das bedeutet im Klartext, daß ein Satz oder eine Marke vom Händler nicht mehr mit 30–60% angekauft wird – des Katalogpreises versteht sich –, sondern nur mit 10%! Wer da nun also glaubt, er hätte ein Stück besonders günstig eingekauft, weil der Preis weit unter Katalog liegt, täuscht sich gewaltig. Die Händler haben nichts zu verschenken.

Jetzt werden sie natürlich sofort fragen: Wie erkenne ich diese Katalogschlager? Dazu zwei Ratschläge:

- Fragen Sie Ihren Händler, der ja der Fachmann Ihres Vertrauens ist und Sie weiterhin als Kunde behalten will.
- Lesen Sie sorgfältig die Fachpresse. In ihr weisen Fachleute auf Fehler und Katalognotierungen hin.

Für den Anfänger ist die Auswahl der verschiedenen Kataloge nahezu erdrückend. Welcher Katalog ist richtig? Muß es gleich einer zu 40,– Mark sein oder genügt auch eine Ausgabe für wenige Mark? Diese Fragen sind nicht global zu beantworten. Soviel kann aber gesagt werden: Der Anfänger kommt mit einer preiswerten Taschenausgabe aus, der Fortgeschrittene wird dank seines Wissens den für sein Gebiet richtigen Katalog in Erfahrung bringen können.

Trotz dieser nicht eindeutigen Hinweise sollen an dieser Stelle einige Kataloge genannt werden:

Der Schwaneberger-Verlag in München veröffentlicht den *MICHEL-Katalog*. Jährlich erscheinen die Notierungen für die Marken Europas. Die Kataloge der Ausgaben anderer Kontinente folgen in unregelmäßigen Abständen. Dazu werden Spezialkataloge verschiedenster Gebiete aufgelegt. Als Taschenkatalog ist der MICHEL-Junior empfehlenswert, der die beliebtesten deutschen Sammelgebiete enthält. MICHEL-Kataloge haben einen guten Ruf und sind für viele Sammler die beste Bewertungsgrundlage!

Liste der MICHEL-Kataloge
(eine Auswahl)

- Deutschland-Spezial-Katalog
- Junior-Katalog in Farbe
- Handbuch/Katalog der deutschen Kolonial-Vorläufer
- Handbuch-Katalog Deutsche Feldpost (2. Auflage)

- Block-Katalog in Farbe
- Briefe-Katalog Deutschland
- Ganzsachen-Katalog Deutschland
- Bildpostkarten-Katalog Deutschland
- Privatganzsachen-Katalog Deutschland
- Handbuch-Katalog Rollenmarken Deutschland
- Stempel-Handbuch Deutsche Reichspost, I. und II. Teil
- Handbuch-Katalog »Pfennige«
- Privatpostkarten-Katalog Deutsches Reich
- Katalog der deutschen Privatpostmarken
- Europa-Katalog West
- CEPT/UNO-Katalog
- Europa-Katalog Ost
- Skandinavien-Katalog
- Großbritannien-Spezial-Katalog
- Schweiz/Liechtenstein-Spezial-Katalog
- USA-Spezial-Katalog
- Mittel- und Nordamerika-Katalog
- Südamerika-Katalog
- Afrika-Katalog
- Australien-Katalog
- Asien-Katalog
- Eisenbahn-Welt-Motivliste (2. Auflage)

Großer Beliebtheit erfreuen sich auch die *Philex-Kataloge*. Neben einem Deutschland-Katalog kommen jährlich Länderkataloge Europas heraus. Diese Kataloge sind wegen ihres Taschenformats sehr einfach und leicht zu handhaben und besonders gut zu Tauschveranstaltungen mitzunehmen.
Philex präsentierte 1985 den ersten Europa-Katalog in Farbe (nur Westeuropa).
Mehrere Sammelgebiete katalogisiert der Borek-Verlag in Braunschweig. Dort erscheint auch ein Loseblatt-Katalog Deutschland, der ständig ergänzt wird.
Wer sich den Marken der Schweiz oder den Ausgaben von Liechtenstein verschrieben hat, findet eine sorgfältige Bearbeitung im *Zumstein-Katalog*, der zwar in der Schweiz erscheint, aber in Fachgeschäften anderer Länder zu erhalten ist.
Ähnlich verhält es sich mit dem *Yvert-Katalog*, der, in Frankreich herausgegeben, die Marken Frankreichs besonders intensiv betrachtet. Für Sammler, die sich schon länger mit Briefmarken befassen, sind auch der amerikanische *Scott* und der englische *Gibbons* zu empfehlen.
Motivsammler finden ebenfalls ein reichhaltiges Angebot (siehe Kapitel »Motive«).

Ein Muß für jeden Sammler – die Fachpresse

Die meisten Sammler sparen am falschen Platz: Sie verzichten allzu gerne auf ein Abonnement der Fachzeitschriften und kaufen sich für die angeblich nutzlosen Beiträge lieber Briefmarken. Dabei übersehen sie, daß nur der informierte Sammler vor Schaden bewahrt wird und nur durch das Wissen um die Hintergründe der Wert einer Sammlung beurteilt werden kann.
Die bedeutendsten Philatelisten der Welt haben sich immer durch die Nutzung der Fachzeitschriften kundig gemacht, und die Sammler mit den wertvollsten Kollektionen schwören auf die fundierten Veröffentlichungen der philatelistischen Presseorgane.
Von der nach Millionen zählenden Sammlerschar sind es nur wenige zehntausend, die ein Fachzeitschriften-Abonnement unterhalten. Ihnen ist das Studium auch zwischen 35,– DM und 80,– DM im Jahr wert. Eine Ausgabe übrigens, die sich vielfach verzinst, denn die vielen Hinweise und Ratschläge lassen den Jahresobolus geradezu lächerlich gering erscheinen.
Die Fachzeitschriften unterscheiden sich deutlich in ihrer inhaltlichen Ausrichtung. Gerade in den letzten Jahren hat sich auf diesem Sektor einiges getan. Vorreiter für viele Neuerungen war unzweifelhaft der »sd/sammlerdienst«, der mit neuen Ideen den Konkurrenzkampf in Bewegung brachte. Die Fachzeitschriften unserer Tage sind aktuell; ihre Beiträge sind so überarbeitet, daß sie jeder lesen und verstehen kann.

Deutsche Briefmarken-Zeitung (DBZ)

Die seit 1925 ununterbrochen erscheinende Zeitschrift (die erste DBZ gab es bereits im Jahre 1870) gehört mit einer verkauften Auflage von rund 35 000 Exemplaren und 60 000 Lesern zu den führenden Publikationen in Europa. Sie ist zudem die einzige, die 14tägig herausgegeben wird.
Der Sammler findet im redaktionellen Teil Beiträge über Sammelgebiete aus aller Welt. Schwerpunkt ist Deutschland, beginnend bei Altdeutschland über Deutsches Reich bis hin zu Bund, Berlin und DDR. Ergänzt wird das Angebot durch ständige Rubriken (in der Regel in jeder Ausgabe). Natürlich findet der Leser in jeder Ausgabe auch einen Über-

blick über Neuheiten aus aller Welt. Die DBZ ist zudem die offizielle Publikation der Deutschen Motivsammler-Gemeinschaft.
Auffallend bei der DBZ ist der größte Anzeigenteil aller Briefmarken-Zeitschriften in Europa, der ihr auch den Namen »Börsenblatt der Philatelie« einbrachte. Auf durchschnittlich 100 Seiten kann sich der interessierte Sammler über das aktuelle Marktgeschehen anhand von mehr als 800 Kauf-, Tausch- und Verkaufsanzeigen auf dem laufenden halten.
Positiv aufgenommen wurde die erstmals im Mai 1986 erschienene, halbjährliche Beilage der DBZ »Markt & Marken« mit einer Fülle von Informationen über den Markt. Preisentwicklungen, Tips, Trends, Testkäufe und anderes mehr werden dabei behandelt und aufgezeigt. Für regelmäßige Bezieher der DBZ ist diese Beilage im Abo-Preis enthalten.
Der jährliche Bezugspreis der DBZ liegt derzeit bei 59,– DM im Inland bzw. 73,– DM im Ausland. Das Einzelheft, an Kiosken im In- und Ausland erhältlich, kostet 3,50 DM.

sd/sammlerdienst

Wer marktorientierte Informationen schätzt, findet in der seit 1949 herausgegebenen Zeitschrift eine weite Angebotspalette. Nach einer redaktionellen Umstrukturierung zu Beginn des Jahres 1986 nimmt die Rubrik »markt und handel« einen breiten Raum ein. In ihr werden Tendenzen und Hintergründe des gesamten Marktgeschehens sichtbar gemacht. Experten aus den einzelnen Handelsbranchen analysieren, geben Ratschläge und Hinweise. Fachautoren mit besten Verbindungen recherchieren und bereiten die Ergebnisse ihrer Nachforschungen lesefreundlich auf. Anfänger und Fortgeschrittene kommen stets auf ihre Kosten. In »markt und handel« werden berücksichtigt: Preisentwicklungen von Gebieten, Sätzen oder Einzelstücken, aktuelle Neuheiten der Postagenturen und der Zubehörhersteller, neue Bücher und Kataloge und alle Auktionen im In- und Ausland mit Vor- und Nachberichten. Unterstützt wird dieses Angebot durch zahlreiche Abbildungen mit Hintergrunderklärungen. Der sd/sammlerdienst arbeitet in diesem Bereich mit qualifizierten Autoren zusammen und bietet eine wirkliche Alternative.
Neben der umfassenden Marktbeobachtung enthält jede Ausgabe:

- die Neuheiten der Bundesrepublik Deutschland, von Berlin und aus der DDR mit Beschreibung und Abbildung;
- einen umfassenden Neuheitendienst weltweit mit weit über 150 Ländern, in Wort und Bild;
- wichtige Kurzinformationen für jeden Sammler;
- einen Veranstaltungsüberblick für den deutschsprachigen Raum;
- aktuelle philatelistische Themen aus den Bereichen Geschichte, Sport, Kultur etc.;
- einen Erstabdruck einer philatelistischen Forschungsarbeit;
- einen Überblick über Sonder- und Werbestempel, damit jeder Sammler sich die Stempel selbst beschaffen kann;
- in der Mitte des Heftes bietet ein Anzeigenteil Hunderte von Ankaufs- und Verkaufsofferten. Zudem stellen die Kleinanzeigen den Kontakt unter den Sammlern her.

Der sd/sammlerdienst erscheint monatlich zur Monatsmitte und kostet im Abonnement pro Monat circa 3,15 DM (Jahresbezugspreis 38,– DM Inland inkl. Versandgebühren, Ausland 48,– DM inkl. Versandgebühren).

MICHEL-Rundschau

Die deutsche Fachzeitschrift mit der höchsten Auflage ist die *MICHEL-Rundschau* aus dem Schwaneberger Verlag in München. Ursprünglich nur als Nachtrag zu den bekannten MICHEL-Katalogen gedacht, wurde sie 1957 zu einer eigenständigen Zeitschrift ausgebaut. Seit 1971 erscheint die *MICHEL-Rundschau* monatlich, jeweils am Monatsanfang, nachdem sie zuvor nur 10 Ausgaben pro Jahr hatte, mit einer Pause in den Monaten August und September. Gleichzeitig erfolgte auch der Übergang zur farbigen Titelseite, dem dann auch farbige Abbildungen der Neuheiten der deutschen Sammelgebiete folgten. Gegenwärtig werden alle Neuausgaben dieser Gebiete in der *MICHEL-Rundschau* in Farbe katalogisiert.

Auch heute sieht man der Zeitschrift an, daß sie sich aus einem Katalognachtrag entwickelt hat. Die Katalogisierung der Neuausgaben aller Länder der Welt machen beinahe die Hälfte des Umfangs aus. Die Ausgaben der Deutschen Bundespost und Westberlins werden so rechtzeitig katalogisiert, daß die Leser bereits etwa 10 bis 14 Tage vor Erscheinen über die Ausgabe informiert sind. Bei den anderen europäischen Ländern kann die Veröffentlichung der Katalogisierungen natürlich nicht so schnell erfolgen, allerdings dauert es nur sehr selten länger als drei Monate nach dem Erstausgabetag. Dies hängt vor allem mit der sehr unterschiedlichen Informationspolitik der verschiedenen Postverwaltungen zusammen. Noch länger dauert es bei den überseeischen Sammelgebieten. Dies liegt einerseits an der Verschwiegenheit einiger Postverwaltungen, die das für eine chronologische Katalogisierung von Neuausgaben sehr wichtige Ausgabedatum oft genug für ein Staatsgeheimnis halten, andererseits aber auch an der Fülle der Briefmarken und Blocks, die Jahr für Jahr ausgegeben werden. Um dieser Ausgabenflut Herr zu werden, mußte sich die Redaktion der *MICHEL-Rundschau* schon vor Jahren dazu durchringen, bei bestimmten Ländern nicht mehr alle bildverschiedenen Marken abzubilden. Dies geschah durchaus in dem Bewußtsein, daß damit ein wichtiger Teil der Information wegfällt. Aber in dem Konflikt von Ausführlichkeit und Aktualität war ein Kompromiß unumgänglich. Trotz dieser Maßnahme gibt es aber heute weltweit keine vergleichbare Fachzeitschrift, die mehr Abbildungen neuerschienener Briefmarken bringt als die *MICHEL-Rundschau.*

Die Katalogisierungen von Neuheiten werden durch zwei ständige Rubriken ergänzt. In »Die Postverwaltungen melden« werden Ausgabenprogramme und Ankündigungen geplanter Neuausgaben veröffentlicht. Dort erscheinen auch Hinweise auf neue europäische Ganzsachen. Denn die *MICHEL-Rundschau* beschäftigt sich nicht nur mit Briefmarken der ganzen Welt, sondern mit allen Bereichen der Philatelie. In der »Katalogisierungsvorschau« schließlich werden provisorische Katalogi-

sierungen der überseeischen Neuheiten veröffentlicht, wodurch die Aktualität wesentlich gesteigert wurde.

Ein Briefmarkensammler benötigt aber nicht nur die Katalogisierung der Neuheiten, er will auch über die Hintergründe einer Ausgabe Bescheid wissen und sich über das aktuelle Geschehen in der Philatelie informieren. Diesen Bedürfnissen trägt die *MICHEL-Rundschau* vor allem durch die Rubriken »Das Fenster zum Markt«, »Neues aus aller Welt« sowie »Kurzmeldungen« Rechnung. Die Berichterstattung über die deutschen Sammelgebiete nimmt dabei den größten Raum ein, die Redaktion ist aber bemüht, auch die europäische und überseeische Philatelie zu berücksichtigen. Ergänzt wird dies schließlich durch Fachartikel, in denen wirklich jeder Teilbereich der Philatelie einschließlich ihrer Randgebiete angesprochen werden kann. Oft führt dies zu ausführlichen Diskussionen, die in der Spalte »Leserbriefe« ausgetragen werden.

Formatanzeigen findet man kaum in der *MICHEL-Rundschau*, dafür aber immer etwa 2 Seiten mit Kleinanzeigen, in denen Tauschpartner für alle Sammelgebiete der Welt gesucht werden. Da die *MICHEL-Rundschau* in beinahe allen Ländern der Welt gelesen wird, hat auch die Frage nach einem sehr ausgefallenen Sammelgebiet gute Aussichten auf Erfolg.

Briefmarken-Spiegel

Seit 1961 erscheint der *Briefmarken-Spiegel* als monatliche Zeitschrift für Briefmarken- und Münzsammler im Philapress-Verlag.

Der Untertitel *Das Markenmagazin* weist darauf hin, daß in dieser Zeitschrift aktuelle, gut recherchierte Berichte in Wort und Bild aus dem Bereich der Philatelie – von Fachjournalisten geschrieben – zur Information angeboten werden.

Ein gut abgestimmtes Redaktionsprogramm mit monatlichen Schwerpunkten gewährleistet stets interessante Beiträge für alle Sammler – vom Anfänger bis zum Profi – von philatelistischen Besonderheiten.

Besonders hervorzuheben sind die ständigen Rubriken »Zur Marktlage«, »Sammelgebiet Deutschland«, »Thema des Monats«, »Marken des Monats«, »Vereinte Nationen« und »Der Münzensammler.«

In der regelmäßig erscheinenden Jugendseite versucht der Briefmarken-Spiegel junge Sammler durch Motivbeiträge zum bewußten Sammeln von Briefmarken zu gewinnen.

Beiträge über Schiffs- und Polarpost sowie aktuelle Mitteilungen »Für Stempelfreunde« runden das vielseitige redaktionelle Angebot ab.

Der Anzeigenteil gehört zum festen Bestandteil der Zeitschrift – hier kann der interessierte Sammler stets eine Wertüberprüfung seiner Briefmarken anhand der An- und Verkaufsangebote des Handels vornehmen beziehungsweise seine Sammlung mit interessanten Angeboten vervollständigen.

Jahresabonnement als Postvertriebsstück 36,– DM, Streifbandabonnement 42,– DM, Preis des Einzelheftes 4,– DM.

Ausgabe 2/86

Briefmarkenwelt

Die *Briefmarkenwelt* erschien bis einschließlich Dezember 1986 als monatliche Zeitschrift des Briefmarkenhauses Borek in Braunschweig. Wirtschaftliche Notwendigkeiten führten ab Januar 1987 zu einer Fusion mit dem *Briefmarken-Magazin* (siehe dort). Die *Briefmarkenwelt* ist inhaltlich mit dem *Briefmarken-Magazin* identisch und enthält nur zusätzlich Werbeseiten des Briefmarkenhauses Borek. Sie erscheint nun nur noch fünfmal im Jahr, ist aber trotz des gleichen Inhalts wie das *Briefmarken-Magazin* im Einzelverkauf teurer!

Briefmarken-Magazin

Seit Mai 1984 erscheint im EMS-Verlag in Stuttgart die Zeitschrift *Briefmarken-Magazin (bm).* Das Konzept unterscheidet sich wesentlich von dem anderer Blätter im philatelistischen Zeitschriftenmarkt. So soll durch eine hohe technische Qualität in Papier und Druck, ein zeitgemäßes Layout mit zahlreichen Farbseiten und einer verständlichen Sprache das große Potential jener Hobby-Sammler angesprochen werden, die sich in erster Linie aus Spaß an der Freude dieser schönen Freizeitbeschäftigung widmen.
Thematisch soll *bm* den fortgeschrittenen Sammler nicht verprellen und den Einsteiger fordern – aber nicht überfordern. So wird neben einer Sprache, die auf Fachausdrücke weitgehend verzichtet beziehungsweise sie erklärt, der Schwerpunkt auf das Sammelgebiet Bund, Berlin und DDR sowie die anderen deutschsprachigen Länder gelegt. Die Neuheiten der Deutschen Bundespost werden jeweils in Farbe mit dazugehörigem Sonderstempel vorab vorgestellt, einen lückenlosen Neuheitendienst findet man für die DDR, für Liechtenstein, Österreich, die Schweiz und UNO-Wien. Zwei Rubriken »Aktuell« und »Panorama« bringen überdies interessante Meldungen aus aller Welt. Die Titelgeschichte, die sich regelmäßig über mehrere Farbseiten erstreckt, widmet sich zumeist einem aktuellen Motivsammelgebiet. So startete die Erstausgabe mit der Titelgeschichte »Motiv Olympia sammelwürdig?«. Andere Titelstories handelten von den Motiven »Umweltschutz«, »150 Jahre Eisenbahn«, »100 Jahre Automobil« oder vom »Halleyschen Kometen«.
Es können aber auch durchaus andere Rubriken zur Titelgeschichte werden – so etwa der »Praxistest«, in dem philatelistisches Zubehör von der Redaktion getestet und vorgestellt wird. Ein umfangreicher Albentest, der die Produkte von allen bekannten deutschen Herstellern kritisch unter die Lupe nahm, avancierte zu einer solchen Titelstory.
Eine ständige Rubrik ist das sehr beliebte »Was ist eigentlich…«, ein kleines Lexikon zur Philatelie. Dort wird beispielsweise erklärt, was ein »Mühlradstempel« oder eine »Dienstmarke« ist, was »Nachträglich entwertet« bedeutet oder was man unter einer »Teilbaren Marke«, einem »Strubli«, einem »Gemischten Satz« oder der »Bündelware« versteht.
Der ganz besondere »Gag« besteht bei der Zeitschrift aber zweifellos aus zwei jeder Ausgabe beigehefteten Vordruckalbumblättern für die Sammelgebiete Bund und Berlin. Hier erhält der Leser quasi zum Nullarif in jedem Heft zwei vollwertige Vordruckblätter mit den Neuheiten der Deutschen Bundespost und der Landespostdirektion Berlin, auf denen er lückenlos die Neuheiten dieses Sammelgebietes zusammentragen kann. Original Hawid-Klemmtaschen liegen der Abonnentenauflage in einem Tütchen bereits bei, der Käufer am Kiosk kann den jeweiligen Satz passend zugeschnittener Klarsichtfolien per Coupon kostenlos beim Verlag anfordern. Die Albumblätter, die auf einem weißen 190 g/m² Karton gedruckt und bereits mit einer Lochung versehen sind, haben neben ihrer Preiswürdigkeit (das gesamte durchschnittlich 64seitige Heft kostet inklusive dieser Albumblätter 4,80 DM) einen weiteren Vorteil, der inzwischen von vielen tausend Lesern geschätzt wird: Sie sind die wohl aktuellsten Vordruckblätter der Welt.
Auch dieser Beihefter gehört zum Gesamtkonzept dieser jungen Zeitschrift. In einer Objektbeschreibung des Verlags heißt es: »Die Lektüre von bm soll den Sammler zu verstärkter Beschäftigung mit der Briefmarke anregen und ihm Freude an seinem Hobby vermitteln nach dem Motto: Mit Briefmarken-Magazin macht Sammeln erst richtig Spaß«
Das *Briefmarken-Magazin* erscheint zweimonatlich mit einer Doppelnummer im Sommer, das sind fünf Ausgaben im Jahr. Einzelpreis 4,80 DM, Jahresabonnement inklusive Klemmtaschen 24,– DM (Inland).

atm*forum

*atm*forum* ist eine junge Zeitschrift, die sich einem jungen Sammelgebiet widmet. Thema Nr. 1 sind Automa-

tenmarken und -Freistempel, die aus elektronischen Geräten der Postverwaltungen verschiedenster Länder ausgedruckt werden. Sie richtet sich also an die Zielgruppe der sogenannten »ATM-Sammler«, die sich diesem zukunftsträchtigen Zweig der Philatelie verschrieben hat.

Die Fachzeitschrift erscheint monatlich (elf Ausgaben pro Jahr/Doppelnummer im Sommer) mit 36 bzw. 52 Seiten Umfang, voll von Informationen aus aller Welt: Im »atm-telegramm« gibt es Kurznachrichten und Notizen zu Neuerscheinungen, aktuelle Termine und Adressen. »Made in Germany« bringt jeweils Nachrichten und fundierte Fachartikel zur Deutschland-Philatelie. In der »aktuellen Reportage« berichten Korrespondenten aus allen Ländern von Neuinbetriebnahmen elektronischer Briefmarkendrucker. Hintergrundartikel, Insiderinformationen und Marktnotizen gehören ebenso zum Programm wie ein informativer Anzeigenteil, Kleinanzeigen und Leserbriefe. Dies ist bei weitem nicht alles: Für forschende Philatelisten erscheint monatlich ein »Special« aus der »Forscherküche«, ein leicht verständlich bearbeiteter Beitrag aus der Feder eines Kenners. Und in *atm*forum* publiziert man monatlich die immer aktuellen Nachträge und Korrekturen zum weithin bekannten ATM-Katalog von W. Maassen/B. Weber.

Kurz gesagt: »atm*forum« ist eine seriöse Fachzeitschrift und ein Katalog zugleich!

Erscheinungsweise monatlich, jeweils zu Monatsanfang. Jahresabonnement: Inland 34,– DM, Ausland: 36,– DM; Einzelheft 3,50 DM.

Bemerkenswerte Schriftenreihe

Die Zeitschrift für Philatelie *sd/sammlerdienst* begann im Jahre 1983 eine *Schriftenreihe zur Philatelie*, die Jahr um Jahr mit neuen Titeln ergänzt wird. Mit diesen Publikationen des R. von Decker's Verlag G. Schenck bewies man, daß sich philatelistische Literatur doch recht gut verkaufen läßt, wenn sie nur ansprechend gestaltet ist, sowohl inhaltlich als auch layoutmäßig. Die Macher gingen bei einigen Büchern neue Wege und verbanden Philatelie mit dem dazugehörigen Umfeld, sie blickten sozusagen über den philatelistischen Tellerrand. So ist dem Band Nr. 2, der »Burgen und Schlösser«-Studie, ein über 70seitiger Teil angefügt, in dem alle Burgen und Schlösser beschrieben sind (Anfahrtswege, Besuchszeiten, Besichtigungsgegenstände etc.), die auf der Dauerserie der Deutschen Bundespost abgebildet wurden. Im Band Nr. 6, »Die Amerikaner in Deutschland«, sind die Entwicklungen der deutschen Post in den Jahren 1944/45 mit den geschichtlichen Ereignissen verwoben, und im Band Nr. 7, »Jederzeit Sicherheit«, schrieb ein Sicherheitsingenieur zu jeder Briefmarke der Dauerserie »Unfallverhütung« einen Hintergrundtext. Nicht nur für Briefmarkensammler, sondern für alle Reisefreudigen, brachte der Verlag den »Reiseführer Europa« heraus, der auf fast 300 Seiten viele nützliche Tips für den Urlauber bietet und zudem noch aufzeigt, wie man sich im Ausland philatelistisch betätigen kann oder wo man die oftmals gewünschten Sondermarken für die Verwandten und Bekannten erstehen kann. Die Palette der dargestellten Länder und Regionen reicht von Aland bis nach Zypern und bezieht alle Gebiete mit ein, die eigene Briefmarken herausgeben.

In der Schriftenreihe sind erschienen (über Neuheiten informiert jederzeit der Verlag):

Nr. 1: Thomas Weimann, Die Freimarkenserie »Burgen und Schlösser«, Ausgabe Berlin, DIN A5, broschiert, 39 S., 1983. Eine Einführung in die beliebte Dauerserie der Deutschen Bundespost Berlin mit Farbabbildungen aller Marken.

Nr. 2: Thomas Weimann, Die »Burgen und Schlösser«-Studie, Katalog – Handbuch – Motivinformation, die Ausgaben der Deutschen Bundespost. DIN A5, gebunden, 178 S., 1984. Silber-Bronze-Medaille auf der *Italia '85.* Dieses Katalogwerk übermittelt: einen Gesamtüberblick in übersichtlicher Form, ein Katalognummernsystem für alle »Burgen und Schlösser«-Ausgaben, vom Handel absolut unabhängige Bewertungen, ausführliche Behandlung von Teilgebieten.

Nr. 3: Vergriffen.

Nr. 4: Günter Pollex, Heinrich von Stephan, DIN A5, gebunden, 122 S., 1984. Silber-Bronze-Medaille auf der *Italia '85.* Werdegang, Lebensskizzen, Daten und bisher unveröffentlichte Dokumente. Dieses Buch skizziert den Lebensweg des bedeutenden Generalpostmeisters, geschrieben von einem Kenner des Weltpostvereins.

Nr. 5: Wolfgang Maassen/Bodo Weber, Automatenmarken – Katalog 1985/86. Gebunden, 141 S., zahlreiche Abb., 1985. Silber-Medaille auf der *Italia '85.* Das Standardwerk für den Sammler dieses noch jungen Sammelgebietes. Mit über 4000 Preisnotierungen.

Nr. 6: Alfred Meschenmoser, Die Amerikaner in Deutschland. Eine Studie über die Post im amerikanischen Herrschaftsbereich September 1944 bis Dezember 1945. DIN A4, gebunden, 143 S., 1985. Der Autor, ein jahrzehntelang tätiger Forscher, erläutert die Entwicklung der Deutschen Post durch die Amerikaner in den Jahren 1944/45. Die Postgeschichte wird durch eine Vielzahl historischer Dokumente überaus verständlich dargestellt. Ein Buch, das in ganz Europa Anerkennung gefunden hat!

Nr. 7: Thomas Weimann, Jederzeit Sicherheit. Handbuch und Katalog der Dauermarkenserie »Unfallverhütung« der Deutschen Bundespost und der Deutschen Bundespost Berlin. DIN A5, gebunden, 176 S., über 250 Abb., 1986. Ein Grundlagenwerk für alle Freunde der modernen Philatelie mit Tausenden von Preisnotierungen und einem Motivteil, von einem Sicherheitsingenieur geschrieben.

Nr. 8: Udo Kraushaar/Dieter Stein, unter Mitarbeit von Experten aus vielen Ländern Europas, R. von Decker's Reiseführer Europa für Briefmarken- und Münzensammler. DIN A5, Paperback, 278 S., über 200 meist farbige Abb., 1986. Ein Reiseführer ganz neuer Art. Mit den wichtigsten Daten für jeden Touristen (Botschaftsanschriften, Verkehrsbestimmungen, geographische und demoskopische Erläuterungen etc.). Enthält alles, was nicht nur ein Sammler wissen sollte, wenn er ins Ausland reist. Nahezu alle Länder des Kontinents in Wort und Bild.

Verbandsorgane

Wer dem Bund Deutscher Philatelisten angeschlossen ist, erhält kostenlos die Zeitschrift *philatelie.* Sie erscheint alle zwei Monate und bietet neben Nachrichten aus dem Verbandsgeschehen viele Beiträge zur Postgeschichte. Aktuelle Informationen müssen aber wegen der Erscheinungsweise in den Hintergrund treten. Die Publikation bietet seit einigen Jahren ein attraktives Erscheinungsbild und zudem eine gediegene redaktionelle Bearbeitung.

(In einigen BDPh-Landesverbänden werden zusätzlich eigene Verbandsblätter herausgegeben, für Mitglieder teilweise kostenlos.)

Für den Nachwuchs bringt die Deutsche Philatelistenjugend die Zeitschrift *Junge Sammler* heraus.

Ausländische Fachpresse

In allen Ländern Europas, in denen Briefmarkensammeln ein bedeutendes Hobby ist, sind philatelistische Fachpublikationen auf dem Markt. In Deutschland werden davon gerne gelesen: *Le Monde des Philatélistes, L'Echo de la Timbrologie, Stamp Monthly, Die Briefmarke, Berner Briefmarken-Zeitung, Schweizer Briefmarken Zeitung, Postzegel Revue, Mijn Stokpaardje.*

Fachliteratur – das beste Rüstzeug

Briefmarkensammeln ist nicht nur das Anhäufen von Postwertzeichen, nicht nur das Zusammentragen aller katalogisierten Serien oder Einzelwerte. Briefmarkensammeln kann wesentlich mehr sein, wenn man sich intensiv mit den Hintergründen zu jeder Markenausgabe beschäftigt, sich im speziellen darum kümmert, warum gerade zu dieser oder jener Zeit eine Sonderausgabe in den Verkauf gelangte. Briefmarkensammeln ist darüber hinaus eine Möglichkeit, kulturelle oder historische Zusammenhänge anhand von postalischen Belegen oder Dokumenten sichtbar werden zu lassen. Der Schritt vom Markensammeln zur Philatelie kann jedem gelingen, wenn er sich nur darum bemüht.

Viele Publikationen im Bereich der Philatelie sind in ihrem forscherischen Gehalt nicht anzuzweifeln. Vielen Publikationen kann man ohne weiteres eine hilfswissenschaftliche Ausrichtung zubilligen. Was bisher nahezu gänzlich fehlte, war der Blick über den philatelistischen Tellerrand hinaus, die publizistische Verbindung von Briefmarken, Belegen und dazugehörigem »Umfeld« herzustellen. Viele hervorragende Arbeiten sind veröffentlicht worden, sie fristen aber ein Dasein, von dem nur die Insider etwas wissen und von dem der Durchschnittssammler noch nie etwas gehört hat – sozusagen eine »Elite-Literatur«!

Viele Sammler legen einen ungewöhnlichen Geiz an den Tag, wenn es um die Anschaffung philatelistischer Literatur geht. Während über Ausgaben für Briefmarken kaum groß debattiert wird, setzt der Sparstift ein, sobald es um Lesestoff geht. Das fängt bereits mit den Ausgaben für eine Fachzeitschrift an, obwohl die Kosten dafür, über das Jahr verteilt, kaum ins Gewicht fallen. Noch haushälterischer sind manche Zeitgenossen, wenn es sich um ein Buch handelt, in dem Forschungsergebnisse niedergelegt sind. Das ist jedoch Sparsamkeit am falschen Platz!

Das Wissen, das der Sammler sich durch das Studium einschlägiger Veröffentlichungen aneignet, macht sich schnell bezahlt und schützt vor schmerzhaften Reinfällen, die weitaus teurer werden als die bescheidenen Aufwendungen für Literatur. Aber dies hält manche nicht davon ab, ihre persönliche Milchmädchenrechnung aufzumachen. Sie sehen in der Anschaffung von Literatur keine gute Wertanlage, da sich unmittelbar kein Zuwachs an Katalogmarken feststellen läßt. Die Einsicht, einen schweren Fehler begangen zu haben, kommt meistens erst dann, wenn solche Sammler zu teuer eingekauft haben, auf Betrüger hereingefallen sind, knappe Ausgaben verpaßt haben, über Spezialitäten nicht unterrichtet sind, keinen wertvollen Tip erhalten haben usw.

Es ist nicht immer leicht, ja oftmals sogar geradezu nervenaufreibend, an Hintergrundinformationen zum eigenen Sammelgebiet heranzukommen. Eine Erfahrung, die jeder Sammler einmal gemacht haben dürfte oder noch machen wird. Dabei hätte man es in den meisten Fällen viel einfacher und zeitsparender haben können. Aber: Gewußt wie?

Werner Steven hat im *Rundbrief Nr. 14* der *Bundesarbeitsgemeinschaft Preußen für Philatelie und Postgeschichte e. V.* einen hilfreichen Wegweiser für die Beschaffung von philatelistischen Informationen veröffentlicht: »Von der Bücherei, aus der wir früher unseren Karl May ausgeliehen haben, soll hier nicht die Rede sein, obwohl wir darin sicher einiges über die Heimatgeschichte finden können.

Bevor wir eine der wissenschaftlichen Bibliotheken aufsuchen, müssen wir uns über einige Fachbegriffe klar werden.

In einer *Bibliothek* wird ganz überwiegend gedrucktes Material gesammelt. Dazu gehören Bücher, Zeitschriften, aber auch Karten, Bildbände und Notenwerke.

Im *Archiv* werden dagegen geschriebene Materialien gesammelt. Als geschrieben gilt nicht nur handschriftliches, sondern auch mit der Schreibmaschine hergestelltes sowie für den internen Gebrauch hektographiertes Material. Kombinationen aus beiden Formen sind, wenn auch selten, möglich. In der Literatur unterscheidet man zwischen den *Originalquellen* (es sind dies eigenständige Werke mit originalem Inhalt in ihrer ursprünglichen Veröffentlichungsform) und den *Quelleneditionen* (hierunter versteht man Werke, die von einem Herausgeber neu herausgebracht werden und in denen dieoriginalen Inhalte erläutert werden). In diesem Zusammenhang werden auch die Begriffe *Primär-* bzw. *Sekundärliteratur* verwendet. Mit Primärliteratur bezeichnet man alle Arten von Quellenschriften, während Sekundärliteratur das gesamte wissenschaftliche Fachschrifttum, das über Quellen geschrieben wurde, umfaßt.

In unserem Fall sind die Postgesetze, Verordnungen, Dienstwerke, Circulare usw. Primärliteratur, also Originalquellen. Das philatelistische Schrifttum, Artikel in Fachzeitungen oder im Archiv für das Post- und Fernmeldewesen usw., soweit es sich auf originale Quellen stützt, sind Sekundärliteratur bzw. Quelleneditionen.

Ein weiterer Begriff ist das Kleinschrifttum oder die *graue Literatur.* Darunter versteht man schwer beschaffbare und meist nicht sehr umfangreiche Publikationen wie Ausstellungskataloge, die Berichte der Forschungs- und Arbeitsgemeinschaften, aber auch kleinere Amtsdruckschriften usw.

Quellensammlungen und Bibliographien sind Zusammenfassungen von Quellentexten verschiedenen Ursprungs und des Schrifttums.

Bevor man sucht, muß man wissen, wonach man suchen soll. Dafür wurden zur Erleichterung – auch für unser Wissensgebiet – einige Bibliographien geschaffen, auf die ich hier kurz eingehen will.

beginnen wir mit der amtlichen Bibliographie von Hermann Wolpert. »Vom Anfang des 16. Jahrhunderts bis zum Ende des Römischen Reiches Deutscher Nation (1806)«, gedruckt im Archiv für das Post- und Fernmeldewesen, Frankfurt/Main, Jahrgang 1950, im Heft 7, auf den Seiten 465 und 585. Vom gleichen Verfasser an gleicher Stelle im Jahrgang 1952, Heft 4, Seiten 177–272, finden wir die Fortsetzung »Vom Ende des Römischen Reiches Deutscher Nation (1806) bis zur Gründung des Deutschen Reichs (1870).« Im Jahre 1966 erschien im R. v. Decker's Verlag G. Schenk GmbH (damals Hamburg, heute Heidelberg) von Alfred Koch das »Schrifttum über das Deutsche Postwesen 1871–1964«.

Berücksichtigt werden darin:

- Schriften über das Deutsche Postwesen, die Deutsche Postgeschichte und den Weltpostverein;
- Schriften über das Verkehrswesen und die Verkehrsmittel unter Berücksichtigung des Postwesens;
- Postgesetze, Postordnungen, Dienstanweisungen und Dienstbehelfe;
- Statistiken, Geschäfts- und Verwaltungsberichte, Geschäftspläne;
- Lehr- und Unterrichtswerke;
- Postlehrbücher, Posthandbücher, Postkalender und Posttaschenbücher;
- fremdsprachliche Lehr- und Unterrichtswerke sowie Wörterbücher;
- amtliche Kursbücher und amtliche Kraftpostfahrpläne;
- Ortslexika, Orts- und Ortschaftsverzeichnisse;
- Schriften über Postwertzeichen von postgeschichtlichem Interesse.

Eine weitere Hilfe sind die Literaturnachrichten der *Bundesstelle Literatur im BDPh e. V.* Für die Arbeit über einige Regionen gibt es Bibliographien, von denen hier nur eine exemplarisch genannt werden soll: Dr. Fritz Haubner, »Verzeichnis der philatelistischen Literatur über das altdeutsche Sammelgebiet Braunschweig«, herausgegeben von der Arbeitsgemeinschaft Braunschweig im BDPh 1981. Es ist dies eine sehr lobenswerte Arbeit, da außer der sonst üblichen Verfasser- und Titelangabe noch eine kurze Inhaltsübersicht angefügt ist, wodurch die Arbeit für die Benutzer (...) vereinfacht wird.

Nachdem wir wissen, welche Literatur für uns wichtig ist, stellt sich die Frage, woher wir diese Bücher und Schriften bekommen. Zuerst werden wir die Vereinsbüchereien der Philatelisten-Vereine ansehen. Finden wir in unserem nächsten Umfeld keine geeignete Stelle, wenden wir uns der nächstgelegenen, wissenschaftlichen Bibliothek zu. Dabei ist es unwichtig, ob es sich um eine Stadt-, Landes-, Staats- oder Universitätsbibliothek handelt. Jede dieser Bibliotheken hat eine eigene Katalogordnung. Es ist daher sehr wichtig, den kleinen Benutzungsführer sorgfältig durchzulesen. Ein Angebot, am Tag der offenen Tür an einer Führung durch die Bibliothek teilzunehmen, sollte man wahrnehmen.

Die eigentliche Arbeit, die Suche, beginnt im Katalogzimmer. Unter Katalog wird hier nur in seltenen Fällen ein gedrucktes Werk verstanden. Normalerweise stehen wir vor Katalogschränken mit zahlreichen Schubladen voller Katalogzettel. In einer durchschnittlichen Bibliothek müssen wir mit 1 Million solcher Zettel rechnen. Durch die unterschiedlichen Kataloge gibt es diese Zettel für ein Werk auch mehrfach. Kennen wir den Autor des gesuchten Werkes, so wenden wir uns dem *Alphabetischen Katalog (AK)* zu. Die enthaltenen Werke sind hier nach ihrem Verfasser alphabetisch geordnet. Gibt es keinen Verfasser oder sind mehr als drei Verfasser angegeben, dann steht das Werk unter seinem Sachtitel im AK. Zur Einordnung kann auch ein Herausgeber herangezogen werden. Ich suche hier auch nach, wenn ich die Arbeit eines Autors besonders gut finde und wissen will, ob noch weitere Arbeiten von ihm vorhanden sind. *Im Sachkatalog (SK)* finden wir alle oder fast alle selbständig erschienenen Schriften des Bestandes bezogen auf die Sache oder den Inhalt, nicht auf den formalen Titel. In beiden Katalogen sind unselbständige Veröffentlichungen, also Zeitschriftenartikel, Beiträge in Sammelwerken, Handbücher und dergleichen nicht nachgewiesen.

Eine weitere Katalogform ist der *Systematische Katalog (SyK).* Hier ist der Literaturbestand nach Fachgebieten in Haupt- und Untergruppen zunehmend feiner zusammengestellt, bis sogenannte Systemstellen entstehen. Zu dieser Katalogform gehört eine Systematikübersicht oder eine Art Schlagwortregister in Form eines kleinen Zettelkatalogs.

Für uns besonders gut geeignet ist der *Schlagwortkatalog (SWK).* Hier sind die Bestände alphabetisch nach Begriffen geordnet. Die Suche unter dem Schlagwort Verkehrswesen, Post und Nachrichtenwesen ist sehr lohnend. Ich stöbere hier besonders gern, die Chance, hier nicht so bekannte Literatur und Literaturstellen aus anderen Büchern zu finden, ist groß genug. Zudem wird hierdurch manchmal ein Schneeballeffekt erzielt. Damit meine ich folgendes: Finde ich am Ende einer Arbeit, die nur wenig mit der Postgeschichte zu tun hat, eine Literaturübersicht, so ist dabei häufig auch etwas für den Philatelisten Interessantes zu finden. Suche ich nun diese Stelle heraus, finde ich erneut Angaben über mein Wissensgebiet und so kann es mit etwas Glück weitergehen.

Zurück aber in die Bibliothek. Haben wir in den Katalogen nichts Interessantes gefunden oder finden wir das gesuchte Buch nicht, so sollten wir uns an die zentrale Auskunftsstelle wenden. Bei komplizierten Fragen wird der Bibliothekar geholt, der für dieses Gebiet besonders kompetent ist. Meistens genügt jedoch die Hilfe des anwesenden Personals.

Haben wir den oder die gesuchten Titel in einem dieser Kataloge gefunden oder auch beim Stöbern einen interessanten anderen Titel, ist ein Leihschein auszufüllen und mit der auf der Katalogkarte angegebenen Signatur zu versehen. Die Wartezeit nach Abgabe des Leihscheins dauert etwa 10 bis 20 Minuten. In dieser Zeit kann man in den Raum mit den Freihandbeständen gehen. Zumindest sollte man über den Bestand Bescheid wissen. Dort stehen meist Nachschlagewerke und Handbücher, deren Verwendung oftmals nötig ist. Hier gilt: Weise ist, der weiß, wo das steht, was er nicht weiß.

Sind die Bücher herausgesucht, kann man sie in Empfang nehmen (gebührenfrei) und in den meisten Fällen bis zu 4 Wochen entleihen. Überziehen ist kostenpflichtig, aber nur, wenn man die Ausleihfrist nicht verlängert hat. Eine telefonische Verlängerung ist allgemein nicht möglich. Sie müssen also schon selbst erscheinen. Sind Bücher bereits ausgeliehen, können sie vorgemerkt werden. Hinterlegt man eine frankierte Postkarte, wird man sofort benachrichtigt, wenn das Buch wieder verfügbar ist. Aus diesem Grund sollte man entliehene Bücher sofort zurückgeben, wenn man sie nicht mehr braucht, um sie schneller verfügbar zu machen. Zusätzlich sehe ich alle entliehenen Bücher bei der Ausgabe sofort durch, manchmal hält der Titel nicht, was er verspricht, und ich trage die Bücher nur hin und her.

Es gibt auch eine Ausleihsperre. In der Regel gilt sie für vor 1900 erschienene Literatur und für Bestände, die so selten oder auch so kostbar sind, daß sie generell von der Ausleihe ausgeschlossen werden müssen. Diese Bestände können nur am Ort genutzt werden und dann auch nur im Lesesaal der Bibliothek.

Ist die gesuchte Literatur in keiner Bibliothek am Ort, kann sie aus auswärtigen Bibliotheken beschafft werden. Eine *private* Fernleihe gibt es in der Regel nicht. (Ausnahme: die Philatelistischen Bibliotheken in München und Hamburg).

Für die *Fernleihe* müssen Sie einen besonderen Leihschein ausfüllen und sehr sorgfältige Angaben zu diesem Werk machen. Die Angabe, ab wann das Buch nicht mehr gebraucht wird, ob Kopien gegen Bezahlung gewünscht werden, ob es eine bestimmte Ausgabe oder Auflage des Buches sein sollte, müßten gemacht werden. Die so angesprochene Bibliothek besorgt für Sie das Gesuchte über den »Deutschen Leihverkehr (DLV)«. Im DLV sind vor allem die Universitäts-, Staats-, Landes- und Stadtbibliotheken, aber auch weitere wissenschaftliche Bibliotheken miteinander verbunden. Vorgeschaltet ist meist ein regionaler Leihverkehr und nachgeschaltet der Internationale Leihverkehr (ILV). Der ILV muß auch eingeschaltet werden, wenn Gesuchtes aus der DDR kommen soll.

Die Literaturbeschaffung ist fast immer kostenlos, für Sonderaufträge oder Portoauslagen müssen teilweise geringe Gebühren bezahlt werden. Anstelle von Zeitschriftenaufsätzen werden nach Möglichkeit Fotokopien geliefert, bis zu 20 Kopien sind meistens kostenlos. Kopien aus Büchern werden nicht angefertigt. Im Normalfall hat nur eine Bibliothek am Ort eine solche Fernleihstelle. Mit

Wartezeiten von 3 bis 8 Wochen muß durchaus gerechnet werden.
Bücher, die vor 1900 erschienen sind, werden meist nur für die Benutzung im Lesesaal ausgegeben, oft besteht dann auch ein Verbot, Kopien anzufertigen. Die Ausleihsperre für Bücher gilt in besonderem Maße natürlich für Archivalien. Es handelt sich ja hier im wesentlichen um Material, das nur einmal vorhanden und entsprechend wertvoll ist. Die Kataloge der Archive sind die *Findbücher*, meist wieder Zettelkataloge, die nur im Archiv selber eingesehen werden können.
Von besonderen Gebieten werden gedruckte Kataloge erstellt. Umfangreiche Werke, in denen die Bestände eines Zeitraums, meist mit geschichtlichen Rahmenangaben, aufgeführt sind. Als Beispiel sei hier die Reihe Das Staatsarchiv Münster und seine Beständevorgestellt und hier besonders der BandBehörden der Übergangszeit 1802–1816, Münster, 1964. Es handelt sich um eine besonders wichtige Zeit, die viele Veränderungen brachte, dennoch ist es erstaunlich, daß ein solcher Katalog immerhin 275 Seiten umfaßt, nicht gerechnet das Orts- und Personenregister. Jedem Kapitel ist eine kurze, geschichtliche Beschreibung und das besondere Schrifttum vorangestellt. Der Inhalt der Archivalien ist nach Schlagworten wie Organisation, Kassen- und Rechnungswesen, Polizei usw. und da nach Sammeltiteln aufgeführt. Der Umfang von 240 Aktenstücken in 14 Paketen ist so beispielsweise auf 2,5 Seiten erfaßt. Will man gefundene Aktenstücke einsehen, ist dies nur im Lesesaal des Archivs möglich. Man sollte für eine solche Aufgabe viel Zeit mitbringen. Hat man die Signatur der Aktenstücke im Findbuch ermittelt und den Ausleihschein abgegeben, kann eine Stunde vergehen, bis die Akten vor Ihnen liegen. Bei umfangreichen Arbeiten sollte man erst alle Signaturen ermitteln und das Gewünschte für den nächsten Tag bereitlegen lassen.
In Ausnahmefällen werden Archivalien gegen entstehende Kosten von einem Archiv zum anderen ausgeliehen. Die entstehenden Kosten errechnen sich aus dem Wertpaketporto und einer geringen Bearbeitungsgebühr. Die Kosten können recht hoch sein, wenn man bedenkt, wie umfangreich Aktenpakete sein können. Hat man sich entschlossen, diesen Weg zu gehen, sollte man sich bei der Bestellung gleich die Genehmigung zur Anfertigung von Kopien geben lassen (sehr wichtig). Selbstverständlich dürfen diese Akten dann auch nur im Archiv eingesehen werden.
Die Archive tun alles, um die Suche zu erleichtern, man darf aber nicht vergessen, aus wieviel Akten man auszuwählen hat und wie umfangreich die Findbücher sein müssen. Anfangs wird es vorkommen, daß wir nicht das gefunden haben, was wir aufgrund des Titels erwartet haben. Wir müssen lernen, die Titel richtig lesen zu können.
Kehren wir aber zurück zu den Bibliotheken. Neben den beschriebenen gibt es noch die Fachbibliotheken. Jede OPD (Oberpostdirektion) führt eine Sammlung von Büchern und Akten, die gemeinsam mit der Bezirksgruppe der Gesellschaft für deutsche Postgeschichte betreut wird. Neben den Amts- und Bezirksblättern werden hier Kursbücher, Ortsverzeichnisse, u.ä., Allgemeine Dienstanweisungen usw., die Bände des Archivs, vom Deutschen Postarchiv bis zum heutigen Archiv für das Post- und Fernmeldewesen, von 1873 bis 1944 und von 1949 bis heute, bereitgehalten. Dazu kommt noch eine Sammlung von Zeitungsberichten zum Thema Post, die für die Geschichte der OPD und seiner Postanstalten von Interesse sind. Die Qualität dieser Bibliotheken ist recht unterschiedlich und ist abhängig vom Betreuer ebenso wie von dem, was der Krieg übriggelassen hat. Diese Büchereien sind nicht öffentlich, jedoch wird ein Besuch und auch ein Ausleihwunsch selten abgeschlagen.
Eine eigene Sammlung besteht auch bei Postämtern mit Verwaltung, es sind dies die Ämter mit einer 0 in der letzten Ziffer der Postleitzahl. Hier finden wir meist nur wenig, und die Bereitschaft zur Hilfe ist oft nur gering. Erscheint auch in der vorletzten Ziffer der Postleitzahl eine 0, kann die Ausbeute schon besser sein, und wir erhalten dort zumindest die Druckwerke der Post der letzten Jahre.
Eine der sehr wichtigen Bibliotheken dieser Art ist die Postbibliothek Berlin. Jeden Montag ist sie von 10 bis 18 Uhr geöffnet. Die Ausleihe von Büchern und Zeitschriften erfolgt bis zur Dauer von 3 Wochen. Besonders wertvolle Bücher sind von der Ausleihe ausgeschlossen. Eine Fernleihe ist nur über den deutschen bzw. internationalen Leihverkehr möglich.
Damit sind die Möglichkeiten der Informationssuche beileibe noch nicht ausgeschöpft. Bei der Philatelistischen Bücherei Hamburg e.V. können Sie für 1,– DM plus Versandkosten jeden verfügbaren Titel ausleihen. Für 30,– DM jährlich können Erwachsene und für 10,– DM Jugendli-

che Mitglied dieser Bibliothek werden. Die Leihgebühr entfällt dann. Man muß schon viel entleihen, bis sich eine solche Mitgliedschaft lohnt. Man darf aber nicht vergessen, daß eine Mitgliedschaft die Leistungsfähigkeit der Bibliothek fördert und damit die Arbeit der Sammler erleichtert.

Diese Bibliothek gibt in Abständen Bücherverzeichnisse heraus, die ständig erweitert werden. Der Versand erfordert viel Arbeit, die ehrenamtlich bewältigt werden muß. Der Umfang der Bücherei erweitert sich durch Spenden und durch den Mitgliedsbeitrag.

Die Sachkartei umfaßt derzeit etwa 40000 Karten. Sie finden Bücher über alle Gebiete der Philatelie und Postgeschichte, Zeitschriften philatelistischer und postgeschichtlicher Art aus aller Welt und allen Zeiten, die Rundbriefe und Mitteilungsblätter fast aller Arbeitsgemeinschaften, Kataloge deutscher und ausländischer Verlage, auch die älteren und alten Jahrgänge, Ausstellungsführer und Auktionskataloge. Bitte bedenken Sie, daß Sie hier also auch das finden, was eine allgemeine Bibliothek nicht hat und auch nicht haben kann.

Die größte philatelistische Bibliothek der Welt befindet sich in New York beim *Collectors Club*. Die größte öffentliche Bibliothek haben wir in Deutschland, sie ist Teil der Städtischen Bibliotheken der Landeshauptstadt München.

Der Entleiher muß sich in München einen EDV-Ausweis ausstellen lassen. Hierzu muß ein Fragebogen ausgefüllt werden, eine Kopie des Personalausweises oder Reisepasses sowie eine Kopie der Vorderseite des laufenden BDPh-Ausweises beigefügt werden. Ihnen wird dann jedoch nur die Nummer Ihres Ausweises mitgeteilt. Unter Angabe der Ausweis-Nummer können Sie nun direkt Ihre Wünsche der Philatelistischen Bibliothek, Pestalozzistraße 2 in 8000 München 5, mitteilen. Für jede Anforderung muß eine Porto- und Verpakkungspauschale von 1,50 DM je Buch und die aktuelle Kopie des BDPh-Ausweises beigefügt werden.

Wenn Sie nun alle diese Möglichkeiten bei der Suche nach Informationen über die Philatelie ausgeschöpft haben, wird es Ihnen leicht fallen, auch selber einmal fundiert über *Ihr* Thema zu schreiben. Sollte sich diese Arbeit zu einer Schrift oder zu einem Buch ausweiten, so sollten Sie wissen, daß ein Exemplar Ihrer Arbeit an die *Deutsche Bibliothek* in Frankfurt a. M. einzusenden ist.

Noch ein persönlicher Rat zum Ende. Fangen Sie diese Arbeit langsam an, wählen Sie *Ihr* Gebiet möglichst eng, legen Sie sich frühzeitig ein eigenes *Findbuch* an und bitte, behalten Sie Ihr Wissen nicht für sich.«

Mit Phantasie sammeln

Viele Briefmarkensammler kaufen sich ein Einsteck- oder Vordruckalbum, tragen die Marken verschiedener Länder zusammen, greifen zum Katalog, um die Preise zu erfahren und legen damit den Grundstein zu einer Sammlung, die schon andere Sammler in gleicher Weise vorliegen haben. Sie sammeln ohne eigene Ideen, mehr wahllos als zielvoll, ohne Bezug zur Marke.

Dieses Sammeln ist am weitesten verbreitet. Dabei ist den Sammlern nicht einmal ein Vorwurf zu machen. Sie haben fast niemanden, der beraten oder wichtige Hinweise geben kann. Auf sich allein gestellt, geht man eben oft den einfachsten Weg!

Interessant wird eine Leidenschaft zumeist erst dann, wenn sie etwas Außergewöhnliches beinhaltet. Etwas zusammenzutragen, was einmalig ist, oder etwas aufzubauen, was nur wenige in ähnlicher Weise tun – das ist es, was das Sammeln lohnend macht.

Wer sich einmal als Gast einer Briefmarkenausstellung mit den ausgestellten Objekten vertraut gemacht hat, hat schnell erkannt, daß hier keine Einheitssammlungen auf Vordruckseiten zu bestaunen sind. Jeder Aussteller hat seine Sammlung nach individuellen Gesichtspunkten aufgebaut, hat die Blätter in eigener Regie gestaltet. Und noch etwas: gewiß waren nicht nur Marken zu bestaunen, sondern auch Briefe, Karten, Ganzsachen, Stempel oder Einschreibzettel.

▶

Brasilien: Ein Paar Ochsenaugen auf Brief. Ex CORINPHILA-Auktion, März 1984 Zürich. (oben)

Der einzige bekannte Brief mit der Blauen und Roten Mauritius. Seine Geschichte begann am 4. Oktober 1847 in Port Louis/Mauritius. Ein Segelschiff brachte ihn nach London. Von dort nahm er seinen Weg über Boulogne, Paris nach Bordeaux. Aus der Sammlung des Japaner Hiroyuki Kanai, verkauft durch das Auktionshaus David Feldman, Genf. (unten)

Lisboa

POSTAGE
POST OFFICE
MAURITIUS
TWO PENCE
POSTAGE
POST OFFICE
MAURITIUS
ONE PENNY
via England
Bordeaux

DEUTSCHE BUNDESPOST
10
30
40
50
ALBERT SCHWEITZER
70
DEUTSCHE BUNDESPOST BERLIN
30
FRANZ KRÜGER · 1839 · BERLINERINNEN
P. MEYERHEIM · 1878 · BORSIG-SCHMIEDE
Information
über die
Briefmarkenherstellung
120+60
für die Jugend
Concord 1683
80
DR. ERICH KLAUSENER 1885-1954
ZEHN JAHRE BUNDESREPUBLIK DEUTSCHLAND IN DEN VEREINTEN NATIONEN
BUNDESDRUCKEREI
INTERNATIONALE
VERKEHRSAUSSTELLUNG 1965
5
15
20
60
Alsfeld
Trier
Europäisches Denkmalschutzjahr 1975

Gerade in den letzten Jahren hat diese Form des Sammelns viele Freunde gefunden. Während die einen sich beispielsweise ausführlich mit dem Europa-Gedanken befaßt haben, wandten sich andere ihrer Heimatstadt zu und bauten eine Heimatsammlung auf, mit deren Hilfe man die gesamte Postgeschichte zurückverfolgen kann.

Wer sich von diesen Zeilen anregen läßt, ist auf dem richtigen Weg. Die Jagd nach Stempeln und Briefen ist in den meisten Fällen ohne großen finanziellen Einsatz möglich. Nur die älteren Belege sind relativ teuer.

Weil viele glauben, daß nur Briefmarken sammelwürdig sind, schneiden sie die Marken von den Briefen und Karten ab und achten nicht auf die Stempel. Viele Werte gehen so verloren, nicht zuletzt aus Unwissenheit.

(Fortsetzung S. 76)

◄

Buchdruck. Bundesrepublik Deutschland MICHEL-Nr. 913-916. (oben)

Stichtiefdruck. Bundesrepublik Deutschland MICHEL-Nr. 830 (Albert Schweizer); Berlin MICHEL-Nr. 335, 336 (Berlinerinnen, Borsigschmiede).

Rastertiefdruck. Erster Satz in diesem Verfahren »Internationale Verkehrsausstellung 1965«, Bundesrepublik Deutschland MICHEL-Nr. 468-474.

Kombinierter Offset-Stichtiefdruck. Bundesrepublik Deutschland MICHEL-Nr. 860, 862 »Europäisches Denkmalschutzjahr 1975«. (unten rechts)

Umschlagseite der Informationsbroschüre der Bundesdruckerei.

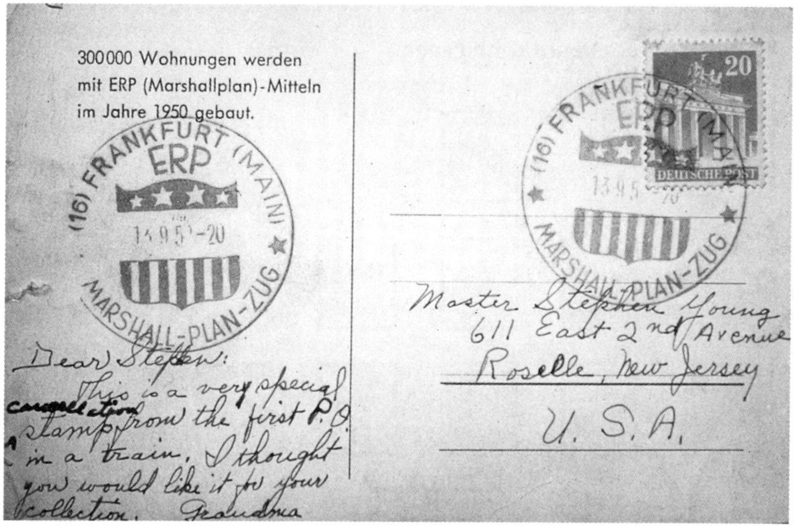

Der Marshall-Plan-Zug fuhr Anfang der 50er Jahre durch West- und Süddeutschland. Im Zug war ein Postamt vorhanden. Belege mit diesen Stempeln sind selten, Einschreibebriefe gar Raritäten.

Sonderkarte mit Sonderstempel – von Spezialisten gesucht.

Vom Vordruckalbum zur eigenen Sammlung

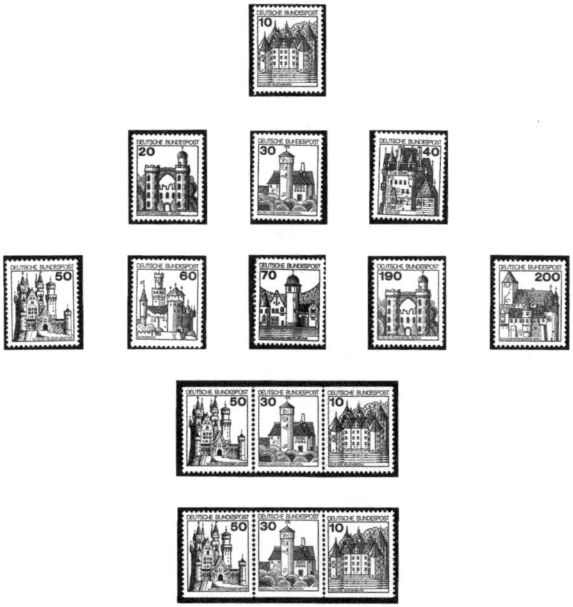

MICHEL-Nr. 1140: Schloß Wilhelmsthal (1747 – 1770)

MICHEL-Nr. 1143: Schloß Herrenhausen (Mitte 17. Jahrhundert).

Beide Marken wurden am 16. 6. 1982 ausgegeben.

Die aus MICHEL-Nr. 1140 + 1143 bestehende Frankatur von DM 6,80 setzt sich wie folgt zusammen: Briefporto DM 0,80 + Einschreibegebühr DM 2, + DM 4,– Gebühr für eine Nachnahme bis DM 100,–.

Tip 1: Man kombiniere auf einem Blankoblatt* postfrische Marken mit einem echt gelaufenen, portorichtigen Brief, auf dem diese Marken verwendet wurden.

Tip 2: Man kombiniere auf einem Blankoblatt* postfrische Marken mit einem Ersttagsbrief dieser Marken.

Tip 3: Man kombiniere auf einem Blankoblatt* eine postfrische Marke gelegentlich auch mal mit einem Briefausschnitt, auf dem diese Marke portogerecht verwendet wurde.

Tip 4: Man kombiniere auf einem Blankoblatt* postfrische Marken mit einem echt gelaufenen Brief, der eine postalisch korrekte, nicht alltägliche Frankatur aufweist, die im Zusammenhang mit diesen vier Marken steht.

*Alle Albenhersteller liefern Blankoblätter. Lassen Sie sich von Ihrem Briefmarkenfachhändler beraten, und wählen Sie dann aus.

MICHEL-Nr. 996: Burg Gemen (Mitte 13. Jahrhundert).

MICHEL-Nr. 997: Burg Vischering (um 1271).

DM 0,25 Porto für Standard-Massendrucksache in der Gebührenperiode 1. 7. 1979 bis 30. 6. 1982. Der Absenderstempel »Gebühr bezahlt« charakterisiert diese Sendungsart bereits auf einem Ausschnitt.

MICHEL-Nr. 916 Schloß Neuschwanstein (1869–1886).

MICHEL-Nr. 997 Burg Vischering (um 1271).

MICHEL-Nr. 1038 Wasserschloß Inzlingen (15. Jahrhundert)

MICHEL-Nr. 998 Schwanenburg Kleve (um 1000).

Der in Lüdinghausen auf die Wasserburg Vischering hinweisende Maschinenstempel war natürlich ideal für die Verwendung am Ausgabetag (11. 1. 1979).

Seit dem 1. Januar 1981 dürfen in der Bundesrepublik Deutschland Ganzsachen-Ausschnitte auf Nicht-Standard-Sendungen wieder frankiert werden. Sammler haben davon geziemenden Gebrauch gemacht mit Ausschnitten von Privatganzsachen. Vom 1. 7. 1979 bis 30. 6. 1982 betrug das Porto in der 2. Gewichtsstufe (25 g) DM 11,– und die Wertgebühr DM 3,–.

Tip 5: Sammeln Sie möglichst viele Portostufen auf Ganzstücken mit klar lesbaren Stempeln. Im Postgebührenheft der Deutschen Bundespost finden Sie viele Anregungen, was überhaupt vorkommen kann.

Tip 6: Schreiben Sie ein paar Erklärungen zu den Marken, Ausschnitten, Karten, Briefen, damit Familie, Freunde und Bekannte auch an Ihrer Sammlung Gefallen finden. Natürlich können Sie das auch mit Bleistift skizzieren, wenn die Zeit nicht reicht. Wie das mit Schreibmaschine geschrieben wirkt, zeigt dieses Faltblatt.

(Fortsetzung von S. 73)
Den Stempeln wird beim heutigen Sammeltrend besondere Bedeutung beigemessen. Eine Karte oder ein Brief, nur mit billigen Marken versehen, aber mit einem gesuchten Stempel abgeschlagen, ist oftmals das Prunkstück einer Sammlung!

Sammelgebiete – alles ist möglich

Da Briefmarken in über 250 Gebieten der Erde herausgegeben werden, ergibt sich eine Unzahl von möglichen Sammelgebieten, denn innerhalb der einzelnen Ausgabeländer kann man noch mannigfaltig differenzieren. Würde man versuchen, mathematisch zu errechnen, wieviele Sammlungen mit unterschiedlichen Ausrichtungen aufgebaut werden können, so würde man sicherlich zu keinem glaubhaften Ergebnis kommen. Dem Einfallsreichtum des Sammlers sind keine Grenzen gesetzt.
Wenn wir uns vergegenwärtigen, für welche Gebiete es allein in der Bundesrepublik Deutschland Fachgruppen gibt, wird uns die Fülle der Möglichkeiten erst bewußt.
Es ist unmöglich, in diesem Buch alles anzuschneiden. Wir haben aus diesem Grunde eine Auswahl getroffen, die sicherlich den meisten Sammlern wertvolle Informationen bietet. Wie gesagt – alles ist möglich. Nur die Idee muß man haben...
Da die Ausgaben der Bundesrepublik Deutschland, des Deutschen Reiches und aus der Deutschen Demokratischen Republik hinreichend bekannt sind – sie sind in jedem preiswerten Katalog vorgestellt – haben wir auf nähere Ausführungen zu diesen Gebieten verzichtet. Der Sammler, der schon über das Anfangsstadium herausgekommen ist, sollte sich den *Deutschland-Spezial-Katalog von MICHEL* zulegen, der viele wesentliche Einzelheiten enthält, die im Rahmen dieses Buches nicht wiedergegeben werden können.

Deutschland bis 1945

15 Bundesarbeitsgemeinschaften im Bund Deutscher Philatelisten (BDPh) beschäftigen sich mit den Ausgaben des Deutschen Reiches und der Gebiete, die bis 1945 in irgendeinem Zeitraum Briefmarken herausgaben. Dazu zählen insbesondere Böhmen und Mähren, Danzig, das Generalgouvernement, die ehemaligen deutschen Kolonien, Memel, Oberschlesien, die deutschen Ostgebiete, die Saar und das Sudetenland. Berücksichtigt werden aber auch andere Themenkomplexe: deutsche Feldpost 1914/18 bzw. 1939/45 und deutsche Gelegenheitsstempel. Zwei Gruppierungen sollen hier kurz vorgestellt werden.

Bundesarbeitsgemeinschaft Protektorat Böhmen und Mähren

Die Arbeitsgemeinschaft Protektorat Böhmen und Mähren besteht seit 1970 und hat sich das Ziel gesetzt, insbesondere die Stempelkunde und die postalischen Verhältnisse – soweit sie für die Philatelie interessant sind – zu erforschen. Diese Aufgabe ist um so reizvoller, als dieses abgeschlossene Sammelgebiet, bedingt durch die Kriegs- und Nachkriegsereignisse, fast völlig unerforscht gewesen ist. Nennenswerte Literatur war nicht vorhanden. Die wenigen phil-

atelistischen Veröffentlichungen jener Zeit bleiben ungenau oder widersprüchlich, die Angaben in den Briefmarkenkatalogen lückenhaft und teilweise falsch. Inzwischen hat sich vieles geändert.
Das reizvolle, für eine Spezialisierung besonders gut geeignete Sammelgebiet ist zum Leben erweckt worden. Die Arbeitsgemeinschaft zählt heute ca. 125 Mitglieder.
Wegen der häufigen Verwechslungen ist unbedingt zu beachten, daß das Sammelgebiet nur das ehemalige Protektorat Böhmen und Mähren umfaßt, und zwar zeitlich (vom 15. 3. 1939 bis 8. 5. 1945) und räumlich. Nicht dazu gehören Böhmen und Mähren im weitesten Sinn, Sudetenland, CSR oder CSSR.
Am Anfang jedes Vierteljahres erscheint regelmäßig ein interessantes und umfangreiches Mitteilungsblatt mit Beilagen (Fachartikel), Abbildungen von Stempeln und Ganzstücken. Es werden zur Erforschung der einzelnen Teilgebiete Anleitungen gegeben. Mitglieder erhalten die Forschungsergebnisse als Sonderbeilagen zum Vorzugspreis.
Bisher liegen Arbeiten vor über Absenderfrei-, Bahnhofbriefkasten-, Bahnpost- und Befreiungsstempel, Einschreibzettel, Ganzsachen, Handrollstempel, Internationale Antwortscheine, Maschinen-, Maschinenwerbe- und Postablagestempel, Postamt Prag-Philatelie, Postanweisungsstempel, Postformulare, Postsparkassen, Sonder- und sonstige Stempel, einen Spezial-Katalog der Marken, Briefstücke und Frankaturen, Taxe-Stempel, Theresienstadt- und Viktoriastempel. Zum Markengebiet gibt es außerdem deutschsprachige Spezial-Verzeichnisse.

Seltene Marken der deutschen Kolonien.

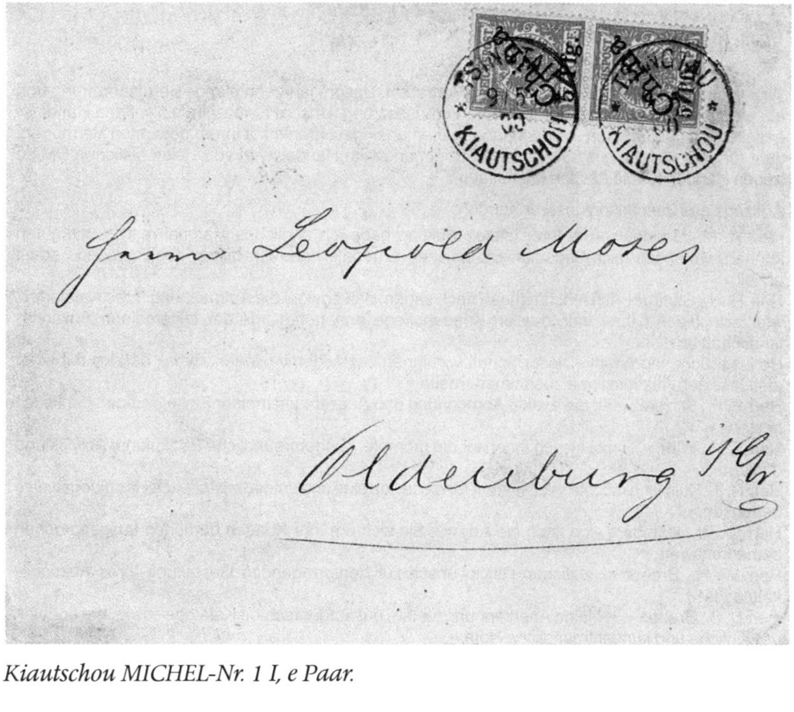

Kiautschou MICHEL-Nr. 1 I, e Paar.

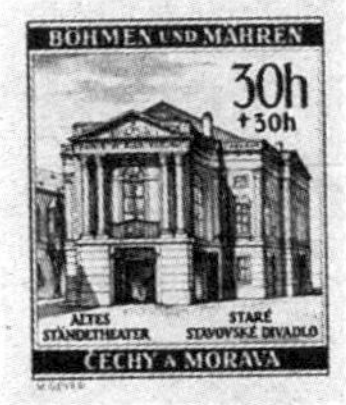

Der Mitgliederbeitrag beträgt 27,– DM, jugendliche Sammler zahlen die Hälfte. Dafür erhalten die Mitglieder vier Mitteilungsblätter mit Beilagen, sie können als Einlieferer oder Entnehmer am Rundsendedienst teilnehmen. Sie werden schriftlich oder mündlich beraten und erhalten ein Anschriftenverzeichnis zur gegenseitigen Kontaktaufnahme. Beteiligung an der Forschungsarbeit ist erwünscht, jedoch nicht Bedingung.

Bundesarbeitsgemeinschaft Deutsche Kolonialpostwertzeichen

Die Arbeitsgemeinschaft wurde bereits 1923 gegründet und ist die älteste im Bund Deutscher Philatelisten. Fast 400 Sammler sind weltweit Mitglied in dieser Gruppe. Der Jahresbeitrag beträgt 60,– DM. In unregelmäßigen Abständen erscheinen die »Berichte für Kolonialbriefmarkensammler«. Rundschreiben an alle Mitglieder werden ebenfalls in unregelmäßigen Abständen versandt. Man befaßt sich mit folgenden Gebieten:

- Deutsche Post in China;
- Deutsche Post in Marokko;
- Deutsche Post in der Türkei (Deutsche Militär-Mission);
- Deutsch-Ostafrika (Lamu-Zanzibar, Witu-Gebiet);
- Deutsch-Südwestafrika;
- Kamerun – Togo;
- Kiautschou (Kriegsgefangenenlager in Japan);
- Südsee: Deutsch-Neuguinea, Karolinen, Marshall-Inseln, Marianen, Samoa;
- Bahnpost in den Kolonien – allgemein;
- Schiffspost.

Die Arbeitsgemeinschaft hat nicht nur die Philatelie der oben angeführten Gebiete im Auge, sondern auch die Geschichte und Literatur. Die Fälschungsbekämpfung ist ein besonderes Anliegen.
Regionaltreffen finden alle drei Monate in Hamburg, Berlin, Köln oder Stuttgart statt.

Deutschland nach 1945

Deutschland nach 1945 – das ist in der Bundesrepublik Deutschland das beliebteste Sammelthema. Nahezu jeder verfügt über Sammlungen Bundesrepublik Deutschland, Berlin oder Deutsche Demokratische Republik. Über zehn Arbeitsgemeinschaften im Bund Deutscher Philatelisten (BDPh) haben sich dieser eigentlich umfassenden Thematik verschrieben, denn kaum ein Gelegenheitssammler ahnt, wie spezialisiert einzelne Sammelgebiete ausgebaut werden können. Wer mehr als das Normale haben will, sollte sich die Leistungen der Gruppen einmal ansehen.

Forschungsgemeinschaft Berlin

Im § 1 ihrer Satzung heißt es unter anderem:

- Die FG Berlin hat die Aufgabe, die Postgeschichte der Stadt Berlin zu erforschen, und zwar von der Berliner Vorphilatelie bis zur Neuzeit des Markenlandes Berlin.
- Die Ergebnisse der Forschungsgemeinschaft werden systematisiert und in Rundbriefen, die in zwangloser Folge erscheinen, sowie durch von Zeit zu Zeit herausgegebene Sonderdrucke zur Berliner Postgeschichte allen Mitgliedern bekanntgemacht. Aus diesen Ver-

öffentlichungen sowie aus weiteren Publikationen über Forschungsarbeiten und Maßnahmen zur Fälschungsbekämpfung können und sollen alle Philatelisten Nutzen ziehen.

Diesem Grundgedanken folgt die FG Berlin seit ihrer Gründung am 8. Januar 1959 als Bundesarbeitsgemeinschaft Berlin in Berlin-Wilmersdorf. Gründer war damals der verstorbene Georg Sprenger, der dann 1971 von Eduard Fiege abgelöst wurde, der die Vereinigung unter dem Namen Forschungsgemeinschaft Berlin fortführte. Seit Mai 1979 ist der Vorsitzende der FG Berlin Wolf J. Pelikan.

Die FG Berlin gibt nicht nur mindestens vier bis sechs Rundbriefe mit den neuesten Erkenntnissen im Jahr heraus, einzelne ihrer Mitglieder sind auch als Autoren von Fachbüchern über die Berlin-Philatelie hervorgetreten. Zu nennen sind hier in erster Linie die Autoren der Schriftenreihe der FG Berlin: Prof. Martin Schröter (Luftbrücke Berlin 1948/1949), Günter Klein (Marken der französischen Zone in Berlin (1946/1950) und Prof. Hans Weidlich (Preußische Postscheine in Berlin).

Folgende *Handbücher* wurden von Mitgliedern seit 1976 veröffentlicht:

- *Wolf J. Pelikan, West Berliner Belege zur Währungsreform 1948/1949,* 4. Aufl. 1982.
- *Günter Decke/Günther Steinbock, Berlin Postschnelldienst,* 1976.
- *Werner Büttner/Reiner Hofmann/ Harry Wenzel, Aufgabestempel der Berliner Postanstalten,* 1980.
- *Günther Steinbock, Berliner Auslands-Luftpost,* 1978.
- *Günther Steinbock, Der West-Berliner Paket-Postdienst,* 1984.

Berlin. MICHEL-Nr. 68 – 70 auf Einschreibbrief.

Währungsgeschädigten-Block auf Bedarfsbrief nach Dänemark.

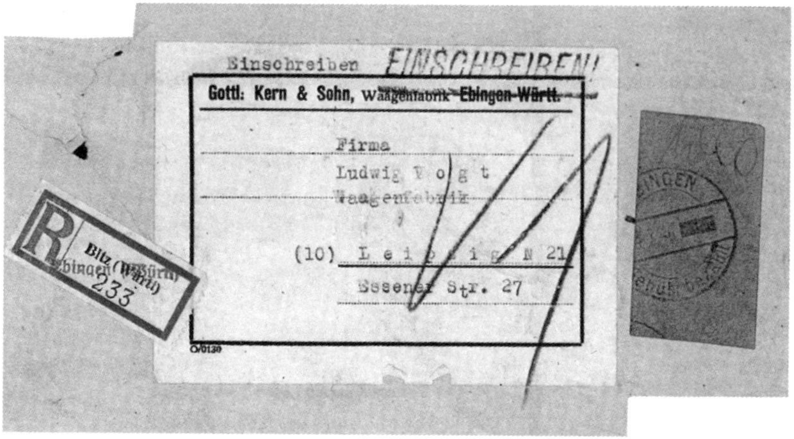

Lokalpost Ebingen. Echter Bedarfsbeleg vom 4. 7. 1946. Auf Einschreiben-Päckchen-Vorderseite bedarfsmäßig nach Leipzig gelaufen. Der sehr seltene Wert 1,40 auf rotem Papier. Ex 72. Schneider-Auktion, Juli 1986 Essen.

Französische Zone Baden. 1946, Konstanz II – gestempelter Kabinett-4-Block. Sehr selten. Ex 140. Ebel-Auktion, März 1984 Frankfurt a. M.

Die fast 150 Mitglieder der FG Berlin finden in den Rundbriefen für jeden sie interessierenden Zeitraum der Berliner Postgeschichte, ganz gleich, ob sie nun an Berlin vor oder nach 1871 oder 1945 interessiert sind, Lesenswertes. Wie groß das Interesse an der Berlin-Philatelie, so wie sie den Philatelisten über die FG Berlin angeboten wird, ist, macht die Tatsache deutlich, daß 10% der Mitglieder Ausländer sind.

In fast allen deutschen Fachzeitschriften und auch im *German Postal Specialist* (USA) erscheinen in unregelmäßiger Folge Fachbeiträge zum Thema Berlin, die aus den Federn der FG Berlin-Mitglieder stammen.

Zweimal im Jahr treffen sich die Mitglieder. Einmal zur Jahreshauptversammlung und meist ein halbes Jahr später zu einem Mitgliedertreffen in Berlin, denn alle fühlen sich der Stadt verpflichtet. Neben den Regularien werden bei diesen Mitgliedertreffen Dia-Vorträge abgehalten, es findet ein Gedankenaustausch der Spezialisten statt, und einmal im Jahr gibt es auch eine interne Auktion der FG Berlin. Dabei sind die jährlichen Aufwendungen der Mitglieder keinesfalls höher als bei einem Briefmarkensammlerverein: 5,– DM Aufnahmegebühr und 36,– DM Jahresbeitrag sind zu leisten.

Voraussetzung ist allerdings die Mitgliedschaft in einem dem BDPh über den jeweiligen Landesverband angehörenden Sammlerverein.

Bundesarbeitsgemeinschaft Französische Zone

Die Zielsetzung der Arge (180 Mitglieder) ist eine möglichst umfassende Erforschung des Sammelgebietes »Französische Zone« und diese Forschungsergebnisse in Handbuchfolgen und Rundbriefen darzustellen. Das Handbuch der Arge beinhaltet bis heute über 1300 Seiten mit zahlreichen Abbildungen im Loseblattsystem DIN A5. Eine laufende Ergänzung bzw. Berichtigung ist jederzeit möglich.

Etwa vier Rundbriefe im Jahr informieren über die Arbeit der Arge, ihre aktuellen Forschungen und deren Ergebnisse. Gleichzeitig werden Möglichkeiten für Tausch, Kauf und Verkauf mit ehrlichen und zuverlässigen Partnern sowie Anregungen und Hilfen zum Aufbau der eigenen Sammlung geboten.

Einmal im Jahr findet ein Arge-Treffen statt. Hier bietet sich die Möglichkeit, mit Gleichgesinnten Erfahrungen auszutauschen und seine Sammlung zu vervollständigen.

Man sammelt nicht nur »Marken«, sondern beschäftigt sich auch mit deren »Geburtsurkunden«, mit Norm-, Sonder-, Werbe-, Not- und Landpoststempeln, mit R-Vermerken, Abarten, Besonderheiten, französischer Dienst- und Feldpost, Postzensur, Bahnpost, Währungsreform, Zwangszuschlagsmarken, Eröffnung des Postverkehrs nach dem Kriege, Behördenpostverkehr, lokalen Besonderheiten (Stadt Kehl, Enklave Büsingen, Landkreise Lindau und Saarburg).

Von den bisher erreichten Forschungsergebnissen kann jedes Mitglied profitieren. Wer selber Forschungen betreiben möchte, eine Sammlung oder sogar Ausstellungssammlung »Französische Zone« aufbauen will oder nur Kontakte mit anderen Sammlern dieses Gebietes sucht, ist gleichermaßen als Mitglied willkommen.

Der Mitgliedsbeitrag beträgt derzeit 30,– DM im Jahr. Im Mitgliedsbeitrag ist die kostenlose Lieferung aller neuerschienenen Rundbriefe und Handbuchfolgen der Arge enthalten.

Veröffentlichungen der Arge Französische Zone

- *H. Flatters, Abarten, Plattentypen und Plattenfehler der Länderausgaben,* 242 S., Mehrfarbendruck auf Kunstdruckpapier, Beschr. und Abb. von über 120 versch. Plattentypen und über 3000 Plattenfehlern, 1974.
- *Französische Zone, Handbuch und Katalog,* Loseblattsystem, DIN A5 in zwei Ringbindern, z.Z. über 1300 S. mit zahlr. Abb., seit 1975. (Inhalt: Zeit- und Postgeschichte (Besatzungsbehörden, Französische Feldpost, Postzensur, Behörden-Postverkehr, Inlandspostverkehr, Postleitzahlengebiete, Posttarife, Postscheckdienst in Lindau, Kehl und Büsingen); Allgemeine Ausgabe (Probedrucke, Druckvorgang, Druckdaten); Länderausgaben (Druck, Papier, Farben, Ministerblocks, Druckdaten); Postalische Behandlung von Sendungen: Stempelformen, Gelegenheitsstempel, Bodensee-Schiffspost, Sonderpostkarten, Bahnpost, Einschreiben, Nachnahme, Fälschungen; alphabetisches Ortsverzeichnis der französischen Zone.)

Arge Loknot

Folgende Gebiete werden behandelt: deutsche Lokalausgaben und Notmaßnahmen, Währungsreform- und Postkriegsbelege ohne zeitliche Begrenzung, Notmaßnahmen in Österreich nach Wiedereröffnung des Postverkehrs 1945.

Auf dem Gebiet der Forschung ist die Arge Loknot e. V. als besonders aktiv bekannt.

Nicht jeder Forschungsbericht findet Anklang bei Händlern, Auktionatoren oder »besitzenden« Sammlern. Aber man erachtet es als Pflicht, auch negative Erkenntnisse zu veröffentlichen. Jeder Sammler, der die Rundbriefe liest, ist detaillierter informiert und weiß den Gehalt philatelistischer Belege innerhalb der von der Arge bearbeiteten Gebiete richtig einzuschätzen.

Die Rundbriefe, die Forschungsberichte und letzte Erkenntnisse beinhalten, erscheinen jährlich drei bis viermal in einem Umfange von jeweils 50 DIN-A4-Seiten. Im Mitgliedsbeitrag von derzeit 36,– DM jährlich ist die kostenlose Lieferung der Rundbriefe enthalten. Dieser geringe Mitgliedsbeitrag ist konstant und seit langem nicht mehr kostendeckend, doch konnten die Mehraufwendungen durch den ständigen Mitgliederzuwachs und freien Verkauf aufgefangen werden. Für neueintretende Mitglieder ist die Möglichkeit der Nachlieferung aller Rundbriefe und Sonderschriften gesichert.

Die Arge verfügt außer den Forschungsgruppen für Lokalausgaben und Notmaßnahmen über je eine weitere Gruppe für die Währungsreform- und Postkriegsbelege. Auch die Forschungsgruppe für Notmaßnahmen in Österreich nach Wiederaufnahme des Postverkehrs im Jahre 1945 ist der Arge Loknot e. V. angeschlossen.

Hersteller und ihr Angebot

Gebiet	Borek	DAVO	KA-BE	Kronen	Leucht-turm	Lindner	MICHEL	SAFE	Schaubek
Altdeutschland 1850-1879	×		×		×	×		×	×
Bayern 1849–1920	×		×		×	×		×	×
Württemberg 1851–1923	×		×		×	×		×	×
Deutsches Reich 1872–1932	×		×		×	×		×	×
Zusammendrucke Deutsches Reich 1910–1932			×						×
Deutsche Auslandspostämter/Kolonien	×		×		×	×		×	×
Deutsche Abstimmungsgebiete 1920–1922			×		×	×			×
Saargebiet 1920–1935	×		×		×	×		×	×
Danzig 1920–1939			×		×	×		×	×
Memelgebiet 1920–1939			×		×	×		×	×
Deutsche Besetzung 1. Weltkrieg 1914–1918			×		×	×		×	×
Deutsches Reich 1933–1945	×		×		×	×		×	×
Zusammendrucke Deutsches Reich 1933-1945			×						×
Böhmen und Mähren 1939–1944			×		×	×			×
Generalgouvernement 1939–1944			×		×	×			×
Deutsche Besetzung 2. Weltkrieg 1939–1945	×		×		×	×		×	×
Deutsche Lokalpost 1945–1946	×				×	×			×
Bizone 1946–1949	×		×		×	×		×	×
Französische Zone 1945–1949	×		×		×	×		×	×
Sowjetische Zone 1945–1949	×		×		×	×		×	×
Saarland 1947–1959	×		×		×	×		×	×
Bundesrepublik 1949–1959	×	×	×	×	×	×	×	×	×
Bundesrepublik 1960–1985	×	×	×	×	×	×	×	×	×
Bundesrepublik Kleinbogen 1979–1984						×		1)	
Bundesrepublik Zusammendrucke 1946–1985			×		×	×		ab 1951	×
Berlin 1948–1959	×	×	×	×	×	×	×	×	×
Berlin 1960–1985	×	×	×	×	×	×	×	×	×
Berlin Kleinbogen 1979–1985						×		2)	
Berlin Zusammendrucke 1949–1982			×		×	×		×	×

1) SAFE bietet Vordrucke für Bundesrepublik-Blockausgaben ab 1959

2) SAFE bietet Vordrucke für Berlin-Blockausgaben ab 1949.

Gebiet	Borek	DAVO	KA-BE	Kronen	Leucht-turm	Lindner	MICHEL	SAFE	Schaubek
Berlin Sonderdrucke 1964–1984						×			
DDR 1949–1959 (1962)	×	×	×		×	×		×	×
DDR 1960 (1963) – 1985	×	×	×		×	×	ab 1977	×	×
DDR Zusammendrucke 1945–1969			×		×	×			ab 1961
DDR Zusammendrucke 1970–1979			×		×	×		ab 1977	×
DDR Zusammendrucke 1980–1985			×		×	×		×	×
DDR Dienstmarken	×				×	×			×
DDR Kleinbogen								×	

Bei allen Arbeitstagungen findet sich reichlich Gelegenheit, auch Fragen privater Natur abzuklären und Belege auszutauschen.
Die Literaturstelle steht jedem Mitglied zur Verfügung. Es sind dort alle Titel zum Thema aufgenommen.
Ein Nachlaßgremium steht Hinterbliebenen bei der Auflösung von Sammlungen uneigennützig mit Rat und Tat fachkundig zur Seite.
Sonderschriften der Arge Loknot:

- *S 1 Arge Deutsche Lokalausgaben,* Nachtrag zum Curt-Paul-Katalog.
- *S 2 Müller-Altenbach,* Der Gaeta-Report.
- *S 3 Haferkamp/Penning,* Die Gebührenzettel von Freudenstadt.
- *S 4 Herbert Stephan,* Handbuch: Verwendung der R-Zettel als 30-Pfg.-Marke.
- *S 5 Jürgen Andriesen,* Handbuch: Dienstsiegelverwendung.
- *S 6 Hans-Karl Penning,* Die Gebührenzettel von Freudenstadt – Nachtrag.
- *S 7 Herbert Stephan,* Der Gebührenzettel von Ellingen.
- *S 8 Herbert Stephan,* Handbuch + Katalog: Notmaßnahmen in Österreich.
- *S 9 Herbert Stephan,* Handbuch: Der Gebührenzettel Neustadt (Schwarzwald).

Bundesarbeitsgemeinschaft Thüringen-SBZ/OPD-Ausgaben 1945/46 e. V.

Die Bundesarbeitsgemeinschaft Thüringen-SBZ/OPD-Ausgaben 1945/46 e. V. besteht seit mehr als zehn Jahren und zählt inzwischen über 200 Mitglieder, die sich über den ganzen Erdball verteilen. Es sind Briefmarkensammler und Philatelisten, die sich dem interessanten und vielseitigen Sammelgebiet Thüringen der Jahre 1945/46, aber auch den übrigen Teilgebieten der Sowjetischen Besatzungszone widmen. Das gemeinsame Interesse gilt dabei sowohl den postgeschichtlichen Fakten als auch den vielfältigen Formen der postalischen Behandlung von Briefen und Karten, den Notmaßnahmen und den lokalen Besonderheiten. Große Aufmerksamkeit erfahren aber auch die Marken- und Blockausgaben der Oberpostdirektion der SBZ, hier vor allem jedoch der OPD Erfurt.
Weil die Klärung der vielen auch heute noch offenen Fragen des Sammelgebietes oft nur gemeinsam und auf einer breiteren Basis möglich ist, entstand die Arge Thüringen, die auch beim Auf- und Ausbau jeder Sammlung behilflich ist.

Deutschland-Alben

Wer sich ein deutsches Sammelgebiet ausgesucht hat, aber noch nicht so spezialisiert und fortgeschritten ist, daß er sich sein eigenes Album anlegen kann, findet bei den Albenverlegern ein reichhaltiges Angebot. Es dürfte kaum ein Gebiet geben, das man nicht in einem Vordruckalbum zusammentragen kann. Die tabellarische Übersicht zeigt, welche Gebiete von welchen Verlagen herausgegeben werden (siehe Anschriftenverzeichnis).

Hierzu bieten sich die *Arbeitskreise* innerhalb der Arge Thüringen an, die die Lösung einzelner Fragenkomplexe – seien es die einzelner Markenausgaben und deren Abarten oder die jeweiliger lokaler Gegebenheiten – zu ihren Aufgaben gemacht haben, dazu dient aber auch der vierteljährlich erscheinende *Rundbrief*, der jedem Mitglied die Möglichkeit bietet, seine Neuentdeckungen oder auch seine Forschungsergebnisse den anderen Mitgliedern mitzuteilen.
Durch persönlichen Kontakt zu anderen Mitgliedern ergeben sich für den einzelnen zusätzliche Möglichkeiten des Erfahrungs- und Meinungsaustausches, aber auch größere Chancen, durch Tausch oder Kauf die eigene Sammlung zu vervollständigen und die Dubletten besser zu verwerten.
Dem gleichen Zweck dienen vereinsinterne Auktionen, die wenigstens zweimal im Jahr durchgeführt werden und sowohl für Einlieferer als auch für Bieter zu besonders günstigen Konditionen ablaufen.
Als eine satzungsgemäße besondere Aufgabe betrachtet man die Herausgabe eines *Handbuchs Thüringen*. Es ist im Loseblatt-System konzipiert, wird als solches in Teilen erstellt und an die Mitglieder ausgeliefert. Die bisher erschienenen Teile erhalten auch die neu eintretenden Mitglieder, sie zahlen dafür nur einmal einen Betrag, der den bis zu dem Zeitpunkt entstandenen Gestehungskosten entspricht.
Dies alles erhalten die Mitglieder für einen Jahresbeitrag von 36,– DM. Jungen Mitgliedern bis zum 25. Lebensjahr werden besondere Vergünstigungen geboten, die bis zum Erlaß des Mitgliedsbeitrages reichen können.
Sammler dieses gewiß reizvollen und sicher auch zukunftsträchtigen Teilgebietes oder auch solche, die es noch werden wollen, sollten sich auf alle Fälle noch eingehender und intensiver mit den Fakten befassen, die nicht im Katalog stehen.

Von Aland bis Zypern: europäische Sammelgebiete

Sammler sammeln an erster Stelle die Ausgaben des Landes, in dem sie leben! Diese Feststellung trifft überall in der Welt zu. So ist es nicht verwunderlich, daß bundesdeutsche Briefmarkenfreunde drei Gebiete besonders favorisieren: Die Ausgaben der Deutschen Bundespost, die Ausgaben der Deutschen Bundespost Berlin und die Marken der Deutschen Demokratischen Republik. Diese Sammelgebiete liegen in der Beliebtheitsskala mit weitem Abstand an der Spitze, wie Umfragen von Organisationen, Versandhändlern und Erfahrungswerte des Einzelhandels in den letzten Jahren mit konstanter Regelmäßigkeit ergeben haben.
Mancher Sammler begnügt sich indes nicht damit. Er wendet sich darüber hinaus auch den europäischen oder, seltener, außereuropäischen Ländern zu. Die Entscheidung, wel-

ches Gebiet gesammelt werden soll, hängt von der subjektiven Einschätzung eines jeden Sammlers ab. Die folgende kurze Darstellung europäischer Sammelgebiete ist für Anfänger als Hilfestellung gedacht. Grundsätzlich muß festgehalten werden, daß Neuheiten keine Anlagemöglichkeiten bieten, die gewählten Themen und Motive sowie die Ausführungen der Marken aber viel Freude bereiten. Und darauf sollte es ja ankommen.

Aland
Bei diesem jungen Sammelgebiet kann man noch von der Katalog-Nummer 1 an dabei sein. Die Kosten halten sich im Rahmen. Neuheiten-abonnement preiswert, da nur wenige Ausgaben im Jahr erscheinen.

Albanien
Kleine Auflagen, aber relativ teuer. Wenig beliebt. Sammlungen sind nur schwer wieder absetzbar, oftmals unter Einstandspreis.

Alderney
Auch dieses Gebiet ist noch ab Nummer 1 möglich. Bisher seriöse Ausgabepolitik mit wenigen Neuerscheinungen pro Jahr.

Andorra, französische Post
Wenige Neuheiten im Jahr. Markengestaltung ähnlich wie bei Frankreich. Ein Abonnement belastet den Etat des Sammlers nur wenig. Gestempelte Ausgaben werden von der Versandstelle für Postwertzeichen nicht geliefert.

Andorra, spanische Post
Markengestaltung wie bei den Ausgaben Spaniens. Preiswertes Sammelgebiet mit wenigen Neuheiten.

Azoren
Erst seit wenigen Jahren wieder mit eigenen Briefmarken. Preiswertes Sammelgebiet, das mit Madeira und Portugal gut gekoppelt werden kann.

Belgien
Viele Neuerscheinungen im Jahr. Wer Automatenmarken mitsammelt, muß mit erheblichen Kosten rechnen. Methoden der Belgischen Postverwaltung (Miniauflagen bei Eisenbahnmarken und sehr hohe Preise) brachten Ärger bei Sammlern und Händlern.

Bulgarien
Viele Neuerscheinungen, viele Motivmarken. Will man sich von einer Neuheitensammlung trennen, ist mit geringem Erlös zu rechnen, da das Sammelgebiet nur von wenigen gesammelt wird und deshalb keine große Nachfrage besteht.

Dänemark
In der Beliebtheitsskala im Mittelfeld. Finanziell nicht sehr aufwenig. Eine Sammlung ab 1945 kann mit geringen Mitteln noch problemlos zusammengetragen werden. Gute Möglichkeit, ein Gebiet nach dem Kriege nach und nach zu komplettieren.

Färöer
Noch ab Nummer 1 möglich. Komplette Sammlung kostet nur wenige hundert Mark. Wenig Neuheiten im Jahr. Tip: Dänemark und Grönland dazunehmen!

Finnland
Sammlung ab 1945 kein Preisproblem (siehe Dänemark). Seriöse Ausgabepolitik. Tip: Aland mitsammeln!

Frankreich
Trotz vieler Neuheiten pro Jahr recht beliebtes Sammelgebiet. Markengestaltung überzeugt in vielen Fällen. Sicherlich empfehlenswert. Tip: Andorra – französische Post mitsammeln!

Gibraltar
Wenige Ausgaben im Jahr. Kann gekoppelt werden mit den Gebieten Portugal, Spanien (eventuell Andorra), so daß eine Sammlung »Iberische Halbinsel« entsteht.

Griechenland
Leider nicht besonders beachtet, obwohl die Marken durch Themenwahl und Gestaltung oft überzeugen. Tip: Zypern – griechische Ausgaben – nicht außer acht lassen!

Grönland
Wenige Ausgaben im Jahr. Tip: Dänemark und Färöer dazunehmen!

Großbritannien
Grafische Lösungen überraschen immer wieder. Sammelgebiet hat in den letzten Jahren neue Freunde gefunden. Keineswegs konservativ, wie man vermuten könnte. Tip: Marken von Alderney, Guernsey, der Isle of Man und von Jersey mitsammeln!

Guernsey
Recht beliebtes Gebiet, das noch ab Nummer 1 möglich ist. Kann gut komplettiert werden. Inselfreunde können sich eine europäische »Inselsammlung« aufbauen (Aland, Alderney, Färöer, Grönland, Irland, Island, Isle of Man, Jersey, Malta, Zypern).

Irland
Gut gestaltete Marken. Jahresabo ist erschwinglich, da seriöse Ausgabepolitik.

Island
Gehört in eine Skandinavien-Sammlung (mit Aland, Dänemark, Färöer, Finnland, Norwegen und Schweden). Als Ländersammlung nur geringer finanzieller Einsatz.

Isle of Man
Siehe Angaben unter Guernsey.

Italien
Recht viele Neuerscheinungen. Trotzdem nicht besonders teuer. Markengestaltung beachtenswert.

Jersey
Siehe Angaben unter Guernsey.

Jugoslawien
Sammelgebiet war einst sehr beliebt, hat aber viele Freunde verloren. Viele Ausgaben erscheinen in Kleinbogen, die aber nicht unbedingt gesammelt werden müssen. Wer sich dennoch dazu entschließt, muß mit einem erheblichen jährlichen Aufwand rechnen.

Liechtenstein
Nur wenige Ausgabetermine im Jahr. In der Beliebtheitsskala ganz weit vorne stehend. Ausgaben erscheinen durchweg in Kleinbogen, die aber nicht gesammelt werden müssen. Tip: Mit einer Sammlung Schweiz und Österreich kombinieren!

Luxemburg
Nicht besonders kostspielig, da nur wenige Neuheiten im Jahr. Marken sind sehr schön gestaltet. Grundsätzlich ein Sammelgebiet, das unverständlicherweise von vielen Sammlern noch nicht entdeckt wurde. Marken nach 1945 haben kleine Auflagen, sind aber dennoch nicht sehr teuer. Kann empfohlen werden.

Madeira
Siehe Azoren.

Malta
Nicht sehr beliebt. Rangiert in der Beliebtheitsstatistik oft weit hinten. Malta paßt in eine Sammlung »Westli-

Zusammenfassung

Sammelinteressen, Gewohnheiten Sammelgebiete:	XX	O	FDC
I. Bundesrepublik Deutschland	87,5%	27,5%	18,8%
II. Berlin	85,5%	30,8%	17,6%
III. DDR	29,5%	18,4%	3,4%
1. Österreich	40,5%	15,5%	4,3%
2. Schweiz	32,7%	14,8%	6,5%
3. Liechtenstein	20,0%	7,2%	5,7%
4. Europa-Gemeinschaftsausgaben	19,1%	6,9%	2,6%
5. Vereinte Nationen	17,6%	5,2%	4,3%
6. Frankreich	16,4%	5,8%	0,6%
7. Vatikan	15,2%	3,4%	1,7%
8. Niederlande	10,1%	4,2%	1,2%
9. Großbritannien	8,7%	3,1%	0,8%
10. Luxemburg	8,1%	2,3%	0,8%
11. Dänemark	6,9%	3,9%	1,0%
12. Schweden	6,3%	3,4%	1,8%
13. Belgien	5,7%	1,8%	0,2%
14. Norwegen	5,6%	3,0%	0,5%

Anmerkung: FDC (First Day Cover) bedeutet Ersttagsbrief; XX = postfrisch; O = ungestempelt

Sammelinteressen, Gewohnheiten Sammelgebiete:	XX	O	FDC
15. Italien	5,2%	2,1%	0,3%
16. Finnland	5,0%	3,0%	0,7%
17. Island	4,7%	2,5%	0,6%
18. USA	4,6%	3,0%	0,3%
19. Israel	4,1%	1,5%	1,1%
20. Spanien	4,0%	1,4%	0,1%
21. Irland	3,1%	1,7%	0,2%
22. Griechenland	2,9%	1,1%	0,3%
23. Zypern	2,8%	0,7%	0,3%
24. Andorra	1,9%	0,5%	0,1%
25. Monaco	1,9%	0,5%	0,1%
26. Polen	1,9%	1,7%	0,1%
27. San Marino	1,8%	0,4%	0,1%
28. UdSSR	1,4%	1,1%	0,3%
29. Türkei	1,1%	0,4%	0,1%

(Quelle: Werbebroschüre für Philatelie, Bundesnachrichten des BDPh, 1981)

Befragt wurden Mitglieder des BDPh; es waren Mehrfachnennungen möglich: die Prozentwerte geben die Beliebtheitsskala der Gebiete an.

ches Mittelmeer« (Spanien, Gibraltar, Frankreich, Monaco, Italien).

Monaco
Nur zwei Ausgebetermine im Jahr, zu denen recht viele Ausgaben erscheinen. Viele schöne Motivmarken. Zu einer Sammlung »Europäische Kleinstaaten« passend (Andorra, Liechtenstein, San Marino, Vatikan).

Niederlande
Sehr beliebtes Gebiet, da die Markengestaltung sehr modern ist. Tip: Zusammen mit Belgien und Luxemburg eine »Benelux-Sammlung« aufbauen!

Norwegen
Norwegen ist ein Sammelgebiet, das vor Jahren eine große Nachfrage erlebte. Dies führte zu guten Wertsteigerungen. Inzwischen ist der Boom abgeebbt. Dennoch kann man die Marken dieses nordischen Staates empfehlen. Sie sind geschmackvoll gestaltet. Viele Motive aus der Tradition und Geschichte des Landes.

Österreich
An der Spitze der beliebtesten Sammelgebiete. Viele Neuerscheinungen, monatlicher Aufwand zumindest 5,– bis 10,– DM.

Polen
Briefmarkengestaltung gefällt. Wie bei allen Ostblockstaaten regelmäßig politische Motive. Preiswertes Gebiet mit vielen Neuerscheinungen.

Portugal
Zahlreiche Neuerscheinungen mit vielen Blockausgaben. Siehe Tip unter Gibraltar.

Rumänien
Markenflut. Viele Ausgaben erscheinen auch in geschnittener Erhaltung, die aber nicht gesammelt werden müssen. Rumänien gezähnt und geschnitten kostet im Abonnement schon einiges. Ländersammlung mit Neuheiten ist schwer verkäuflich.

San Marino
Schöne Marken und nicht übermäßig teuer. Wird nicht besonders häufig als Ländersammlung zusammengetragen, sondern mehr für Motivsammlungen gekauft.

Schweden
Hervorragende Markengestaltung. Viele Ausgaben erscheinen in Heftchenform. Wenn Heftchen gesammelt werden, nicht ganz preiswert!

Schweiz
Besonders beliebtes Markenland. Nur wenige Ausgabetermine im Jahr. Marken gefallen aufgrund ihrer Gestaltung. Dienstmarken müssen nicht unbedingt hinzugenommen werden, sind aber meist preiswert. Tip: Im Verbund mit Österreich und Liechtenstein sammeln!

Sowjetunion
Markenfülle mit mehreren Ausgaben pro Monat. Viele politische Motive.

Spanien
Relativ viele Neuausgaben im Jahr, aber mit geringen Nennwerten, so daß ein Jahresabo nicht besonders kostspielig wird. Tip: Andorra – spanische Post – hinzunehmen!

Tschechoslowakei
Die Ausgaben bestechen durch ihre grafische Gestaltung. In dieser Hinsicht zählen sie sicherlich zum Besten, was auf der Welt produziert wird. Ein Abonnement ist nicht ganz billig. Häufig auch Kleinbogenausgaben, die man nicht unbedingt mitsammeln muß.

Türkei
Ein stark vernachlässigtes Gebiet. Eigentlich unverständlich, denn die meisten Ausgaben haben geringe Nennwerte und sind daher preiswert. Wer etwas Individuelles sucht, sollte sich die türkischen Marken einmal ansehen.

Ungarn
Die Magyaren haben die Briefmarke als Devisenbringer schon seit langem entdeckt. Viele Ausgaben und nicht ganz preiswert! Die Marken gefallen durch ihre Farbigkeit. Die Ausgabeanlässe haben mit Ungarn nicht immer direkt etwas zu tun. Zu jeder Ausgabe erscheint eine geschnittene Erhaltung, die vorwiegend für den Export bestimmt ist (kleine Auflage).

Vatikan
Wer christliche Motive auf Briefmarken bevorzugt, findet selbstverständlich beim Vatikan die besten Voraussetzungen. Mit Briefmarken wird ein bedeutender Teil des Haushaltes abgedeckt.

Vereinte Nationen
Die UNO gibt in ihren Sitzen in Genf und Wien (zusätzlich in New York) eigene Briefmarken in schweizerischer bzw. österreichischer Währung heraus. Die Marken waren viele Jahre äußerst beliebt, mußten aber in den letzten Jahren einen deutlichen Rückgang bei den Verkaufszahlen hinnehmen.

Zypern
Mit wenigen Ausgaben im Jahr hat sich Zypern einen kleinen, aber festen Platz im philatelistischen Markt gesichert. Zuweilen werden Ausgaben in geringer Auflage hergestellt, die einen schnellen Wertzuwachs zeitigen. Die gut gestalteten Marken machen jedem Sammler Spaß. Während die griechischen Ausgaben – von ihnen war die Rede – offiziell sind, werden die türkischen Ausgaben von Zypern nicht vom Weltpostverein anerkannt. Dennoch kann man diese sammeln!

Die unverändert beliebtesten Gebiete für bundesdeutsche Sammler:

Bundesrepublik Deutschland,
Berlin,
Deutsche Demokratische Republik.
(Farbtafel S. 89)

Von Aland bis Zypern
(Farbtafeln S. 90–96)

Alderney
Andorra (franz. und span.)
Bulgarien
Dänemark

Färöer
Finnland
Guernsey
Irland

Italien
Jersey
Jugoslawien
Liechtenstein

Luxemburg
Monaco
Niederlande

Norwegen
San Marino
Österreich
Polen
Rumänien

Iberische Halbinsel:
Spanien
Portugal
Gibraltar

Schweden
Schweiz

Tschechoslowakei
Türkei
Ungarn
UNO
Vatikan

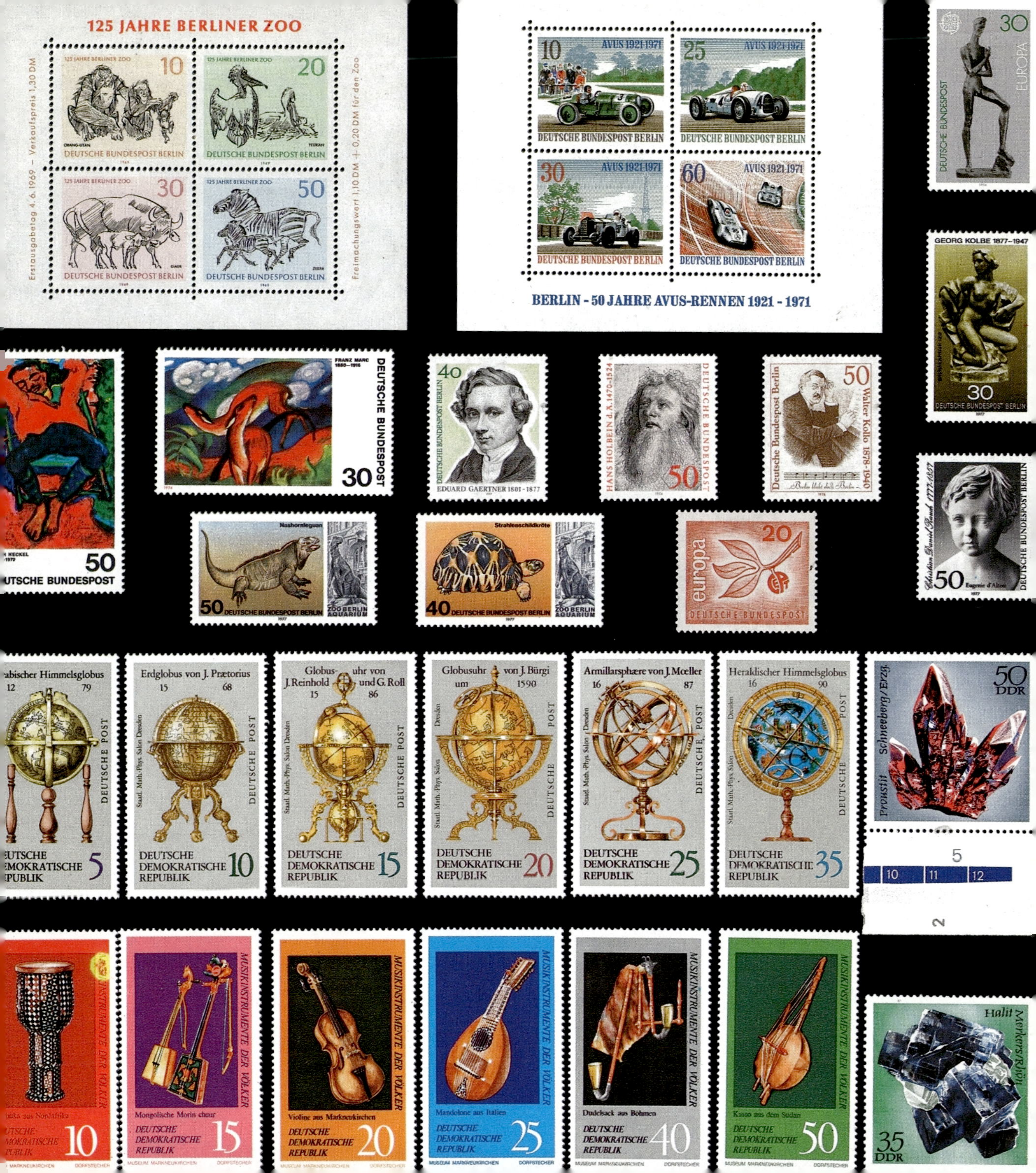
125 JAHRE BERLINER ZOO
Ersttausgabetag 4.6.1969 – Verkaufspreis 1,30 DM
Freimachungswert 1,10 DM + 0,20 DM für den Zoo
DEUTSCHE BUNDESPOST BERLIN
BERLIN - 50 JAHRE AVUS-RENNEN 1921 - 1971
AVUS 1921-1971
DEUTSCHE BUNDESPOST BERLIN
EUROPA
DEUTSCHE BUNDESPOST
GEORG KOLBE 1877–1947
DEUTSCHE BUNDESPOST BERLIN
FRANZ MARC 1880–1916
DEUTSCHE BUNDESPOST
EDUARD GAERTNER 1801-1877
HANS HOLBEIN d.Ä. 1470–1524
Walter Kollo 1878–1940
Deutsche Bundespost Berlin
Nashornleguan
Strahlenschildkröte
ZOO BERLIN AQUARIUM
europa
DEUTSCHE BUNDESPOST
Eugenie d'Alton
Christian Daniel Rauch 1777–1857
Erdglobus von J. Prætorius
Globusuhr von J. Reinhold und G. Roll
Globusuhr von J. Bürgi um 1590
Armillarsphære von J. Mœller
Heraldischer Himmelsglobus
DEUTSCHE DEMOKRATISCHE REPUBLIK
DEUTSCHE POST
Proustit Schneeberg/Erzg.
DDR
Mongolische Morin chuur
Violine aus Markneukirchen
Mandoline aus Italien
Dudelsack aus Böhmen
Kasso aus dem Sudan
MUSIKINSTRUMENTE DER VÖLKER
DEUTSCHE DEMOKRATISCHE REPUBLIK
Halit Merkers/Rhön

50TH ANNIVERSARY OF AIRPORT
WESSEX OF THE QUEEN'S FLIGHT
BAILIWICK OF GUERNSEY
ALDERNEY
9p
1985
COURVOISIER

50TH ANNIVERSARY OF AIRPORT
BRITTEN-NORMAN TRISLANDER
AURIGNY
G-JOEY
BAILIWICK OF GUERNSEY
ALDERNEY
13p
1985
COURVOISIER

50TH ANNIVERSARY OF AIRPORT
DE HAVILLAND HERON
BAILIWICK OF GUERNSEY
ALDERNEY
29p
1985
COURVOISIER

50TH ANNIVERSARY OF AIRPORT
DE HAVILLAND DRAGON RAPIDE
G-AHLL
BAILIWICK OF GUERNSEY
ALDERNEY
31p
1985
COURVOISIER

50TH ANNIVERSARY OF AIRPORT
SARO WINDHOVER
G-ABJP
BAILIWICK OF GUERNSEY
ALDERNEY
34p
1985
COURVOISIER

0,50
POSTES
PLEUMEUR-BODOU
TELSTAR
ANDOVER
ANDORRE
11-12 JUILLET 1962
1re LIAISON .T.V. PAR SATELLITE EUROPE - AMERIQUE

Bisbe Pere d'Urg
1
PTA
Principat
Correus
d'Andorra
F.N.M.T.
1979

Bisbe Josep Caixal
5
PTA
Principat
Correus
d'Andorra
F.N.M.T.
1979

Bisbe Joan Benlloch
13
PTA
Principat
Correus
d'Andorra
F.N.M.T.
1979

НР БЪЛГАРИЯ
1972
1982
ПРОГРАМА НА ООН ПО ОБКРЪЖАВАЩАТА СРЕДА ЮНЕП
13ст
поща

НРБЪЛГАРИЯ ПОЩА
REPUB. FRANC.
10 C. POSTES 10 C.
БЪЛГАРСКА ПОЩА
ПЕТЬ САНТИМ
5
ФИЛЕКС ФРАНС '82
PHILEXFRANCE
СТ
42

НРБЪЛГАРИЯ ПОЩА 1981
НРБЪЛГАРИЯ-25 ГОДИНИ ЧЛЕН НА UNESCO
681
1944
1956
1981
UNESCO
13 СТ

Europa
DANMARK
1.60
PALLE PIO del.
1981
CZ. SLANIA sc.

2.00
Europa
DANMARK
PALLE PIO del.
1981
CZ. SLANIA sc.

DANMARK
150
N.F.S. GRUNDTVIGS BARNDOMSHJEM UDBY

DANMARK
200
GRØNSUND

SORØ
100
DANMARK

DANMARK
160
KAJ MUNKS BARNDOMSHJEM OPAGER LOLLAND

DANMARK
230
BORNHOLM

Altjóða frímerkjaframsýning
World Philatelic Exhibition
Exposition Philatélique Mondiale
Philatelistische Weltausstellung
Keypmannahavn oktober 1987
Hafnia 87
HAFNIA 87
DANMARK
20 kr
3.00
4.70
6.50
Føroyar
Føroyar
Føroyar

FØROYAR
SULA/MORUS BASSANUS BASSANUS
140

FØROYAR
LUNDI/FRATERCULA ARCTICA GRABAE
180

FØROYAR
LOMVIGA/URIA AALGE SPILOPTERA
400

EUROPA
VIKINGAHUS
FØROYAR 2.00KR

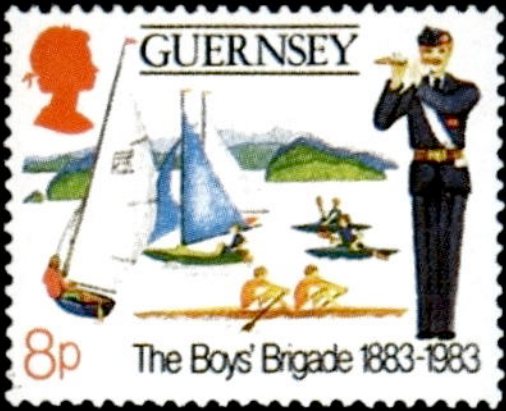
GUERNSEY
8p
The Boys' Brigade 1883-1983

GUERNSEY
13p
HISTORY
EUROPA 1982
COURVOISIER

EUROPA
GUERNSEY
13p
COURVOISIER

ÉIRE 18
LAND LAW (IRELAND) ACT 1881

GUERNSEY
29p
The Boys' Brigade 1883-1983

GUERNSEY
20p
HISTORY
EUROPA 1982
COURVOISIER

1,50
Suomi · Finland
Europa

Sorbus hibernica
1984
ÉIRE 22

Taxus baccata 'Fastigiata'
1984
ÉIRE 26

ÉIRE 29
Salix hibernica
1984

ÉIRE 44
Betula pubescens
1984

italia 200
natale 1981
giovanni da campione d'italia
XXIII GIORNATA DEL FRANCOBOLLO
ITALIA
120
XXIII GIORNATA DEL FRANCOBOLLO
POSTA DI NOCERA
ITALIA 300
XXIII GIORNATA DEL FRANCOBOLLO
200 ITALIA
europa
JERSEY 10,000 BC 11p
europa
JERSEY 16,000 BC 11p
JERSEY 25p
JERSEY 30p
JERSEY 40p
JERSEY 50p
RADOST EVROPE
JUGOSLAVIJA 8.80
RADOST EVROPE
JUGOSLAVIJA 15D
constantius II. 35
fuerstentum liechtenstein
40
FUERSTENTUM LIECHTENSTEIN
50
FUERSTENTUM LIECHTENSTEIN
80
FUERSTENTUM LIECHTENSTEIN
90
FUERSTENTUM LIECHTENSTEIN
SOVRANO MILITARE ORDINE DI MALTA
VENTENNALE DELL'ELEZIONE DEL PRINCIPE E GRAN MAESTRO FRÀ ANGELO DE MOJANA 1962 - 8 MAGGIO - 1982
POSTE MAGISTRALI 4 SCUDI
SOVRANO MILITARE ORDINE DI MALTA
VENTENNALE DELL'ELEZIONE DEL PRINCIPE E GRAN MAESTRO FRÀ ANGELO DE MOJANA 1962 - 8 MAGGIO - 1982
POSTE MAGISTRALI 2 SCUDI
ZMIEN TA' SERH
MALTA 8c
ZMIEN TA' SERH
MALTA 30c

EUROPA
12F
PROTECTION DE LA NATURE ET DE L'ENVIRONNEMENT
LUXEMBOURG
18F
PORTE DES BONS-MALADES
LUXEMBOURG
20F
PROTECTION DE LA NATURE ET DE L'ENVIRONNEMENT
EUROPA
LUXEMBOURG
TOUR MALAKOFF
50F
LUXEMBOURG
FORT THUNGEN
15F
LUXEMBOURG
POSTE AÉRIENNE
1858 1958
MONACO
100F
MONACO
POSTE AÉRIENNE
200F
1858
1958
SAINT PIE X
55
30
c
NEDERLAND
NEDERLAND
75
35
c
GRAND PRIX D'EUROPE
AUTOMOBILE
MONACO
1963
0,50
MONACO
POSTES
65F
1858
1958
50c NEDERLAND
NEDERLAND 60c
60+20c
NEDERLAND
65+20c
NEDERLAND
NEDERLAND
EUROPA
50CT
NEDERLAND
EUROPA
70CT

Norsk arbeidsliv I
Frimerkets dag 1985
2.00 +1.00
NORGE
2.00 +1.00
NORGE
2.00 +1.00
NORGE
2.00 +1.00
NORGE
Kr. 12,-

2.50 NORGE

CENTENARIO DELLA CASSA DI RISPARMIO
SAN MARINO 300
COURVOISIER
1982

SAN MARINO 300
COURVOISIER
1981

REPUBLIK
3.50 S
400 JAHRE
KARL-FRANZENS
UNIVERSITÄT GRAZ
1585 – 1985
ÖSTERREICH

REPUBLIK ÖSTERREICH
4.50 S
1885 1985
UNFALLCHIRURG·PROF·DR·
LORENZ BÖHLER

100 JAHRE
ÖSTERR. POSTSPARKASSE
S 4
REPUBLIK ÖSTERREICH

NORDISCHE SKI-WELTMEISTERSCHAFTEN
17.-27.1.1985
4S
Seefeld
Tirol
REPUBLIK ÖSTERREICH

1832-ERSTE PFERDEEISENBAHN-LINZ-FREISTADT-BUDWEIS
EUROPA
CEPT 1982
S6
REPUBLIK ÖSTERREICH

NAVIGATIA EUROPEANA PE DUNARE
DELTA DUNARII
MAREA NEAGRA
POSTA ROMANA
4.80 L
1977

MARIA KAZIMIERA SOBIESKA
de la Grange d'Arquien
POLSKA zł 65
MIĘDZYNARODOWA
WYSTAWA FILATELISTYCZNA
PARYŻ
PHILEXFRANCE 82

DIA DEL SELLO
16 PTA
ESPANA
correos
CARRO DE CORREO ROMANO
españa 84
exposición mundial de filatelia
madrid, 27 abril-6 mayo
GIBRALTAR CHAMBER OF COMMERCE
100th ANNIVERSARY
EXPUGNABILIS
GIBRALTAR ½p
H.M.S. Fearless
FEARLESS
Gibraltar 17p
H.M.S. Rooke
ROOKE
Gibraltar 60p
Portugal 68.5
MADEIRA
EUROPA
Portugal 68.5
AÇORES
EUROPA
Portugal 68.5
EUROPA
PORTUGAL 2.50
CASAS TRANSMONTANAS
PORTUGAL 22.50
CASAS ALENTEJANAS
PORTUGAL 80.00
CASA DA ESTREMADURA
PORTUGAL 90.00
CASA MINHOTA
2.50
MADEIRA
PORTUGAL
HELVETIA 40
STOCKALPERPALAST BRIG
VILDA ORKIDÉER
45
FRANKERINGSVÄRDE KR 8:40
SVERIGE
SANKT PERS NYCKEL
1.65
Orchis mascula
SVERIGE
KÄRRKNIPPROT
2.40
Epipactis palustris
SVERIGE
2.70
ADAM OCH EVA
Dactylorhiza sambucina
1.65
SVERIGE
GUCKUSKO
Cypripedium calceolus
STÖD ÅT FRIMÄRKSSAMLANDET KR 1:60
PRIS: 10 KRONOR
PRIVATPOST
SVERIGE 1.40
PRIVATPOST
SVERIGE 1.40
PRIVATPOST
SVERIGE 1.40
PRIVATPOST
SVERIGE 1.40
100 ANS
HELVETIA
40
HELVETIA
40
1882–1982
3000 BERN GIORNO D'EMISSION JOUR D'EMISSION
AUSGABETAG
18. 2. 82
100 ONNS VEIAFIER DIGL GOTTARD 1882–1982

ČESKOSLOVENSKO
3'00 Kčs
POHĽAD NA BRATISLAVU S PARNÍKOM - PO ROKU 1818
GALÉRIA MESTA BRATISLAVY
EUROPA
Piri Reis ve Haritası
TÜRKİYE CUMHURİYETİ
POSTA
50 LİRA
BASIN OFSET-ANKARA
1983
ENTWICKLUNGSARBEIT
VEREINTE NATIONEN
s4·50
ČESKOSLOVENSKO
4'00 Kčs
POHĽAD NA BRATISLAVU S MOSTOM - KONIEC 19. STOR.
GALÉRIA MESTA BRATISLAVY
POSTE VATICANE
S. ALBERTVS MAGNVS
1280 · 1980
300
I.P.Z.S.-ROMA-1980
A. CANEVARI
DEVELOPMENT PROGRAMME
UNITED NATIONS
22c
ČESKOSLOVENSKO
3.60 Kčs
BUDAPEST
DUNAJSKÁ KOMISIA · 1982 · ДУНАЙСКАЯ КОМИССИЯ
400
PROGRAMME DE DÉVELOPPEMENT
NATIONS UNIES
F.S. 0,35
ČESKOSLOVENSKO
3 Kčs
BRATISLAVA
DUNAJSKÁ KOMISIA · 1982 · ДУНАЙСКАЯ КОМИССИЯ
ANNÉE INTERNATIONALE DE LA PAIX
Paix
NATIONS UNIES F.S.1,40
1986
40f
LÉGIPOSTA
SÁRGARIGÓ
MAGYAR POSTA
nations unies
ANNÉE INTERNATIONALE DE LA PAIX
F.S. 0,45
VEREINTE NATIONEN
INTERNATIONALES FRIEDENSJAHR
s6
INTERNATIONAL YEAR OF PEACE
Peace
Мир
Paz
33c
UNITED NATIONS

Alben: europäische Sammelgebiete

Die Albenhersteller haben kein europäisches Sammelgebiet ausgelassen. Vordruckalben sind im Markt von Aland bis Zypern zu haben. Hinzu kommen noch Alben zu Spezialgebieten (Europa-CEPT, Europäische Sportmeisterschaften etc.), die den Einstieg für jeden Anfänger möglich werden lassen, aber auch dem Fortgeschrittenen eine adäquate Hilfe sind (siehe Anschriftenverzeichnis).

Gebiet	Borek	DAVO	KA-BE	Kronen	Leuchtturm	Lindner	MICHEL	SAFE	Schaubek
Aland		×	×		×	×		×	×
Albanien			ab 1915		Ab 1960				ab 1945
Alderney		×	×		×	×		×	×
Andorra frz.		×	×		×	×		×	×
Andorra sp.		×	×		×	×		ab 1960	×
Azoren		×	×		×	×		×	×
Belgien		×	×		×	×		×	×
Belgien (Dienst-, Porto-, Eisenbahnmarken etc.)			ab 1866		ab 1866	ab 1940			ab 1879
Bulgarien			ab Beginn		ab 1960	ab 1950			ab 1945
Dänemark		×	×		×	×		×	×
Estland			×						
Faröer	×	×	×		ab 1919	ab 1975		×	×
Faröer (Kleinbogen)						ab 1977			
Finnland		×	×		×	×		×	×
Frankreich	ab 1945	×	×		×	×		×	×
Gibraltar	ab 1981	×	×		×	×		ab 1960	×
Griechenland		×	ab 1861		ab 1861	ab 1924		ab 1945	ab 1861
Grönland		×	×		×	×		×	×
Großbritannien	ab 1952	×	×		×	×		×	×

Gebiet	Borek	DAVO	KA-BE	Kronen	Leuchtturm	Lindner	MICHEL	SAFE	Schaubek
Guernsey	ab 1958	×	ab 1941		ab 1941	ab 1969		ab 1958	ab 1958
Irland		×	×		×	×		ab 1979	×
Island		×	×		×	×		×	×
Isle of Man	ab 1958	×	ab 1958		ab 1958	ab 1973		ab 1958	ab 1958
Italien		×	×		×	×		×	×1)
Jersey	ab 1958	×	ab 1941		ab 1941	ab 1969		ab 1958	ab 1958
Jugoslawien			ab 1918		ab 1944	ab 1918		ab 1918	ab 1918
Kroatien			×						
Lettland			×			×			
Liechtenstein	ab 1945	×	×		×	×	ab 1945	×	×
Liechtenstein (Kleinbogen)	ab 1972					ab 1979			
Litauen			×			×			
Luxemburg		×	×		×	×		×	×
Madeira		×	×		×	×		×	×
Malta		×	ab 1860		ab 1964	ab 1860		ab 1978	ab 1860
Monaco		×	×		×	×		×	ab 1945
Niederlande	ab 1945	×	×	ab 1970	×	×		×	×
Niederlande (Heftchenblätter, Zusammendrucke)			ab 1852		1877-1941	ab 1940		ab 1964	ab 1852
Norwegen	ab 1960	×	×		×	×		×	×
Österreich	ab 1945	×	×		×	×	ab 1945	×	×
Österreich Nebengebiete		Bosn.-Herze-gowina	Bosnien-Herzego-wina		×	×		×	×
Polen			ab 1860		ab 1944	ab 1969		ab 1981	ab 1860
Portugal		×	ab 1853		ab 1910	ab 1853		ab 1979	ab 1853

Gebiet	Borek	DAVO	KA-BE	Kronen	Leuchtturm	Lindner	MICHEL	SAFE	Schaubek
Rumänien			ab Beginn		ab 1960	ab 1971			ab 1945
Rußland (UdSSR)			ab 1857		ab 1960	ab 1971		ab 1981	ab 1857
San Marino			ab 1877		ab 1877	ab 1945		ab 1977	ab 1877
Schweden	ab 1945	×	×		×	×		×	×
Schweden (Heftchenblätter)			ab 1966		ab 1966	ab 1964		ab 1966	
Schweiz	ab 1945	×	×		×	×	ab 1945	×	×
Schweiz (Zusammendrucke)					ab 1960	ab 1968		ab 1978	
Schweiz (Viererblocks)						ab 1960			
Schweiz (Internationale Ämter)		×	×		1922-1982	1922-85			×
Spanien	ab 1975	×	×		×	×		ab 1901	×
Triest Zone A			×						
Triest Zone B			×						
Tschechoslowakei			ab 1918		ab 1918	ab 1965		ab 1981	ab 1918
Türkei			ab 1863		ab 1921	ab 1971		ab 1981	ab 1945
Ungarn			ab 1871		ab 1945	ab 1945		ab 1982	ab 1871
UNO Genf	×[2])	×	×		×	×	×	×	×
UNO Genf (Kleinbogen)						ab 1976		×	ab 1983
UNO Wien	×[2])	×	×		×	×	×	×	×
UNO Wien (Kleinbogen)						×		×	×
UNO Wien (Viererblocks)	×					×			
Vatikan	×	×	ab 1852		ab 1929	ab 1929		ab 1929	ab 1852
Zypern			ab 1880		ab 1880	ab 1960		ab 1979	ab 1928
Zypern türkisch			×		×	×		ab 1981	×
Europa CEPT	×	×	×		×	×		×	×
Europa CEPT (Kleinbogen)	ab 1972				ab 1960	ab 1960		ab 1978	

Gebiet	Borek	DAVO	KA-BE	Kronen	Leuchtturm	Lindner	MICHEL	SAFE	Schaubek
Europa CEPT (Vorläufer)			×		×	×		×	
Europa CEPT (Mitläufer West)	×		ab 1953		ab 1948	ab 1949			
Europa CEPT (Mitläufer Ost)	×		ab 1967		ab 1967	ab 1967			
Europäische Blocks (West)						ab 1981		ab 1984	
Europäische Blocks (Ost)						ab 1981			
Europäische Sportmeisterschaften						ab 1932			

1) Schaubek führt Alt-Italien und Nebengebiete (ohne Kolonien) ab 1851 bis 1945.
2) Borek bietet UNO Genf Viererblocks und UNO Genf bzw. UNO Wien Ganzsachen.

Literaturhinweis für Europa-Sammler

Wer sich eingehender mit einzelnen europäischen Sammelgebieten beschäftigen will, sei auf folgende Publikation verwiesen: *MICHEL-Europa-Streifzug*, Schwaneberger-Verlag, München.

Das Album zeigt nicht alles: Arbeits- und Forschungsgemeinschaften für Europa

Der Bund Deutscher Philatelisten hat sich natürlich nicht nur um die deutschen Sammelgebiete bemüht, sondern all das berücksichtigen wollen, was philatelistisch notwendig ist. Dies führte im Laufe der Jahre zu der Gründung von verschiedenen Arbeits- und Forschungsgemeinschaften, die sich einem europäischen Gebiet ganz besonders verschrieben haben. Wie auch bei den Gruppen deutscher Sammelgebiete, werden dabei Erkenntnisse gewonnen und auch vermittelt, die über das Normale hinausgehen. Wer das Besondere sucht, kann sich den Zusammenschlüssen von Fachsammlern anvertrauen. Was die Arbeitsgemeinschaften leisten, soll an einigen Beispielen verdeutlicht werden.

Arge Andorra-Philatelie

Andorra, der winzige Freistaat in den Pyrenäen, steht seit 1278 unter der gemeinsamen Oberherrschaft Spaniens und Frankreichs. Diese historisch-politische Situation führte mit dazu, daß Andorra zwei Postverwaltungen besitzt, eine spanische und eine französische. Wurde früher die Post über Frankreich bzw. Spanien abgefertigt, so wurden 1928 erstmals Briefmarken durch die spanische Postverwaltung herausgegeben, dem das französische Postamt 1931 folgte. Bei den ersten Marken handelte es sich um Überdrucke spanischer bzw. französischer Marken.

Andorra wird nicht mehr wie in früheren Jahren als »Mitsammelgebiet« Spaniens und/oder Frankreichs betrachtet. Der Kleinstaat ist zu einem interessanten, eigenständigen Sammelgebiet herangewachsen.

Die Philatelie Andorras rückte mit der Ausgabe der Europamarke der spanischen Post im Jahre 1972 schlagartig ins Rampenlicht der Sammler. Die Spekulationen mit dieser Europamarke, deren Preis emporschnellte, machte viele Sammler auf dieses Sammelgebiet aufmerksam.

Die Arbeitsgemeinschaft, 1975 gegründet und seit 1976 Forschungsgemeinschaft im BDPh, machte es sich zur Aufgabe, Andorra und seine Philatelie dem interessierten Sammler näherzubringen. Die Arbeit bestand in erster Linie darin, Erkenntnisse auf dem fälschungsgefährdeten Gebiet der Überdrucke in den ersten Ausgaben der beiden andorranischen Postverwaltungen zu liefern.

Die Arbeitsgemeinschaft hat in mittlerweile fast 50 Rundbriefen, Rundschreiben und in mehreren Ausgaben der Broschüre »Blick in den Westen« auf über 800 Seiten die Ergebnisse ihrer Arbeit dokumentiert. Hinzu kamen noch einige Sonderbroschüren, wie z. B. eine Aufstellung aller in Andorra befindlichen Postämter usw. Diese Veröffentlichungen sind für jeden ernsthaften Sammler Leitlinien für das Sammelgebiet Andorra.

Darüber hinaus bietet die Arbeitsgemeinschaft ihren Mitgliedern den Service der Neuheitenbeschaffung, der für die gestempelten Marken besonders wichtig ist, da die Versandstellen der spanischen und französischen Post nur postfrische Marken liefern. Belege und FDCs können ebenfalls für die Sammler kostengünstig besorgt werden. Ferner helfen Tausch- und Rundsendungen den Mitgliedern, ihr Sammelgebiet zu komplettieren.

<u>Arge Griechenland</u>

Die »Arbeitsgemeinschaft Griechenland« ist heute mit fast 100 Mitgliedern eine leistungsfähige philatelistische Vereinigung der deutschen Griechenlandsammler, die auch als »Griechische Philatelistische Gesellschaft von Deutschland« (E.F.E.G.) fungiert und in das Vereinsregister eingetragen ist. Die Arbeitsgemeinschaft ist über einzelne Mitglieder mit den bekanntesten Griechischen Philatelistischen Gesellschaften im Ausland verbunden, so mit den Griechischen Philatelistischen Gesellschaften von Athen und Piräus, Thessaloniki, Lesbos, Zypern; ebenso mit den Griechischen Philatelistischen Gesellschaften von Großbritannien und den Niederlanden. Hierdurch wird ein kontinuierlicher internationaler Austausch von Forschungsergebnissen gewährleistet. Seit 1976 sind fast 50 Ausgaben der »Rundbriefe«, des Organs der Arbeitsgemeinschaft, erschienen, die die Vielzahl der verschiedenen Aspekte der griechischen Philatelie reflektieren, darunter die außerordentlich interessante Vorphilatelie, die klassischen Ausgaben der »Großen Hermesköpfe«, einem der diffizilsten Sammelgebiete der Philatelie überhaupt, an denen sich schon Generationen von Philatelisten die Zähne ausgebissen haben, aber auch die »Kleinen Hermesköpfe«, die, lange Zeit zu Unrecht vernachlässigt, in den letzten Jahren in zunehmendem Maße Beachtung fanden und in mancher Hinsicht dem Sammler ähnliche Schwierigkeiten bieten wie die »Großen Hermesköpfe«, aber noch relativ preiswert zu erwerben sind. Beide Ausgaben stellen eine intellektuelle Herausforderung für den echten Philatelisten dar.

Neben den neueren graphisch recht reizvollen griechischen Ausgaben stehen eine große Zahl von Nebengebieten aus verschiedenen Epochen zur Verfügung, darunter die Auslandspostämter der klassischen Zeit, die speziellen Ausgaben und Gebiete aus den griechischen Befreiungskriegen, den griechisch-türkischen Kriegen und der Zeit der beiden Weltkriege. Es handelt sich um Gebiete, die zeitweilig große Teile des östlichen Mittelmeeres umfaßten oder betrafen und damit auch zu geographischen, politischen und historischen Studien anregen, ganz abgesehen einmal davon, daß man sie sehr gut mit klassischen Bildungsreisen verbinden kann. Viele der genannten Sammelgebiete sind noch nicht vollständig oder nur im Ansatz erforscht und bieten damit Gelegenheit zu ernsthafter philatelistischer Forschung und zu reizvollen Entdekkungen.

In Zusammenarbeit mit der Griechischen Philatelistischen Gesellschaft in Athen und anderen philatelistischen Gesellschaften (darunter auch jener der USA) entsteht zur Zeit das Projekt »Utopia«, in dessen Rahmen alle die griechischen Sammelgebiete betreffenden Veröffentlichungen vom Anbeginn der Philatelie bis heute gesammelt, systematisiert und elektronisch gespeichert werden, damit sie den Sammlern in aller Welt zugänglich sind.

Die Arbeitsgemeinschaft Griechenland unterhält einen leistungsfähigen Rundsendedienst für sämtliche griechische Sammelgebiete, der allen Mitgliedern zur Einlieferung und Entnahme zur Verfügung steht und – teilweise auch im Austausch mit den oben genannten ausländischen Gesellschaften – reichhaltiges Material zu zivilen Preisen anbieten kann.

Sitz der Arbeitsgemeinschaft ist Münster. Der derzeitige jährliche Mitgliedsbeitrag ist mit 18,– DM außerordentlich niedrig angesetzt, wenn man bedenkt, daß dafür neben anderen Vorteilen jährlich drei Rundbriefe im Umfang von mindestens 40

Druckseiten im Format DIN A4 geliefert werden.

Veröffentlichungen

- *Heinz D. Behrens, Griechenland 1861–86, Die Großen Hermesköpfe.* Eine Einführung und Anleitung zu ihrer Bestimmung. 55 S., 3 S. Abb., 1 Karte; in: Schriftenreihe Neues Handbuch der Briefmarkenkunde, Heft 51, 1980.
- *Michael Kaitatzidis, Griechenland, Plattenfehler der »Großen Hermesköpfe«,* 25 S., 16 S. mit Abb.; in: Philatelic Literature of Lesbos Nr. 1, 1984.
- *Michael Kaitatzidis, Griechenland, Diagramme zur Bestimmung der »Großen Hermesköpfe«,* 33 S., 5 S. Abb.; in: Philatelic Literature of Lesbos Nr. 2, 1985.
- *Heinz D. Behrens, Ellas 1861–86, Oi Megales Kefales Ermou* (griechisch), 39 S., 10 S. mit Abb., 1 Karte; in: Philatelic Literature of Lesbos Nr. 3, 1985; Binos-Preis 1985.

Forschungsgemeinschaft Großbritannien

Es ist ein weitverbreiterter Irrtum, daß in den Forschungsgemeinschaften nur fortgeschrittene Sammler, die selbst forschen und publizieren, willkommen sind. Vielmehr kann jeder Sammler, ob Anfänger oder Profi, Mitglied werden. Dieser Grundsatz gilt auch für die Forschungsgemeinschaft Großbritannien: allen Sammlern, die sich für das Sammelgebiet Großbritannien interessieren, soll mit Informationen und Kenntnisvermittlung geholfen werden.

Gegründet wurde die Forschungsgemeinschaft Großbritannien im Jahre 1970; sie hat heute mehr als 250 Mitglieder. In den 15 Jahren ihres Bestehens brachte sie über 60 Rundbriefe heraus. Diese Rundbriefe erscheinen vierteljährlich und bringen neben Mitteilungen aus der Gemeinschaft Buchbesprechungen, Berichte von britischen Auktionshäusern, Berichte über Neuheiten und vor allem philatelistische Beiträge über Marken, Stempel, Ganzsachen, Postgeschichte und Postverbindungen und dies von den Altbriefen bis zu den neuen Markenausgaben. Neue Mitglieder haben die Möglichkeit, auch Beiträge aus den früheren Rundbriefen zu beziehen.

Zweimal jährlich wird eine gemeinschaftsinterne Auktion durchgeführt, an der sich nur Mitglieder als Einlieferer oder Bieter beteiligen können. Außerdem kann jedes Mitglied kostenlos Such- und Tauschanzeigen in den Rundbriefen veröffentlichen.

Durch Fachstellen (z. B. für »Altbriefe«, »Viktorianische Zeit«, »Königsperiode«, »Zeit unter Elisabeth II« usw.) haben Mitglieder die Möglichkeit, philatelistische Fragen klären zu lassen. Außerdem stehen ihnen eine umfangreiche Bibliothek auf dem Wege der Fernausleihe und die von den Mitgliedern der Forschungsgemeinschaft erarbeiteten Publikationen jederzeit zum Einstandspreis zur Verfügung.

Ganz besonders wird der Kontakt zu britischen Vereinen, insbesondere zur »Great Britain Philatelic Society« gepflegt. Viele Veröffentlichungen aus dem »The GB Journal«, dem offiziellen Organ dieser bedeutenden philatelistischen Vereinigung, erscheinen in deutscher Übersetzung in den vierteljährlich erscheinenden Rundbriefen.

Der Jahresbeitrag beträgt zur Zeit 30,– DM. Eine Aufnahmegebühr wird nicht erhoben.

Zur Zeit noch erhältliche Literatur:

- *Sigward Pohl, Großbritannien Machintype: Markenheftchen, Bogen- und Rollenmarken,* DIN A5, ca. 120 S., ca. 180 Abb., Plastikringheftung mit Auswechselmöglichkeit, kartoniert mit Astralonfolie. Dieses Werk wird ständig erweitert. FGGB-Selbstverlag, 1984.
- *Sigward Pohl, 1. Ergänzungslieferung zu Großbritannien Machintype 2,* DIN A5, ca. 60 lose Blätter zum Auswechseln und Ergänzen. FGGB-Selbstverlag, 1986.
- *Erhard Zietlow, Die frühen Maschinenstempel im vereinigten Königreich Großbritanniens,* DIN A5, 80 S., ca. 130 Abb., Plastikringheftung, kartoniert mit Astralonfolie. FGGB-Selbstverlag, 1985.

Forschungs- und Arbeitsgemeinschaft Irland

Irland ist ein interessantes Sammelgebiet. Bereits im Jahre ihrer Gründung (1982) konnte die FAI das 100. Mitglied verzeichnen. Die FAI berät und unterstützt die Mitglieder beim Aufbau von Sammlungen, forscht in allen Gebieten der Irland-Philatelie und unterhält Verbindungen zu Verbänden, Vereinen und Sammlern im In- und Ausland. Sie veranstaltet jährlich eine vereinsinterne Auktion mit nur irischem Material, unterhält einen Rundsendedienst und beschafft alle irischen Neuheiten zu günstigen Preisen. Außerdem erteilt sie ihren Mitgliedern Auskünfte über Spezialliteratur. Der Mitgliedsbeitrag beträgt 48,– DM jährlich (halber Beitrag für Jugendliche und Studenten).

Veröffentlichungen der Forschungs- und Arbeitsgemeinschaft Irland e. V.:

- Mitgliederzeitschrift *Die Harfe,* vierteljährlich, DIN A4, ca. 40 bis 50 S.
- *Otto Jung, Die Architektur-Dauerserie,* DIN A4, kartoniert, 20 S., 1984.
- *Otto Jung, Die Gerlmarken,* DIN A5, kartoniert, 14 S., 1984.
- *Otto Jung, Die Ganzsachen Irlands,* DIN A5, kartoniert, 70 S., zahlr. Abb., 1984. 2-sprachiger Spezialkatalog der irischen Ganzsachen mit Bewertungen.
- *Hans G. Moxter, Die Meilenstempel der irischen Post 1808–1839,* DIN A5, Glanzumschlag, kartoniert, 64 S., zahlr. Abb.
- *William Kane, Undatierte Ortsstempel in Irland 1823–1860,* DIN A5, Kunstdruckpapier, Glanzumschlag, kartoniert, 72 S., zahlr. Abb.

Forschungsgemeinschaft Lettland

Der Forschungsgemeinschaft gehören sowohl ausgesprochene Spezialisten als auch Anfänger an. Durch das Mitteilungsblatt »Philatelia Baltica« wird über neue Erkenntnisse informiert und Spezialliteratur vorgestellt. Lettlandmarken werden für Mitglieder vom Prüfer des Bundes Philatelistischer Prüfer e.V. zu ermäßigten Sätzen geprüft. Beratungen – soweit möglich – sind kostenlos. Der Jahresbeitrag beträgt 20,– DM (Sonderveröffentlichungen sind gesondert zu bezahlen). Ein ausführliches Lettland-Handbuch ist in Vorbereitung.

Ring der Liechtensteinsammler

Der Ring (fast 700 Mitglieder in 14 Ländern, gegründet 1930) verfolgt keine kommerziellen Interessen, sondern dient nur der Förderung der Liechtenstein-Philatelie. Alle zwei Monate erscheinen die Ringmitteilungen mit Beiträgen zur Geschichte und Landeskunde und mit philatelistischen Forschungsergebnissen (im Mitgliedsbeitrag enthalten). Der eingetragene Verein unterhält einen Rundsende- und Spezialabbonnementdienst, liefert aber keine Marken-Neuheiten. Viele Mitglieder erarbeiteten ein Liechtenstein-Handbuch, das über 2000 Seiten umfaßt und ständig ergänzt wird. Zudem wurde eine Schriftenreihe zu Philatelie-Themen Liechtensteins herausgegeben.

In jedem Jahr findet in Vaduz ein Ferientreffen statt. Auch die alle drei Jahre durchgeführte Hauptversammlung wird (auf Wunsch der Mitglieder) in Liechtenstein abgehalten. In der Bundesrepublik halten die Mitglieder durch Regionaltreffen in zahlreichen Städten Kontakt zueinander. Der Ring unterhält gute Beziehungen zu den Liechtensteinischen Regierungsstellen sowie zu den Schwestervereinen in vielen Ländern Europas und in den USA. Der Jahresbeitrag beträgt 36,– DM (bis zum 18. Lebensjahr zahlen Jugendliche die Hälfte).

Arbeitsgemeinschaft Niederlande

Die Arbeitsgemeinschaft gibt mehrmals im Jahr Rundbriefe heraus, die sich mit Themen der Niederlande-Philatelie beschäftigen (Vorphilatelie, Postgeschichte, Stempel, moderne Markenausgaben). In unregelmäßigen Abständen erscheinen Sonderschriften mit Forschungsberichten.

Am Rundsendedienst können sich Mitglieder mit Wohnsitz in der Bundesrepublik Deutschland und in Berlin beteiligen (auch Dublettenverwertung). Der Jahresbeitrag beträgt

30,– DM (einmalige Aufnahmegebühr 10,– DM).

Forschungsgemeinschaft Nordische Staaten e. V.

Die Forschungsgemeinschaft berät und unterstützt die Mitglieder bei Forschungsarbeiten auf allen Gebieten der Philatelie nordischer Länder und fördert die Beziehungen zu Verbänden, Vereinen und Philatelisten im In- und Ausland.

Druck und Versand von Handbüchern und Katalogen können von Mitgliedern beantragt und aus Mitteln der Forschungsgemeinschaft finanziert und durchgeführt werden.

Die Leiter und Mitarbeiter der Arbeitsgruppen Dänemark, Dänisch-Westindien, Grönland, Färöer, Finnland, Island, Norwegen, Schweden erteilen Auskünfte über ihre Sammelgebiete, geben Forschungsaufgaben bekannt und veröffentlichen deren Ergebnisse sowie Informationen über Auf- und Ausbau von Spezial-Sammlungen in den periodisch erscheinenden *Philatelistischen Nachrichten:*

Die Wikinger-Berichte

enthalten Hinweise auf Berichte der in- und ausländischen philatelistischen Presse über nordische Sammelgebiete und Besprechungen neuer Literatur und Kataloge.

Die Mitteilungsblätter

werden nur an Mitglieder geschickt und geben deren Anregungen und Gesuche sowie Vereinsangelegenheiten bekannt.

Die FG-Bibliothek

mit umfangreichen Beständen philatelistischer Literatur, Zeitschriften und Katalogen, die ständig ergänzt werden, steht den Mitgliedern mit Ausleihungen zur Verfügung.

Durch Rundsendungen und Auktionen können Sammlungen wesentlich erweitert und Dubletten verwertet werden.

Mitglied kann jeder Philatelist werden, der einem der FIP angeschlossenen Verbände oder Vereine angehört. Der Jahresbeitrag beträgt zur Zeit 40,– DM.

Handbücher und Kataloge

der Forschungsgemeinschaft Nordische Staaten e. V. (zur Zeit lieferbare Titel):

- *Wolfgang Löhrich, Die schwedischen Postgebühren (1636–1976).* Hierzu gibt es eine Ergänzung.
- *Otto Piepkorn, Tromsö – Der Griff nach den Sternen?* 24 S., über 60 Abb. zur Erforschung der Pole und Polar- und Antarktis-Philatelie.
- *Hans G. Moxter, Finnland Feldpost,* 280 S., über 550 Abb. Ein Überblick von 1638 bis 1977. Die Militärpost von Finnland und Schweden von 1638 bis 1909 und die russische Posthoheit von 1809 bis 1917 werden ebenso behandelt wie das Herbstmanöver von 1963 und der Einsatz der finnischen UN-Truppen von 1956 bis 1977.
- *Jürgen Tiemer, Über die Eismeerfahrt Roald Amundsens von 1918 bis 1925 und ihre philatelistischen Belege (Polkarten),* 21 S., Abb.
- *Werner Friedrichs, Die Seepostverbindungen zwischen Schweden und Pommern bzw. zwischen Schweden und Preußen seit 1660,* 57 S., Abb.
- *Jürgen Tiemer, Die Stempel der norwegischen Bahnpostexpeditionen,* 182 S., Teil I enthält Illustration und die Katalogisierung der verschiedenen Stempel mit Punktbewertung, Teil II bringt die zum Verständnis der Zusammenhänge notwendigen Erläuterungen.

- *Robert Mattson, Die Originalstempel im Schwedischen Postmuseum,* Übersetzung aus dem Schwedischen von Wolfgang Löhrich.
- *Wolfgang Löhrich, Die Graveure der ersten schwedischen Datumstempel,* 68 S., Abb.
- *Klaus Eitner / Helmuth Hadler / Gerd Kuckuck / Harm Mögenburg / Jürgen Raecke / Walter Suhrbier, Die Kreissteg-Stempel von Dänemark ab 1945,* DIN A4, 126 S., 25 S. Stempelabbildungen.

Bundesarbeitsgemeinschaft Polen

Die seit 1976 arbeitende Gruppe hat es sich zur Aufgabe gemacht, das Wissen um die polnische Philatelie zu vertiefen und zu verbreiten. Sie gibt Mitteilungsblätter heraus, veröffentlicht Forschungsberichte, unterhält einen Neuheitendienst, führt vereinsinterne Auktionen durch und hilft beim Aufbau von Sammlungen.

Philatelistische Arbeitsgemeinschaft Rußland / UdSSR

Mit der »Zeitschrift für Russische/ Sowjetische Philatelie« bietet die Arge alle neuen Erkenntnisse über dieses Sammelgebiet an. Sie fördert Tauschkontakte der Mitglieder und pflegt Verbindungen zu Sammlern in aller Welt. Sie strebt an, die philatelistischen Kontakte zwischen der Bundesrepublik Deutschland und der UdSSR zu vertiefen.

Forschungsgemeinschaft für spanische Postgeschichte und Philatelie

Über 100 Mitglieder in aller Welt gehören dieser Vereinigung an. Viermal im Jahr erscheint der Spanien-Rundbrief. In ihm werden alle Themen von der Vorphilatelie bis zu den Markenausgaben unserer Tage behandelt. Anzeigen von Mitgliedern werden kostenlos veröffentlicht. Beilagen befassen sich mit besonderen Gesichtspunkten der spanischen Post- und Briefmarkengeschichte. Im Neuheitendienst (Postpreis + 15 Prozent) werden postfrische und gestempelte Neuheiten und Ersttagsbriefe sowie Besonderheiten geliefert. Zum Service zählt auch die verbilligte Prüfung von Spanienmarken. Ein Rundsendedienst zirkuliert zwischen den Mitgliedern.
Der Mitgliedsbeitrag beträgt 28,– DM.

Literatur:
- *Ernst Heller, Town censor marks of Spain 1936–1945,* DIN A4, 384 S., 1982.

Dieser Katalog bildet über 3000 verschiedene Zensurstempel ab. Er enthält außerdem Maßangaben, Verwendungsdaten, Farben und Bewertungen. Die Benutzungsanleitung für den Katalog ist in vier Sprachen (deutsch, englisch, französisch und spanisch) geschrieben.

Bundesarbeitsgemeinschaft Tschechoslowakei

Das Interessengebiet umfaßt den Zeitraum vor und nach der Gründung der Republik Tschechoslowakei im Jahre 1918 mit allen Nebengebieten (nicht die Zeit des Protektorats Böhmen und Mähren). Ein in 15 Jahren erstellter »Spezial-Briefmarken- und Stempelkatalog« enthält auf über 800 Seiten eine Unzahl von Informationen, Studien und Übersetzungen. Ergänzungen werden ständig vorgenommen. Die »Berichte aus der Tschechoslowakei-Philatelie« versorgen über 200 Sammler in

vielen Staaten der Erde mit aktuellen Informationen. Eine große Spezialbücherei und eine Artikelsammlung stehen zur Verfügung (gegen Portoersatz). Ein vereinseigener Rundsendedienst versorgt die Mitglieder mit Tschechoslowakei-Material.

Literatur:

Kleine Schriftenreihe der csl-Philatelie

- Bd. 1: *Theodor Möbs, Aufdruckmarken 1919,* 36 S., mit Darstellung aller Aufdrucktypen, 1973.
- Bd. 2: *Paul-August Koch, Die Internationalen Antwortscheine der Tschechoslowakei,* 43 S., mit Abb. aller Antwortscheine aus der Tschechoslowakei.
- Bd. 3: *Anmerkungen zur Postgeschichte der Karpathen-Ukraine. Teil 1: Walter J. Rauch, Stempel, Marken, Überdrucke, Ganzsachen,* 64 S. mit 37 Abb. und weiteren Stempeltabellen, 1975.
- Bd. 4: *Teil 2, Paul Kipp, Postorte, Katalogisierung und Bewertung,* 36 S. mit Tab., Aufstellungen und Preisangaben. Die Ganzsachen der Tschechoslowakei 1918–1938 (Teil 1–3 = 106 S.), 1975.
- Bd. 5: *Teil 1: Postkarten mit eingedrucktem Wertzeichen,* mit 30 Abb., 1976.
- Bd. 6: *Teil 2: Bildpostkarten* mit 12 Abb., 1976.
- Bd. 7: *Teil 3: Postformulare mit eingedrucktem Wertzeichen, Revolutionsausgaben 1918/19,* mit Bewertungstabelle nach Punkten von H. P. Vouhsem (12 S. für Heft 1–3), 1980.
- Bd. 8: *Max Mahr / H. P. Vouhsem,* Die Entwicklung der Tschechoslowakischen Flugpost (Die Pionierzeit bis 1918).

Arbeitsgemeinschaft Ungarn

Ungarn ist ein sehr umfangreiches und vielfältiges Gebiet. Die Arbeitsgemeinschaft befaßt sich mit der Vorphilatelie, mit den österreichischen Ausgaben, mit Stempeln ungarischer Postämter, mit Besatzungsausgaben und mit allen postgeschichtlichen Aspekten. Sie verfügt über einen Rundsende- und Neuheitendienst und hat eine eigene Spezialbibliothek eingerichtet.

UNOP-Internationale Vereinigung für UNO-Philatelie

Die UNOP wurde 1956, fünf Jahre nach der Ausgabe der ersten UNO-Briefmarken, gegründet und betreut heute knapp 1000 UNO-Philatelisten. Zweck und Aufgabe der UNOP ist es, einen Beitrag zur Förderung der UNO und der Philatelie zu leisten, indem sie die dem UNO-Thema zuzuordnenden philatelistischen Belege erfaßt und über sie und ihnen zugehörige Bereiche berichtet, um auf diese besondere Art Idee und Arbeit der Vereinten Nationen und ihrer Sonderorganisationen darzustellen. Die UNOP erfüllt ihre Aufgabe in erster Linie durch die Herausgabe UNO-philatelistischer Publikationen, hier insbesondere durch die UNOP-Zeitschrift »Unopost« (6mal jährlich 60 Seiten). Daneben gibt es noch das UNOP-Mitteilungsblatt »mb« (6mal jährlich 6 Seiten) sowie in loser Folge die UNOP-Studien und die UNOP-Handbücher. Die UNOP-Mitglieder erhalten diese Publikationen in der Regel kostenlos. Und sie nutzen die Beratungen für alle Gebiete der UNO-Philatelie und die Angebote der Vereinseinrichtungen wie Neuheitendienst, Flugpostdienst oder Literaturdienst.

Der jährliche UNOP-Beitrag beträgt 48,– DM (Mitglieder unter 18 bzw. 27 Jahren zahlen unter bestimmten Bedingungen davon nur 1/3 bzw. 2/3). Der Aufnahmebeitrag beträgt einmalig 5,– DM.

Das »stärkste Argument« der UNOP ist ihre Zeitschrift »Unopost« – weltweit anerkannt als die beste Zeitschrift für UNO-Philatelisten.

UNOP-Publikationen

Ein großer Teil der seit 1956 erscheinenden und stets mit vielen Abbildungen versehenen UNOP-Publikationen kann über die UNOP-Versandstelle bezogen werden, die auf Anfrage eine Liste der noch vorrätigen Publikationen zusendet. Einige Studien und Handbücher werden vom spezialisierten UNO-philatelistischen Fachhandel angeboten oder auch vom Verlag für den BDPh e. V. (siehe Anschriftenverzeichnis).

UNOP-Zeitschrift *Unopost* (frühere Titel: *Mitteilungsblatt, UNO-Philatelie):*

Noch lieferbar:

Jahrgang 1982 (Gesamt-Nr. 157–162), 364 S.

Jahrgang 1983 (Gesamt-Nr. 163–168), 368 S.

Jahrgang 1984 (Gesamt-Nr. 169–174), 360 S.

Jahrgang 1985 (Gesamt-Nr. 175–180), 360 S.

Jahrgang 1986 (Gesamt-Nr. 181–186), 360 S.

UNOP-Studien

- *Hans Egon Vesper, Die UNEF-Feldpost in Ägypten,* DIN A5, 30 S., 1961.
- *Detlef Schmidt / Walter W. Wagener, Die Feldpost der Truppen der Vereinten Nationen in Cypern,* DIN A4, 20 S., 1967.

- *Walter W. Wagener, Die friedenserhaltenden Operationen der Vereinten Nationen,* DIN A5, 38 S., 1984.
- *Die Vereinten Nationen in der deutschen Philatelie,*
  Teil 1: Hans H. v. Renesse / Detlef Schmidt / Hartmut Hütte, Bundesrepublik Deutschland und West-Berlin, DIN A5, 30 S., 3. Aufl. 1983.
  Teil 2: Hartmut Hütte / Lothar Apelt, Deutsche Demokratische Republik, DIN A5, 16 S., 1982.
- *Alexander Kustan / Herbert Judmaier / Franz Stefka, Die Vereinten Nationen und ihre Organisationen in der Philatelie Österreichs,* DIN A5, 24 S., 1985, hrsg. als Neubearbeitung der Studien von Ingo Dikkert / Jack I. Mayer / Franz Stefka, Die Vereinten Nationen in der Philatelie Österreichs, DIN A5, 48 S., 1979.
- UNOP-Redaktion, *UNO City Wien 1979–1984,* DIN lang, 34 S., 1984.
- UNOP-Redaktion, *1979–1984 – 5 Jahre Postabkommen zwischen der Republik Österreich und den Vereinten Nationen in Wien,* DIN A5, 40 S., 1984.
- *Hans H. v. Renesse, Absenderfreistempel der UNESCO Paris,* DIN A5, 22 S., 1978; neue Auflage 1986.
- *Internationale Antwortscheine bei den Vereinten Nationen*
  Teil 1: Hans H. v. Renesse / Hans Horst Huckenbeck / Paul-August Koch, Vereinte Nationen New York, Genf, Wien, DIN A5, 30 S., 1980.
  Teil 2: Hans Horst Huckenbeck, Internationaler Gerichtshof Den Haag, DIN A5, 14 S., 1983.
- *Joh. R. Faller / L.A.M.J. Molkenboer / Hubert Witzig, Stempel der Sonderpoststellen von Genf: Genève office temporaire,* DIN A5, 54 S., 1982.
- *Arleigh Gaines, Das Europäische Amt der Vereinten Nationen in Genf 1946–1969,* DIN A4, 24 S., 1983.

UNOP-Handbücher

- *Hubert Witzig / Hans Paikert / Hans H. v. Renesse / Gilbert Renn, Die UIT-Studie – Philatelistische Belege zum Thema Internationale Fernmeldeunion,* DIN A4, 96 S., 1975.
- *Hubert Witzig / Christian Wilhelm Jahn / Hans H. v. Renesse, Die OIT-Studie – Philatelistische Belege zum Thema Internationale Arbeitsorganisation,* DIN A4, 256 S., 1977.
- *Hans Paikert / Armin Gasser / Dietrich Oldenburg. Die UPU-Studie – Philatelistische Belege zum Thema Weltpostverein, DIN A4, 332 S., 1979.*
- *Wolff Hanke, Erstflugbriefe der Vereinten Nationen New York 1959 bis 1976, DIN A4, 146 S., 1976.*
- *Wolff Hanke, Erstflugbriefe der Vereinten Nationen New York – Nachtrag und Vorläufer,* DIN A4, 94 S., 1978.
- *Blanton Clement, Jr., Die UNO-Konferenz-Studie* (erste Ausgabe), DIN A5, 104 S. im Loseblatt-System, 1980.
- *Blanton Clement, Jr., Die UNO-Konferenz-Studie* (zweite Ausgabe), DIN A5, 92 S. im Loseblatt-System, 1983.
- *Walter Lippens / Hans Paikert / Hans H. v. Renesse, Die UNOP-EXPO-Studie – Sammlungen zur Philatelie der Vereinten Nationen,* DIN A4, 88 S., 1981.
- *Norris G. Robinson, Die kleine UNRRA-Studie – Postgeschichte der Hilfs- und Wiederherstellungsverwaltung der Vereinten Nationen,* DIN A4, 34 S., 1982.
- *Hans Paikert (Redaktion), Die Kongreß-Publikation – Referate zur UNO-Philatelie,* DIN A5, 54 S., 1984.
- *Arleigh Gaines / Hartmut Hütte / Klaus-Dieter Posch / Horst Zöller, UNO-Motiv-Katalog (UNO-thematische Briefmarken aus aller Welt),* DIN A5, ca. 200 S. im Loseblatt-System, 1985.
- *Werner Weidner, 30 Jahre UNOP – 30 Jahre UNOP-Publikationen – 1956–1986,* DIN A5, ca. 64 S., 1986.

Internationale Forschungsgemeinschaft Kirchenstaat mit Vorphilatelie und Vatikanstaat

Für die über 100 internationalen Mitglieder erscheinen viermal im Jahr Rundbriefe. Die Gruppe hat sich zur Aufgabe gemacht, die Postgeschichte zu erforschen, alle Stempel zu katalogisieren, alle Besonderheiten der Postdienste zu erfassen und auch die Münzen zu berücksichtigen. Der Jahresbeitrag beläuft sich auf 23,– DM.

Mit Briefmarken die – unbekannte – Welt entdecken

Briefmarkensammler sind stets auf der Jagd nach allen möglichen Postwertzeichen. Und es kommt nicht selten vor, daß staunend die Länderbezeichnungen auf den Marken betrachtet werden, weil man nicht genau orten kann, woher die Briefmarken kommen. Durch die politischen Veränderungen in den letzten Jahrzehnten haben viele Länder ihren Namen gewechselt. Geschäftstüchtige Manager haben zudem Briefmarkengebiete aus der Taufe gehoben, die kaum im Normallexikon zu finden sind, sondern nur in der speziellen Fachliteratur aufgeführt werden. Einige der weithin unbekannten Sammelgebiete sollen hier erwähnt werden.

Europa

Aland – Inselgruppe vor der finnischen Küste in der Ostsee. Seit 1984 eigene Marken.

Alderney – Insel im Ärmelkanal, zum Bailiwick of Guernsey gehörig, zwischen England und Frankreich gelegen. Eigene Marken seit 1983.

Färöer – Inselgruppe nördlich von Skandinavien. Eigene Marken seit 1919.

Übersee

Abu Dhabi – Gebiet am Persischen Golf, eingegliedert in die Vereinigten Arabischen Emirate. Briefmarkenausgabeflut von 1964 bis 1972.

Afar und Issas – Seit 1967 Name der ehemaligen französischen Somaliküste, auf afrikanischem Gebiet am Roten Meer gelegen.

Ajman (Adschman) – Gebiet am Persischen Golf, eingegliedert in die Vereinigten Arabischen Emirate. Briefmarkenausgabeflut von 1964 bis 1972.

Antigua – Insel in der Karibik, zu den Antillen gehörend. Es werden auch Marken mit dem Eindruck Antigua & Barbuda (Nebeninsel) verausgabt.

Bangladesch – Seit 1971 Name für den ehemaligen Ostteil Pakistans, am Golf von Bengalen gelegen.

Belize – Seit 1973 Name für Britisch Honduras, in Mittelamerika am Karibischen Meer gelegen.

Benin – Seit 1976 Name für Dahomey, im westlichen Afrika am Atlantischen Ozean gelegen.

Bequia – Insel in der Karibik, zu Sankt Vincent gehörend, mit eigenen Marken.

Bophuthatswana – Homeland in Südafrika, eigene Marken seit 1977.

Botswana – Seit 1966 Name für Betschuanaland, im südlichen Afrika gelegen.

Burkina Faso – Seit 1984 Name für Obervolta, im westlichen Afrika gelegen.

Caicos-Inseln – Im Atlantischen Ozean vor Kuba und Haiti gelegen. Marken kommen mit Eindruck Turks- und Caicos-Inseln vor.

Cayes of Belize – Inselgruppe vor Belize (siehe dort), mit eigenen Marken seit 1984.

Ciskei – Homeland in Südafrika, eigene Marken seit 1981.

Djibuti – Seit 1977 unabhängig von Afar und Issas (siehe dort), eigene Marken.

Dubai – Gebiet am Persischen Golf, eingegliedert in die Vereinigten Arabischen Emirate, Briefmarkenausgabeflut von 1963 bis 1972.

Fujeira – Gebiet am Golf von Oman, eingegliedert in die Vereinigten Arabischen Emirate, Briefmarkenausgabeflut von 1964 bis 1972.

Funafuti – Insel der Tuvalu-Gruppe in Ozeanien, mit eigenen Marken.

Grenada – Inselstaat der Kleinen Antillen im Karibischen Meer, mit eigenen Marken.

Grenada-Grenadinen – Inseln um Grenada herum, eigene Marken.

Kiribati – Seit 1979 Name für die Gilbert-Inseln in Ozeanien, eigene Marken.

Malagasy – Name für Madagaskar, Insel vor Ostafrika.

Manama – Gebiet in den Vereinigten Arabischen Emiraten. Briefmarkenausgabeflut von 1966 bis 1972.

Marshall-Inseln – Inselgruppe in Ozeanien, eigene Marken seit 1984.

Mikronesien – Inselgruppe in Ozeanien, eigene Marken seit 1984.

Nanumaga – Insel der Tuvalu-Gruppe in Ozeanien, mit eigenen Marken.

Nanumea – Siehe Nanumaga.

Nauru – Ehemals Teil der deutschen Kolonie Marshall-Inseln in Ozeanien, seit 1968 Republik, mit eigenen Marken.

Nevis – Insel im Karibischen Meer, mit eigenen Marken.

Niuafo'ou – Teil des Königreiches Tonga in Ozeanien, mit eigenen Marken seit 1983.

Niue – Insel in Ozeanien, eigene Marken seit 1902.

Niutao – Siehe Nanumaga.

Nui – Insel der Tuvalu-Gruppe in Ozeanien, eigene Marken.

Nukufetau – Insel der Tuvalu-Gruppe in Ozeanien, mit eigenen Marken.

Nukulaelae – Insel der Tuvalu-Gruppe in Ozeanien, mit eigenen Marken.

Karte der Scheichtümer am Persischen Golf:
Grenze der Trucial-Staaten bzw. der Vereinigten Arabischen Emirate
Die Trucial-Staaten – Zusammenschluß der Scheichtümer Abu Dhabi, Adschman/Manama, Dubai, Fudschaira, Ras al Chaima, Schardscha/Khor, Fakkan und Umm al Kaiwain – brachten am 7.1.1961 eine gemeinsame Freimarkenausg. heraus, die bis zum 30.9.1963 gültig war. Die Marken wurden nur von der brit. Postagentur in Dubai (Postsammelstelle aller übrigen Scheichtümer) verausgabt. Es folgten eigene Ausgaben der Scheichtümer. Diese schlossen sich aber, nicht nur postalisch, im Dez. 1971, bzw. Febr. 1972, wieder zusammen und brachten ab 1.1.1973 gemeinsame Ausgaben heraus. Vorläufer: Marken von Abu Dhabi mit Aufdruck UAE (1972). Zwischen den Jahren 1963 und 1971 hatten einige der Scheichtümer ihre postalische Emissionssouveränität an philatel. Agenturen abgetreten.
(Hans-Henning Gerlach: Weltatlas zur Philatelie, Verlag Richard Borek, Braunschweig 1980, S. 52)

Mit Briefmarken die Welt entdecken.

Palau – Insel in Ozeanien, eigene Marken seit 1983.
Ras al Khaima – Gebiet am Persischen Golf, eingegliedert in die Vereinigten Arabischen Emirate. Briefmarkenausgabeflut von 1965 bis 1972.
Redonda – Unbewohnte Insel im Karibischen Meer, bei Antigua gelegen, eigene Marken.
Sharjah (Schardscha) – Gebiet am Golf von Oman, eingegliedert in die Vereinigten Arabischen Emirate. Briefmarkenausgabeflut von 1963 bis 1972.
Sri Lanka – Seit 1972 Name für Ceylon, Insel an der Südspitze Indiens.
Transkei – Homeland in Südafrika, eigene Marken seit 1976.
Tuvalu – Seit 1977 Name der Ellice-Inseln, in Ozeanien gelegen, eigene Marken.
Um al Qiwain (Umm al Kaiwain) – Gebiet am Persischen Golf, eingegliedert in die Vereinigten Arabischen Emirate. Briefmarkenausgabeflut von 1964 bis 1972.
Union Island – Insel im Karibischen Meer, eigene Marken seit 1984.
Vaitupu – Insel der Tuvalu-Gruppe in Ozeanien, mit eigenen Marken.
Vanuatu – Seit Mai 1980 Name der Neuen Hebriden in Ozeanien, eigene Marken.
Venda – Homeland in Südafrika, eigene Marken seit 1979.
Zil Elwannyen Sesel – Name für die Äußeren Seychellen, Inselgruppe vor Ostafrika.
Zimbabwe – Seit 1980 Name für Rhodesien, im östlichen Afrika gelegen.

Übersee wird beliebter: wichtige Sammlergruppen

Fast 20 Gruppierungen erforschen Sammelgebiete aus Übersee. Sie liegen damit im Trend, denn diese Gebiete werden in den letzten Jahren stärker beachtet. Die Auktionshäuser vermelden gute Verkaufsergebnisse. Wir stellen einige Sammlergruppen vor.

Arbeitsgemeinschaft Brasilien

Die Ziele dieses eingetragenen Vereins können folgendermaßen umrissen werden: Erforschung der gesamten Philatelie Brasiliens (Tarife, Stempel, Marken, Ganzsachen, Feld-, Bahn-, Schiffs-, Flug- und Zensurpost); Erfassung, Auswertung, Zusammenstellung der bisher über Brasilien international erschienenen philatelistischen Literatur; Zusammenarbeit mit anderen Vereinigungen; Veröffentlichung von Ergebnissen im Brasilien-Handbuch. Mit Rundschreiben (3 bis 4 pro Jahr) werden die Mitglieder über neue Erkenntnisse unterrichtet. Der Jahresbeitrag beträgt 40,– DM (Auszubildende 12,– DM). Neuheiten- und Rundsendedienste sind eingerichtet.

Literatur der Arge Brasilien

- *Maassen/Wittig, Einführung in die Brasilien-Philatelie;*
  Bd. 1, *Der lange Weg zum Ochsenauge (1500–1844),* 150 S., 50 Abb., 2 Tab., Lohmar 1980.
  Bd. 2, *Die Nachkommen der Ochsenaugen (1844–1879),* 180 S., 80 Abb., 6 Karten, Lohmar 1982.
  Bd. 3, *Vom Kaiserreich zur Republik (1881–1893),* 104 S., 60 Abb., versch. Tab., Lohmar 1981.
  Bd. 4, *Die Republik »geht in die Luft« (1894–1964),* 150 S., 85 Abb., Lohmar 1982.
- *Kerkhoff/Wittig, Verzeichnis der Postorte des Kaiserreichs Brasilien in 3 verschiedenen Computersortierungen, davon eine rückwärts (!),* 200 S., 2800 Ortsangaben, Lohmar 1983.
- *140 Jahre Briefmarken, Festschrift,* Sammelband mit 9 Beiträgen von 8 Autoren, klassisch bis modern, teilw. engl./portug./dt., 252 S., 60 Fotoseiten, Lohmar 1983.
- *Americana '84* – Festschrift mit 12 Beiträgen zur gesamtamerikanischen Philatelie (Feuerland bis Canada), 200 S., 240 Abb., Lohmar 1984.
- *S. Laux, Brasil 1890 – Serie »Kreuz des Südens«,* 199 S., 70 Abb., mehrere Tab., portug./dt., Lohmar 1983.
- *G. Poppinga, Die Brasilianische Freimarkenserie 1954–1964,* (Die »Bisneta«-Studie):
  Teil 1, Produktion, 87 S., 53 Abb., 6 Tab., Lohmar 1981.
  Teil 2, Plattenfehler, DIN A5 Loseblatt im Ringbinder, 200 S., 600 Abb., dt./engl. Glossarium, Lohmar 1981.
- *Paul-August Koch, Die Internationalen Antwortscheine Brasiliens,* 19 S., 50 Abb., Krefeld 1979.

Forschungsgemeinschaft China-Philatelie

Die Sammlergruppe bearbeitet die Philatelie Chinas und die damit verbundene Geschichte: China von A–Z mit Lokalpost, Auslandspostanstalten, Besetzungen, Volksrepublik mit Vorläufern, Taiwan, Tibet, Macao, Mongolei, Militärpost, Kriegsgefangenenpost und Postzensur.
Die Arbeit findet ihren Niederschlag in jährlich viermal erscheinenden

Mitteilungsblättern. Zu den Autoren zählen die besten China-Kenner des In- und Auslandes.
Der Jahresbeitrag beträgt 30,– DM, worin auch die Lieferung des »China-Handbuches« miteingeschlossen ist.
Literatur der Forschungsgemeinschaft China-Philatelie

- *K. H. Dahnke, Tibet,* Handbuch und Katalog der Marken und Stempel, (Brit.-Ind. Postanstalten, Kaiserl. chines. Postanstalten, VR-chin. Postanstalten, Tibet. Lokalpost). 280 S., 234 Abb., 1978/1981.
- *H. Haines Brown, Das befreite Gebiet Südchina,* 35 S., 21 Abb., 1981.
- *Klaus Heinzel, Volksrepublik China,* Postorte sowie Inlandspoststempel seit Mitte der 50er Jahre.

Arbeitsgemeinschaft Israel
Die Arge besteht seit 30 Jahren und verfügt über 600 Mitglieder. Sie bietet ihren Mitgliedern in jedem Jahr rund 200 Seiten Fachliteratur. Das Paket besteht aus:

- der aktuellen Vierteljahreszeitschrift »Der Israel-Philatelist« mit Beiträgen aus allen Interessensgebieten (ausführliche Beschreibung der Neuheiten, Bücher-Ecke, Judaika-Nachrichten, Auktionsergebnisse, Abartenmeldungen);
- dem Spezialkatalog in Loseblatt-Lieferungen (Darstellung und Abbildung aller Briefmarken mit Anhängsel, Zusammendrucke, Markenheftchen, Ersttagsbriefe, Ganzsachen, Antwortscheine, Orts- und Sonderstempel, Werbestempel, Übersetzung aller fremdsprachigen Inschriften)
- Monografien (Türkische Post in Israel, Mobilpost in Israel etc.). Der Jahresbeitrag beträgt 30,– DM.

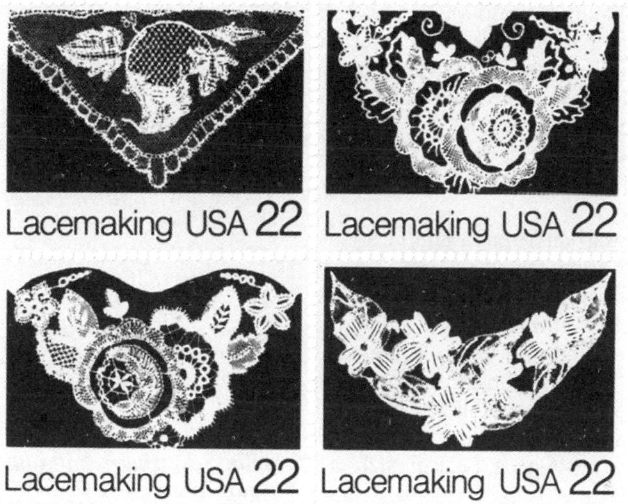

Sammlergemeinschaft Lateinamerika spanisch

Die Gruppe befaßt sich mit Ausnahme Brasiliens, da dort portugiesisch gesprochen wird, mit allen Ländern Lateinamerikas, von Mexico bis zum Südpol. Pro Jahr werden zwei bis vier Rundbriefe aufgelegt (Postgeschichte, Neuheitenmeldungen, Forschungsergebnisse).
Der Jahresbeitrag beträgt 25,– DM (Jugendliche 5,– DM).

Bundesarbeitsgemeinschaft USA

Die Arbeitsgemeinschaft bietet: sechs Rundbriefe im Jahr, USA- und Kanada-Neuheitendienst, Ersttagsbriefbeschaffung, einen Rundsendedienst, eine vereinsinterne Auktion, eine eigene Fachbibliothek, kostenlose Fachberatung aller Mitglieder.
Der Jahresbeitrag beläuft sich auf 36,– DM.

Sammlern fällt es oft nicht leicht, entlegene Gebiete in einem normalen geographischen Atlas zu entdecken. Hier ein Auszug aus dem »Weltatlas zur Philatelie« von Hans-Henning Gerlach, der 1980 im Verlag Richard Borek, Braunschweig, erschienen ist.

Anguilla: 1967 unabh. u. E.

Antigua: brit. Kronk., 1967 unabh. Staat d. Westind. Assoziierten Staaten, E.: 1862.

Bahama-Inseln: brit. Kronk., seit 1973 unabh. im Commonwealth-Verband, E.: 1859.

Barbados: brit. Kronk., ab 1966 unabh., E.: 1852.

Barbuda untersteht d. Reg. v. Antigua, E.: 1922.

Belize: die brit. Kronk. Brit.-Honduras wurde 1973 in Belize umbenannt: E.: 1973.

Brit.-Honduras: brit. Kronk., 1964 interne Selbstverw., E.: 1866, 1915 Konterbande-Ausgabe.

Costa Rica: Rep., E.: 1862

Curaçao: niederl. Kolonie, E.: 1873. Schiffspost der Firma Jesurun 1866.

Dänisch-Westindien: Inseln St. Thomas, St. Cruz, St. John, 1917 an USA verkauft (Virgin Islands of United States), E.: 1855.

Dominica: brit. Kronk., 1967 Mitglied der Westind. Assoziierten Staaten, E.: 1974.

Dominikanische Republik: bis 1864 span. Schutzherrschaft und Marken v. Span.-Westindien, E.: 1865.

El Salvador: 1841 Rep., E.: 1867

Grenada: brit. Kronk., 1974 unabh. im Commonw., E.: 1861, Grenadinen von Grenada sind ab 1973 Außenbesitzung.

Guadeloupe: franz. Kol., 1947 Überseedep., Ausg. von 1884/1947.

Guatemala: Rep., E.: 1871.

Haiti: Rep., E.: 1881, 1875/80 Hapag mit eigenen Marken.

Honduras: Rep., E.: 1866.

Jamaica: brit. Kronk., 1962 unabh. im Commonwealth, E.: 1860.

Jungferninseln: brit. Kronk., E.: 1866

Kaiman-Inseln: brit. Kronk., E.: 1901, davor Marken von Jamaica.

Kuba: bis 1898 span. Kol., 1898–1902 USA-Besetzung, 1902 unabh. Rep., E.: 1873.

Leeward-Inseln (Antiqua, Dominica, Jungferninseln, Montserrat, Nevis, St. Christoph): brit. Kronk., Ausgaben von 1890 bis 1956.

Martinique: franz. Kol., ab 1948 Überseedep., E.: 1886.

Montserrat: brit. Kronk., 1963 autonom, E.: 1886.

Nevis: brit. Kronk., 1882 mit St. Christoph polit. vereint. E.: 1861, seit 1890 postalisch z. d. Leewardinseln.

Niederländische Antillen (Aruba, Bonaire, Curaçao, Sint Maarten, Sint Eustatius, Saba): niederl. Überseeprovinz aus Curaçao hervorgegangen, E.: 1949.

Nikaragua: Rep., E.: 1862, 1904 Sonderausg. für die Küstenbezirke Bluefields und Kap Grazias.

Panama: Rep., bis 1903 Kolumbien angeschlossen, Inlandspostverkehr ab 1878, E.: 1903.

Panama-Kanalzone: Schutzgebiet der USA, E.: 1904.

Puerto Rico: Teilkolonie Spanisch Westindiens, 1898 US-Besitz, E.: 1855.

St. Christopher: Teil der brit. Kronk. Leeward-Inseln, E.: 1870, ab 1890 ausschließl. Verwendung der Marken der Leeward-Inseln.

St. Kitts, Nevis u. Anguilla: Teil d. brit. Kronk. Leeward-Inseln, 1967 unabh. im Commonwealth, Anguilla trennte sich 1967 von den beiden anderen Inseln. E.: 1903.

St. Lucia: brit. Kronk., 1979 unabh., E.: 1860.

St. Vincent: brit. Kronk., 1958 Mitglied d. Westind. Föderation, 1969 unabh. im Commonwealth. E.: 1861.

Spanisch-Westindien (Kuba u. Puerto Rico): span. Kol. bis 1898, E.: 1855.

Tobago: brit. Kronk., 1899 Teil d. brit. Kronk. Trinidad u. Tobago, E.: 1879.

Trinidad: brit. Kronk., 1962 unabh. im Commonwealth. 1847 priv. Schiffspostmarke des Dampfers Lady McLeod, E.: 1851, Vereinigung mit Tobago 1888, gemeinsame E.: 1913.

Turks- und Caicos-Inseln: brit. Kronk., bis 1962 von Jamaika verwaltet, seitdem gesonderte Kol. E.: 1867.

(Hans-Henning Gerlach: Weltatlas zur Philatelie, Verlag Richard Borek).

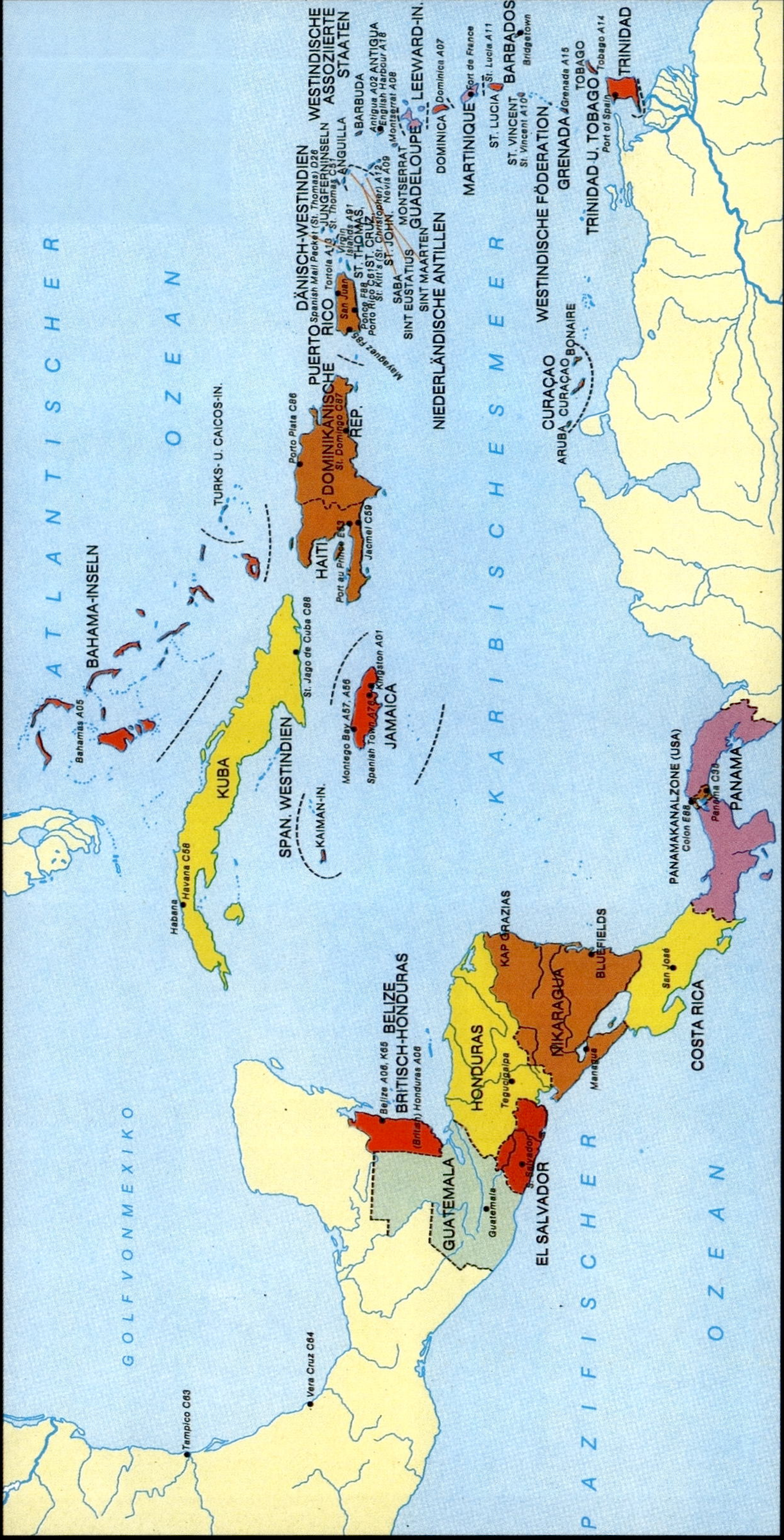

中華民國郵票
REPUBLIC OF CHINA
ČESKOSLOVENSKO
HRAD NITRA
3 Kčs
LIECHTENSTEIN
EUROPA
50
NOSTRA SIGNORA di EUROPA
LIRE 200 REP. DI SAN MARINO
1966
EUROPA
CEPT
BELGIQUE BELGIË
6F
monumentos prehispánicos
mexico
CIERVO
Escultorilla de alabastro.
Templo Mayor.
1.60
RAMON ALCANTARA RODZ.
T.I.E.V.
1981
REPUBLIQUE DU MALI
380F
POSTE AERIENNE
1981
EXPLORATION DE SATURNE
REPUBLIQUE DU MALI
430F
pôle
URANUS
terre
POSTE AERIENNE 1981
200eme ANNIVERSAIRE DE LA DECOUVERTE DE LA PLANETE URANUS PAR W. HERSCHEL 1738-1822
50
FUERSTENTUM LIECHTENSTEIN
EUROPA
Artesanía Mexicana
MADERA
Máscara de Tigre.
Olinalá, Gro.
MEXICO
3.00
RAMON ALCANTARA R.
T.I.E.V.
1982
ALINIEREA PLANETELOR
1982
POSTA AERIANA
VENUS
TERRA
MARTE
1L
POSTA ROMANA
ALINIEREA PLANETELOR
1982
POSTA AERIANA
SOARELE
MERCUR
55B
POSTA ROMANA
Poste Aérienne 1982
180F
REPUBLIQUE DU MALI
Lutte contre le feu. France, vers 1850
REPUBLIQUE DU MALI
200F
France 1921
Lutte contre le feu.
Poste Aérienne 1982
1300 años de la fundación del Estado de Bulgaria
PIEZA DEL TESORO DE TRACIA
México - 4.00
RAMON ALCANTARA R.
T.I.E.V.
1981
ALINIEREA PLANETELOR
1982
POSTA AERIANA
SATURN
2L15
POSTA ROMANA
UNISPACE 82 - ONU
VIENA 1982
CORREOS DEL URUGUAY
N$ 3.
REPUBLIQUE DU MALI
270F
Poste Aérienne 1982
Lutte contre le feu. France 1982

Was man sonst noch alles sammeln kann: Vom Aerogramm bis zur Zeppelinpost

Der Sammler, der nur den normalen Katalog kennt, weiß nicht, welche Möglichkeiten die Philatelie bietet. Das Spektrum reicht von Aerogrammen bis hin zur Zeppelinpost. Im Bund Deutscher Philatelisten haben sich Sammler in fast 30 Gruppen zusammengeschlossen, die deutlich machen, wo man neue Sammelpfade begehen kann. Sicherlich ist manches nicht nach jedermanns Geschmack, aber man weiß ja, »Wen der Bazillus einmal erreicht hat, kommt nicht mehr davon los«.

Vergegenwärtigt man sich die Thematiken der Arbeitsgruppen, so ist sicherlich für alle etwas dabei: Aerogramme, internationale Antwortscheine, Bahnpost, Briefpostautomation, Deutsche Bundes- und Philatelistentage, deutsche Postfreistempel, Erinnophilie, Farbrandstreifen und Bogenrandsignaturen, postgeschichtliche Heimatsammlungen, Lochungen, Luftpost, Normen und Formen deutscher Stempel, Polarphilatelie, Posteigenwerbung, Postleitzahlen, Postscheckamt-Stempel, Privat- und Stadtpost, Rollenmarken, Markenheftchen, Automatenmarken, deutsche R- und V-Zettel, Sonderpostämter, Schiffspost, Tag der Briefmarke, Vorausentwertungen, Zensurpost, Zeppelinpost.

Aus der Fülle dieser Sammelgebiete können hier nur einige ausgewählt und vorgestellt werden.

◀
Motivgruppen:
Archäologie
Astronomie
Europa-Philatelie
Feuerwehr

Internationale Antwortscheine

Die *Forschungsgemeinschaft Internationale Antwortscheine (FIAS)* wurde von den beiden Antwortschein-Sammlern Hans Horst Huckenbeck und Prof. Dr. Paul-August Koch gegründet und am 17. März 1972 als Bundesarbeitsgemeinschaft anerkannt. Leiter ist Prof. Dr. Koch.

Die FIAS ist eine zwar kleine, aber sehr regsame Forschungsgemeinschaft. Sie umfaßt derzeit 50 Mitglieder aus der Bundesrepublik und anderen europäischen Ländern sowie aus Israel und den USA und hat in den 15 Jahren des Bestehens durch ihre Aktivitäten und Veröffentlichungen ein bisher kaum bekanntes Randgebiet der Ganzsachen der philatelistischen Fachwelt zur Kenntnis gebracht.

Die internationalen Antwortscheine, im Jahre 1907 erstmals weltweit ausgegeben, sind seitdem in 26 verschiedenen Typen mit jeweils dem Auslandsporto entsprechenden Preisen in den über 150 Ländern des Weltpostvereins erschienen, und zwar ausschließlich dem postalischen Bedürfnis entsprechend. Sie haben somit keinerlei spekulativen Hintergrund im Gegensatz zu leider vielen heutigen »Bilder-Briefmarkenausgaben«. Bei der Beurteilung von Antwortscheinen ist zu berücksichtigen, daß diese ihrer Bestimmung gemäß normalerweise den Postanstalten zurückgegeben werden, und daher nur in sehr kleinem Umfang ihrer amtlichen Vernichtung nach der Abrechnung durch den Weltpostverein entgehen, so daß von ihnen vor allem aus früheren Zeiten nur einige wenige Exemplare erhalten blieben. Ihr Wert und ihre Seltenheit ist daher im Vergleich zu Briefmarken und anderen Ganzsachen relativ höher. Inzwischen werden aber Antwortscheine vermehrt auch in Ländersammlungen einbezogen.

Für das Spezialgebiet internationale Antwortscheine existierten keinerlei neue Listen oder Zusammenstellungen. Die FIAS hat sich daher speziell die Aufgabe gestellt, Länderkataloge der internationalen Antwortscheine mit ausführlichen Angaben und mit Abbildung aller Scheine zu erstellen. So wurden unterdessen von Prof. Dr. Koch – zum Teil unter Mitwirkung einzelner aktiver FIAS-Mitglieder – 18 verschiedene Länderkataloge mit insgesamt über 600 Seiten herausgebracht für Andorra (französische und spanische Post), die baltischen Staaten (Estland, Lettland und Litauen), Brasilien, Freies Territorium Triest (Territorio Libero di Trieste, 1947 bis 1954), Jugoslawien (einschließlich des »Unabhängigen Staates Kroatien«, 1941–1946), Fürstentum Liechtenstein, Luxemburg, Niederlande und überseeische Gebiete, Österreich, Palästina und Israel (einschließlich der ehemaligen europäischen Postanstalten, der Gebührenscheine des Britischen Roten Kreuzes in Palästina und der von Israel besetzten Gebiete), Saargebiet und Saarland, Schweiz mit UN-Postverwaltung in Genf, Tschechoslowakei und Ungarn sowie die 1. Folge des umfassenden Handbuches der Internationalen Antwortscheine von Deutschland und Gebieten.

Internationale Antwortscheine

Erinnophilie

Andere Mitglieder stellten Kataloge über die Freie Stadt Danzig, über Griechenland und Malta zusammen. Außerdem entstand in Zusammenarbeit mit der UN-Philatelie (UNOP) der Katalog der internationalen Antwortscheine der UNO New York, Genf und Wien. Für die Mitglieder der FIAS erscheint außerdem viermal im Jahr der »FIAS-Report« mit derzeit über 750 Seiten vielseitiger und aktueller Artikel und Mitteilungen über das Spezialgebiet.

Erinnophilie

Mit Erinnophilie, der Liebe zur Erinnerung, wird im allgemeinen das Sammeln nichtpostalischer Gedenkmarken bezeichnet. Die Erinnophilie bedeutet Sammeln für Individualisten, die sich von folgenden seltenen und spezialisierten Sammelgebieten angesprochen fühlen:

- nichtpostalische Marken aller Art,
- halbamtliche und private Postmarken (deshalb Philatelisten),
- Ansichtskarten, Sonderpostkarten, Ganzsachen (deshalb Philokartisten),
- Sammelbilder, Serienbilder, Kaufmannsbilder.

Jedes Mitglied der *Bundesarbeitsgemeinschaft Erinnophilie* erhält die viermal jährlich erscheinenden Vereinsnachrichten (mit Fachartikeln, Anzeigen und Beilagen), ferner die Landesverbandsnachrichten Bayern und sechsmal im Jahr die Zeitschrift »Philatelie« (mit einer Freianzeige jährlich).

Mitglieder können die Vereinsbibliothek kostenlos (bei Portoerstattung) benutzen. Für Erinnophilie-Sammlungen kann ein Ausstellerpaß erteilt werden, der zur Teilnahme an Ausstellungen mit einer eigenen Wettbewerbsklasse berechtigt.

Für einen Jahresbeitrag von 40,– DM, der den Beitrag für den BDPh einschließt, werden den Mitgliedern viele Vorteile geboten.

Sammler, die sich für die oben genannten Sammelgebiete interessieren oder sich bereits damit befassen, die weiterblicken, mitdenken, die sammeln und forschen und auch Fachartikel publizieren möchten, sollten sich an die Arge wenden.

Farbrandstreifen und Bogenrandsignaturen

Die *Arbeitsgemeinschaft Farbrandstreifen und Bogenrandsignaturen e. V. (AGF)* im Bund Deutscher Philatelisten e. V. besteht seit 1969. In der AGF sind inzwischen ca. 250 Mitglieder zusammengeschlossen, die das Spezialgebiet des Sammelns von Postwertzeichen mit anhängendem Bogenrand und den darauf befindlichen Signaturen pflegen. Der Schwerpunkt der Arbeit liegt bei den Postwertzeichenausgaben der Deutschen Bundespost einschließlich der Landespostdirektion Berlin, die in den Jahren 1965 bis 1969 mit Farbrandstreifen auf den Bogenrändern verausgabt wurden. Aber auch alle anderen Signaturen wie die Bogenrandinschrift »BERLIN«, Bogenrandschneidemarkierungen, Formnummern usw. werden beachtet und in Publikationen behandelt. Weiterhin werden Rollenmarken mit rückseitigen Nummern, ebenso Automatenpostwertzeichen und die offiziellen Markenheftchen bearbeitet.

Eine Gegenleistung für den Jahresbeitrag, der derzeit 32,– DM beträgt, bildet die dreimal jährlich erscheinende »AGF-Rundschau« sowie zu-

sätzliche »Handbuchblätter« (in Loseblattform), die jedoch unregelmäßig erscheinen. Ein eigener Rundsendedienst, der jedoch nicht nur auf die bereits erwähnten Gebiete beschränkt ist, und gelegentliche Fernauktionen gehören ebenfalls zu den Leistungen der Arge.
Voraussetzung für den Beitritt bildet die Mitgliedschaft in einem Briefmarkensammlerverein, der dem BDPh e. V. angeschlossen sein muß. Für den noch nicht organisierten Sammler bietet sich in diesem Falle die Gesellschaft für Gegenwartsphilatelie e. V. an, ein Verein des BDPh, der jedoch Mitglieder in der gesamten Bundesrepublik hat.

Lochungen

Lochungen dienten der Entwertung, der Umwandlung und im wesentlichen der Eigentumskennzeichnung von Postwertzeichen. Während die beiden ersten Gruppen rein amtlichen Charakter haben, sind die Lochungen der dritten Art überwiegend privaten Ursprungs.
Zur Eigentumskennzeichnung wurden Briefmarken seit 1968 in England, später in fast allen Ländern der Erde gelocht.
Im Gebiet der Deutschen Reichspost waren Durchlochungen vom 2. Juni 1876 bis zum 31. 12. 1965 erlaubt.
Die *Arbeitsgemeinschaft Lochungen* hat sich die Aufgabe gestellt, dieses vernachlässigte Gebiet der Philatelie zu erforschen. Dazu sollen die Lochungen zusammengetragen und die Verwendungsorte und Benutzer festgestellt werden.
Rundbriefe erscheinen drei- bis viermal jährlich mit Fachberichten, kleineren Zusammenstellungen, Literaturhinweisen und Mitgliedernachrichten. Jährliche Treffen sollen den Kontakt zwischen den Mitgliedern herstellen und fördern. Außer für den Spezialsammler ist die Mitgliedschaft interessant für den Motivsammler und insbesondere den Heimatsammler. Der Jahresbeitrag beträgt zur Zeit 18,– DM, die einmalige Aufnahmegebühr 5,– DM.
Von der Arbeitsgemeinschaft wurde erstmalig ein Katalog der deutschen Firmenlochungen herausgegeben. In alphabetischer Reihenfolge enthält er zu jedem Lochungsmuster zwei kontrastreiche Bilder, von denen eines in Leserichtung und eines spiegelbildlich wiedergegeben ist. Zu jedem Lochungstyp ist die Höhe in mm und die Zahl der Löcher aufgeführt. Ferner sind, soweit es die bisherigen Forschungsergebnisse erlauben, die Verwendungsorte, die Verwendungszeiten und die Benutzer angegeben. Die Numerierung der Lochungstypen im Katalog ist so angelegt, daß die Nummern auch bei späteren Ergänzungen nicht geändert werden müssen. Der Katalog ist in Loseblattform im DIN A4-Format gedruckt. Auf eine preisliche Bewertung der Lochungen wurde bewußt verzichtet. Die erste Teillieferung umfaßt 130 Seiten mit ca. 950 verschiedenen Firmenlochungen, die mit dem Buchstaben »A« beginnen. Eine zweite Teillieferung, Buchstabe »B«, steht ebenfalls zur Verfügung. Preis der ersten Lieferung: 15,– DM inklusiv Porto und Versandkosten.

Posteigenwerbung

Die Post als umsatzorientiertes Unternehmen unter staatlicher Leitung nutzt ihre eigenen Einrichtungen, um für ihre Dienstleistungen und Belange Werbung zu betreiben.

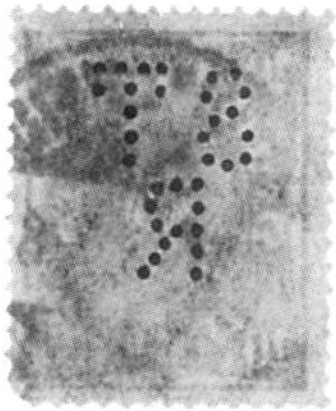

Hierzu bedient sie sich unter anderem zum Beispiel ihrer Briefstempelmaschinen, in welche mitunter Einsatzplatten mit posteigener Werbung neben den Tagesstempel eingefügt werden, die dann zusammen zur Entwertung der Briefmarken dienen und womit gleichzeitig durch die große Streuwirkung Werbung betrieben wird.
Die Arbeit der *Studiengruppe Posteigenwerbung* (eine Tochter der *Poststempelgilde Rhein-Donau* e. V.) erstreckt sich darauf, diese Werbetexte der Stempel zu erfassen, zu erforschen, zu bearbeiten und zu katalogisieren. Ebenso werden die Stempel-Betriebsarten erforscht, genauso wie die Orte, an denen die Texte in ihrer jeweils benutzten Art zum Einsatz kamen.
Der begonnene Katalog, der gleichzeitig ein Stempelhandbuch zu den Werbetexten der Posteigenwerbung darstellt, erscheint in Loseblattform und kann somit jederzeit durch Austauschen einzelner Seiten – wenn sich erarbeitete Ergänzungen angehäuft haben – auf den neuesten Stand gebracht werden.
Darüber hinaus erscheint pro Quartal ein Rundbrief, welcher zum einen über das »Familienleben« der Studiengruppe berichtet und zum anderen neueste Forschungsergebnisse bringt und Stempelneuerscheinungen meldet.
Ein Rundsende- und ein Stempelneuheitendienst ergänzen die Leistungen der Studiengruppe für ihre Mitglieder.
Sammler, die über die Posteigenwerbung mehr erfahren möchten, können unter Beifügung von 2,50 DM in postgültigen Briefmarken von Bund und Berlin einen detaillierten Aufsatz über das Thema erhalten. Hierin wird auf die Einzelheiten eingegangen, und die Stempel der posteigenen Werbung werden sach- und fachlich behandelt.

Privatpost

Die *Studiengruppe Privatpost* verfügt über etwa 90 Mitglieder, davon fast 20% im Ausland. Sie befaßt sich mit der Erforschung aller Bereiche der Privatpost. Zentrale Bedeutung haben die Anstalten für private Briefbeförderung, die Ende des vorigen Jahrhunderts, hauptsächlich in den Jahren 1886–1900, in mehr als 150 deutschen Städten eine mehr oder weniger bedeutende Konkurrenz für die Reichspost darstellten. Von ganz besonderer Bedeutung war die größte Privatpostanstalt in der Reichshauptstadt, die Berliner Packetfahrt AG, die in den letzten Jahren des vorigen Jahrhunderts mehr als 60% des Ortspostverkehrs in Berlin und den Vororten bewältigte. So war es nicht verwunderlich, daß der Gesetzgeber auf Abhilfe sann und durch »Gesetz, betreffend einige Aenderungen von Bestimmungen über das Postwesen vom 20. Dezember 1899 mit Wirkung vom 1. 4. 1900« den weiteren Betrieb von »Anstalten zur gewerbsmäßigen Einsammlung, Beförderung und Vertheilung von unverschlossenen Briefen, Karten, Drucksachen und Waarenproben, die mit der Aufschrift bestimmter Empfänger versehen sind« untersagte.
Weil damit geltendes Recht abgebaut wurde, mußten die Unternehmer für den so erlittenen Schaden und den für die Zukunft entgangenen Gewinn entschädigt werden. Daneben wurden fast die Hälfte der bei den Privatanstalten beschäftigten Boten in den Staatspostdienst übernommen, die übrigen wurden mit bis zu drei Jahresgehältern (!) abgefunden. Das Ganze ließ sich die Reichspost mehr als 7,5 Millionen Mark kosten – dies nur, um auf die Bedeutung der privaten Anstalten hinzuweisen.
Als Vergleich dazu: Die Postgerechtsame des Hauses Thurn und Taxis wurde im Jahre 1867 von Preußen für 3 Millionen Thaler gekauft, das waren umgerechnet 9 Millionen Mark, also auch nicht viel mehr, als 33 Jahre später für die Auflösung der gesamten privaten Konkurrenz aufgewendet wurde.
Dieses nunmehr 100 Jahre alte Sammelgebiet hätte gleichberechtigt neben den Markenausgaben der altdeutschen Staaten stehen können, wenn nicht einige unseriöse Glücksritter – ähnlich wie heute die Scheichtümer und andere Briefmarkenländer – mit unnötigen Ausgaben das anfänglich große Interesse vieler Sammler sehr bald zum Erlahmen gebracht hätten. So ist es aber andererseits erklärbar, daß in den 80er Jahren, als das Sammelinteresse fast auf den Nullpunkt zurückgefallen war, Ausgaben seriöser Anstalten auch nicht beachtet wurden und heute zu kleinen oder großen Raritäten geworden sind.
Neben den deutschen Privatbriefbeförderungsanstalten werden aber auch die heute in Konkurrenz zur Staatspost arbeitenden privaten Paketbeförderer beachtet.
Auch die *Byposten* (By bedeutet Stadt) in den nordischen Ländern gehören zum Sammel- und Forschungsgebiet.
In den Niederlanden, wo das Postgesetz die Beförderung von adressierten Drucksachen nicht unter das

Postmonopol stellt, arbeiten seit 1969 einige private Anstalten, die namentlich in den letzten Jahren an Zahl ganz erheblich zugenommen haben und nach genossenschaftlichem Zusammenschluß neuerdings auch untereinander Post austauschen, so daß es inzwischen möglich ist, Drucksachen nach etwa 100 verschiedenen Orten durch die Privatpost zu versenden.

Die Arbeit dieser niederländischen Privatanstalten wird besonders kritisch beobachtet, gibt es doch neben äußerst seriösen Anstalten auch hier wieder solche, die mit bunt bedrucktem Papier beim betrogenen Sammler ohne entsprechende Gegenleistung schnelles Geld machen wollen.

Die *Rundbriefe* der *Studiengruppe Privatpost* erscheinen regelmäßig viermal im Jahr. Der Umfang dieser Hefte erreicht dabei insgesamt mehr als 200 Seiten.

Der Bezug ist durch den Mitgliedsbeitrag abgegolten (1986 für ordentliche Mitglieder 30,– DM, für außerordentliche oder fördernde Mitglieder 45,– DM).

Jahresangaben – zum Beispiel Originalbelege von Privatpostausgaben – sind weitere Leistungen. Der 1984 herausgegebene Nachdruck einer Eingabe der Besitzer der Privatpostanstalten von 1899 an den Reichstag ist nur an Mitglieder verteilt worden und heute vergriffen.

In Arbeit sind Handbuchbeiträge über die Privatpostanstalten verschiedener deutscher Städte. Es ist vorgesehen, auch diese reich illustrierten Veröffentlichungen an Mitglieder kostenlos abzugeben, der Preis für Nichtmitglieder richtet sich nach dem jeweiligen Umfang der Arbeit.

Die bisher erschienenen Rundbriefe sind – zum Teil nur noch in kleinen Stückzahlen – noch erhältlich. Neue Mitglieder können die Jahrgänge 1983–1985 (520 Seiten) für 75,– DM zuzüglich 3,– DM Porto erwerben. An Nichtmitglieder werden Einzelhefte zum Preis von 8,– DM zuzüglich 1,90 DM Porto nur soweit abgegeben, wie ein ausreichender Vorrat besteht.

R- und V-Zettel

Neben den eigentlichen Briefmarkensammlern gibt es immer mehr Menschen, die sich mit R- und V-Zetteln befassen. Warum ist dies so, und wie sind die R- und V-Zettel überhaupt zu bekommen?

Natürlich kann man sich eingeschriebene Briefe oder auch Wertbriefe über die Post selbst zuschikken. Doch das kostet durch das erforderliche hohe Porto wieder viel Geld. Billiger, und dabei auch noch die Sammelleidenschaft stillend, kann man die für einen Laien wertlosen Aufkleber aus mannigfaltigen Quellen beziehen; zum Beispiel von Freunden im Geschäft oder Büro, von Bekannten bei Versicherungen, Ämtern oder gar aus dem Ausland und durch Tausch mit Gleichgesinnten, deren es bereits viele gibt.

R- und V-Zettel haben sich in über 100 Jahren verändert, und die Vielfalt der Änderungen ist immer wieder beachtlich und interessant. Sie reizt zum Sammeln und zur Erforschung.

R- und V-Zettel kann man nach verschiedenen Gesichtspunkten sammeln:

- als Brief oder als losen Zettel;
- nach Ländern und verschiedenen Typen;
- nach Zählnummern von 1 bis 10 000;
- nach Postleitzahlen und Orten;
- nach Postämtern, I. und II. Poststellen;
- Unterscheidungsbuchstaben deuten auf den Schalter oder Selbstbucher.

Der Mitgliedsbeitrag der Arge beträgt 24,– DM im Jahr (siehe Anschriftenverzeichnis). Zwei Fachbücher sind empfehlenswert:

- *Heinrich Türk, Bd. 1, Recommandé – Chargé – Eingeschrieben,* ein Kapitel Deutscher Postgeschichte.
- *Heinrich Türk, Bd. 2, Der »Eingeschriebene« Brief,* (mit Bewertung).

Sonderpostämter

Was gibt es eigentlich an Sonderpostämtern und ihrer Tätigkeit zu erforschen und festzuhalten? Dies werden Mitglieder der *Forschungsgemeinschaft Sonderpostämter e. V.* oft gefragt. Interessant für Forscher- und Dokumentationstätigkeit sind natürlich vor allem die großen Sonderpostämter, die über längere Zeit und mit mehreren Schaltern eingerichtet werden, also Sonderpostämter für große Veranstaltungen wie Olympische Spiele, Weltmeisterschaften, Internationale Briefmarkenausstellungen, Weltkongresse usw.

Grundsätzlich ist es interessant, festzustellen und zu belegen, welche Dienste ein Sonderpostamt leistet. Werden Einschreibe- und Wertbriefe angenommen? Gibt es Sonderstempel, Tagesstempel?

Große Sonderpostämter verfügen im allgemeinen über mehrere Stempelgeräte. Gibt es Unterschiede zwischen diesen Stempelgeräten? Unterschiedliche Unterscheidungsbuchstaben oder qualitative Unterschiede? Stempel mit oder ohne Uhrzeit?

Sind die an den einzelnen Postschaltern geführten Stempelgeräte völlig identisch, so kann die Tatsache mehrerer Stempel schließlich nur anhand von Unterscheidungsbuchstaben der verwendeten R-Zettel auf Einschreibebriefen festgestellt werden. Überhaupt ist es natürlich von Interesse, festzuhalten, ob besondere R-Zettel oder R-Zettel mit besonderen Buchstabenkombinationen verwendet wurden.

Oftmals werden bei Großveranstaltungen außerhalb des Veranstaltungsgeländes besondere Sonderstempelstellen eingerichtet, zur Stempelung eingesandte Belege werden vorher abgefangen und an diese Sonderstempelstellen abgeleitet und schon hier bearbeitet, das heißt, sie erreichen niemals das betreffende Veranstaltungsgelände.

Als Beispiel seien die Olympischen Spiele 1972 in München genannt: Belege, die nachweisbar (R-Zettel) im Olympia-Gelände angeliefert wurden, sind heute meist mehr gesucht als Belege von der damaligen Sonderstempelstelle. – In manchen Fällen werden Kongreß-Postämter fast hermetisch von der Öffentlichkeit, das heißt von den Philatelisten abgeschirmt; und nur Kongreßteilnehmer haben Zugang zu diesen Postämtern, wie zum Beispiel beim Weltpostkongreß 1984 in Hamburg. Hier wurden damals Philatelisten an ein öffentliches Sonderpostamt verwiesen, von dem die heute im Handel erhältlichen Belege überwiegend stammen. Die richtigen philatelistischen Leckerbissen gab es dagegen beim eigentlichen Kongreß-Postamt im Tagungshotel. Belege von diesem Kongreß-Postamt – auch mit einfachem Tagesstempel – sind sehr gesucht, denn wer hatte schon Zugang zum Weltpostkongreß?

Aus dem Gesamtbereich der Sonderpostämter sind daneben auch andere Dinge von Interesse, so zum Beispiel Sonderpostbeförderungen (zum Beispiel mit Postkutsche, Hubschrauber, Ballon usw.), die es zur Zeit bei der Deutschen Bundespost allerdings nicht gibt. Manche anderen Postverwaltungen, wie zum Beispiel die der DDR oder Österreichs, verhalten sich dabei gegenüber Wünschen vieler Sammler flexibler als die Bundespost.

Die *Forschungsgemeinschaft Sonderpostämter e. V.* im BDPh beschäftigt sich sowohl mit deutschen als auch mit ausländischen Sonderpostämtern und versucht, alle nennenswerten Besonderheiten rund um die Dienste der Sonderpostämter zu erfassen und zu belegen.

Die *FGS-Informationen* erscheinen viermal jährlich.

Markenheftchen und Rollenmarken

Als die deutsche Reichspost am 1. November 1910 erstmals ein *Markenheftchen* zum Verkauf brachte, übernahm sie damit eine Vertriebsform, die andere Postverwaltungen wie etwa Kanada, USA oder Ungarn bereits Jahre früher eingeführt hatten.

Der Engländer Unet Coates regte schon im Jahre 1877 an, Briefmarken in Heftchenform zu verkaufen. Der britischen Post kommt aber nicht die Ehre zu, als erste Postverwaltung Markenheftchen kreiert zu haben. Bereits vor dem Jahre 1904 bot die kanadische Post ab Juni 1900 Postwertzeichen in dieser Verkaufsform an. Ungarn und die USA folgten 1901. Im gleichen Jahr wie Großbritannien gab auch die schwedische Post ihr erstes Markenheftchen heraus. Sie bedient sich seither besonders intensiv dieser Vertriebsform und ist dazu übergegangen, Postwertzeichen nur noch in Rollen- und Heftchenform, also nicht mehr in Schalterbogen, aufzulegen. Frankreich gehört seit 1906 zu den Heftchenemittenten, Deutschland folgte 1910.

Die Reichspost hatte zuvor mit Versuchsheftchen experimentiert. Die drei Heftchen dieser Art sind in Sammlerhände gelangt, obwohl eine Abgabe durch die Post nicht erfolgte. Das erste an das Publikum verkaufte Markenheftchen kostete 2,– Reichsmark. Anders als die britische Post bei ihrem Heftchen Nr. 1 verzichtete die Reichspost auf einen besonderen Herstellungszuschlag. Bereits im Februar 1911 erschien das Heftchen 2, das erstmals Reklamefelder aufweist. Die Heftchen kamen offensichtlich beim Postpublikum an, was sich aus der Fülle der bis 1941 verausgabten Heftchen ablesen läßt. Das Heftchen 17 (jeweils nach der MICHEL-Systematik) enthält erstmals Sonderpostwertzeichen.

Die noch selbständige Postverwaltung des Königreiches Bayern folgte am 21. Dezember 1911 dem Vorbild der Reichspost. Für Philatelisten bot die Post am Sammlerschalter in München auch ganze Markenheftchenbogen an, auf besonderen Wunsch auch Doppelbogen, bestehend aus zwei Markenheftchenbogen zu jeweils 100 Markenfeldern, verbunden durch einen Zwischensteg.

Die Deutsche Bundespost und die Deutsche Post der DDR gaben und geben immer noch kontinuierlich Markenheftchen heraus, die Deutsche Bundespost, vom Olympia-Heftchen des Jahres 1972 abgesehen, jedoch nur solche mit Freimarken. Seit einigen Jahren sind die Heftchen der Deutschen Bundespost an einer Seite geschnitten, was auf den Herstellungsprozeß zurückzuführen ist. In Zukunft werden Heftchen mit selbstklebenden Marken (zu handhaben wie Abziehbilder) zum Verkauf gelangen.

Nicht nur für den Spezialsammler ist das Gebiet der *Rollenmarken* ein interessantes und vielfältiges Betätigungsfeld. »Marken am laufenden Band«, wie diese Postwertzeichen häufig etwas witzig genannt werden, geben heute eine große Zahl von Ländern heraus. Ihre Entstehung hängt eng zusammen mit dem Trend zur Rationalisierung im Postwesen, und der ist noch nicht allzu alt. Erst gegen Ende des letzten Jahrhunderts trennte man Markenbogen in einzelne Streifen und klebte diese hintereinander, um sie dann als Rolle aufzuwickeln. Übrigens erblickte diese Markengattung das Licht der Welt nicht in einem der heute »führenden« Rollenmarkenländer (Schweden oder Deutschland), sondern in Peru. Dort führte man damit schon in den Jahren 1862–1873 erste Versuche durch. Im Gegensatz zu damals werden die Rollen heute am laufenden Meter gedruckt. 400 Markenrollen zu 500 Marken gewinnt man heute aus einer einzigen Druckbahn.

In Druckbahnen, die über 500 Meter lang und zehn Markenfelder breit sind, werden die Rollenmarken der Deutschen Bundespost in Berlin hergestellt.

Für die Rollenmarkendauerserie »Burgen und Schlösser«, die seit 1977 im Umlauf ist, wurden Rollen mit 200, 300, 500, 1000 und 2000 Postwertzeichen hergestellt.

Jede fünfte Marke ist mit einer Zählnummer versehen, um so den Postbeamten die ordnungsgemäße Abrechnung der verkauften Marken zu erleichtern. Diese Zählnummern sind bei fast allen Ausgaben dreistellig (Ausnahme: Bei Rollen zu 1000 Marken sind die geraden Zählnummern vierstellig und die ungeraden Zählnummern dreistellig. Bei den Rollen zu 2000 Marken sind alle Zählnummern vierstellig).

Zählnummern sind heute grundsätzlich in schwarzer Farbe gedruckt. Bei früheren Ausgaben hingegen wurden teilweise auch farbige Zählnummern verwendet. Besonders interessant sind für den Spezialisten farbige Zählnummern bei der Dauerserie »Unfallverhütung« (MICHEL-Nr. 402–411).

Nicht nur die Zählnummern unterscheiden die Rollenmarke von den normalen Briefmarken. Zu beachten sind zudem die »Ausgleichszähnungen«, die »amtlichen Flickstellen« und insbesondere die Rollenenden.

Elferstreifen mit Ersttagsstempel auf Brief.

Rollenmarken-Sammler sammeln nicht nur die Marken, sondern vielfach auch die Verschlußteller.

Spezial-Kataloge bewerten überaus viele Besonderheiten.
Damit aber noch nicht genug: Spezialsammler berücksichtigen nicht nur die eigentlichen Marken, sondern auch das Verpackungsmaterial für die Rollen, die Banderolen und Verschlußteller.

Kataloge zu Rollenmarken:

- *MICHEL Handbuch-Katalog Rollenmarken Deutschland,* Schwaneberger Verlag, München 1987.
- *Die Freimarkenserie Burgen und Schlösser, Ausgabe Berlin,* Reimar Hobbing Verlag, Essen 1983.
- *Die Freimarkenserie Burgen und Schlösser. Die Ausgaben der Deutschen Bundespost,* Reimar Hobbing Verlag, Essen 1984.
- *»Jederzeit Sicherheit« – Handbuch und Katalog der Dauerserie »Unfallverhütung« Bundesrepublik Deutschland und Berlin,* R. v. Decker's Verlag G. Schenck, Heidelberg 1986.

Kataloge zu Markenheftchen:

- *Spezial-Katalog Markenheftchen Zusammendrucke Bundesrepublik,* Arnim Hölzer Verlag, Leichlingen o.J.
- *Bewertungen für Markenheftchen befinden sich in allen anerkannten Katalogen.*

Selbstklebende Briefmarken

Uns allen sind Aufkleber vertraut, die ohne Anfeuchtung kleben, wenn man eine rückseitig angebrachte Schutzfolie entfernt und dadurch die Klebeschicht freilegt. Auch an der

Briefmarke ist diese Entwicklung nicht spurlos vorübergegangen.
Die ehemalige britische Kolonie Sierra Leone in Westafrika (seit 1961 unabhängig) gab 1964 als erstes Land der Welt selbstklebende Briefmarken heraus, und zwar in den Umrissen des jungen Staates. Es ging dann Schlag auf Schlag mit der Herausgabe weiterer selbstklebender Marken: vierzehn Werte zur Erinnerung an John F. Kennedy (Landkartenform), diverse Überdruckprovisorien anläßlich der Währungsumstellung auf den vorgenannten Ausgaben, zehn Werte Freimarken in der Form einer Cola-Nuß, eines Brillantenkolliers und eines Wappenschilds mit dem Staatswappen von Sierra Leone. Es folgen vierzehn weitere Werte dieser Serie in gleicher Machart sowie eine Flugpostmarke in Gestalt eines Wappenadlers mit ausgebreiteten Schwingen, diverse Überdrucke auf den Werten in Schildform, vierzehn Werte »Menschenrechte« mit einer Landkarte Afrikas unter farblicher Hervorhebung jeweils eines im Jahre 1968 noch nicht unabhängigen Gebietes und der Republik Südafrika, zehn Werte »Olympia-Teilnahme in Mexiko« auf Freimarken in Wappenschildform, zwölf Werte »5. Jahrestag des Erscheinens der ersten selbstklebenden Briefmarken der Welt 1964–1969«, zwölf Werte »Eisen- und Stahlhafen Pepel« (oval mit Weltkarte, Amboß) usw.
Inzwischen ist Sierra Leone von den »Self Adhesives« (wie diese Marken in Englisch genannt werden) wieder abgekommen und zur herkömmlichen Machart zurückgekehrt.
Einige Postverwaltungen haben als »Gag« Markenheftchen mit selbstklebenden Marken herausgebracht, so unter anderen Gibraltar, Gambia, Mauritius, Montserrat. Sogar die US-Post versuchte sich auf diesem Gebiet und verausgabte im November 1974 eine vorausentwertete Weihnachtsmarke zu 10 Cents auf selbstklebender Papierfolie im Bogen zu 50 Wertzeichen, bei denen die Trägerfolie durchstochen war (USA MICHEL-Nr. 1162). Durch Schnitte im Markenpapier sollte ein Ablösen der Marken nach ihrer Verwendung – eine Abstempelung erfolgt bei vorausentwerteten Marken nicht – verhindert werden. Diese Schnitte kennt man von TÜV-Plaketten, wo sie ebenfalls bewirken sollen, daß die Plakette zerstört wird, wenn man versucht, sie von der Unterlage zu entfernen. Die Postverwaltung der USA hat das Experiment nicht fortgeführt. Die selbstklebende Marke hat sich nicht bewährt. Sie war auch in der Herstellung zu teuer.
Versuche der Deutschen Bundespost haben bislang noch nicht zur Ausgabe selbstklebender Marken geführt, die Herausgabe ist jedoch beschlossene Sache.

Erste Postkarte aus Österreich

Soviel ist sicher: Die erste Postkarte mit eingedrucktem Wertzeichen kam aus Österreich. Am 1. Oktober 1869 erschien sie erstmals – und zwar in zwei unterschiedlichen Ausführungen: die eine mit dem österreichischen Adler für das Gebiet der Donaumonarchie mit Ausnahme Ungarns; die zweite Ausgabe für Ungarn glich der für das restliche Staatsgebiet gültigen Postkarte, zeigte aber statt des österreichischen das ungarische Staatswappen.
Um die Erfindung der Postkarte allerdings streiten sich die Posthistoriker. Die Anregung in Österreich ging zweifelsfrei auf Dr. Emanuel Herrmann zurück. Herrmann wurde am 24. Juni 1839 in Klagenfurt geboren. Er war zuerst Professor an der Handelsakademie in Graz, später an der Militärakademie in Wiener Neustadt. Während dieser Zeit verfaßte er auch jenen bekannt gewordenen Artikel »Über eine neue Art der Correspondenz mittels der Post«. Dieser Beitrag wurde am 26. Januar 1869 im Abendblatt der »Neuen Freien Presse« veröffentlicht. Die darin vorgetragene Anregung griff der damalige K. u. K. Generalpostdirektor Maly von Pavanovits auf und verwirklichte sie.
Im Postordnungsblatt Nr. 46 vom 27. September 1869 wurde die erste Postkarte der Welt unter der Überschrift »Betreffend die Einführung von Correspondenzkarten im internen Verkehre« amtlich angekündigt. Im Text heißt es darin: »Im Einvernehmen mit dem Königl. ungarischen Handelsministerium werden vom 1. October l. J. an von der Postverwaltung Correspondenzkarten nach den unten nachfolgenden Mustern ausgegeben, mittels welcher kurze schriftliche Mittheilungen nach allen Orten der österreichisch-ungarischen Monarchie gegen eine gleichmäßige Gebühr von zwei (2) Neukreuzer befördert werden können.«
Damit war nicht nur die erste Postkarte der Welt geboren, sondern auch ein ermäßigter Einheitstarif eingeführt. Denn ein Brief kostete damals mindestens drei Kreuzer. Das ist besonders hervorzuheben, denn beispielsweise im Norddeutschen Post-

Die ersten Postkarten, (man nannte sie Correspondenz-Karten) der Welt: oben diejenige für das Gebiet der Donaumonarchie ohne Ungarn (mit österreichischem Doppel-Adler), unten diejenige, die in Ungarn eingesetzt wurde (mit ungarischem Staatswappen).

bezirk wurde bei der späteren Einführung der »Correspondenzkarten« von den Benutzern zunächst die volle Briefgebühr erhoben.

Diese österreichische »Correspondenzkarte« hatte ein relativ kleines Format von etwa 122 x 85 mm und trug auf der Vorderseite keinerlei Anwendungsvermerke. Die ersten altdeutschen Correspondenzkarten dagegen waren meist entschieden größer, bis etwa 165 x 110 mm, und trugen bis zu sechs Gebrauchshinweise auf der Vorderseite.

Dem österreichischen Beispiel folgten im Jahre 1870 Württemberg (im Juli) und die Schweiz, 1871 Belgien, Canada und Dänemark und bis etwa zur Jahrhundertwende nach und nach alle übrigen Staaten in Europa und Übersee. Andere altdeutsche Staaten gaben zwar auch schon im Jahre 1870 Correspondenzkarten heraus, etwa der bereits eben erwähnte Norddeutsche Postbezirk am 1. Juli 1870, diese hatten aber keine eingedruckten Wertzeichen.

Im Juli 1871 wurde das eingeführte Postkartenmuster in Österreich ein wenig variiert. Die Hauptunterschiede lagen darin, daß in der ersten Anschriftenzeile das Wort »An« durch das Wort »Adresse« ersetzt wurde und daß die Karten für bestimmte Landesteile einen zweisprachigen Text enthielten. Die zweisprachigen Ausgaben erfolgten, je nach Landesteil, in böhmisch, italienisch, polnisch, ruthenisch, slovenisch und illyrisch sowie in ungarisch. Insgesamt gab es somit von der ersten österreichischen Postkarte 25 Varianten, wenn man die beiden ungarischen Fassungen mitzählt.

Was allerdings die Idee der Schaffung von Postkarten angeht, so gibt es dazu eine umfangreiche Historie. Ihre Anfänge reichen bis ins 18. Jahrhundert zurück. Der älteste bekannte Hinweis auf Postkarten stammt aus dem Jahre 1777. Seinerzeit berichtete der »Almanach de Petit Poste de Paris« davon, daß der Graveur Demaison seinen Freunden Postkarten mit eingravierten Ansichten verschickte. In den vierziger Jahren des vorigen Jahrhunderts kam, ausgehend von Großbritannien, die Sitte auf, Briefe mit im Stahlstich gefertigten Ansichten, teils sogar koloriert, an Freunde und Bekannte zu versenden.

Der erste konkrete Schritt zur Einführung der Postkarte geht auf das Jahr 1865 zurück. Durch eine wichtige Verfügung vom 30. Mai 1865, abgedruckt im »Preußischen Amtsblatt« vom 7. Juni 1865, wurde es in Preußen gestattet, gedruckte Geschäftskarten zu verschicken. Diese Drucksachen, wie etwa Geschäftsavise, Preislisten, Bücherzettel usw. mußten früher unter Streifband (Kreuzband genannt) versandt werden. Für diese Form von Karten galt das ermäßigte Drucksachenporto. Sie durften außer der Anschrift des Empfängers und der Unterschrift und Adresse des Absenders keinerlei handschriftliche Mitteilungen enthalten.

Diese Regelung wurde später auch von anderen altdeutschen Staaten übernommen und im Norddeutschen Postbezirk beibehalten.

Aus den guten Erfahrungen mit dieser Art von Postsendungen entstand sicherlich der Vorschlag des damaligen Geheimen Postrates Heinrich von Stephan, Postkarten zu schaffen. Er legte auf der Karlsruher Postkonferenz vom 13. November 1865 bis zum 2. März 1866 ein Muster für seine Idee vor. Er nannte die Karte »Postblatt«.

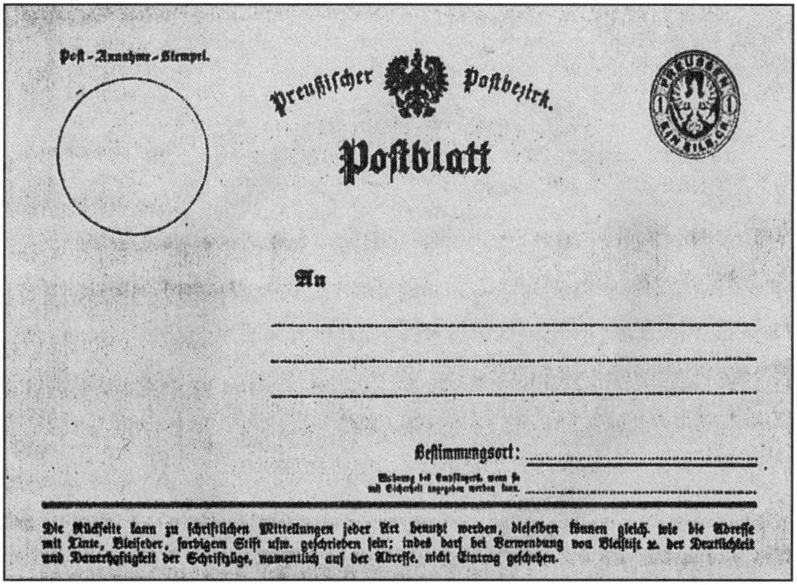

Das berühmte Postblatt. Heinrich von Stephan legte dieses als Muster für eine Postkarte auf der Karlsruher Postkonferenz Ende 1865 vor. Zur Einführung einer Postkarte – dann nach österreichischem Vorbild – kam es aber erst einige Jahre später.

Damals trat er schon für einen einheitlichen Tarif ohne Berücksichtigung der Entfernung ein. Die Beförderung sollte einen Silbergroschen betragen.

Unabhängig davon und voneinander reichten im Jahre 1868 auch zwei Dresdener Buchhändler namens Friedlein und Pardulin einen Vorschlag für eine »Universal Correspondenz-Karte« ein. Ihre Gedankengänge waren wohl mehr von der preußischen Regelung für die gedruckten Geschäftskarten beeinflußt. Denn ihr Vorschlag enthielt auf der Kartenrückseite 24 bzw. 28 verschiedene Vermerke aus dem geschäftlichen oder familiären Bereich, die bei etwaigem Zutreffen einfach angekreuzt werden sollten.

Heute, nach über 115 Jahren, hat sich diese Erfindung milliardenfach auf der gesamten Welt durchgesetzt. Und zahlreiche Sammler haben nicht nur ihren Nutzen davon, sondern auch ihre Freude daran!

Die Deutsche Bundespost bietet nur ein kleines Ganzsachensortiment an. Es besteht aus Postkarten (Inlandspostkarte, Inlandsantwortpostkarte, Auslandspostkarte, mit dem Zusatz »Berlin« auch Stadtpostkarte und Stadtantwortpostkarte im Hinblick auf die Vorzugstarife innerhalb Berlins). Aerogramme (Luftpostleichtbriefe) bietet die Deutsche Bundespost seit vielen Jahren nicht mehr an, obwohl gerade sie bei den Ganzsachenfans besonders beliebt sind.

Über viele Jahre hin gab die Deutsche

Für den Motivsammler: Sonderganzsachen aus Polen

Die polnische Post betreibt seit Jahren mit großem Eifer die Herausgabe von Sonderganzsachen. Mit Einfallsreichtum entwerfen die Grafiker ständig neue Ganzsachen, vor allem Postkarten, wobei sie sich insbesondere um phantasievolle Wertstempel bemühen.
Es macht kaum Mühe, von jedem beliebigen Sammelgebiet die Neuheiten in postfrischer und meist auch in gebrauchter Erhaltung sowie auf Ersttagsbrief zu beziehen. Selbst die Beschaffung älterer Ausgaben ist zumindest bei den gängigen Sammelgebieten nicht sonderlich problematisch.
Der Ganzsachensammler hat es jedoch oftmals schwerer. Nur wenige Händler geben sich mit der Lieferung von Ganzsachen ab.

Die Sonderganzsachen der Deutschen Bundespost

- *Eröffnung des 1. Deutschen Bundestages in Bonn*
  Abgabe ab 07. 09. 49
  Werteindruck: MICHEL-Nr. 111 und 112
  Auflagen P 9: 3,0 Mio.: P 10: 1,0 Mio.
- *500. Geburtstag von Albrecht Dürer*
  Abgabe ab 21. 05. 71
  Werteindruck: Signum Dürers 5 verschiedene Bilder auf der Rückseite (siehe MICHEL Ganzsachen-Katalog)
  Auflage: insgesamt 1,5 Mio.
- *25 Jahre Bundesrepublik Deutschland*
  Abgabe ab 15. 05. 74
  Werteindruck: Phönix-Relief am Eingang des Bundeshauses Bonn
  Auflage: 1,6 Mio.
- *Tag der Briefmarke 1978/Weltbewegung Philatelie*
  Abgabe ab 01. 11. 78
  Werteindruck: MICHEL-Nr. 980
  Auflage: 4,28 Mio.
- *NAPOSTA 81 Stuttgart*
  Abgabe ab 28. 04. 81
  Werteindruck: MICHEL-Nr. 1049
  Auflage: 2,85 Mio.
- *NAJUBRIA 83 Rodenberg*
  Abgabe ab 25. 03. 83
  Werteindruck: MICHEL-Nr. 1131
  Auflage: 0,8 Mio.
- *LYMPURGA 83 Limburg*
  Abgabe ab 16. 06. 83
  Werteindruck: MICHEL-Nr. 1175
  Auflage: 1,0 Mio.
- *IFSDA-Kongreß 1983 Düsseldorf*
  Abgabe ab 27. 10. 83
  Werteindruck: MICHEL-Nr. 1155
  Auflage: 0,78 Mio.
- *FERPHILEX 85 Nürnberg*
  Abgabe ab 08. 08. 85
  Werteindruck: MICHEL-Nr. 1215
  Auflage: 0,5 Mio.
- *PHILATELIA 85 Köln*
  Abgabe ab 08. 11. 85
  Werteindruck: MICHEL-Nr. 1258
  Auflage: 0,42 Mio.
- *6. Internationale Briefmarken-Messe Essen*
  Abgabe ab 10. 04. 86
  Werteindruck: MICHEL-Nr. 1271
  Auflage: 0,65 Mio.
- *NAJUBRIA 86 Villingen-Schwenningen*
  Abgabe ab 25. 09. 86
  Werteindruck: MICHEL-Nr. 1278
  Auflage: wird nach Abverkauf bekanntgegeben.

Bundespost keine Sonderpostkarten heraus (von 1950 bis 1970). Noch unter dem Wirken der Deutschen Post waren im September 1949 zwei Sonderpostkarten zur ersten Sitzung des ersten Deutschen Bundestages erschienen, die als Wertstempel die Motive der Marken Bund MICHEL-Nr. 111/112 zeigen und trotz der für Sonderpostkarten recht hohen Auflage heute gesucht sind.
Wenig bekannt sind die Sonderganzsachen, die die Landespostdirektion Berlin in den Jahren 1950 bis 1952 herausgegeben hat. Dabei sind besonders die Postkarten mit dem Wertstempel von parallel verausgabten Sonderbriefmarken zu erwähnen (10 + 5 Pfennig Währungsgeschädigte, 10 + 5 Pfennig Philharmonie, 10 Pfennig Glocke I, 10 + 5 Pfennig Tag der Briefmarke 1951, 10 und 20 Pfennig Glocke II). Die Wertstempel im Muster der Sondermarken 10 Pfennig

Glocke I, 5 und 10 Pfennig Glocke II sowie 10 + 5 Pfennig Philharmonie gibt es zudem auf Privatganzsachen (Postkarten und Umschlägen), wobei sogar zwei Wertstempel (5 + 10 Pfennig Glocke II) auf einer Luftpostkarte angebracht wurden (»40 Jahre Münchener Ganzsachen Sammler Verein 1912 e.V.«).
Für den Europa-Thematiker ist die Sonderpostkarte zu 10 Pfennig (Wertstempel »Glocke I«) anläßlich der Anwesenheit des »Europa-Zuges« in Westberlin vom 23. Juli bis zum 10. August 1951 von besonderem Interesse (Auflage 20 000 Karten).

Ganzsachen – sammelwürdig!

Besondere Ganzsachen sind längst aus dem Dornröschenschlaf erwacht. Das Interesse an dieser philatelistischen Gattung ist spürbar gewachsen. Erheblich gestiegene Preise setzten Zeichen für diese Entwicklung.
Die ältesten Ganzsachen sind die *Briefumschläge.* Abgesehen von den Sydney-Umschlägen (1838), die – wie auch die meisten der später erschienenen Stadtpostumschläge, zum Beispiel von Braunschweig (1844), Thurn und Taxis für Württemberg (1847), Hannover (1849), Bremen (1853) usw. – zwar einen Stempel, aber keine Wertbezeichnung tragen, sind die ersten mit aufgedrucktem Wert verausgabten Ganzsachen die englischen Mulready-Umschläge und -Briefbogen zu 1 und 2 Pence (1840). Nach England haben Finnland und Rußland (1845), Genf (1846), Preußen (1851), die Vereinigten Staaten (1853), Braunschweig (1855) und viele andere Staaten Briefumschläge herausgegeben.

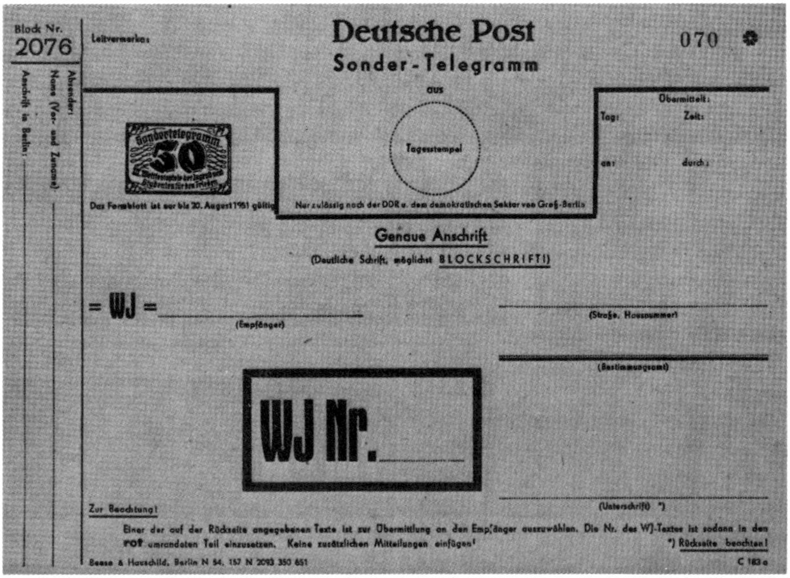

Das seltenste Nachkriegstelegramm Deutschlands.

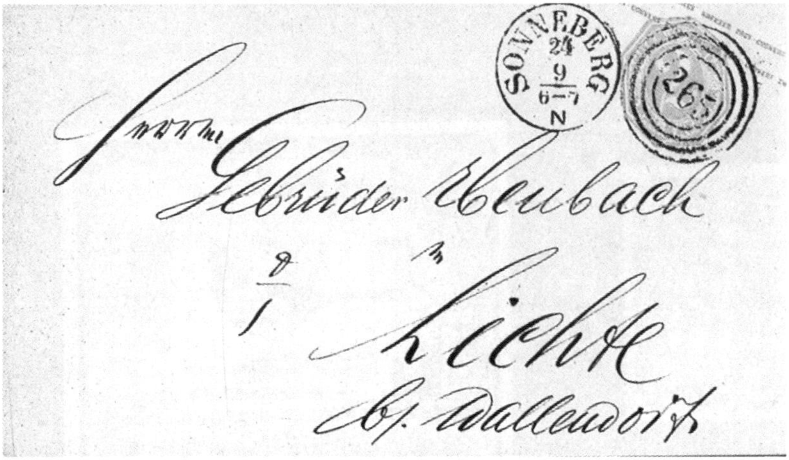

Altdeutsche Ganzsache.

Sonderganzsache der Deutschen Bundespost.

Privatganzsache aus Nürnberg.

Um die Jahrhundertwende waren es bereits über 100 Staaten, durch deren Postverwaltungen Briefumschläge in den Verkehr kamen. Es sind dies Umschläge für gewöhnliche Briefe, Dienstbriefumschläge und anderes mehr.

Als zweite große Ganzsachengattung wären die *Streifbänder* zu nennen. Sie dienen zum Einschlagen der Drucksachen. Mit eingedrucktem Wertstempel wurden sie erstmalig von den Vereinigten Staaten (1860) herausgegeben. Wie bei den Umschlägen, gibt es auch hier Dienststreifbänder. Erwähnenswert sind auch die früheren österreichischen Adreßzettel (erstmalig 1904 verausgabt), die zum Aufkleben von Drucksachen dienten.

Die *Postkarten* und *Kartenbriefe* sind verhältnismäßig jüngeren Datums. Österreich führte im Jahre 1869 die Postkarte, die Pariser Rohrpost im Jahre 1879 den Kartenbrief ein. Es gibt einfache Karten und Kartenbriefe, solche mit Antwort, Dienstpostkarten, Dienstkartenbriefe, Drucksachenkarten und anderes.

Ein besonderes Kapitel bilden die Ganzsachen auf Privatbestellung. Sie haben zwar eine recht lange Tradition in Deutschland, sind aber gleichwohl wenig beliebt. Schuld daran tragen der oft hohe Abgabepreis und die kaum übersehbare Vielfalt. *Privatganzsachen,* wie sie verkürzt auch bezeichnet werden, sind private Umschläge, Postkarten, Streifbänder usw., die auf privaten Auftrag hin in der Wertzeichendruckerei – bei der Deutschen Bundespost in der Bundesdruckerei Berlin – mit amtlichen Wertstempeln versehen werden. Dafür ist neben dem Gegenwert des Portos eine Gebühr für die aufgewen-

dete Arbeitsleistung zu entrichten. Die ersten Privat-Ganzsachen wurden übrigens in England im Jahre 1855 hergestellt.
Zu erwähnen ist noch, daß Ganzsachen nicht unbedingt einen eingedruckten Wertstempel tragen müssen. Der Oranjefreistaat zum Beispiel verwendete eine Zeitlang Kartenformulare, auf denen statt eines eingedruckten Wertstempels eine Freimarke mit einem auf die Karte übergehenden Wappenaufdruck aufgeklebt war. Bei den ersten Karten von Jamaika erscheint anstelle einer Marke nur ein schlichter kreisförmiger Stempel.

Tips für Ganzsachensammler

Freunde von Ganzsachen finden Hilfe und Unterstützung:

- *Berliner Ganzsachensammler-Verein e. V.*
- *Münchner Ganzsachensammler-Verein e. V.*

Literatur:

- *MICHEL Ganzsachen-Katalog Deutschland,*
  Schwaneberger Verlag, München.
- *MICHEL Bildpostkarten-Katalog Deutschland,*
  Schwaneberger Verlag, München.
- *MICHEL Privatganzsachen-Katalog,*
  Schwaneberger Verlag, München.
- *MICHEL Privatpostkarten-Katalog Deutsches Reich.*
- *Ganzsachen-Spezial-Katalog Deutschland ab 1933,*
  Verlag Richard Borek, Braunschweig.

Motive – es gibt nichts, was es nicht gibt!

Wer Motiv-Briefmarken sammeln will, hat alle Möglichkeiten, die man sich denken kann. Denn: Es gibt nichts, was es nicht gibt! Auf Briefmarken ist schon nahezu alles dargestellt worden, was in unserer Welt von irgendeiner Bedeutung ist. Man muß sicherlich lange suchen, um eine Thematik zu finden, die weltweit noch nicht philatelistisch dokumentiert worden ist.
Gerade im Motivbereich ergeben sich die Chancen, Hobbys miteinander zu verbinden. Wer gerne zum Fußball geht, kann Fußball auf Briefmarken sammeln, wer sich für Gartenpflanzen interessiert, kann den Pflanzen auf Postwertzeichen nachspüren, oder wer sein Leben religiös gestaltet, kann sich mit entsprechenden Motiven beschäftigen. Eisenbahnen, Automobile, Vorzeittiere, Kunstwerke – alles ist auf Briefmarken dargestellt. Und man kann sich hierbei stets beschränken, denn bei einer Motivsammlung muß man nicht jede Marke zum Thema erwerben. Die Auswahl bleibt jedem überlassen.
Die Beliebtheitsskala unterliegt den ständig wechselnden Interessen innerhalb der Sammlerschaft. So sind Fußball-Motive dann besonders begehrt, wenn Ereignisse von besonderer Bedeutung stattfinden, z. B. Fußball-Weltmeisterschaften.
Die Postverwaltungen stellen sich natürlich auf diese Trends frühzeitig ein und lassen auch nicht außer acht, welche gesellschaftlichen Veränderungen von Bedeutung sind. So nahmen im Jahre 1986 die weitgespannten Themen zur Umwelt innerhalb der Ausgabeprogramme eine Spit-

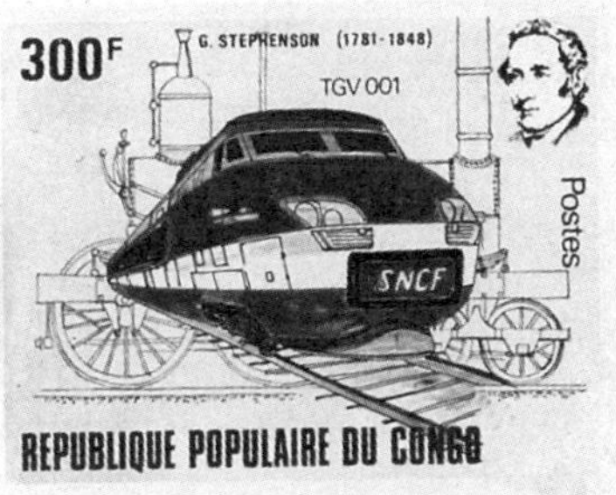

zenstellung ein. Gefolgt wurde die Thematik vom »Halleyschen Kometen«, zu dem es weltweit über 100 Sondermarken gab. Fußball-Weltmeisterschaft, Jahr des Friedens, die Hundertjahrfeier der New Yorker Freiheitsstatue waren ebenfalls Sammelgebiete, die auf großes Interesse stießen.
Orientiert man sich an gewissen Erfahrungswerten über Jahre hinweg, so ergibt sich folgende Rangfolge der beliebtesten Motivgebiete:

1. Sport
2. Tiere
3. Blumen und Pflanzen
4. Eisenbahnen
5. Automobile

Heinz Kühne hat in seinem Bändchen *Wir sammeln Briefmarken* einige wichtige Motivgebiete vorgestellt. Hierbei wird uns deutlich, welche Vielfalt mit Briefmarkensammlungen zu erreichen ist:
»Das Motivgebiet Bildende Kunst war schon immer beliebt. Als Frankreich jedoch 1961 seine ersten großformatigen Gemäldemarken im Mehrfarbendruck herausbrachte, stieg das Interesse an den bezaubernden Gemäldemarken sprunghaft an.
Trotz der Flut von Gemäldemarken, die uns viele Postverwaltungen bescherten und immer erneut bescheren werden, – eine Sammlung, die uns Einblick in das künstlerische Schaffen in aller Welt gibt, gehört mit zu den schönsten Motivsammlungen, die man anlegen kann.
Was für die bildende Kunst gilt, läßt sich auch auf Dichtung und Musik übertragen. Auch hier empfiehlt es sich, entweder Themenkreise, Stilepochen, künstlerische Ausdrucksmöglichkeiten oder das Leben und Werk berühmter Dichter oder Musiker darzustellen. Die Motive Technik, Wirtschaft und Verkehr vermitteln wesentliche Grundlagen des modernen Lebens. Die Themen, die sich hier anbieten, sind unübersehbar, sie reichen von der Geschichte der Erfindungen über die Entwicklung der einzelnen Handwerks- und Industriezweige bis zur Erschließung des Weltraumes. Zu den beliebtesten Motiven gehören die Sportdisziplinen. Ihre Zahl ist schon kaum mehr zu überblicken. Wenn man sich nicht auf einige Sportarten beschränkte, geriete die Sammlung ins Uferlose. Besonders beliebt unter den Anhängern dieses Motivgebietes sind die Marken, die aus Anlaß der Olympischen Spiele erschienen. Vorwiegend werden auf ihnen die einzelnen Sportarten der modernen Wettkämpfe dargestellt, gelegentlich finden sich aber auch Marken mit Hinweisen auf den olympischen Gedanken und seine Entwicklung im Laufe der Geschichte und auf die Wettkämpfe im klassischen Altertum.
Neben den Marken mit Sportmotiven sind diejenigen mit Abbildungen von Tieren ebenfalls kaum mehr zu übersehen.
Jeder Sammler dieses Gebietes sollte sich auf einen kleinen Ausschnitt beschränken, will er, daß seine Sammlung in überschaubarem Rahmen bleibt.
Medizin ist nicht nur ein Gebiet, das den Arzt interessiert. Über Krankheiten und ihre Heilung berichten die Massenmedien fast täglich. Einige Vorschläge für entsprechende Motivsammlungen: Krankheitserreger und ihre Überträger; Ärzte als Helfer der Menschheit; Rotes Kreuz; Heilpflanzen und ihre heilende Wirkung, Quellen und Bäder.«
Welche organisierten Motivgruppen derzeit tätig sind und mit welchen Themen sie sich näher beschäftigen, entnehmen Sie bitte unserem Überblick über philatelistische Gemeinschaften im Kapitel »Motivgruppen, die jeder Sammler kennen sollte«.

Tip für Sammlerinnen

In Berlin wurde schon vor Jahren der erste *Frauen Philatelisten Club* gegründet, der inzwischen Sammlerinnen in der gesamten Bundesrepublik Deutschland und im Ausland zu seinen Mitgliedern zählt (siehe Anschriftenverzeichnis).

Hinweis für Motivsammler

In der *Deutschen Motivsammler-Gemeinschaft e. V.* sind mehrere tausend Mitglieder organisiert. Der Verein bietet zu mannigfaltigen Themengruppen Arbeitsgemeinschaften an (siehe Anschriftenverzeichnis).

▶

Motivgruppen:
Hundert Jahre Briefmarken
Ingenieurbauten
Kraftfahrzeuge
Kunstgeschichte

1856-1981
125 AÑOS
PRIMERA ESTAMPILLA
POSTAL MEXICANA
MEDIO REAL
4.00
CORREOS
MEXICO
1981
नेपाल NEPAL
POSTAGE STAMP
CENTENARY
1881-1981
10P.
नेपाल NEPAL
POSTAGE STAMP
CENTENARY
1881-1981
R.3.40
नेपाल NEPAL
POSTAGE STAMP
CENTENARY
1881-1981
40P.
الجمهورية الاسلامية الموريتانية
12 UM
REPUBLIQUE ISLAMIQUE DE MAURITANIE
Alfa Romeo • 1932 • Italie
الجمهورية الاسلامية الموريتانية
18 UM
REPUBLIQUE ISLAMIQUE DE MAURITANIE
Renault • 1979 • France
TRACTOR RENAULT-TX145-14 FRANCE
MONGOLIA
60
REPUBLIQUE DE DJIBOUTI جمهورية جيبوتي
20F
POSTES 1982
Moyens de locomotion
Autobus et Jeep
Philatelia '81
Frankfurt/Main
Lufthansa
Mercedes 500 SEC
조선우표 DPR KOREA 1981 20
125th ANNIVERSARY
FIRST POSTAGE STAMP
·50
1857
1982
CEYLON
FOUR PENCE
இலங்கை ශ්‍රී ලංකා SRI LANKA
125th ANNIVERSARY
FIRST POSTAGE STAMP
2·50
1857
1982
இலங்கை ශ්‍රී ලංකා SRI LANKA
جمهورية جيبوتي
REPUBLIQUE DE DJIBOUTI
Poste
Aérienne
1981
400F
Portrait de l'Homme au turban
REMBRANDT
(1606-1669)
MANET
(1832-1883)
CLAUDE MONET dans son Atelier
REPUBLIQUE POPULAIRE DU BENIN
POSTE AERIENNE 1982
300F
REPOBLIKA DEMOKRATIKA MALAGASY
80 FMG
16
PAOSITRA 1982
Complexe hydro-électrique d'ANDEKALEKA
المملكة المغربية
1981
ROYAUME DU MAROC
0,60
POSTES
DPR KOREA
P.P. RUBENS
1981
조선우표 20
REPUBLIQUE
DU MALI
500F
POSTE AERIENNE
Détail de La Vierge et l'Enfant
NOËL 1982
TITIEN - Tiziano Vecellio (1477-1576)
1981
PARAGUAY
CORREO
CENTENARIO DEL NACIMIENTO DE PABLO PICASSO 1981
Gs. 4.
1970 - MUSEOS DE FRANCIA
UKKUR BARRAGE GOLDEN JUBILEE
1932-1982
PAKISTAN پاکستان

MONGOLIA МОНГОЛ ШУУДАН
SEVEN SWANS A-SWIMMING
75s
THE TWELVE DAYS OF CHRISTMAS 1982
LESOTHO
EIGHT MAIDS A-MILKING
REPUBLIQUE DU MAL
1749 J.W. von GOETHE 183
75th ANNIVERSARY of the ZEPPELIN
1883 Tissandier brothers dirigible
5c POSTAGE
LIBERIA
中華民國郵票
REPUBLIC OF CHINA
ARATTANA RAJAMAHA VIHARAYA HANGURANKETA
SRI LANKA 5.00
DPR KOREA
PHILEXFRANCE
Concorde
Zeppelin
1981
HAWKER SIDDELEY TRIDENT 2
£2 GIBRALTAR
55 UM
NIEUPORT
REPUBLIQUE ISLAMIQUE DE MAURITANIE
LIBERIA 50c POSTAGE
1919 R34 rigid airship
75th ANNIVERSARY of the ZEPPELIN
EMMERICH KALMAN 1882-1953
S3
REPUBLIK ÖSTERREICH
44 CT
1982
НР БЪЛГАРИЯ
Christmas 1982 Norfolk Island
40c RNZAF HUDSON LANDS CHRISTMAS SUPPLIES 1942
RAS AL KHAIMA
Mozart am Klavier by Joseph Lange
Leopold Mozart
JOSEF MATTHIAS HAUER
ENTDECKER DES ZWÖLFTONSPIELES
1883 1959
S3 REPUBLIK ÖSTERREICH
25 CT
НР БЪЛГАРИЯ
REP. DE GUINEA ECUATORIAL 25 EKUELE
CORREO AEREO
STYRACOSAURO
PTERODACTYLO
0,40 EKUELE
REP. DE GUINEA ECUATORIAL
CORREOS
REP. DE GUINEA ECUATORIAL
CORYTHOSAURO
0,45 EKUELE
CORREOS

Ohne Gliederung geht nichts

Haben Sie Ihr Thema gefunden, muß die Sammlung aufgebaut werden. Wie beim Schulaufsatz erfordert dies ein systematisches Vorgehen. Ohne Gliederung werden zuweilen viele Aspekte des Motivgebietes übersehen. Wie man vorgehen kann, zeigen drei Beispiele von Sammlerinnen und Sammlern, die mit ihren Kollektionen international schon mehrfach ausgezeichnet worden sind. Die Aufzählung erfolgt absichtlich in unterschiedlichen Numerierungen (numerisch oder alphanumerisch).

Ellen Holz (Berlin): Im Reiche der Hausfrau

Gliederung

I. Das Reich der Hausfrau
Einleitung durch die Hochzeit
Haus und Wohnung
1. Baustoffe zur Erstellung des Hauses bzw. der Wohnung
2. Materialien für den Innenausbau
3. Hausbriefkästen
4. Wohnungsbaugesellschaften
5. Eigenheim- und Wohnungsausstellungen
6. Schlüssel
7. Einrichtung der Wohnung:
   a) Fußbodenbeläge, Teppiche, Gardinen
   b) Mobiliar für die Wohnräume
   c) Mobiliar für Schlafräume
   d) Einrichtungsgegenstände für Küche/Bad
8. Praktische Helfer für die Hausarbeit:
   a) Küchenherde
   b) Badeöfen, Durchlauferhitzer etc.
   c) Heizung für die Wohnung im allgemeinen
   d) Küchenmaschinen u. a. Kleingeräte
   e) Kühl- und Tiefkühlgeräte
   f) Waschmaschinen, Geschirrspülmaschinen
   g) Staubsauger
   h) Nähmaschinen
   i) Glühbirnen und Lampen für gutes Licht
   j) Uhren
   k) Telefon
9. Töpfe und Pfannen
10. Porzellan: Gebrauchs- und Zierporzellan
11. Gebrauchs- und Zierartikel aus Keramik
12. Gebrauchs- und Zierartikel aus Glas und Kristall
13. Gebrauchs- und Zierartikel aus anderen Materialien
14. Besteck und andere Silberartikel
15. Gebrauchs- und Ziergegenstände aus Messing, Kupfer und Zinn
16. Haushaltswäsche
    a) Leinen für Bett und Tisch
    b) Bettfedern
    c) Handtücher
    d) Spitzendeckchen

II. Alles für den Küchenzettel und das leibliche Wohl der Familie
1. Hinweise auf Einkaufsmöglichkeiten
2. Essen und Trinken:
   a) Milch, Butter, Käse, Margarine
   b) Brot u. a. Backwaren, Backzutaten
   c) Marmelade und Honig
   d) Konserven
   e) die Hauptmahlzeit und das Abendessen (Fleisch, Schinken, Wurst, Geflügel, Fisch)
   f) Gewürze
   g) Nudeln, Reis und Hülsenfrüchte
   h) Gemüse, Kartoffeln, Obst usw.
   i) Getränke (Kaffee, Tee, Bier, Obstsäfte und Limonaden, Wein, andere Spirituosen)
   j) Süßigkeiten (Schokolade, Vivil, Bonbon und Marzipan)

III. Hygiene – Reinigungsmittel
1. für die Wohnung: Bohnerwachs, Fußbodenglanz, Bürsten, Fliegenfänger etc.
2. für den Körper:
   a) Körperhygiene
   b) Zahnpflege
   c) Kopfpflege
   d) Parfüms, Seifen, Bademittel
   e) Toilettenpapier, Papiertücher, Watte
3. für Wäsche und Bekleidung

IV. Bekleidung für die Frau von Kopf bis Fuß
1. Hüte und Mützen
2. Oberbekleidung:
   a) Textilien
   b) Tuche
   c) Lodenbekleidung
   d) Samt und Seide
   e) Kleider, Schürzen und Waschkleider
   f) Pelze
   g) Woll- und Strickwaren
   h) Strümpfe
   i) Schuhe
   j) Handschuhe

◀
Motivgruppen:
Literatur – Theater – Märchen
Luftfahrt
Mineralogie – Paläontologie
Musik

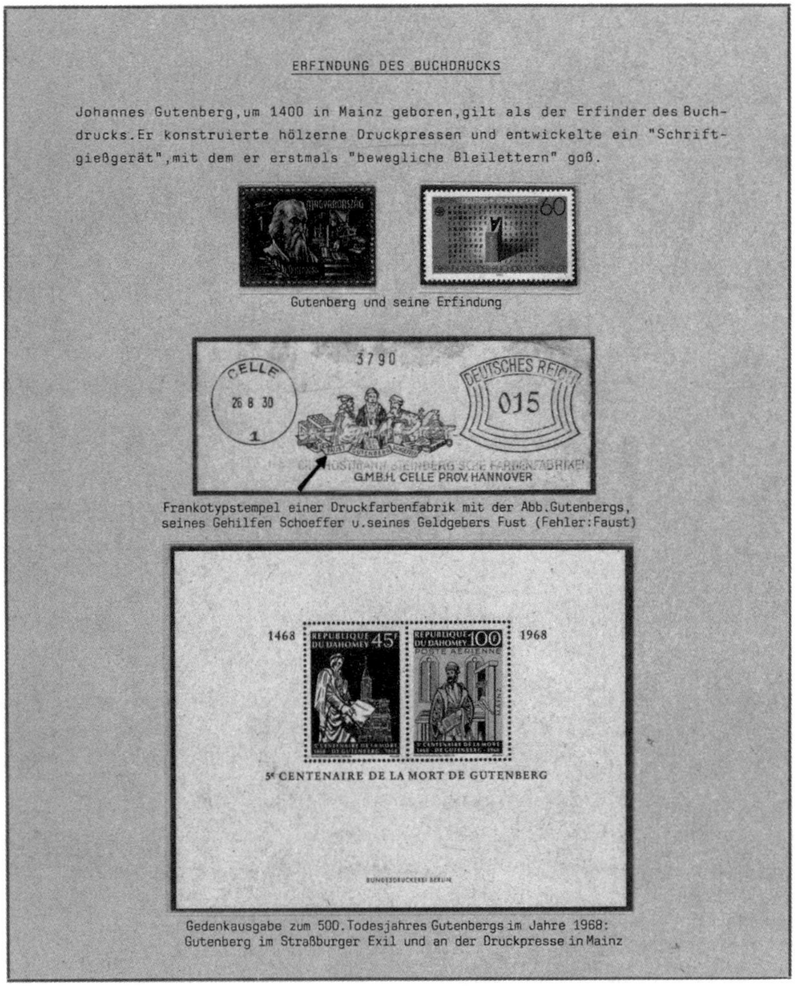

3. Unterwäsche, Nacht- u. Sportbekleidung
4. Modemärkte und -häuser
5. Accessoires
6. Schirme
7. Schmuck für die Hausfrau

V. Sicherheit für das Heim und die Familie

VI. Finanzen

VII. Entspannung und Unterhaltung

1. Gesellschaftsspiele
2. Handarbeiten
3. Wandern und Spaziergänge
4. Fotografieren und Filmen
5. Zeitungen, Bücher für Frauen
6. Musikmöbel, Kassetten, Schallplatten, Fernsehen

VIII. Ausstellungen und Messen für die Hausfrau

IX. Stempel, die das Wort »Frau« (auch in abgewandelter Form oder Zusammensetzungen) tragen

X. Frauenwahlrecht

Franz-Josef Koensler (Essen): Der Weg zum Druck-Erzeugnis

Gliederung

1	**Schrift**
1.1	Vorstufen der Schrift
1.2	Bilderschriften
1.2.1	Entwicklung und Ausbreitung der Bilderschriften
1.3	Entstehung des Alphabets
1.3.1	Entwicklung und Ausbreitung des Alphabets
1.4	Schrift im Gebrauch
1.4.1	Alte Schreibkunst
1.4.2	Handschriften-Buchmalereien
1.4.3	Urkunden-Siegel
1.4.4	Neue Schreibkunst
1.5	Die typographische Schrift
1.5.1	Druckschriften
1.5.1.1	Blindenschrift
1.5.2	Satzherstellung im Wandel der Zeit
1.6	Bedeutende Personen und Orte des Schriftwesens
1.7	Veranstaltungen des Schriftwesens
2	**Papier**
2.1	Alte Beschreibstoffe
2.2	Erfindung und Herstellung des Papiers

2.2.1 Rohstoffe
2.2.2 Papiermaschinen
2.2.2.1 Wasserzeichen
2.2.2.2 Normung
2.2.2.3 Verarbeitung
2.2.3 Papierfabriken – Papierfabrikanten
2.3 Papierhandel
2.4 Bedeutende Personen und Orte des Papierwesens
2.5 Veranstaltungen des Papierwesens

3 Druck
3.1 Vorstufen des Buchdrucks
3.2 Erfindung des Buchdrucks
3.2.1 Entwicklung und Ausbreitung des Buchdrucks
3.3 Voraussetzungen zum Druck
3.3.1 Handdruckpressen
3.3.2 Druckmaschinen, Druckmaschinenhersteller
3.3.3 Druckereien, Gründer, Inhaber
3.4 Bedeutende Personen und Orte des Druckwesens
3.5 Veranstaltungen des Druckwesens
3.6 Die Briefmarke – Produkt verschiedener Druckverfahren
3.6.1 Werdegang eines kleinformatigen Druck-Erzeugnisses
3.6.1.1 Briefmarkenentwurf
3.6.1.2 Briefmarkengravur
3.6.1.2.1 Vor dem Auflagendruck
3.6.1.3 Briefmarkenherstellung
3.6.1.3.1 Briefmarkendruckmaschinen
3.6.1.3.2 Briefmarkendruckereien – Gründer – Inhaber
3.6.1.4 Die Briefmarke als Druck-Erzeugnis
3.6.2 Andere Druck-Erzeugnisse

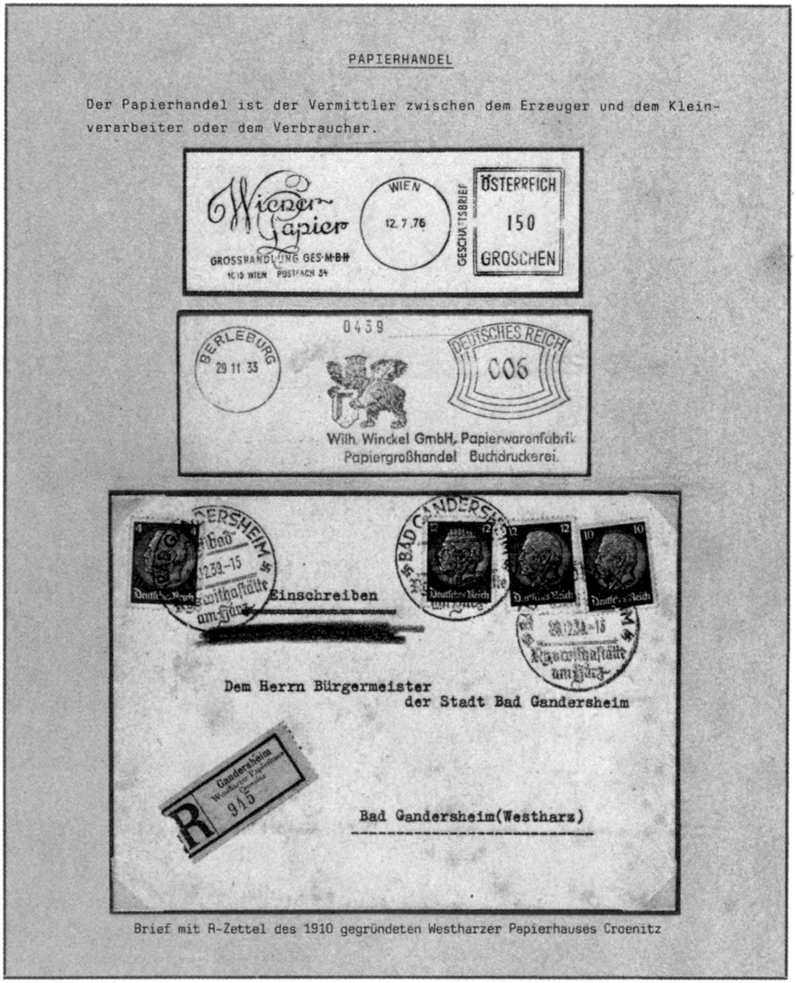

Brief mit R-Zettel des 1910 gegründeten Westharzer Papierhauses Croenitz

4 Buch
4.1 Vorstufen des Buches
4.2 Aufkommen des Buches
4.2.1 Die Bibel, das Buch der Bücher
4.2.1.1 Bibelhandschriften, Bibelschreiber
4.2.1.2 Bibelübersetzungen, Bibelübersetzer
4.2.1.3 Die gedruckte Bibel, Bibeldrucker
4.2.2 Andere bedeutende Bücher
4.3 Buchverbreitung durch verschiedene Gesellschaften
4.3.1 Buchverlage, Buchverleger
4.3.2 Buchhandlungen, Buchhändler

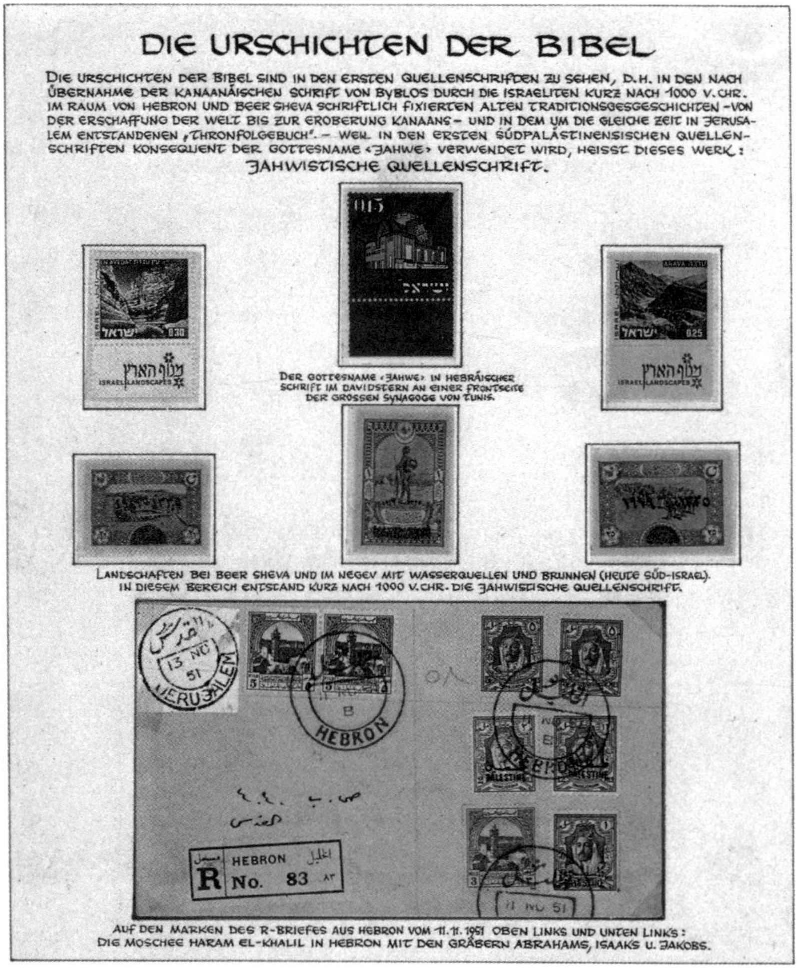

4.4 Bibliotheken, Archive, Gründer
4.4.1 Bibliothekare
4.4.2 Buchleser
4.4.3 Buchsammler
4.5 Bedeutende Personen und Orte des Buchwesens
4.6 Veranstaltungen des Buchwesens

5 Zeitung, Presse
5.1 Journalisten und ihre Arbeitsstätten
5.2 Zeitungssatzherstellung
5.3 Zeitungsdruck
5.3.1 Zeitungsdruckmaschinen
5.3.2 Zeitungsverlage – Zeitungsverleger – Zeitungsgründer
5.4 Die Post: Mutter der Zeitung
5.4.1 Zeitungsmarken
5.4.2 Zeitungsstempelmarken
5.4.3 Zeitungsdruckentwertungen
5.4.4 Zeitungssonderpostämter, Postzeitungsvertrieb
5.4.5 Zeitungsstreifbänder
5.4.6 Zeitungsausträger, Zeitungsverkäufer
5.5 Die Zeitung als Druck-Erzeugnis
5.5.1 Zeitungsleser
5.5.2 Pressefreiheit
5.5.3 Militärpressewesen
5.6 Bedeutende Personen
5.7 Veranstaltungen

<u>Maria Thomé (Gelsenkirchen): Literaturgeschichte der Bibel</u>

Gliederung

1. Das Wort »Bibel«

2. Byblos

3. Die Bibel, das Wort Gottes

4. Von den Schriften des alten Orients zu den Schriften der Bibel
a) Die Keilschriften
b) Die altägyptische Schrift
c) Erste Alphabetschriften

5. Die Schriften der Bibel
a) Die althebräische Kursivschrift (älteste Bibeltexte)
b) Die hebräische Quadratschrift (Urtexte des Alten Testamentes der Nachexilischen Zeit)
c) Die griechische Schrift (einzelne späte Urtexte des Alten und die Urtexte des Neuen Testamentes)

6. Urschichten der Bibel
- a) Jahwistische Quellenschrift
- b) Das Thronfolgebuch
- c) Elohistische Quellenschrift
- d) Gebetsliteratur
- e) Weisheitsliteratur

7. Spätere Redaktionen (Zusammenfassungen der Quellen, Geschichtswerke)
- a) Deuteronomistisches Geschichtswerk
- b) Priesterschrift
- c) Chronik

8. Yavne (Jamnia)
Tagungsort der jüdischen Synode für den Abschluß der alttestamentlichen Kanonbildung.

9. Bücher der Bibel/Autoren
- a) Altes Testament (Moses, David, Amos, Isaias-Jesaja, Jeremias, Nahum, Ezechiel – Hesekiel, Joel, Daniel, Zacharias – Sacharja, Esras und Nehemias, Sophonius-Zephanja, Tobias, Jonas, Esther, Judith, Makkabäer)
- b) Neues Testament (Evangelien, Apostelgeschichte, Apostelbriefe, Offenbarung des Johannes, Matthäus, Markus, Lukas, Johannes, Paulus, Jakobus, Petrus)

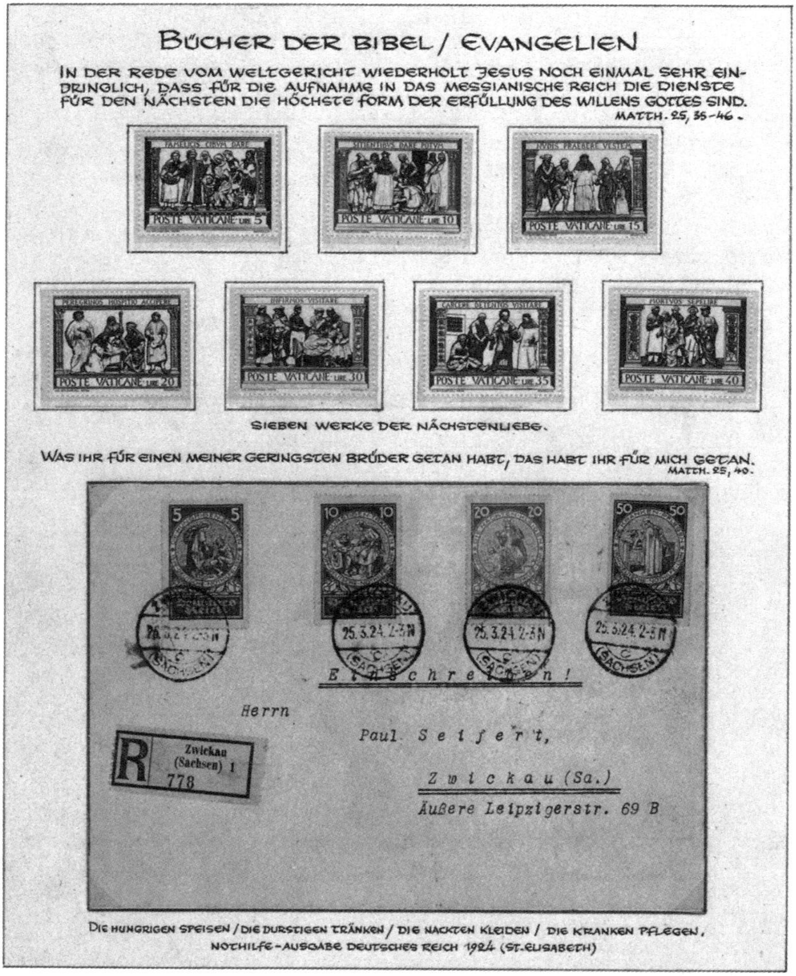

10. Bibel-Übersetzer
(Hieronymus, Kyrillos, Maarlandt, Cisneros, Erasmus, Tausen, Agricola, Bèze, De León, Károliy, Káldi, Dass, Dosoftei, Palcovic, Moffat, Dancic, Mistral, Zamenhof, Du Toit (Totius), Mesrop (Meschtotz), Methodios, Hus, Nebrya, Luther, Petri, Marnix, Trubar, Kochanowski, Molnar, Porlaksson, Cantacuzino, Marćthy, Karadzić, Schewtschenko, Kristoforidhi, Kleinschmidt, Vedder, Buber)

11. Bibel-Handschriften
- a) Isaias-Schriftrolle
- b) Qumran am Toten Meer
- c) Jüdische Schriftrollen (Thorá)
- d) Kloster-Schreiber
- e) Bibel-Illustrationen

12. Bibel-Druck/Drucker
- a) Gutenberg
- b) Plantin
- c) Gerson
- d) Fedorow
- e) Bodoni

Motivgruppen, die jeder Sammler kennen sollte

In der Deutschen Motivsammler-Gemeinschaft läßt sich für jeden Sammler sicherlich die für ihn adäquate Sammlergruppe finden. Wichtige Gruppierungen sollen hier mit ihren Zielen und Leistungen erwähnt werden.

Archäologie

Die *Motivgruppe Archäologie,* 1977 gegründet, befaßt sich mit dem gesamten Gebiet der Archäologie in der Philatelie, so zum Beispiel mit Frühgeschichte, Ägypten, Rom, Griechenland, Persien, Peru, Mexiko usw.
Sie hilft und berät ihre Mitglieder beim Aufbau einer Motivsammlung, bei der Beschaffung von Marken und Ganzsachen, bei der Bestimmung von Motiven. Sie gibt Informationen über Neuheiten.
Ein Mitteilungsblatt (DIN A5, ca. 40 Seiten) wird dreimal jährlich herausgegeben. Darin werden Neuheitenbeschreibungen und Aufstellungen (Marken, Ganzsachen, Stempel) mit Motivbeschreibungen veröffentlicht. Es erscheinen auch Artikel über bestimmte archäologische Gebiete und Personen.
Die Motivgruppe hat einen Rundsendedienst für archäologische Marken, Stempel und Ganzsachen. Dieser Rundsendedienst ist gebührenfrei (nur Portoersatz).
Auch Kataloge für Ganzsachen, Aerogramme usw. sowie Anleitungen zum Aufbau von Ausstellungssammlungen sind vorhanden. Sie stellt eigene Kataloge zusammen. Bisher sind erschienen: Ägyptologie in der Philatelie, Römische Motive auf Briefmarken und Stempel, Archäologische Motive auf Briefmarken.

Philatelia Archaeologia
die Katalogreihe der *Motivgruppe Archäologie:*
Der Katalog »Archäologische Motive auf Briefmarken« wurde 1985 beendet. Auf über 300 Seiten (DIN A5, Loseblattform), mit vielen Abbildungen versehen, wurden alle bekannten Motivbriefmarken mit archäologischen Motiven erfaßt und das Motiv beschrieben:

- *Band 1: Mittel- und Nordamerika,* 26 S.
- *Band 2: Südamerika,* 25 S.
- *Band 3: Afrika,* 71 S.
- *Band 4: Australien und Ozeanien,* 6 S.
- *Band 5: Asien,* 64 S.
- *Band 5/II: Asien II,* 12 S.
- *Band 6: Europa,* 105 S.

Alle Bände sind von der Motivgruppe zu beziehen (siehe Anschrift der Motivgruppe).

Astronomie

Die *Motivgruppe Astronomie* setzt sich das Ziel, die Sammler bei ihrer Arbeit zu unterstützen. Dem dient das vierteljährlich erscheinende Mitteilungsblatt, das von Sammlern für Sammler gemacht wird. Hier erscheinen Berichte, Neuheitenmeldungen und zahlreiche Tips übers Sammeln. Mindestens einmal jährlich wird ein bundesweites Sammlertreffen organisiert. Oft finden diese Treffen in Volkssternwarten und Planetarien statt und sind mit einer Werbeausstellung verbunden. Regionale Treffen ergänzen das Angebot, sich persönlich bekannt zu machen, Doubletten zu tauschen und Erfahrungen weiterzugeben.
Gesammelt wird in der Gruppe selbstverständlich Astronomie als Ganzes, darüber hinaus aber auch je nach eigenen Vorstellungen Teilgebiete wie beispielsweise Kopernikus, Sternwarten, Planetarien, Sternbilder, Halleyscher Komet, astronomische Uhren, Sonnensystem und Radioastronomie. Eine Astronomie-Sammlung enthält auch immer entsprechende Marken und Stempel benachbarter Gebiete wie Physik, Optik, Weltraumfahrt, Meteorologie und Mathematik.
Bei einigen Mitgliedern beschränkt sich das Sammeln nicht nur auf die Philatelie, sondern erstreckt sich auf sammelbare Dinge wie Meteoriten, Numismatik und astronomische Uhren. Entsprechende Berichte finden sich ebenfalls im Mitteilungsblatt.

Literaturtips:

- *Anton Bruzek, Astronomie – Stempel- und Ganzsachenkatalog – ohne Copernikus,* DIN A4, 24 S., 1980. Ergänzungen erscheinen im Mitteilungsblatt der Motivgruppe Astronomie/Philatelie.
  Der Katalog erfaßt alle wichtigen Astronomiestempel und Ganzsachen, geordnet nach Ländern und Jahrgängen, versehen mit einer knappen Motivbeschreibung.
- *Reinhart Sitter, Briefmarken-Motivkatalog Astronomie,* DIN A5, 106 S., 1979. Ergänzungen erscheinen im Mitteilungsblatt der Motivgruppe Astronomie/Philatelie.
  Der Katalog erfaßt alle wichtigen Astronomiemarken, die, nach Ländern geordnet, mit MICHEL-Kata-

lognummern und mit einer knappen, aber aufschlußreichen Motivbeschreibung versehen sind.

Albrecht Dürer

Für die *Dürer-Philatelisten* bieten die Mitgliedertreffen Gelegenheit, philatelistisches Material und Sammler- bzw. Ausstellungserfahrungen auszutauschen, wobei das persönliche Gespräch sehr gepflegt wird.
Der Rundbrief ist das Bindeglied aller Mitglieder. Er erscheint viermal im Jahr. Auf 28 DIN-A5-Seiten findet man Berichte über Albrecht Dürer, sein Leben, sein Werk und seine Epoche. Sammlungen werden vorgestellt und Ratschläge zum Aufbau einer Dürer-Sammlung gegeben. Auch die Neuheiten, die in einer Dürer-Sammlung integriert werden können, werden ausführlich besprochen.
Literaturtip:

- *Dürer-Katalog in zwei Bänden. Band I: Der Länder-Katalog mit allen Dürer-Marken und Blocks; Band II: Der Motiv-Katalog mit Motivbeschreibungen;* Loseblattform, wird ständig ergänzt.

Entomologie

Die *Motivgruppe Entomologie* erlebte 1984 eine Renaissance. Die vormalige Motivgruppe Schmetterlinge konnte aktiviert und zugleich erweitert werden, in dem alle anderen Insekten integriert wurden. Sie nennt sich seither *Motivgruppe Entomologie.*
Entomologie ist Insektenkunde (die Lehre von Insekten). Entomos (griechisch) und insektus (lateinisch) bedeutet eingekerbt (Kerbtiere). Die Insekten (Käfer, Schmetterlinge, Libellen, Bienen, Wespen, Grillen, Schrekken, Fliegen, Mücken usw.) weisen die weitaus größte Artenzahl aller Tierklassen vor. Über eine Million Tierarten haben die Zoologen beschrieben, klassifiziert und benannt. Hiervon sind allein 800 000 Insektenarten!
Die Insektenkunde befaßt sich mit Körperbau (Morphologie sowie Anatomie), Einteilung und Verwandtschaft (Systematik), Stoffwechselvorgängen (Physiologie) und Verhalten zur Umwelt (Ökologie). Die angewandte Entomologie gliedert sich in landwirtschaftliche, forstwirtschaftliche und medizinische Gruppen.
Philatelistisch gesehen bietet die Entomologie sowohl ein umfassendes wie auch vielgestaltiges Motivgebiet. Jede entomologische Thematiksammlung kann ihre eigene individuelle Note aufweisen. Der Sammler sollte aber etwas von Entomologie verstehen, und andererseits sollte der Hobby-Entomologe sich mit den Grundprinzipien einer Motivsammlung vertraut machen.
Die Motivgruppe will allen ihre Hilfe anbieten, die ein zum Begriff Schmetterlinge oder Insekten passendes Motiv (Themen wie Bienenzucht, Seidenraupenzucht, Schädlingsbekämpfung usw.) sammeln.
In der Motivgruppe sind nicht nur fortgeschrittene Sammler und Aussteller. Besonders wichtig ist es, jenen zu helfen, die noch unerfahren sind und auf ihrem Sammelgebiet weiterkommen möchten. Hierzu dient besonders das Mitteilungsblatt *Insektenkurier* als informatives Organ der Motivgruppe. Mitglieder können die Möglichkeit von zahlreichen kosten-

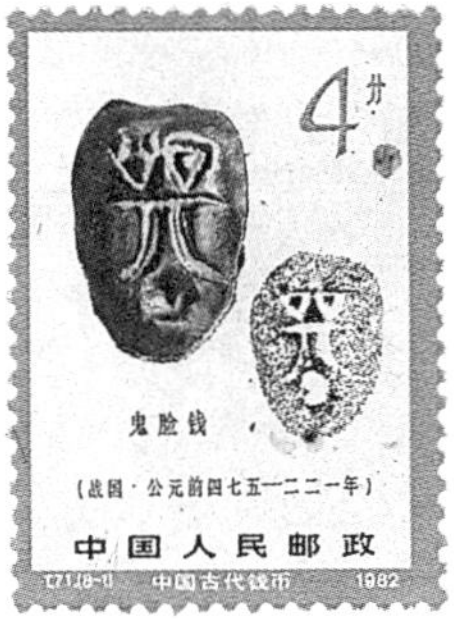

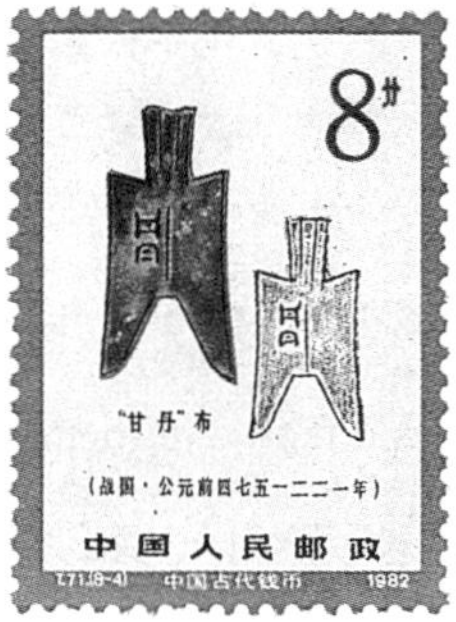

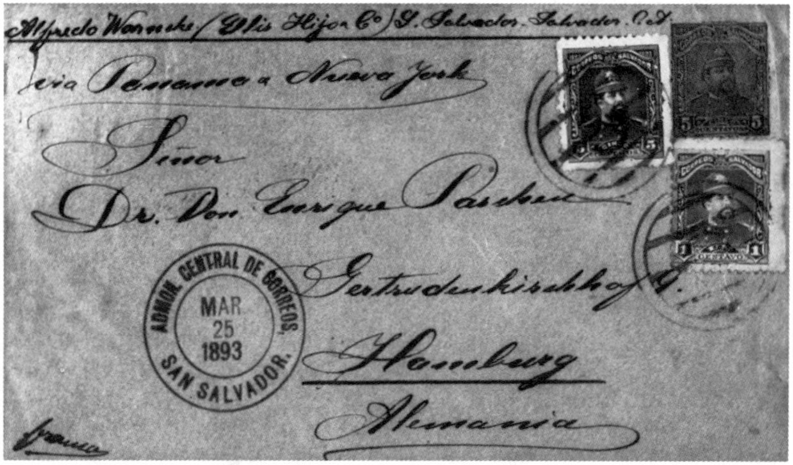

Die erste Feuerwehrmarke der Welt. El Salvador verausgabte sie im Jahre 1893.

losen Tauschanzeigen in diesen Heften nutzen.
Der vorhandene Neuheitendienst, Motivgruppentreffen und weitere Aktivitäten vertiefen die Kontakte und geben allen Gelegenheit zum Tausch und Erfahrungsaustausch. Die Erstellung eines Motivkataloges *Insekten* ist in Vorbereitung. Er wird über einen größeren Zeitraum verteilt und in Teilausgaben erscheinen. Der Jahresbeitrag der Motivgruppe beträgt zur Zeit 25,– DM (Jugendliche bis zum vollendeten 18. Lebensjahr 12,50 DM) und enthält den Bezug des Mitteilungsheftes *Insektenkurier.*

Europa-Philatelie

Die *Forschungsgemeinschaft Europa-Philatelie (FEP)* erforscht die philatelistische Darstellungsmöglichkeit aller Aspekte europäischer Zusammenarbeit.
Zur Publikation dient das Mitteilungsblatt *Europa-Philatelie,* das nach Möglichkeit viermal im Jahr herausgegeben wird. Über 50 Ausgaben *Europa-Philatelie* sind bisher erschienen. Von Zeit zu Zeit werden auch Sammelbände in Buchform angeboten. Die FEP-Mitglieder erhalten auf Wunsch folgende Publikationen: Mitteilungen des Europarates, »EG-magazin«, NATO-Brief.
Es besteht ein Neuheitendienst, der mit Marken, Ganzsachen, Ersttagsbriefen, Sonder-, Maschinen- und Freistempeln entsprechend einer FEP-Europasystematik versorgt. FEP-Mitglieder können in jeder Ausgabe der *Europa-Philatelie* eine kostenlose Kleinanzeige veröffentlichen lassen. Die FEP hat Mitglieder in 21 Ländern.

Feuerwehr

Die *Motiv-Arbeitsgemeinschaft (MAG) Feuerwehr e. V.* hat sich dem Sammeln von Briefmarken, Stempeln und Ganzsachen (philatelistische Belege) aus dem Motivgebiet Feuerwehr verschrieben. Ein Teil der Mitglieder sammelt darüber hinaus sonstige feuerwehrbezogene Dinge wie Uniformen, Orden, Wappen, Geräte, Medaillen, Urkunden, Schrifttum und vieles mehr, was dem Feuerwehrwesen zuzuordnen ist.
In den Informationsbriefen werden vereinsinterne Nachrichten, sowie, um einen kontinuierlichen Informationsfluß zu gewährleisten, Tauschgesuche und -angebote veröffentlicht.
Die Rundbriefe enthalten Fach- und philatelistische Beiträge. Des weiteren werden alle Stempel, Briefmarken und Ganzsachen zum Thema Feuerwehr beschrieben und abgebildet.
Allen Mitgliedern werden folgende Dienstleistungen geboten:

- Zusammenarbeit und Gedankenaustausch über das Gebiet Feuerwehr bis Brandschutz;
- Beratung und Förderung beim Aufbau eines Motivexponates bis hin zur Ausstellungsreife;
- Auflistung bzw. Katalogisierung aller Briefmarken, Stempel und Ganzsachen zum Thema Feuerwehr;
- Teilnahme an vereinsinternen Rundsendediensten;
- Teilnahme an regionalen und/oder überregionalen Mitgliedertreffen mit Tauschmöglichkeiten für alle Sparten;
- Teilnahme an vereinsinternen Auktionen;
- Die Inanspruchnahme von Neuheitenbeschaffungsdiensten für Briefmarken, Stempel, Ganzsachen usw. bei verschiedenen Mitgliedern;
- Anspruch auf vier Publikationssendungen per anno (Rund- und Informationsbriefe).

Hundert Jahre Briefmarken

Die *Motivarbeitsgemeinschaft 100 Jahre Briefmarken* befaßt sich mit Markenjubiläen, berücksichtigt aber auch Postkarten. Die Verbindung zu den Mitgliedern wird durch ein vierteljährlich erscheinendes Mitteilungsblatt aufrechterhalten, das wahlweise in deutsch oder englisch geliefert wird. Auf durchschnittlich 40 Seiten wird über alles berichtet, was mit den Themen zusammenhängt, angefangen von den Marken, Ganzsachen und Stempeln aller Art über die Sonderumschläge und -karten bis hin zu den Vignetten und sonstigen Drucksachen. Außer Neuheitenberichten enthält jedes Mitteilungsblatt Einzelheiten über Jubiläumsausstellungen, Informationen aus dem Kreis der Mitglieder, eine kleine interne Tausch-Auktion und als herausnehmbare Beilage reich illustrierte Fachaufsätze, die als Teile einer umfassenden Dokumentation über die Hundertjahrfeiern der Briefmarken anzusehen sind. Die Tausch-Auktionen finden viermal jährlich statt. Die Einlieferungen werden kostenlos bearbeitet. Außer Porto entstehen keine Kosten (für Druckkosten usw. werden jedoch 5% vom Erlös abgezogen).

Eine in regelmäßigen Abständen erscheinende Mitgliederliste ermöglicht es, daß die Mitglieder untereinander in Verbindung treten können. Höhepunkte des persönlichen Kontakts sind die jährlichen Mitgliedertreffen, die meist in Verbindung mit einer großen Briefmarkenausstellung stattfinden und einen fruchtbaren Informationsaustausch ermöglichen.

Literaturtips:

- *100 Jahre Penny Black 1840–1940,* Handbuch, DIN A4, 3 Bde., 607 S., 871 Abb.
- *Ausstellungssammlung »100 Jahre Penny Black«,* Loseblattform, DIN A5, 170 S., 439 Abb.
- *Katalogübersicht »Die Jubiläen der Briefmarken«,* Nummern nach MICHEL, Scott, Yvert, Gibbons und Zumstein, DIN A5, 44 S.
- *Ganzsachen-Katalog »100 Jahre Briefmarken«* (nur in Englisch), 2 Broschüren, DIN A5, je 52 S., 74 bzw. 84 Abb.
- *»Centenary Issues« von Marian Carne Zinsmeister* (nur in Englisch), 2 Broschüren, ca. DIN A5, 48 bzw. 28 S., 130 Abb.
- *100 Jahre Briefmarken von Frankreich 1849–1949,* Loseblattform, DIN A4, 122 S., 225 Abb.
- *100 Jahre Briefmarken in den USA 1847–1947,* Loseblattform, DIN A4, 220 S., 478 Abb.
- *Ausstellungssammlung »100 Jahre Briefmarken in Europa«,* Loseblattform, DIN A5, 76 S., 173 Abb.
- *100 Jahre Briefmarken von Australien 1850/60–1950/60,* Loseblattform, DIN A4, 43 S., 77 Abb.
- *100 Jahre Briefmarken von Indien 1854–1954,* Loseblattform, DIN A4, 41 S., 103 Abb.
- *100 Jahre Briefmarken von Neuseeland 1855–1955,* Loseblattform, DIN A4, 20 S., 36 Abb.
- *100 Jahre Briefmarken von den Philippinen 1854–1954,* Loseblattform, DIN A4, 16 S., 33 Abb., wahlweise in deutsch oder englisch.

Ingenieurbauten

Viele Sammler technischer Motive suchten bisher vergeblich eine Arbeitsgemeinschaft. Daher wurde eine Gruppe gegründet, in der alle von Ingenieuren errichteten Bauten als Hauptmotiv eingeordnet werden können (Tunnel, Brücken, Kanäle, Talsperren, Hafenanlagen etc.). Die *Motivgruppe Ingenieurbauten* hält es für besonders wichtig, jenen Sammlern mit Informationen und Kenntnissen zu helfen, die noch unerfahren sind und mit ihrem Sammelgebiet weiterkommen wollen. Es werden Erfahrungen weitergegeben, wie man zu den notwendigen technischen Angaben kommt, ohne die ein Motiv nicht genau eingeordnet und erklärt werden kann.

Der Tausch philatelistischen Materials und der Austausch von technischen Unterlagen wird durch die Motivgruppe gefördert. Für den Aufbau von Motivsammlungen wird die notwendige Hilfe zugesagt.

Durch mindestens zweimal im Jahr erscheinende Mitteilungsblätter und Rundschreiben werden Forschungsergebnisse, Neuerscheinungen an Marken, Stempeln usw. bekanntgemacht und persönliche Kontakte hergestellt. Der Jahresbeitrag beträgt 20,– DM.

Kraftfahrzeuge

»Wagen werden auf den Straßen zu sehen sein, die sich fortbewegen, ohne daß Zugtiere vor sie gespannt sind…« – so schrieb der englische Naturphilosoph Roger Bacon im Jahre 1267 in seinem »Opus maius«. Die Prophezeiung ist, mehr als sechs

Jahrhunderte später, Wirklichkeit geworden, – mit dem Automobil, das heute aus unserem Leben nicht mehr wegzudenken ist, weshalb es nicht verwunderlich ist, daß es auch im postalischen und philatelistischen Bereich seinen Niederschlag gefunden und zu Motivsammlungen angeregt hat.

Das Angebot ist so reichhaltig, daß man sich gewissermaßen sein eigenes »Automobil-Museum« aufbauen kann. Wertvolle Hilfe findet der Sammler dabei in der *Motivgruppe Kraftfahrzeuge,* die vor fast einem Vierteljahrhundert gegründet worden ist und damit Gewähr bietet, aus reichen Erfahrungen schöpfen zu können. Heute gehören der Gruppe, deren Leitung mit Jahresbeginn 1986 von Hans H. Matz an den Österreicher Siegfried Müller übergegangen ist, rund 250 Mitglieder an. Ein Viertel davon ist in der Bundesrepublik Deutschland beheimatet, die anderen stammen aus nahezu 30 Ländern in aller Welt.

Unter den Mitgliedern sind die verschiedensten Berufsstände vertreten, unter ihnen finden sich auch ausgesprochene Fachleute wie Motor-Sportler, -Historiker und -Journalisten, Sammler von Veteranenfahrzeugen und anderen Dingen und Dokumenten aus der Frühzeit der Motorisierung, von denen einige auch führend in der Motivphilatelie ihres Landes tätig sind.

Die Mitglieder der Gruppe sammeln nach Themen, die sich um die Motorisierung zu Lande bewegen. Diese beziehen sich nicht nur auf das Automobil allgemein, wobei die Veteranen einen bevorzugten Platz einnehmen, sondern befassen sich je nach den Interessen des einzelnen auch mit der Geschichte der Motorisierung, mit Monographien einzelner Autohersteller, Querschnitten durch die Auto-Industrie bestimmter Länder, Verkehrserziehung, -sicherheit und -konferenzen, mit Rennen, Rallies, Auto-Ausstellungen, -Museen, -Clubs, -Straßen und vielem anderen mehr. Weil aber unter »Kraftfahrzeuge« nicht nur Automobile verstanden werden, sondern alle auf festem Boden durch Motorkraft bewegte, nicht an Schienen gebundene Fahrzeuge in Betracht zu ziehen sind, erstreckt sich das Motivgebiet auch auf Motorräder, Gleiskettenfahrzeuge, Panzer, Traktoren und Mondmobile und wird von der Motivgruppe dementsprechend wahrgenommen.

Um dem einzelnen Sammler das mühevolle und zeitraubende Suchen in den Katalogen nach motivbezogenen Briefmarken zu ersparen, wurden für alle Teilbereiche umfassende Motivlisten erstellt, die durch laufende Veröffentlichung der Neuheiten mühelos ergänzt werden können. Ähnliche Hilfe wird bei den übrigen philatelistischen Elementen wie Stempel, Ganzsachen und andere Belegen geboten, was nur aufgrund der internationalen Zusammenarbeit möglich ist. Der direkten Kontaktnahme der einzelnen Mitglieder dient eine Mitgliederliste, die einen weltweiten Erfahrungsaustausch und internationale Tauschmöglichkeiten eröffnet.

Vierteljährlich erhält jedes Mitglied das Mitteilungsblatt *Filamobil,* das fachliche Aufsätze zu den verschiedensten Themen des umfangreichen Motivgebietes, Hinweise auf Ausstellungen und Mitgliedertreffen, Neuheitenmeldungen und Mitgliederneuzugänge bringt. In *Filamobil* können die Mitglieder auch kostenlos Anzeigen veröffentlichen. Der Internationalität der Gruppe entsprechend erscheint *Filamobil* gleichzeitig in deutscher, französischer und englischer Sprache.

Kunstgeschichte

Die *Motivgruppe Kunstgeschichte* bietet kunstinteressierten Briefmarkensammlern Informationen für ihre verschiedenen Sammelgebiete. Dank eines Loseblatt-Systems (DIN A4) kann jeder sich ein *Handbuch* zusammentragen. Grundlage dieser Publikation sind die vierteljährlichen *Mitteilungsblätter* (60 DIN A4 Blätter), die den laufenden Wünschen der Mitglieder angepaßt werden.
Diese Mitteilungsblätter umfassen die Sachgebiete:

- allgemeine Einführung in die Kunst: Epochen, bildende Kunst, Künstler und ihre Einzelwerke;
- Länderzusammenstellungen: Chronologisch nach MICHEL-Katalogen aufgebaut mit allen Daten;
- MICHEL-Neuheitenmeldungen: Erfassung aller Ausgaben;
- Museographie: Museen, Kupferstichkabinette, Bibliotheken usw. mit ihren Werken;
- Künstlerzusammenstellungen: Werksverzeichnis der Künstler mit allen Daten (Werk, Entstehungsjahr, Technik, Größe, Standort). Bis heute sind 110 Künstler mit 269 Blättern erfaßt;
- Epochen nach Jahrhunderten: In dieser Zusammenstellung (vorkarolingisch bis zu den Richtungen des 20. Jahrhunderts) sind alle Künstler mit ihren Werken, mit allen Daten erfaßt;
- Mitgliederliste: mit Sammelgebieten der Mitglieder, Tauschwünsche usw.;
- Von Sammler zu Sammler: Suchwünsche und Angebote der Mitglieder, Kontaktwünsche. Kostenlose Kleinanzeigen;
- Wer weiß es???: Fragen nach Deutung unbekannter Kunstwerke;
- Ausstellungswesen: FIP- und BDPh-Reglement, Gliederungen, Sammlungsblätter, Blattbesprechungen usw.;
- »Stempelkatalog« (Gleichzeitig Angebotsnachweis und Suchwünsche);
- Künstler von A–Z: Abbildungen von Dokumenten und Stempeln; Ergänzungen zu den Künstlerzusammenstellungen;
- Kunstwerke nach Standorten: Bauwerke, Skulpturen usw.;
- Stilepochen: Dokumente und Stempel mit Hinweisen auf Romantik, Gotik usw.;
- Unbekannte Stempel usw., die auf Deutung durch die Mitglieder warten. Weitere ergänzende Themen (Ikonenmalerei usw.) sind in Vorbereitung.

Die Mitglieder der *Motivgruppe Kunstgeschichte* kommen aus vielen Ländern der Erde.

Leipziger Messe

Die *Arbeitsgemeinschaft Leipziger Messe* wurde als »philatelistischer Arbeitskreis« im Oktober 1966 gegründet. Das Sammelgebiet Leipziger Messe umfaßt nahezu sämtliche Gebiete der Philatelie. Beginnend mit der Vorphilatelie und der Privatpost, setzt es sich ab 1900 in vielen interessanten Stempelbelegen bis heute fort. Ab 1940 kamen die Markenausgaben mit teilweise postamtlichen FDCs hinzu. Besondere R-Zettel und Bildpostkarten bieten den Freunden dieser Sammelgebiete reges Betätigungsfeld. Zeppelinpost und Flugpost läßt die Aerophilatelisten nicht zu kurz kommen, und mit Freistempeln, Postkriegsbelegen, Zensurpost wird das Sammelgebiet abgerundet.
Bei dieser Fülle von Material, das größtenteils nicht einmal allzu selten ist, kann jeder Sammler noch heute beginnen, eine Sammlung Leipziger Messe zusammenzutragen. Und er wird dabei mehr Befriedigung finden als bei vielen anderen Sammelgebieten.
Ziel der *Arge Leipziger Messe* ist die gegenseitige laufende Information über Neuheiten, die Erforschung und der Erfahrungsaustausch über alle philatelistischen Belege des Themas Leipziger Messe, die Verwertung vorhandener Dubletten im Rundsendedienst, Kontakt mit Sammlerfreunden sowie der Gedankenaustausch über den Aufbau von Sammlungen. Rundschreiben mit Neuheitenberichten und diversen Beiträgen werden viermal im Jahr herausgegeben. In Loseblattform liegen diesen jeweils Forschungsergebnisse bei, die gleichzeitig *Teillieferungen des Handbuch-Entwurfs* darstellen.

Literatur – Theater – Märchen

Die *Motivgruppe Literatur – Theater – Märchen* besteht in der heutigen Form seit 1975. Sie spricht alle Sammlerfreunde an, die sich mit einem der folgenden Motivgebiete befassen:

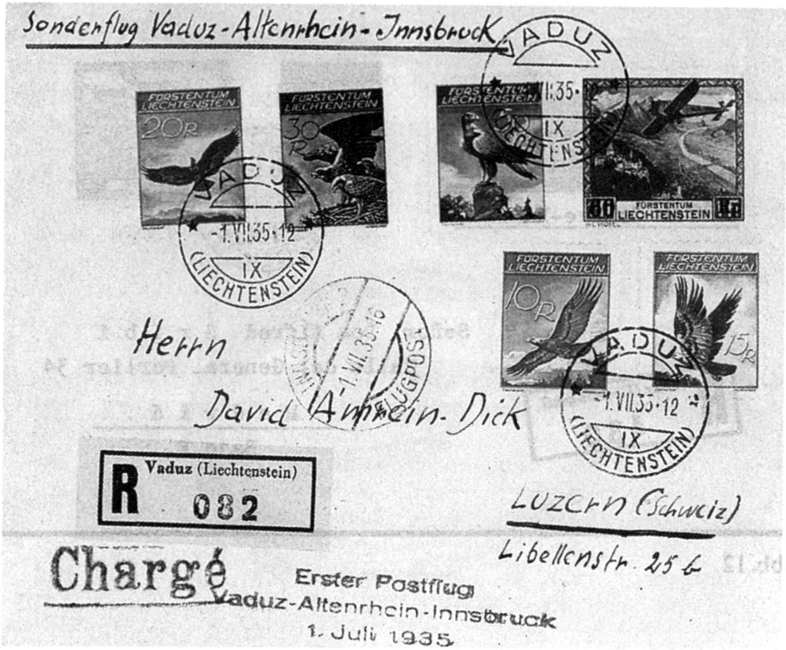

Liechtenstein. Erster Postflug Vaduz–Altenrhein–Innsbruck. Ex Schweizer Briefmarken Zeitung, 12/85, S. 391.

- Literatur und Dichtung der Welt;
- Theater in all seinen Erscheinungsformen, vom Puppenspiel bis zur Oper;
- Märchen und Sagen, Mythen, Legenden und Fabeln einschließlich der entsprechenden Kinderbücher.

Der *Pegasus,* das Mitteilungsblatt der Motivarbeitsgemeinschaft, erscheint dreimal im Jahr und hat einen Umfang von zusammen weit über 150 Seiten.
Jedes Heft berichtet ausführlich über Neuheiten an Marken, Stempeln und Ganzsachen der drei Motivbereiche. Eine große Zahl von Fachartikeln, meist instruktiv illustriert, aber auch wichtige Informationen gehören zu dem hochinteressanten Inhalt. Eine Literatur-Motivliste und eine Märchenmotivliste, Ergebnisse intensiver Arbeit der Sammler Dr. Köhler und Hans-Ulrich Reinhard runden das Informationsangebot ab.
Die Motivgruppe sieht eine wesentliche Aufgabe darin, noch mehr Sammler zu ermutigen, sich dem vielseitigen Bereich der Literatur, Theater und Märchen zuzuwenden. Sie hilft ihnen beim Erforschen des philatelistischen Materials und gibt Anregungen für den Aufbau von Sammlungen sowohl hinsichtlich der Aufmachung, der thematischen Bearbeitung als auch der Verwendung entsprechender philatelistischer Belege.

Luftfahrt

Aufgabe und Ziel der *Motiv-Arbeitsgemeinschaft Luftfahrt* ist die Beratung und Förderung der Mitglieder beim Aufbau und der Gestaltung

einer Motivsammlung bis zur Ausstellungsreife und die Unterstützung bei der Teilnahme an Ausstellungen und Veranstaltungen der DMG und des BDPh. Für die Beschaffung von Motivmarken und anderen philatelistischen Belegen – wie Ganzsachen, Stempel, FDC usw. – besteht ein Neuheiten- und Rundsendedienst in der Arbeitsgemeinschaft, und die Mitglieder können auch selbst Einlieferungen an den Rundsendeleiter vornehmen. Des weiteren erfolgt die Katalogisierung aller Marken zum Thema Luftfahrt sowie die Veröffentlichung von Berichten und Mitteilungen in der Fachpresse.
Vierteljährlich erscheint ein *Mitteilungsblatt* – für die Mitglieder kostenlos – mit Fachartikeln, Meldungen von Luftfahrt-Neuerscheinungen in aller Welt, internen Mitteilungen von Bekanntmachungen sowie Artikel von Mitgliedern über ihr Sammelgebiet oder einen anderen Beitrag aus dem Gebiet der Luftfahrt. Zum weiten Gebiet Luftfahrt werden alle postalischen Ausgaben und Belege gesammelt, die das Motiv in Bild oder Text aufweisen wie Postwertzeichen, Ganzsachen, Postkarten, Briefe, Maximumkarten, Stempel und dergleichen. Das Motivgebiet ist so umfangreich, daß der Sammler sich beim Aufbau einer Sammlung für einen Teilbereich entscheiden muß. Dabei lassen sich zum Beispiel als Einzelthemen darstellen: Ballone – Luftschiffe – Flugzeuge – Geschichte der Luftfahrt – Fluggesellschaften und Flugstrecken – Flugsicherung und Flugrettungsdienst – Flughäfen und Luftfahrtgebäude – Luftfahrttechnik und -industrie – Persönlichkeiten der Luftfahrt (Pioniere, Konstrukteure, Piloten, Repräsentanten) oder Luftfahrt an den Grenzen zur Raumfahrt (Space Shuttle), um die wichtigsten zu nennen. Der größte Komplex hieraus, die »Flugzeuge«, kann noch untergliedert werden.
Die Förderung des motivphilatelistischen Nachwuchses ist ein besonderes Anliegen. So ist zum Beispiel der Beitrag junger Sammler gestaffelt (für Schüler bis 14 Jahre 25% und Jugendliche zwischen 14 und 18 Jahren 50% des Beitrages für Erwachsene).

Mineralogie – Paläontologie – Speläologie

Die *Motivgruppe Mineralogie – Paläontologie – Speläologie* hat über 40 Mitteilungsblätter *Geologie* herausgegeben, die bis 36 Seiten umfassen und alle Geologie-Motivgebiete berücksichtigen. Sonderhefte zu besonderen Anlässen sind ebenfalls erschienen. Die jährlichen Tagungen sind immer mit Exkursionen, Besichtigungen, Vorträgen, Tauschabenden verbunden. Ein eigener Rundsendedienst, Markenbeschaffungsdienst und Auswahlen an Stempeln und Belegen sind schon selbstverständlich. Das Literaturangebot, auch Dia-Serien aller Geo-Motivgebiete, stehen den Mitgliedern zur Verfügung.
Literaturhinweise:
- *Katalog Mineralogie*
- *Katalog Prähistorie*
- *Sonderhefte*

Musik

Das Sprachrohr der *Motivgruppe Musik,* die 300 Mitglieder in ca. 25 Ländern in Ost und West verbindet, heißt *Der Musikus,* erscheint viermal im Jahr mit rund 50 Seiten Information und wird neben deutscher auch in französischer Sprache aufgelegt. Gemäß Satzung steht im Vordergrund der Gruppenarbeit die philatelistische Forschung und die Veröffentlichung ihrer Ergebnisse. Neben teilweise umfangreicher Hintergrundinformation zu Briefmarken und Stempeln werden im *Musikus* vor allem neue Musikmarken, zum großen Teil sogar mit Abbildungen, gemeldet. Ähnliches gilt für alle neuen Musikstempel.
Das recht umfangreiche Sammelgebiet Musik reicht über Lied- und Chormusik, die Klassik, das Musiktheater, die europäischen und außereuropäischen Musikinstrumente bis hin zum Jazz, dem Tanz und zu Musikfestspielen.
Gerade den Sammlerneuling zu beraten, ist eine der wichtigen Aufgaben. Das gleiche gilt natürlich auch für den erfahrenen Sammler, der mit einer ausstellungsreifen Sammlung in Wettbewerb treten möchte.
Die Leistungen der Motivgruppe in Stichworten:
- viermal jährlich »Der Musikus«, das Mitteilungsblatt der Motivgruppe für 30,– DM Jahresbeitrag als Mitglied in einem BDPh-Verein;
- Jugendliche bis 18 Jahre zahlen zur Zeit 12,50 DM im Jahr;
- Möglichkeit besteht zur Teilnahme an einem Musikmotiv-Rundsendedienst;
- Möglichkeit zur Teilnahme an einem Stempel-Neuheitendienst;
- zwei kostenlose Kleinanzeigen pro Jahr im »Musikus«;
- Möglichkeit zur Mitarbeit am Mitteilungsblatt;

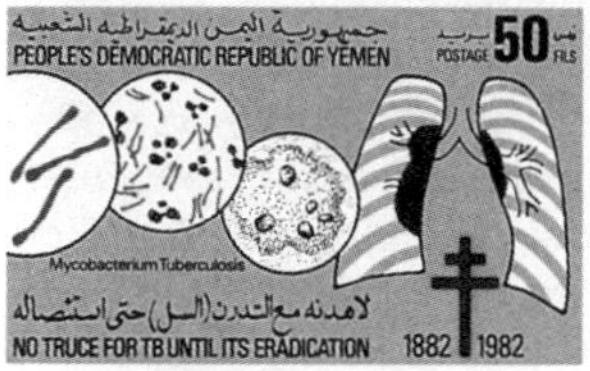

- Beantwortung von musikphilatelistischen Fachfragen durch die Mitglieder;
- verbilligter Bezug von Sonderdrucken der Motivgruppe und von Fachschriften der Deutschen Motivsammlergemeinschaft e. V.

Nobelpreisträger

Die *Arge Nobelpreisträger* wurde im April 1964 gegründet. Sie hat Mitglieder in allen Erdteilen.
Der *Rundbrief* erscheint in der Regel viermal im Jahr. Es besteht ein Tauschdienst, bei dem man die Dubletten einliefern oder auch nur als Entnehmer eine Liste anfordern kann.

Papier und Druck

Die *Motivgruppe Papier und Druck* wurde 1962 durch den Schweizerdegen (Buchdrucker und Schriftsetzer) und späteren Verlagskaufmann Leo R. Wienands ins Leben gerufen. Anfangs war es ein kleiner exklusiver Kreis von Redakteuren, Buchhändlern, Werbefachleuten, Druckern, Lithographen und Setzern, welche sich dem Hobby verschrieben hatten, welches sich mit ihren Berufen ergänzte. *Papier und Druck* hat Sektionen in den Niederlanden und in Österreich sowie Sammler in fast allen europäischen Ländern (darunter auch in den Ostblockstaaten), den USA, Israel und Japan.
Zusammengehalten und über Neuerscheinungen informiert sowie literarisch unterrichtet wird diese Sammlergemeinschaft durch das quartalsmäßig erscheinende Bulletin *Die Schwarze und die Weiße Kunst.* Alljährlich erscheint eine revidierte Mitgliederliste, damit Brief- und Tauschkontakte gewährleistet sind. Jährlich werden auch Motivlisten, die nach Themen zusammengestellt sind, und Länderlisten zu den Sammelgebieten veröffentlicht.
Das Mitteilungsblatt *Die Schwarze und die Weiße Kunst* ist hervorragend gestaltet und redigiert. Es wurde in der Vergangenheit mehrfach auf philatelistischen Ausstellungen prämiert. Das Format ist DIN B5, der Umfang mindestens 32 gedruckte Seiten – mit Illustrationen, teils im Buchdruck und teils im Fotosatz und Offset hergestellt. Immerhin mehr als 2500 Seiten seit Gründung.
Neben vereinsinternen Meldungen wird über Druckjubiläen, Staatsdruckereien, den inzwischen zahlreichen Anlässen von Zeitungen, Gründer von Presseorganen, bedeutende Journalisten, Kongresse der gedruckten Medien usw., aber auch über die historische Entwicklung in den Bereichen Papier und Druck berichtet.
Papier und Druck umfaßt die Sammelgebiete Schrift, Papier, Druck, Buch und Presse mit den zahlreichen Möglichkeiten, sich mit Postwertzeichen, Stempeln und Belegen zu befassen. Die Bemühungen der Motivgruppe machen es leicht, sich eine historische oder auch aktuelle Sammlung anzulegen. Auf Mitgliedertreffen, die alljährlich stattfinden, und bei regionalen Veranstaltungen anläßlich von Werbeschauen oder Briefmarkenausstellungen wechselt viel Tauschmaterial die Besitzer. Und der Jahresmitgliedsbeitrag, der den Bezug des Bulletins einschließt, ist mit 36,– DM auch nicht überzogen.

Der philatelistische Anfänger kann sich zum Beispiel einen kompletten Druckereibetrieb mit Briefmarken aufbauen – von einzelnen Druckletten der Ära Gutenbergs ausgehend, über Setzkasten und Setzer, die verschiedenen Druckpressen und -verfahren bis hin zu Rotationsmaschinen, Druckcomputern oder gar Fadenzählern und Druckerwappen. Der eigenen Phantasie sind keine Grenzen gesetzt.

Polizei

Die *Forschungsgemeinschaft Polizeiphilatelie* hat sich vorgenommen, das Thema Polizei philatelistisch aufzuarbeiten. 1975 gegründet, gehören ihr heute Sammler aus allen Teilen der Welt an.

Neben dem Sammeln von motivbezogenen Briefmarken, Blocks, Ganzsachen, Maximumkarten und Briefen werden auch entsprechende Stempel einschließlich der Absenderfreistempel von Polizeidienststellen systematisch gesammelt.

Ein Teil der Mitglieder befaßt sich zusätzlich oder ausschließlich mit den vielen Spezialgebieten wie Vorphilatelie (zum Beispiel Portofreiheiten von Polizeisachen), Dienstpost, POL-Lochungen, Polizei-Kurierpost, Polizei-Zensurpost, Feldpost und Deutsche Dienstpost von im Ersten und Zweiten Weltkrieg bestehenden Polizeieinheiten.

Verwandte Motive wie Verkehrssicherheit/Verkehrserziehung, Drogen, Umweltschutz und andere werden vereinzelt ebenfalls gesammelt.

Der Kontakt untereinander wird durch vierteljährlich erscheinende *Rundbriefe* aufrechterhalten. Die Rundbriefe enthalten neben Internas, Neuheitenmeldungen, Tauschwünschen, Forschungsergebnissen auch eine Bücherecke und Polizeihumor sowie weitere Beiträge.

Post- und Fernmeldewesen

Im Mai 1959 wurde die *Motivgruppe Post- und Fernmeldewesen* als *FIPCO-AG III c/4* von Fritz E. Baeker (Bundesrepublik Deutschland) gegründet. Von der *FIPCO* wurde ihm die Leitung, die er auch heute noch innehat, übertragen.

Nach einem ersten Versuch Anfang Januar 1960 erschien ein Jahr später die Pilotausgabe zu einem gruppeneigenen Mitteilungsblatt, das später unter dem Namen *Mercurius* die Motivgruppe zunächst in europäischen Ländern und dann auch in überseeischen Gebieten bekannt machte. Es erschien im regelmäßigen Vierteljahres-Rhythmus jeweils am Anfang der Monate Januar, April, Juli und Oktober. Es enthält Informationen zu den vielen von der Motivgruppe behandelten Aufgabenbereichen, weist auf neue Marken-Emissionen (meist mit »Backgroundstories«) hin und berichtet von themenbezogenen Stempelausgaben. Illustrationen unterstützen die Ausführungen.

Die Motivgruppe sieht ihre Aufgabe in der Bearbeitung und Betrachtung von Marken, Stempeln und anderen Dokumenten aus den vielseitigen Themenbereichen des Nachrichtenwesens. Angefangen bei seinen frühesten Nachrichtenübermittlungen im Altertum bis in die Gegenwart mit Bildtextübertragungen sowie der elektrischen Kommunikationsmittel seit Morse, Hughes und Reis bis

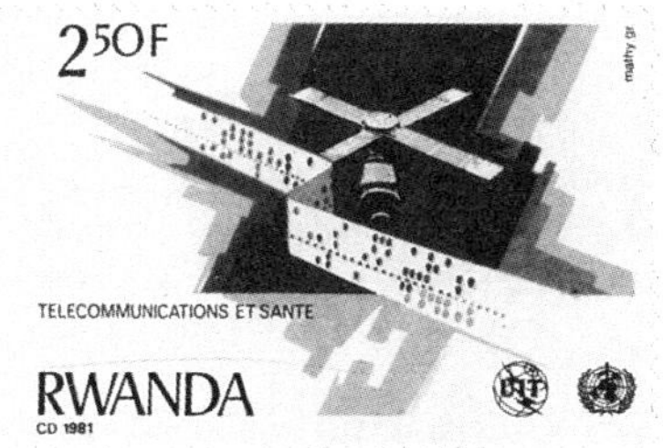

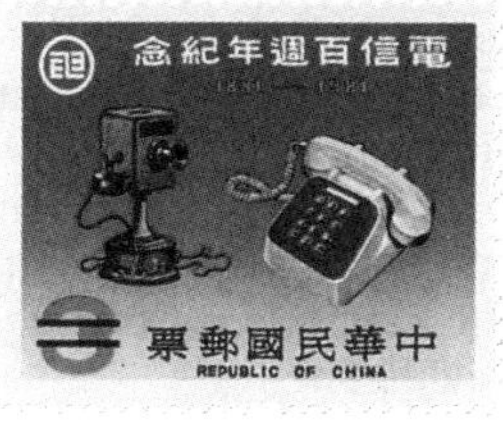

zur modernsten Satelliten-Technik. Rundfunk und TV gehören gleichwohl zum Themenbereich.

Literaturtip:

- *Motivliste »Post- und Fernmeldewesen«*

Schiffsmotive

Der bekannte *Schiffsmotiv-Sammler-Verein S.M.S. Navicula e. V.* ist ein 1959 in der Schweiz von Dr. E. Schlunegger gegründeter Verein für alle Freunde und Sammler von Schiffsmotiv-Briefmarken und allen mit dem Thema Schiffe und Schiffahrt zusammengehörenden philatelistischen Belegen. Er fand bei den Sammlern des Motivs Schiffe schnell Beachtung, und bereits zwei Jahre nach seiner Gründung wurde das erste Mitteilungsblatt *Navicula* herausgegeben. Heute ist dieses Blatt zu einem Heft mit rund 50 Seiten angewachsen, das sechsmal im Jahr erscheint. Es geht allen über 300 Mitgliedern in mehr als 30 Ländern zu und ist mit dem Mitgliederbeitrag abgegolten.

In diesem Mitteilungsblatt *Navicula* werden die maritimen Markenneuheiten mit ihren Abbildungen besprochen, Stempelneuheiten werden vorgestellt, und es erscheinen in jedem Heft ein bis zwei mehrseitige Artikel mit einem Thema von allgemeiner Bedeutung aus der Schiffahrt der unterschiedlichsten Bereiche (zum Beispiel Feuerschiffe, Fischerei, Schiffahrtsgesellschaften usw.)

Außerdem gibt der Verein eine Schriftenreihe heraus, die auf sieben Hefte zu verschiedenen Themen angewachsen ist und jedem interessierten Sammler reichhaltige Informationen bietet.

In Deutschland haben sich im Laufe der Zeit Regionalgruppen gebildet: Nord in D-2000 Hamburg, Nordwest in D-4100 Duisburg, Nordost in D-3407 Gleichen, West in D-6500 Mainz, Südwest in D-7000 Stuttgart, Südost in D-8195 Egling. Landesgruppen gibt es in Belgien, Niederlande, Österreich, Schweiz.

Den Mitgliedern steht ein Rundsendedienst, Neuheitendienst, philatelistischer Beschaffungsdienst und Ausstellerdienst zur Verfügung. Alle zwei Jahre finden größere Schiffsreisen statt, und die einzelnen Regionalgruppen veranstalten Frühjahrs- oder Herbsttreffen.

Alle Hefte der Schriftenreihe und die *Navicula-Mitteilungshefte* sind reich illustriert.

- *Navicula-Mitteilungshefte;*
  Mitglieder erhalten die laufenden Hefte kostenlos.

Literaturtips:

- *Enzyklopädie der maritimen Philatelie.*
  Motivhandbuch Schiffe und Schiffahrt
  (Loseblattwerk im Ringbinder):
  Band 1: Europa, 1980
  Band 2: Amerika, 1983
  Band 3: Afrika, 1985
  Band 4: Australien & Ozeanien in Vorbereitung
  Band 5: Asien in Vorbereitung

Schriftenreihe:

- *SR 7-0 Motivsammlung Schiffe und Schiffahrt.*
  Leitfaden für den Aufbau einer solchen Sammlung.
- *SR 7-1 Nelson und seine Zeit auf Briefmarken.*
  Philatelistische Darstellung des Admirals.
- *SR 7-2 Von der großen Karacke bis zur Great Eastern.*
  Aus 300 Jahren Seeschiffahrtsgeschichte.
- *SR 7-3 Identifizierte Schiffe auf Freistempler.*
- *SR 7-4 Das Blaue Band des Nordatlantik.*
- *SR 11 Geschichte der Seefahrt auf Briefmarken.*
- *SR 13 Marinemalerei und Schiffsporträts auf Briefmarken. Segelschiffe auf Briefmarken von der Antike bis zum 20. Jahrhundert.*

St. Gabriel

In der *Sammlergilde St. Gabriel* e.V. öffnet sich dem Motivsammler ein weites Feld interessanter Themen. So verwundert es nicht, daß neben wissenschaftlichen, technischen, naturwissenschaftlichen und sportlichen Themen auch die Religion ins Blickfeld kommt. Viele Sammler haben sich diese Sparte erwählt.

Heute besteht die Gilde schon über 40 Jahre mit über 1000 Mitgliedern in der Bundesrepublik Deutschland. Darüber hinaus gibt es Gilden in fast allen europäischen Staaten und in Übersee, so daß bereits 1953 der Zusammenschluß all dieser Gilden gefordert wurde. Es entstand der *Weltbund St. Gabriel.*

▶

Motivgruppen:
Nobelpreisträger
Papier und Druck
St. Gabriel (Religion)
Schiffsmotive
Trachten – Völkerkunde
Umwelt
Entomologie

POSTES
REPUBLIQUE POPULAIRE DU CONGO
250F
R. Koch
1882-1982 DECOUVERTE DU BACILLE DE LA TUBERCULOSE
SRI LANKA
50
DISCOVERY OF THE TUBERCLE BACILLUS BY ROBERT KOCH
République Populaire du Bénin
115F
Centenaire de la découverte du bacille de la tuberculose par R.KOCH
E=mc²
АЛЬБЕРТ ЭЙНШТЕЙН 1879-1955
ПОЧТА СССР
6
125 Г. БЪЛГАРСКИ НАРОДНИ ЧИТАЛИЩА
1857
1982
ПОЩА НРБЪЛГАРИЯ
5
4.00
1.00
0.70
3.00
ישראל
...with the two tables of testimony in Moses' hand...
...Let my people go...
...the bush burned with fire, and the bush was not consumed.
But the children of Israel walked upon dry land in the midst of the sea...
LESOTHO
15s
BIBELE
REPUBLIQUE FEDERALE ISLAMIQUE DES COMORES
250F
POSTES
75e anniversaire du scoutisme
SVERIGE 165
SVERIGE
165
165
Heliga Skrift
中華民國郵票
REPUBLIC OF CHINA
18
REPUBLIQUE POPULAIRE DU CONGO
45F
REPOBLIKA MALAGASY
200f
POSTE AERIENNE
BI-CENTENAIRE DE L'INDEPENDANCE DES ETATS-UNIS 1776-1976
SRI LANKA
CONSERVE OUR FORESTS
35
REPOBLIKA MALAGASY
300f
POSTE AERIENNE
BI-CENTENAIRE DE L'INDEPENDANCE DES ETATS-UNIS 1776-1976
Anguilla
15c
The Majorettes
المملكة المغربية
0,40
POSTES
ROYAUME DU MAROC
Ong vàng
Việt nam
Bưu chính
40
Ong văn xanh
Việt nam
Bưu chính
20
C$4.00 aéreo
1982
NICARAGUA
KENYA
LUO
CEREMONIAL COSTUMES
5/-
COCOS (KEELING) ISLANDS
35c
10c SINGAPORE
THE CLIPPER
50c SINGAPORE
THE BLUE GLASSY TIGER
C$3.50 aéreo
1982
NICARAGUA

1 CENT.
1 CENT.
1 CENT.
1 CENT.
BRITISH GUIANA
DAMUS PETIMUS QUE VICISSIM
James Stuart Esqr
George Town

HAMBURG
1/2
POSTMARKE
HAMBURG
1/2
POSTMARKE
HAMBURG
2
POSTMARKE
HAMBURG
1 MAR 1860
L. Samuel
Jever

CONTRATOS SOLIVIA
BOLIVIA
CORREOS
Señores
Agustin Casolaro y Cop.
Tacna

BADEN
FREIMARKE
POSTVEREIN
9 KREUZER
BADEN
FREIMARKE
POSTVEREIN
9 KREUZER
SEP
J. M. Schroppi
Straubing

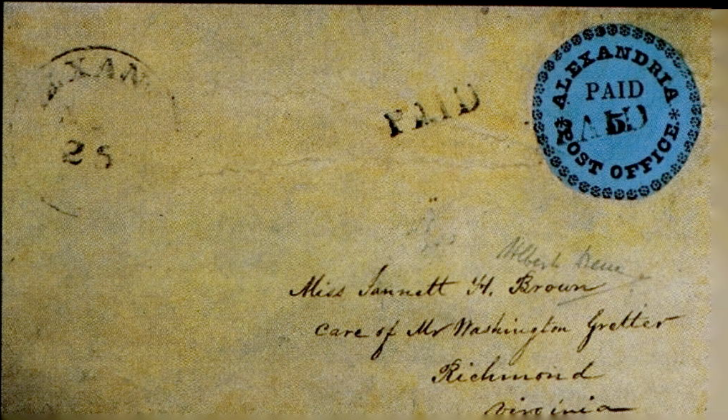
ALEXANDRIA
PAID
5
POST OFFICE
PAID
Miss Jannett H. Brown
Care of Mr Washington Gretter
Richmond

◄
British-Guiana: 1 Cent Schwarz auf Dunkelkarmin; vier Stück auf Brief. Ex Stanley-Gibbons-Auktion, Mai 1986 Chicago. (oben links)

Hamburg: 1/2 Schilling schwarz, sehr breit- bis überrandiges waagerechtes Luxuspaar, dabei linke Marke mit Ansatz der Randnummer, zusammen mit einer prachtvollen farbfrischen 2 Schilling rot als sehr seltene 3-Schilling-Kombination mit dekorativ aufgesetztem feinem Strichstempel auf kompletter weißer Drucksache mit Schmetterlingsstempel HAMBURG 1 MAR 1860 nach Jever. Phantastisch schönes Ausstellungsstück in feinster Erhaltung. Aus der Gaston-Nehrlich-Sammlung (62. Köhler 1929), Court-Sammlung (Robson Lowe, Basel 1967). Photoattest W. Engel (MICHEL-Nr. 1, 3). Ex 3. Boker-Auktion im Auktionshaus Köhler, März 1986, Wiesbaden. (oben rechts).

Bolivien: MICHEL Nr. 4 auf Brief aus der Amundsen-Kollektion. Ex CORINPHILA-Auktion, März 1984 Zürich. (Mitte)

Baden: 9 Kreuzer rötlichbraun zusammen mit 9 Kreuzer gelbbraun, beide in sehr guter Zähnung auf Brief mit Doppelkreisstempel WEINHEIM 20 SEP. (1864) nach Straubing in Bayern mit vorderseitigem Ankunftsstempel. Mit den beiden Farben der 9 Kreuzer einer der seltensten Briefe von Baden. Frankatur-Unikum! (MICHEL-Nr. 15a + 15b). Ex 3. Boker-Auktion im Auktionshaus Köhler, März 1986 Wiesbaden. (unten links)

Der berühmte Blue Boy wurde 1981 für 1 Million US-Dollars verkauft und verschaffte David Feldman eine Eintragung im Guiness-Buch der Weltrekorde. (unten rechts)

Die Beschreibung von christlichen Motiven auf Briefmarken und Stempeln erfolgt in der monatlich erscheinenden Zeitschrift *Gabriel,* jetzt bereits im 46. Jahrgang. Der Jahresbeitrag beträgt derzeit 26,– DM, für Jugendliche nur 10,– DM.
Die Gilde unterhält folgende Dienste: Stempelbeschaffungsdienst, Neuheitendienst, Rundsendedienst, Motivauskunft, Bildstelle usw.

Literaturtips

- *Gerhard Baron, Handbuch für die christliche Motivphilatelie.* Eine sich laufend ergänzende Loseblattsammlung, nur teilweise illustriert. Die Berechnung erfolgt nach den vorhandenen Lieferungen, über 1000 S.
- *Hans Günther Schoenen, Gabriel-Lexikon,* 830 S. Ein Stichwortverzeichnis, das das Aufsuchen von christlichen Motiven erleichtert und Hinweise auf Verbandszeitschrift und Handbuch gibt, nicht illustriert.

Trachten – Folklore – Völkerkunde

Die Motivgruppe *Trachten – Folklore – Völkerkunde* hat das Arbeitsziel, mit Hilfe philatelistischer Mittel ein möglichst umfassendes Bild der vielfältigen Erscheinungen des Lebens der Völker in allen Teilen der Welt darzustellen.
Im Gliederungsplan für die Sammlungen sind folgende Gebiete vorgesehen:

- *Volkstumsbezogene Kleidung, Folklore: Volkskultur,* Arbeitskleidung – Volkstrachten – Kopfbedeckungen und Haartrachten – Volks-

tänze – festliche Kleidung – Brauchtum – Faschings-, Karnevalskleidung – Darstellung von Märchen und Sagen – Theater und Bühnenszenen – mythische und sakrale Figuren.

- *Volkskunst und Volkskultur:* Diverse historische und prähistorische Schätze, Holzarbeiten, Schnitzkunst, textile Volkskunst, Webwaren, Teppiche, Keramik, Glas, Porzellan, Kunstschmiedearbeiten, Schmuck, Masken, Musikinstrumente, Bauwerke, Wohnhäuser, Klöster, Pagoden, Stupas.

Der Mitgliedsbeitrag beträgt zur Zeit 30,– DM im Jahr / 5,– DM Aufnahmegebühr.

Leistungen: Die Arge liefert drei bis vier Rundbriefe im Jahr mit Motivlisten, Neuheitenmeldungen, Berichten zu Themen der Arge. Seitens eines Mitgliedes wird ein preiswerter Neuheitenbezug angeboten. Bisher erschienen zwölf *Rundbriefe.* Die Arge bietet einen Rundsendedienst zur Dublettenverwertung, Kostenbeitrag für den Einlieferer nur 5 Prozent des Entnahmebetrages. Im Aufbau befindet sich eine Bücherei mit allen MICHEL-Katalogen und Fachbüchern zum Motivthema Schwerpunkt Trachten.

Umwelt

Immer mehr rücken die Probleme der Verschmutzung und Vergeudung unserer Umwelt und ihrer Ressourcen in das Bewußtsein der Menschen. Die verschiedensten Organisationen und Verbände weisen auf besondere Gefahren hin, unternehmen Hilfsaktionen und tragen so zur Aufklärung der Öffentlichkeit bei. Auch viele Postverwaltungen lenken die Aufmerksamkeit auf Umweltfragen und Naturschutzprojekte durch die Herausgabe informativer, hinweisender oder mahnender Postwertzeichen. Veranstalter beantragen Sonderstempel zu Konferenzen und Ausstellungen, Firmen werben mit Freistempeln für Produkte für den Umweltschutz. Dem interessierten Sammler bietet sich so ein weites Feld an Möglichkeiten, umfaßt doch die Thematik Gebiete wie Bevölkerungsentwicklung, Kampf gegen den Hunger, Aktivitäten von Behörden und Institutionen, Abfallbeseitigung und Recycling, Verschmutzung der Flüsse und Meere, Wasserversorgung und Abwasserbeseitigung, Luftreinhaltung, Energieversorgung, Lärmbelästigung, Umweltchemikalien, Umweltprobleme durch Genußmittel und Drogen, Natur- und Landschaftszerstörung und Schutzmaßnahmen, Pflanzen- und Tierschutz sowie die entsprechenden Organisationen und Einrichtungen.

Nicht nur gestattet die Vielfalt der Bereiche reizvolle Sammlungen zu den unterschiedlichsten Themen zusammenzutragen, sie gibt zugleich die Möglichkeit, die Verbreitung des Umweltschutzgedankens wirkungsvoll zu unterstützen.

Schon frühzeitig wurde daher eine Arbeitsgemeinschaft Umweltschutz ins Leben gerufen, die heutige *Umweltphilatelie e. V., Arbeitsgemeinschaft im Bund Deutscher Philatelisten (BDPh).* Dieser Verein sieht es als seine besondere Aufgabe an, die philatelistischen Belege zum Sammelgebiet zu erforschen und zu registrieren und letztlich auch die Ergebnisse zu publizieren. Eine verstärkte Öffentlichkeitsarbeit zur Förderung des Umweltbewußtseins wird angestrebt. Vorerst erscheinen nach Möglichkeit viermal im Jahr *Mitteilungen.* Sie unterrichten die Mitglieder über neu erschienene Marken, stellen Stempel und sonstige Belege vor, veröffentlichen Berichte, Mitteilungen und Inserate der Mitglieder und versuchen durch Aufsätze, Bücher- und Zeitschriftenschau und ähnliches Hintergrundinformationen zu vermitteln. Da der Verein Mitglieder aus elf Ländern hat, bilden die *Mitteilungen* die Verbindung: Sie sind Nachrichtenblatt, wollen aber auch eigene Sammel- und Forschungstätigkeit anregen und unterstützen.

Mit seiner Arbeit hofft der Verein, zur Vermehrung des Interesses für den Umweltschutz beitragen zu können. Jeder Interessent ist willkommen und kann Mitglied werden. Zur Zeit beträgt der Mitgliedsbeitrag 24,– DM im Jahr. Personen ohne eigenes Einkommen (Schüler und Studenten) zahlen 6,– DM. Der Bezug der *Mitteilungen* ist inbegriffen.

Weihnachten

In der *Arbeitsgemeinschaft Weihnachten* macht es Spaß, mitzusammeln und mitzuarbeiten. Ein Sammler des Motives Weihnachten ist nicht gezwungen, vollständig, zum Beispiel nach Katalognummern, zu sammeln, braucht keine Ländergrenzen zu beachten und ist natürlich auch zeitlich in keiner Weise eingeengt. Der Weihnachtssammler sucht die Belege, die zu dem Thema seiner Sammlung passen und ordnet sie nach thematischen Gesichtspunkten ein. Die Titel einiger Weihnachtssammlungen zeigen, daß vielfältige Möglichkeiten des Sammelns bestehen: »Die Weihnachtsgeschichte«, »Weihnachtsbräuche«, »Weihnachten in Kriegs- und Notzeiten«, »Friede auf Erden«, »Luftpost in der Weihnachtszeit«, »Sankt Nikolaus oder Weihnachtsmann«, »Weihnachtsmärkte« oder »Weihnachtliche Orte«.

Jedem bleibt es überlassen, nach seinen Neigungen und seinem Geschmack die Sammlung zu gestalten. Die Motivgruppe möchte nicht bevormunden, sondern Hilfen in vielfacher Form anbieten. Viermal jährlich veröffentlicht sie in Rundbriefen nicht nur die Beschreibungen von neuen Marken und Stempeln, sondern berichtet in Forschungsbeiträgen (wie zum Beispiel »Weihnachten im Ersten Weltkrieg«) von interessanten Aspekten des Sammelgebietes und gibt damit wertvolle Anregungen und Informationen.

Ein Beschaffungsdienst besorgt günstig neue Briefmarken und Stempel. Wer möchte, beteiligt sich am Rundsendedienst der Motivgruppe oder liefert seine Dubletten bei der Motivgruppenauktion ein. Selbst seltene Weihnachtstelegramme und Vorphilabriefe finden so neue Besitzer.

Literaturtips:

- *Doris Weil, Weihnachtskatalog Europa,* 76 S., mit Abb. aller Marken, 1979.
- *Motivliste Weihnachten,* 1. Teillieferung, ca. 50 S., 1986.
- *Weihnachtsganzsachenkatalog in Loseblattform* (z. B. Aerogramme), 1. Teillieferung, 118 S.

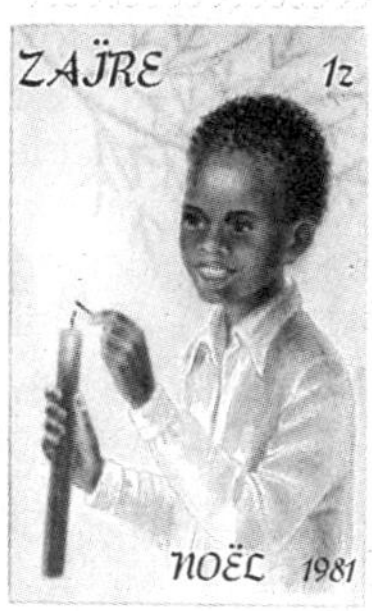

Aus dem Schmunzelkabinett der Philatelie

Fehler auf Briefmarken üben auf den Sammler einen besonderen Reiz aus. Gemeint sind damit aber nicht etwa Abarten, Plattenfehler und ähnliches, sondern nicht korrekte Darstellungen, falsche Inschriften, Widersprüche zwischen Abbildung und Text.

Bei der großen Zahl von Sondermarken und sonstigen Postwertzeichen, die laufend herausgegeben werden, kommt es vor, daß sich die Markenschöpfer irgendwelche Schnitzer leisten, die dann von Philatelisten aufgespürt werden. Auch bei den Marken der Deutschen Bundespost kamen solche Fehler vor. Als eines der jüngsten Beispiele sei die Jugendmarke zu 50 und 25 Pfennig aus dem Jahre 1982 angeführt (MICHEL-Nr. 1124). Entgegen der Markenbeschriftung handelt es sich nicht um einen Mercedes-Tourenwagen aus dem Jahre 1913, sondern um ein Modell von 1924.

Die Zahl von Briefmarken mit Irrtümern ist kaum noch zu überschauen. Große Versandhändler bieten sogar ein Spezialabonnement »Briefmarken mit Druckfehlern – das Schmunzelkabinett des Sammlers« an. In ihren Werbeprospekten stellen sie einige markante Beispiele für solche Postwertzeichen vor, darunter auch eine italienische Sondermarke, die am 19. Mai 1956 zur 50-Jahr-Feier der Eröffnung des Simplontunnels erschien (MICHEL-Nr. 966) und die den »absoluten Weltrekord an Irrtümern« halten soll.

Bei der Eröffnung im Jahre 1921 war die Tunnelstrecke eingleisig, während man auf der Marke zwei Tunnelöffnungen sieht. Der Dampfzug, der auf der Sondermarke zu 25 Lire den Tunnel verläßt, kann dort nie verkehrt haben, die Tunnelstrecke war von Anfang an elektrifiziert. Zudem fährt der Zug auf dem rechten Gleis, obwohl bei italienischen Eisenbahnen Linksverkehr herrscht. Die Straße verläuft auf der falschen Seite des Tunnels, nämlich auf der linken; die Darstellung auf der Marke ist somit seitenverkehrt. Schließlich ist die nostalgisch anmutende Postkutsche niemals am Simplonpaß gefahren.

Schauen Sie sich doch Ihre Marken einmal genau an, vielleicht spüren Sie eine Briefmarke auf, die noch mehr Irrtümer aufzuweisen hat.

Literaturhinweis: *Die europäischen Sportmeisterschaften.* R. von Decker's Verlag, Heidelberg 1987.

Handbuch und Katalog mit Stempelabbildungen und Briefbewertungen aller Europäischen Sportmeisterschaften bis 1960, Ergebnislisten aller Medaillengewinner; DIN A5, Paperback.

Aufgenommen wurden die Stempel der europäischen Sportmeisterschaften aller Sportarten bis 1960. Außerdem werden sämtliche Sondermarkenserien in Wort und Bild vorgestellt. Man findet die Preisansätze für Gefälligkeitsentwertungen, für echt gelaufene Briefe und für Einschreibsendungen. Zahlreiche Illustrationen machen die Handhabung dieses Buches leicht. In Ergänzung zum Buch sei auf das Lindner-Falzlos-Album *Europäische Sportmeisterschaften* verwiesen, das jeder Fachhändler bereithält.

KAUF UND TAUSCH

Augen auf bei Kauf oder Tausch

Der *Bund Deutscher Philatelisten* gab im Jahre 1981 unter dem Titel »Merkblatt für den Kauf oder Tausch philatelistischer Objekte« eine Broschüre heraus, die dem Sammler viele unentbehrliche Hinweise bietet, wie er sich gegen Fälschung und Betrug wehren kann. Im folgenden seien einige der wichtigsten Ratschläge aufgeführt:

- Augen auf bei Kauf und Tausch – diesen Grundsatz zu beherzigen, dürfte zunächst einmal in Ihrem eigenen Interesse sein. Es sind Ihre Marken, die Sie vertauschen, Ihr Geld, das Sie ausgeben für Marken, Briefe usw. Sie bewahren sich am besten vor Schaden, wenn Sie die Besonderheiten Ihrer Sammelgebiete kennen. Wenn Sie aber dennoch Zweifel haben oder gar im Katalog Hinweise auf Fälschungen der Marken oder Stempel finden, empfiehlt es sich, dieses Objekt einem Prüfer des *Bundes der Philatelistischen Prüfer (»Bundesprüfer«)* vorzulegen. Er wird Ihnen Auskunft über die Echtheit geben.
- Die Prüfung der Marken oder Stempel ist bei den *Prüfern* nicht von einem bestimmten Wert der Marke abhängig. Doch versteht es sich schon aus Kostengründen, daß nur höherwertige oder schon als fälschungsgefährdet in den Katalogen oder der Literatur beschriebene Marken, Briefe, Stempel usw. dem Prüfer vorgelegt werden sollten. Veränderungen an den Marken, wie angesetzte oder

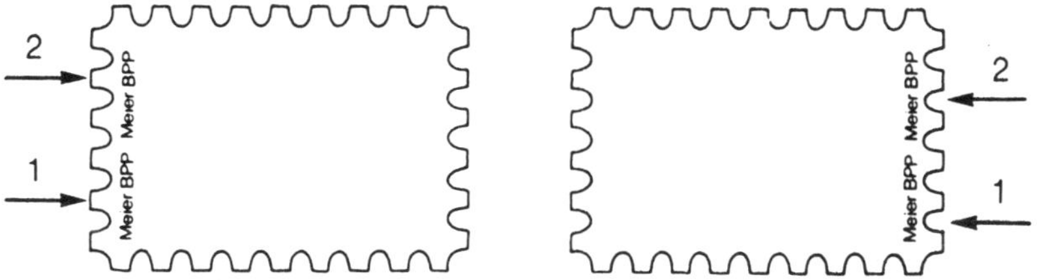

Markenrückseite mit Prüferzeichen. Einwandfreie gestempelte Briefmarken erhalten den Prüfstempel unten rechts (1); rutscht das Prüfzeichen am rechten Markenrand zur Mitte (2), ist die Marke qualitativ minderwertig und nicht empfehlenswert.

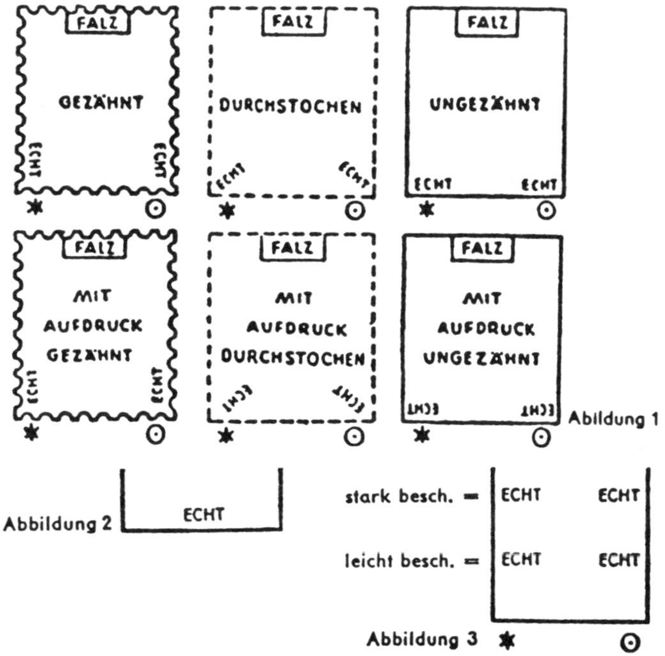

Die Prüfzeichen (Abbildung 1). Marken mit Aufdruck »Specimen«, »Muster« und dergleichen, nicht ausgegebene Marken, Probedrucke, Essais erhalten das Prüfungszeichen in der Mitte des Unterrandes der Marke (Abbildung 2). Beschädigte Marken sowie reparierte Stücke erhalten den Prüfstempel je nach dem Grad der Beschädigung mehr oder weniger von der Grundlinie der Marke nach oben entfernt (Abbildung 3).

korrigierte Zähne, ausgebügelte Knicke, hinterlegte Stellen, Nachgummierungen u. ä. sollten Sie im allgemeinen mit einer guten Lampe, Lupe oder im Benzinbad schon selbst erkennen können.

- Wird Ihnen ein Objekt zum Kauf oder Tausch angeboten, das fälschungsgefährdet ist, aber nicht von einem Prüfer mit dessen geschütztem Zeichen signiert wurde oder zu dem bei einem höherwertigen Objekt kein Fotoattest vorgelegt wird, sollten Sie die Echtheit grundsätzlich anzweifeln. Es ist ratsam, erst dann zu kaufen oder zu tauschen, wenn die Echtheit des Objekts von einem Prüfer des Bundes der Philatelistischen Prüfer e. V. bestätigt worden ist.
- Beachten Sie: Der Tausch oder Kauf ist rechtlich gesehen ein Vertrag, der für Sie und den Partner Pflichten begründet. Der Anbieter oder Verkäufer muß Ihnen ein seinen Angaben entsprechendes Objekt liefern. Sie müssen ihm den vereinbarten Gegenwert in Marken oder Geld geben. Deshalb: Zahlen Sie nicht, bevor Sie nicht sicher sind, daß Sie ein echtes, einwandfreies Stück erhalten. Geben Sie keine Marke weg, ohne sicher zu sein, auch den Gegenwert zu bekommen.
- Zu Ihrer Sicherheit sollten Sie vereinbaren, daß der Anbieter auf seine Kosten das Objekt prüfen läßt und es Ihnen dann mit dem Prüfattest wieder zum Kauf oder dem vereinbarten Tausch vorlegt. Es wird davor gewarnt, als Erwerber das Objekt selbst einem *Prüfer* zur Prüfung vorzulegen, da die Gefahr besteht, daß der Anbieter später behauptet, das geprüfte und nicht für echt befundene Objekt sei mit dem von ihm übergebenen Objekt nicht identisch, sei also nicht von ihm. Sie hätten dann zu beweisen, daß es sich tatsächlich um die Ihnen überlassenen Objekte handelt, was oft unmöglich sein dürfte.
- Haben Sie Zweifel an der Echtheit des Objekts, sollten Sie mithelfen, einem Fälscher oder seiner Mittelsperson auf die Spur zu kommen. Wenden Sie sich in diesem Fall an die Veranstaltungsleitung (bei Tauschtagen etc.), oder notieren Sie sich die Personalien. Weigert sich der Aufgeforderte, seinen Personalausweis, Paß oder Führerschein vorzulegen, so sollten Sie über die Veranstaltungsleitung die örtliche Polizeibehörde mit der Begründung einschalten, daß eine Betrugsabsicht vermutet wird.
- Sie können mithelfen, Fälschern und Betrügern das Handwerk zu legen: Informieren Sie unverzüglich die *Zentrale für Fälschungsbekämpfung* des *Bundes Deutscher Philatelisten e. V.* und des *Bundesverbandes des Deutschen Briefmarkenhandels,* Geibelstraße 4, 5000 Köln 41, Telefon: 02 21 – 40 79 00.
- Da leider sogar Prüfstempel der *Prüfer* gefälscht worden sind, sollten Sie dem jeweiligen *Prüfer* gegebenenfalls bereits signierte Objekte mit einem frankierten Umschlag für die Rücksendung zur Nachprüfung vorlegen. Die Nachprüfung ist dann kostenlos, wenn der Prüfstempel sich als echt herausstellt.

Von Sammlern wird in ihrem eigenen Interesse erwartet, daß sie diese Hinweise berücksichtigen. Wer sich konsequent danach richtet, leistet nicht nur einen wirksamen Beitrag zur Bekämpfung des Fälscherunwesens, sondern trägt damit auch erheblich zur eigenen Sicherheit bei.

Post von der Post: Was leisten Europas Versandstellen?

Versandstellen, Philatelic Services, Services des Collectionneurs – in allen Sprachen Europas werben die philatelistischen Abteilungen der Postverwaltungen um Kunden. Abonnements der Neuausgaben werden angeboten, aber auch die Ausgabe der in letzter Zeit herausgebrachten Sonder- und Dauermarken, Ersttagsbriefe, Präsentationspäckchen oder Aerogramme. Das klingt oftmals interessant und verlockend – Marken direkt vom Erzeuger, keine Handelsspannen bezahlen, die Lieferzeit der Händler umgehen, womöglich noch eine schöne Frankatur aus dem Urlaubsland abstauben. Lohnt es sich, lohnt es sich nicht?
Hierzu gibt es eine aufschlußreiche Untersuchung, die für die Fachzeitschrift »sd/sammlerdienst« durchgeführt wurde. Dabei wurde ausschließlich der Service für Einzelbestellungen unter die Lupe genommen, denn davon kann der Motiv- bzw. Ländersammler am ehesten profitieren.

- Was kann man bei den Postverwaltungen kaufen?
- Welche Gebühren werden erhoben?
- Mit welchen Geldüberweisungsspesen muß gerechnet werden?
- In welchen Sprachen kann geschrieben werden?

- Wie lange dauert es, bis die gelieferten Marken im heimischen Briefkasten liegen?

Eines steht als Ergebnis der Recherchen fest: Der Sammler muß genau rechnen, sollte er die Einzelbestellung erwägen. Für eine oder fünf Marken lohnt es sich nicht. Für »Großverbraucher«, wie z.B. die Selbstbeschaffer von Stempeln, kann sich der Einkauf aber durchaus lohnen.

Es ist empfehlenswert, sich vornehmlich über die Zahlungsweise Gedanken zu machen und darüber nähere Informationen einzuholen.

Hier sind die höchsten Nebenkosten versteckt, die man ohne eine genaue Prüfung kaum erkennt, die aber durchaus einmal 20,– Mark ausmachen können, wählt man eine ungünstige Zahlungsweise!

So ist von einer Banküberweisung ins Ausland generell abzuraten. Sowohl die heimische Bank wie die Empfängerbank erheben in der Regel hohe Gebühren. Das gleiche gilt für den Postanweisungsverkehr, der bis zu einer Höhe von 100,– DM mit 5,– DM zu Buche schlägt; bei höheren Summen steigen die Gebühren weiter. Ähnliches gilt für den Versand von Banknoten in Einschreibebriefen, bei dem zusätzlich mit höherem Verlustrisiko zu rechnen ist.

Als preisgünstige Lösung empfiehlt sich der Euro-Scheck, der nicht nur in seiner ausgeschriebenen Summe bis 400,– DM garantiert ist, sondern auch in ganz Europa akzeptiert wird. Bei gewöhnlichen Verrechnungsschecks ist das nicht die Regel. Und am preiswertesten ist es im Postgiroverkehr: Die Deutsche Bundespost führt Überweisungen auf ein Postgirokon-

So werden Neuheiten verschickt: Österreich wählte einen Normalbrief, der Vatikan einen Einschreibebrief.

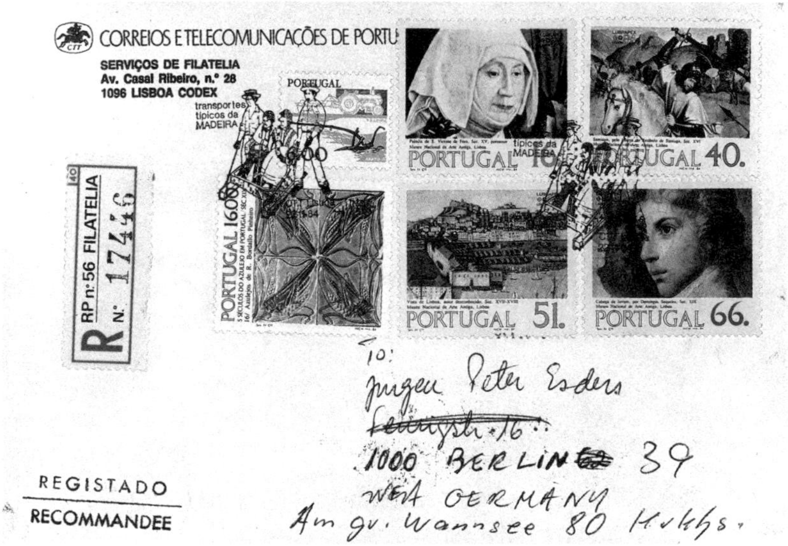

Schöne Frankaturen aus Portugal und Italien.

to im Ausland gebührenfrei durch. Zahlreiche Postverwaltungen (so etwa Schweden, die Türkei, die UNO, Zypern) verfügen gar über Postgirokonten bei deutschen Postämtern.
Die breitesten Spannweiten der Gebühren fanden wir bei den Porto- oder Bearbeitungsgebühren der Postverwaltungen. Hier zeichnen sich einige Postverwaltungen, wie zum Beispiel die von Belgien, Dänemark, Färöer, Finnland, Grönland, Island und Schweden), dadurch aus, daß sie weder Portokosten noch Bearbeitungsgebühren in Rechnung stellen. Andere berechnen einen Portoanteil, dritte wiederum nehmen den Versand nur in Einschreibebriefen vor, und schließlich gibt es Verwaltungen, die sowohl Portokosten als auch Bearbeitungsgebühren in Rechnung stellen. Da in der Regel die Bestellung im voraus bezahlt werden muß, ist es ratsam und notwendig, diese Gebühren in den Endbetrag miteinzurechnen. Wer es vergißt, muß damit rechnen, daß seine Bestellung gekürzt oder gar nicht ausgeführt wird.
Welche Leistungen kann man erwarten? Erhält man bei manchen Ländern für seine Spesen gleichwertige Leistungen, so gibt es Länder wie etwa Großbritannien oder Jersey, die Gebühren berechnen, aber dafür als Postsache ausgewiesene Lieferumschläge verwenden. Schöner sind da die Umschläge aus Italien, San Marino, Vatikan, Malta, Portugal, Spanien oder den beiden zyprischen Teilstaaten. Hier bekommt der Sammler mit Sondermarken frankierte Einschreibebriefe, die ihr Geld wert sind: Oft werden komplette Sätze als Porto verklebt, manchmal gar ein Ersttagsstempel benutzt. Die zwischen den

beiden Extremen liegenden Postverwaltungen beweisen zwar guten Willen, für ernsthafte Sammler sind die Beilagen jedoch kaum etwas wert. Gemeint sind hier die der Sendung beigelegten losen gestempelten Marken, die nie verwendet, sondern bogenweise mit der Maschine entwertet wurden.

Bei diesem Preis-Leistungsvergleich läßt sich tatsächlich eine geografisch gestreute Praxis erkennen. Die skandinavischen Länder und Belgien beweisen Geist fürs Praktische und verlangen kein Geld, wenn sie dafür keine Gegenleistung erbringen. Großbritannien und seine Teilgebiete lassen merkantilen Geist erkennen: hohe Gebühren, aber keine Gegenleistung. Die Länder Südeuropas beweisen südeuropäisches Temperament: überschäumende Leistung für ebenso überschäumende Nebenkosten.

Dem Sammler kann man nur raten, sich vorher ausführlich zu informieren, auf jeden Fall die Vorratsliste und die Einkaufsbedingungen anzufordern und zu rechnen, ob sich der Brief in die Ferne tatsächlich mehr lohnt als der Gang zum Briefmarkengeschäft an der Ecke.

Wie lange dauert es, bis eine Einzelbestellung, von den Versandstellen der europäischen Postverwaltungen ausgeführt, wieder im Briefkasten des Sammlers liegt? Bei allen westeuropäischen Versandstellen wurden Bestellungen aufgegeben. Zuerst wurde eine Vorratsliste angefordert, dann eine Bestellung gängiger Marken oder Artikel abgeschickt. Die Spannweite von »schnell« zu »langsam« ist groß: Lag die erste Liste aus Luxemburg schon nach 4 Tagen wieder im Postkasten, so dauerte es bei der letzten fast einen Monat: Nach 29 Tagen trudelte Island durch den Türschlitz. Ähnlich sieht es bei den Bestellungen aus: Hier war Grönland mit 9 Tagen Spitzenreiter, während die Marken aus Monaco sogar nach 4 Monaten noch immer nicht eingetroffen waren.

Insgesamt aber ergibt sich ein zufriedenstellendes Bild: Vorratslisten sind nach durchschnittlich 2 Wochen ausgeliefert. Bestellungen brauchen im Mittel etwa 5 Wochen. Alles in allem muß der Sammler von der ersten Listenanforderung bis zur eingetroffenen Bestellung mit etwa 7 Wochen rechnen, bis sein Wunsch nach bestimmten Marken in Erfüllung gegangen ist.

Erheblich schneller als Bestellungen liefern die Postverwaltungen Vorrats- und Verkaufslisten aus, weil dabei kein Buchungsaufwand anfällt. So kommt es in der Gesamtwertung zu einer günstigen Durchschnittszeit von 12,45 Tagen: Nach knapp 2 Wochen sind im Durchschnitt die Listen beim Empfänger. 7 Länder, also 21%, waren schon nach weniger als einer Woche mit ihrem Angebot im Kasten. Spitzenreiter dabei: Luxemburg (4 Tage), Liechtenstein und die Niederlande (je 5 Tage).

In der 2. Arbeitswoche streut es dann schon breiter: 45,4% aller Bestellungen trafen in diesem Zeitraum ein, darunter die meisten zentraleuropäischen Länder. Nach hinten verjüngen sich die Prozentzahlen enorm: 18% brauchen bis zu 3 Wochen, 12% benötigen 4 Wochen und nur 2 Länder, Monaco und Island, lassen sich mehr als 1 Monat Zeit. Bei den langsamen Ländern ist auffallend, daß der Anteil südeuropäischer Länder unter ihnen sehr stark ist, während die Größe des Staates keine Rolle spielt. Sowohl unter den Spitzenreitern wie unter den Nachzüglern finden sich Länder, die mit ihrer Fläche und Bevölkerung zu den »Zwergen« zählen. Eine größere Rolle dürfte spielen, daß hier die Postlaufzeiten länger sind. So benötigt eine Sendung in die Türkei oder auch zurück jeweils 7 Tage.

Keine Erklärung dürfte es aber für das fürstliche Gehabe der monegassischen Post geben. Sie fällt nicht nur bei der Versendung von Bestellisten aus dem Rahmen, auch bei der Ausfertigung ist sie mit Abstand die schlechteste: Trotz der bei weitem höchsten Kostenpauschale (20 Francs lediglich für die Einschreibung) war nach 4 Monaten die Bestellung noch nicht ausgeführt.

Keine Postverwaltung schaffte es, eine Bestellung innerhalb 1 Arbeitswoche auszuführen. Mit einem Gesamtdurchschnittswert von 31,3 Tagen in der Sparte der Lieferzeiten ist ein Wert erreicht, der sich sehr wohl noch verbessern ließe. Schuld an dem noch recht hohen Durchschnittswert sind einige »Ausreißer«, die mit ihren hohen Laufzeiten den Wert in die Höhe treiben.

Jeweils ein gutes Viertel der Postverwaltungen benötigt 3 bzw. 4 Arbeitswochen. Damit sind erheblich mehr als die Hälfte der Bestellungen nach 24 Tagen beim Empfänger eingetroffen. Nahezu alle Postverwaltungen, die innerhalb dieser 4-Wochen-Frist ausliefern, sind auch beim Vorratslistenversand in den ersten drei Rubriken zu finden. Ausnahme ist lediglich Island, das die Marken schneller liefert als eine Bestelliste.

Ebenso finden sich die »Langsamen« in beiden Tabellen eher am Schluß. Auffällige »Ausreißer« sind Liechtenstein und Spanien. War Liechtenstein

Zweitbester beim Angebotsversand, so ist es bei der Lieferzeit Drittletzter. Ein Grund könnte sein, daß die liechtensteinische Postverwaltung nahezu ausschließlich Neuheiten verkauft und nur eine minimale Vorratsliste unterhält, demzufolge möglicherweise solche Bestellungen nachrangig bearbeitet.
Wie sieht im Vergleich zu den getesteten europäischen Versandstellen die Leistung der Deutschen Bundespost aus?
Aus Frankfurt war die Vorratsliste bereits nach 6 Tagen eingetroffen. Berlin brauchte nur einen Tag länger. Damit liegen die Bundespostler im europäischen Vergleich in der Spitzengruppe (Frankfurt) bzw. an der Spitze der Zweitplazierten (Berlin). Bei einem für Europa errechneten Durchschnittswert von 12,45 Tagen sind beide Postverwaltungen wesentlich besser als der Durchschnitt.
Bei der nachfolgenden Auslieferung der Bestellung kann jedoch nur Berlin seine Spitzenstellung halten: Bereits nach 14 Tagen sind die Marken eingetroffen, die Versandstelle in der Charlottenburger Goethestraße liegt damit in ganz Europa auf dem zweiten Platz.
Die Frankfurter lassen sich mehr Zeit: 30 Arbeitstage benötigten die Marken aus der Mainzer Landstraße. Damit landet Frankfurt gerade noch im Mittelfeld, nur 1,3 Tage oberhalb des europäischen Durchschnitts, der bei 31,3 Tagen liegt. Hierbei liegen die Verzögerungsursachen eindeutig im Betriebsablauf.
Beim Service können sich beide Versandstellen verbessern: Die Vorratslisten für den Auslandsversand sind einzig und allein in der Bezeichnung »Vorratsliste« und den Sortenangaben für die Briefmarken ins Französische und Englische übersetzt. Bestellanleitung und Zahlungsmodalitäten sind dagegen nur in Deutsch zu lesen. Hier würde es einer hochentwickelten Postverwaltung gut anstehen, ähnlich wie beispielsweise die skandinavischen Länder, einen Text in allen drei Sprachen anzuschließen.

Übersicht: Abfertigung der Bestellungen

- Bis zu 3 Arbeitswochen (18 Tage)

Dänemark	13
Schweden	15
Schweiz	15
Zypern (griech.)	15
Irland	16
UNO Genf	17
Island	18
Niederlande	18

8 Länder = 25,81%

- Bis zu 4 Arbeitswochen (24 Tage)

Belgien	19
Jersey	19
Norwegen	20
Österreich	20
Griechenland	21
Großbritannien	21
Isle of Man	24
UNO Wien	24

8 Länder = 25,81%

- Bis zu 5 Arbeitswochen (30 Tage)

Guernsey	27
Frankreich	29
Portugal	29

3 Länder = 9,68%

- Bis zu 6 Arbeitswochen (36 Tage)
  –
- Bis zu 7 Arbeitswochen (42 Tage)

Gibraltar	40
Malta	42

2 Länder = 6,45%

- Bis zu 8 Arbeitswochen (48 Tage)

Türkei	44
Italien	45
Färöer	45
Vatikan	47

4 Länder = 12,9%

- Mehr als 8 Arbeitswochen (mehr als 48 Tage)

Zypern (türkisch)	63
Liechtenstein	72
Spanien	72
Monaco	–

4 Länder = 12,90%

Bei *29 Ländern* Durchschnitt der Bearbeitungszeit der Bestellungen *31,3 Tage,* das sind etwas mehr als 5 Wochen.

Gesamtwertung: Lieferzeiten, Vorratsliste und Bestellungen

- Bis zu 2 Arbeitswochen (12 Tage)
  –
- Bis 4 Arbeitswochen (24 Tage)

Grönland	15
Luxemburg	15
Schweiz	22
Zypern (griech.)	22
Dänemark	23
Niederlande	23
Schweden	24

7 Länder = 22,58%

- Bis 6 Arbeitswochen (36 Tage)

Belgien	25
Irland	26
Jersey	26
Norwegen	26
UNO Genf	28
Großbritannien	29
UNO Wien	30
Österreich	34
Isle of Man	34
Griechenland	35

10 Länder = 32,26%

- Bis 8 Arbeitswochen (48 Tage)
  Portugal 37
  Frankreich 38
  Guernsey 39
  Island 47
  4 Länder = 12,9%
- Bis 10 Arbeitswochen (60 Tage)
  Malta 54
  Gibraltar 54
  Vatikan 58
  3 Länder = 9,68%
- Bis 12 Arbeitswochen (72 Tage)
  Färöer 63
  Türkei 67
  Italien 69
  3 Länder = 9,68%
- Mehr als 12 Arbeitswochen (mehr als 72 Tage)
  Liechtenstein 77
  Spanien 82
  Zypern (türkisch) 86
  Monaco –
  4 Länder = 12,9%

Bei *29 Ländern* Durchschnitt der Gesamtbearbeitungszeit *43,17 Tage*, also etwa 7½ Wochen.

Anmerkung: Im Adressenverzeichnis finden Sie eine Auflistung der europäischen *Versandstellen* und einen Überblick für die Beschaffung von *Stempeln*.

Mexiko. Einmaliger Block von 24 Marken der MICHEL-Nr. 5 B. Ex CORINPHILA-Auktion, März 1984 Zürich.

Hammerschläge für Millionen

»Zum ersten, zum zweiten, zum dritten!« Dieser Ausruf und die ihn begleitenden Hammerschläge sind Musik in den Ohren von Millionen Philatelisten in aller Welt. Sie kennen die Chancen und profitieren von den Vorteilen, die ihnen die Briefmarkenversteigerungen renommierter Auktionshäuser in jeder Hinsicht bieten.

Griechenland. Spezialisten sammeln auch Druckproben. Auswahl aus der Serie zur Wiedereinführung der Olympischen Spiele 1896. Ex Vlastos-Auktion, Oktober 1985 Athen.

Eine Besonderheit aus Bermuda von 1893. Ex Stanley-Gibbsons-Auktion, Februar 1985 London.

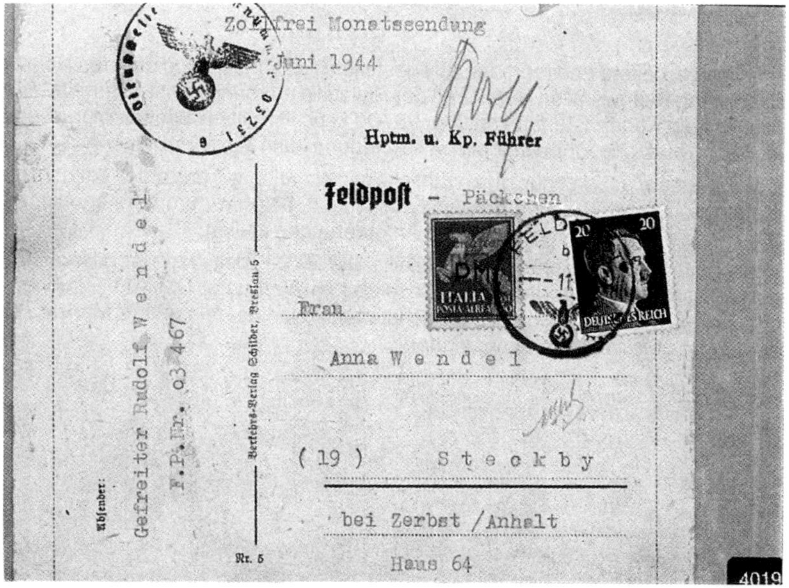

II. Weltkrieg, Saloniki, MICHEL-Nr. II A auf Brief. Ex Exklusiv-Philatelie-Auktion München

Einlieferer oder Verkäufer nehmen in der Regel Spitzenerlöse mit. Hier ist der Hauptumschlagplatz für Raritäten und Sammlungen. Bieter oder Käufer schöpfen stets aus reichhaltigen, bestbestückten Offerten in übersichtlicher Rubrizierung.

Solche Angebote findet man eben nur bei Auktionen, die Kenner und Könner ausrichten. Experten in diesem Bereich sind die Mitglieder des *Bundesverbandes der Deutschen Briefmarkenversteigerer e. V.* (siehe Anschrift im Anhang). Sie verstehen sich als Partner der Sammler, des Handels und der Kapitalanleger. Sie sind Sachverwalter und Treuhänder für Einlieferer wie für Käufer. Welche Aufgaben sie im einzelnen bewältigen, welchen umfassenden Service sie leisten und wie man an ihren Erfolgen teilhaben kann, wird hier skizziert.

In der Bundesrepublik Deutschland und West-Berlin wird die Zahl der Briefmarkensammler auf fünf bis sechs Millionen geschätzt. Das Allensbacher Institut für Demoskopie ermittelte für das Postministerium, daß 27% der Bevölkerung Marken aufbewahren oder verschenken. Die Zahl ernsthafter Sammler wird für die Bundesrepublik auf knapp zwei Millionen, für die ganze Welt auf das Zehnfache geschätzt.

Um 1900 gab es in aller Welt 16 000 verschiedene Wertzeichen (ohne Fehldrucke und Abarten). 1940 waren es bereits 74 000 Briefmarken. Heute dürfte eine Gesamtzahl von über 250 000 Emissionen vorliegen. Bei einer letzten Erhebung in 1972 wurden die Ausgaben der Kontinente wie folgt katalogisiert: Europa 65 900, Amerika 43 300, Afrika 39 000, Asien 41 800 und Australien mit Ozeanien 11 000. Allein von den

Marken der Bundespost werden täglich bis zu 15 Millionen Stück für Frankaturen genutzt.
Wichtiger als die Neuheiten sind jedoch Briefmarken der Vergangenheit. Von ihnen geht Jahr für Jahr ein gewisser Bestand durch Beschädigung völlig verloren oder wird durch die Aufnahme in Repräsentativsammlungen dem Markt entzogen. Zugleich wächst kontinuierlich die Zahl engagierter Philatelisten und Investoren. Diese Zusammenhänge sichern die quasi einprogrammierte Wertsteigerung für gute Raritäten auf lange Sicht – und sie unterstreichen die zentrale Position der Briefmarkenversteigerer im großen philatelistischen Umkreis. Die Auktionshäuser sorgen für Marktpflege und Preistransparenz, für Materialbeschaffung und -veräußerung, für ein freies, lebendiges Spiel von Angebot und Nachfrage (siehe Anschriften von Auktionshäusern im Anhang).
1872 fand in England eine der ersten Briefmarkenauktionen statt. Die Londoner »Times« nannte das Ereignis einen »Gipfelpunkt menschlicher Blödsinnigkeiten«. Einhundert Jahre später schätzten Experten, daß auf der Welt bereits mehr als 100 000 Versteigerungen philatelistischer Raritäten stattgefunden hätten. In früheren Zeiten konnte sich der Fachhandel gewaltige Lagerbestände leisten. Später führten Wirtschaftskrisen und Rezessionen dazu, daß ein großer Teil des Materials in die Alben von Sammlern wanderte. Sie erkannten in der Briefmarke ein interessantes Wertpapier, und zwar sowohl zum Investieren wie zum Liquidieren, zur Geldanlage wie zum »Kassemachen«. Bei beiden Transaktionen, beim Kauf und bei der Veräußerung, führte der Weg immer häufiger über Auktionen. So ist es mit einer nach wie vor expandierenden Tendenz bis auf den heutigen Tag geblieben.
Die Versteigerungen gelten als die vorteilhaftesten »Börsen« und Handelsplätze für Briefmarken. Sie sind rationell, philatelistisch sicher und für den wirtschaftlichen Nutzen optimal. Beweis: Den »Blödsinnigkeiten« von 1872 stand 1980 ein Umsatz von etwa 200 Millionen Mark gegenüber, den die Mitgliedshäuser des Bundesverbandes der Deutschen Briefmarkenversteigerer e. V. erzielten. Heute dürfte diese Summe noch übertroffen werden.
Die erfolgreichsten Sammler und Händler arbeiten mit den Auktionshäusern zusammen. Gewissenhaftigkeit, die Prinzipien ehrbarer Kaufleute, Bonität und Service werden groß geschrieben. In aller Welt spüren die Auktionatoren interessantes Material auf. Oft besichtigen und beraten sie an Ort und Stelle. Einlaufende Marken werden geprüft und bewertet, Sammlungen und Dublettenposten eingehend bearbeitet, für Verkäufer oder Einlieferer die höchsten Gewinnchancen ermittelt. Von bedeutenden Stücken entstehen Spezialfotos. Kunden erhalten Informationen über das Marktgeschehen. Zu jeder Auktion kommen illustrierte Kataloge heraus. Für ihre Produktion und den Versand, aber auch für Barankäufe und Finanzierungen setzen die Versteigerer beträchtliches Kapital ein. Schriftliche Gebote und Sonderwünsche werden registriert, Anfragen beantwortet, Raritäten in Tresorräumen sicher aufbewahrt. Hochqualifiziertes Fachpersonal berät bei den Besichtigungen zu Auktionen. Inkasso, Versand und sonstige Formalitäten werden ebenso schnell wie exakt erledigt. Kurz: Mit ihrem qualifizierten Know-how und ihrer umfassenden Dienstleistung sind die Briefmarkenversteigerer kompetente Spezialisten für alle Fragen des richtigen Sammelns, des Kaufens und Verkaufens, der Kapitalanlage, des Strebens nach Medaillenrängen, des Umschichtens, der ganz speziellen Beschaffung und der bestmöglichen Gewinnmitnahme.
Bei Briefmarkenauktionen machen Rekordpreise für Spitzenstücke häufig Schlagzeilen. Die Basis fast jeder Versteigerung bildet jedoch gutes mittleres Material. So kommen Philatelisten aller Kategorien zu ihrem Recht. Anfänger erwerben als Grundstock vielleicht eine kleine Kollektion, die sie dann mit kontinuierlichen Zukäufen komplettieren. Fortgeschrittene Sammler spüren in den Auktionskatalogen Werte auf, die ihnen fehlen, und können bald auch selbst versteigerungsfähige Dubletten einliefern. Oder sie trennen sich mit Gewinn von einem Gebiet, um sich einem anderen zu widmen. Auktionen sorgen einfach dafür, daß Sammler nicht auf der Stelle treten und ihre Liebhaberobjekte wertvoller werden.
Für den Investor sind philatelistische Raritäten immer auch Wertpapiere. Ihr Kurs durcheilte zwar über befristete Zeiträume hinweg durchaus schon Talsohlen, auf lange Sicht jedoch tendierte er stets nach oben. So spricht viel für die ernsthafte, große Kapitalanlage in Briefmarken, wenn Kauf und Verkauf über erfahrene Auktionatoren – *Phila-Investment-Berater und -Vermittler* – vorgenommen werden.
Auch der Händler ist mit Auktionen

bestens vertraut. Allein schon der gewaltige Umfang der Materialbeschaffung durch die Versteigerungshäuser unterstreicht ihre Bedeutung gegenüber dem Handel. Außerdem haben ihre nationalen Verbindungen zur Folge, daß der Wert von Briefmarken in der ganzen Welt weitgehend einheitlich beurteilt und jeder Trend immer wieder unter Hammerschlägen abgeklopft wird. Über den »Prüfstand« der Versteigerungen veräußert der Händler Ware im freien Wettbewerb zu aktuellsten Marktpreisen. Zugleich nutzt er die Auktionen und den Rundum-Service ihrer Initiatoren zur Materialbeschaffung auf eigene Rechnung und im Auftrag:

Tips für Einlieferer

- Wenden Sie sich bitte an ein Mitglied des *Bundesverbandes der Deutschen Briefmarkenversteigerer,* wenn Sie an eine Veräußerung philatelistischen Materials denken.
- Große Objekte besichtigen die Auktionatoren unter Umständen bei Ihnen zuhause oder in ihrem Büro, wenn es für beide Seiten lohnend erscheint.
- In manchen Fällen können Sie auch gegen Barkasse an die Versteigerer verkaufen.
- Vor allem bei klassischen Marken müssen Sie die Qualitätsbegriffe der Auktionshäuser beachten. Schicken Sie bitte keine mangelhafte und keine Massenware ohne vorherige Rücksprache ein.
- Fragen Sie in Zweifelsfällen telefonisch oder schriftlich bei dem Unternehmen an, bevor Sie Material auf den Weg bringen. Das kann sowohl Ihnen wie dem Empfänger Kosten und Enttäuschungen ersparen.
- Schicken Sie Ihre Einlieferungen per Einschreiben und versichert ab, umfangreiches Material bitte im Wertpaket. So schützen Sie sich und den Auktionator vor Schaden oder Verlust.
- Bei großen Objekten fragen Sie zunächst nach der besten Versandart. Unter Umständen übernimmt der Versteigerer die Transportversicherung.
- Legen Sie bitte jeder Einsendung eine genaue Aufstellung bei.
- Senden Sie Material für eine Auktion so früh wie möglich ein, damit es sorgfältig bearbeitet werden kann.
- Wagen Sie getrost einen ersten Versuch, wenn Sie noch nie über eine Versteigerung verkauft haben.
- Denken Sie daran, daß die Auktionshäuser mit ihrem großen Kundenstamm in der Regel Top-Zuschläge erzielen und aus Ihren Einlieferungen das beste herausholen.

Tips für Bieter

- Als Ersteigerer oder Käufer können Sie eine Auktion persönlich besuchen, sich durch einen Beauftragten vertreten lassen oder Ihre Gebote schriftlich einreichen.
- Beachten Sie die Versteigerungsbedingungen, die meist im Katalog stehen und im Auktionssaal aushängen.
- Machen Sie sich mit Qualitätsbegriffen vertraut, und studieren Sie die im Katalog aufgeführten Beschreibungen, damit Sie zum Beispiel von einer als »fein« gekennzeichneten Marke kein »Kabinettstück« erwarten. Oft entstehen Mißverständnisse wegen unzureichender Losbeschreibungen und abweichender Qualitätsauffassungen.
- Bieten Sie nicht »bestens« oder »höchst«, sondern geben Sie eine konkrete Zahl an, damit Sie keine Überraschungen erleben. Der Auktionator nutzt die bezifferte Obergrenze nicht aus, wenn keine entsprechenden Gegengebote vorliegen.
- Berücksichtigen Sie, daß außer dem Zuschlagpreis auch Gebühren, Aufgelder, Steuern, Provisionen etc. zu entrichten sind, sonst kann es bei der Endabrechnung zu unangenehmen Überraschungen kommen.
- Schreiben Sie bitte »oder« zwischen die Nummern, wenn Sie nur eine Offerte von mehreren gleichen Losen wünschen.
- Füllen Sie überhaupt die Auktionsaufträge sorgfältig aus, damit kein Irrtum passiert.
- Beachten Sie bitte Reklamationsfristen und die dazu formulierten Bestimmungen. Rufen Sie in den ersten Tagen nach einer Versteigerung möglichst nicht an, da man Lose zügig versenden und im Interesse der Kunden alles rasch abwickeln möchte.
- Wenden Sie sich aber stets an Ihr Auktionshaus, wenn Sie eine Frage, Klage oder Bitte haben.

Wichtige Auktionsbegriffe von A bis Z

Ankauf – Viele Versteigerungshäuser kaufen auch gegen Barkasse große Spezial- und Ländersammlungen, markante Sätze und klassische Einzelwerte. Die zu Auktionen gelieferte Ware erzielt in der Regel Spitzenpreise.

Auktionskatalog – Zusammenfassung aller Objekte (Briefmarken, Ganzstücke, Sammlungen), die dem Auktionshaus zur Versteigerung überlassen werden. Der Katalog umfaßt die textliche und bildliche Beschreibung der Lose. Außerdem werden die Bedingungen abgedruckt, denen das Auktionsgeschäft unterliegt (siehe Conditions).

Besichtigung – Große, interessante Objekte, die Sie verkaufen oder zur Versteigerung einsenden wollen, besichtigen Auktionatoren unter Umständen an Ort und Stelle. Erkundigen Sie sich bitte danach. Wer bei einer Versteigerung mitbieten will, kann die Lose ebenfalls besichtigen. Das empfiehlt sich vor allem bei Sammlungen, Engroswaren und Dublettenposten, die sich im Katalog ja nicht so exakt beschreiben lassen wie Einzelmarken.

Conditions – Studieren Sie bitte die allgemeinen Versteigerungsbedingungen in den Katalogen der Auktionshäuser. So sind Sie über alles im Bilde.

Einlieferungen – Wann und wie Sie welche Einlieferungen zu einer Versteigerung auf den Weg bringen können, sagt Ihnen der Veranstalter. Als Neuling sollten Sie sich nicht scheuen, einen ersten Versuch mit Verkäufen über eine Auktion zu wagen.

Gebote – An Versteigerungen können Sie sich auch mit schriftlichen Geboten beteiligen. Formulare bekommen Sie mit dem Katalog. Wer das Geschäft noch nicht kennt, sollte allerdings einmal persönlich dabei sein. Falls diese Möglichkeit nicht besteht, empfiehlt es sich, vorsichtig mit einigen Test-Geboten zu beginnen.

Importe – Ausländische Auktionshäuser müssen Einlieferungen aus dem Ausland als Import betrachten, der der Einfuhrumsatzsteuer unterliegt. Deshalb sollten Sie beim Auktionshaus anfragen, bevor Sie Material über die Grenze schicken.

Katalogpreise – Sie dienen zur Einschätzung von Auktionslosen. Dem Ausrufpreis bei der Versteigerung liegt dagegen in der Regel der aktuelle Marktwert zugrunde.

Los – Objekt, das bei einer Auktion angeboten wird und im Auktionskatalog mit einer Losnummer versehen ist.

Luxusstück – Das ist der höchste Qualitätsbegriff. Dahinter folgen die Stufen »Kabinett-« und »Prachtstück« sowie »feinst« und »fein«. Wenn Marken ohne Qualitätsbezeichnungen angeboten werden, kann später keine Reklamation erfolgen.

Qualitätsbeschreibung – Sie soll natürlich im Auktionskatalog zuverlässig sein, wird aber nicht von Übermenschen, sondern »nur« von Berufsphilatelisten gegeben. Mit den einzelnen Abstufungen muß man sich vertraut machen. Stellt sich bei ersteigerten Einzelmarken heraus, daß sie der Beschreibung im Katalog wirklich nicht entsprechen, liegt ein echter Reklamationsgrund vor.

Reklamationen – Die Fristen für Reklamationen sind in den allgemeinen Versteigerungsbedingungen enthalten und sollten eingehalten werden.

Versteigerungsaufschlag – Er steht im Katalog oder wird vom Auktionshaus mitgeteilt.

Zuschlag – Wer am meisten bietet, bekommt ihn. Daran müssen Sie denken, wenn Sie einen schriftlichen Auftrag einreichen. Bei der Auktion verpflichtet der Zuschlag zur Annahme des Loses.

WAS TUN GEGEN VERLUST, FÄLSCHUNG UND BETRUG?

Die Versicherung nicht vergessen

Wer eine wertvolle Briefmarkensammlung besitzt, der sollte sich vor der Frage nach der Versicherung nicht drücken, es sei denn, er kann seine wertvollsten Stücke im Banktresor aufbewahren. Das hat indes den Nachteil, daß er nur dann und wann Freude an seiner Sammlung hat.

Die Versicherung von Briefmarken ist nicht so einfach, wie man es sich gemeinhin vorstellt. Die meisten Versicherungsunternehmen sind auf diese spezielle Versicherungsart nicht eingestellt, weil Briefmarken nicht so ohne weiteres mit aktuellen Preisnotierungen wie an der Börse oder im Edelmetallhandel versehen werden können. Man sollte auf jeden Fall seine Versicherung nach dem Umfang der Gewährleistung eingehend befragen, so daß es im Unglücksfall nicht zu einer weiteren unliebsamen Überraschung kommen kann.

Sollte die eigene Versicherung nicht befriedigende Erklärungen geben und einen nur ungenügenden Service anbieten, ist eine Suche nach einem anderen kompetenten Unternehmen sinnvoll.

Die Marktlücke hat beispielsweise ein Hamburger Versicherungsunternehmer erkannt, der selbst ehrenamtlich hohe Ämter in der Philatelie bekleidet und um die spezifischen Probleme weiß (siehe Anhang).

»Sei schlauer als der Klauer!« – Sicherheitsmaßnahmen

Viele Sammler sorgen sich zu wenig um die Sicherung ihrer Sammlungen, insbesondere wenn eine Urlaubsreise ansteht. Sie legen uneingeschränktes Gottvertrauen an den Tag und sparen bei ihrer Einrichtung immer bei der Sicherheit. Die Kriminalpolizei kann mit hilfreichen Informationen zur Seite stehen, die aufgrund von langjährigen Erfahrungen zusammengestellt worden sind. Unter der Überschrift »Sei schlauer als der Klauer!« ist eine interessante Broschüre erschienen, die alles Wissenswerte über mehr Sicherheit und praktische Ratschläge für einen besseren Schutz zusammenfaßt.

Allgemeine Hinweise

- Außenlicht kann Einbrecher abschrecken. Es sollte deshalb für eine möglichst lückenlose Außenbeleuchtung gesorgt werden, die aber von außen nicht abschaltbar oder angreifbar sein darf.
- Vorhandene Außensteckdosen sollten von innen abschaltbar sein.
- Leitern, Kisten und Mülltonnen sind gute »Aufstiegsmöglichkeiten« für Einbrecher, sie sollten daher im Haus untergebracht oder angeschlossen werden.
- Telefonleitungen sollten unterirdisch ins Haus geführt werden. Ein Telefonanschluß auch im Schlafzimmer kann notfalls für die Alarmierung der Polizei dienen.

Zur Technik

Viele Einbrecher dringen durch *Türen* in die Wohnungen oder Häuser ein. Das ist ein Indiz dafür, daß Türen oft ungenügend gesichert sind. Da die meisten Türen gleich mehrere Schwachstellen aufweisen, geben wir hier ein paar wichtige Hinweise:

- Außentüren sollten aus Vollholz (nach DIN 18103/18105) oder Metall gefertigt sein. Eventuell vorhandene Glaseinsätze können durch stabile Vergitterungen oder durch den Einsatz von Verbundsicherheitsglas oder beschlaghemmenden Kunststoff aufgewertet werden.

▶

Ein aufsehenerregender Fall: Da die Universalität der Sommerolympiade 1980 in Moskau nicht gewährleistet war, verzichtete Liechtenstein auf die bereits vorbereitete Ausgabe der Sondermarken »Olympische Sommerspiele Moskau 1980«. Die Postwertzeichenstelle der Fürstlichen Regierung übernahm die Vernichtung der Ausgabe.
Einige dieser Briefmarken sind indes auch heute noch in Umlauf. Die Marken können aus drei verschiedenen Quellen stammen: Besprechungsexemplare (Fachpresse), Vernichtungsexemplare (Verbrennungsanlage), Deliktexemplare (Diebstahl).

Der einzig vorhandene Viererblock mit Ersttagsstempel. (oben)

Ersttagsbrief mit den Olympiamarken. Daneben eine Seite aus dem Zumstein-Katalog, auf der die Ausgabe in anderer Farbe (?) zu sehen ist.

358 Liechtenstein (1980)

1980. Olympiade Moskau.
Olympiade Moscou.

▶ Infolge des Regierungsbeschlusses, auf die Teilnahme an der Olympiade in Moskau zu verzichten, wurde die vorbereitete Ausgabe zurückgezogen. Einige bereits versandte Presseexemplare konnten nicht mehr beigebracht werden. Ebenso sind bei der Vernichtungsaktion ca. 300 Serien gestohlen worden.

▶ *A la suite de la décision du gouvernemant de renoncer à la participation aux jeux olympiques à Moscou, l'émission préparée à ce but à été retirée. Quelques exemplaires distribuées à la presse n'ont pu être récupérées, aussi env. 300 Séries ont été volées lors de la combustion du stock.*

10¢
1984
POSTAGE
LOS ANGELES 1984
OCCUSSI-AMBENO
SARAJEVO 84
10¢
POSTAGE
1984
OCCUSSI-AMBENO
OCCUSSI-AMBENO
POSTAGE
1984
25¢
LOS ANGELES 1984
AIR MAIL
LOS ANGELES 1984
1.25$
OCCUSSI-AMBENO
1984
OCCUSSI-AMBENO
AIR MAIL
1984
LOS ANGELES 1984
1.25$
25¢
POSTAGE
LOS ANGELES 1984
1984
OCCUSSI-AMBENO
OCCUSSI-AMBENO
1984
SARAJEVO 84
POSTAGE
50¢
Joan of Sealand
1$
SEALAND
AIRMAIL
Roy of Sealand
90¢
SEALAND
AIRMAIL
50¢
1984
SARAJEVO 84
POSTAGE
OCCUSSI-AMBENO
EUROPOSTE
MÜNCHEN 1972
PARIS-COPENHAGUE
300
EUROPOSTE
MÜNCHEN 1972
PARIS-COPENHAGUE
600
EUROPOSTE
MÜNCHEN 1972
PARIS-COPENHAGUE
800
EUROPOSTE
MÜNCHEN 1972
PARIS-COPENHAGUE
1200
EUROPOSTE EXPRÈS
SIR WINSTON CHURCHILL
PARIS-LONDRES
5000
EUROPOSTE EXPRÈS
KONRAD ADENAUER
PARIS-ALLEMAGNE
5000
EUROPOSTE EXPRÈS
CHARLES DE GAULLE
PARIS-BRUXELLES
5000
EUROPOSTE EXPRÈS
UPU 1974
PARIS-COPENHAGUE
5000

Bei Einbohrbändern oder außenliegenden Türbändern muß die Tür an der Bandseite durch Hinterhaken gesichert werden.

- Für den Verschluß der Türen bieten sich Schließzylinder an. Der Zylinder muß einen Bohrschutz aufweisen und darf nach außen nicht über das Türblatt bzw. den Türbeschlag hinausragen. Zur richtigen Abdeckung des Schließzylinders ist ein Sicherheitsbeschlag (nach RAL RG 607/6), der von innen verschraubt wird, zu verwenden.
- Sollte ein gutes Zuhalteschloß in Betracht kommen, muß dies mindestens sechs Zuhaltungen (symmetrisch oder unsymmetrisch) aufweisen. Auch ein Zuhalteschloß sollte durch einen Sicherheitsbeschlag aufbohrsicher abgedeckt werden.
- Für Rohrrahmentüren werden im einschlägigen Fachhandel gute Schenkriegelschlösser angeboten, die über einen Riegelausschluß von mindestens 25 mm Länge verfügen.
- Zusätzliche Schließvorrichtungen können den Sicherheitswert einer Tür wesentlich erhöhen.

◀
Wenn Markenausgaben von allzu großer Phantasie und Gewinnsucht geprägt werden:

Schon mal was gehört von Occussi Ambeno? (oben)
Sealand? (Mitte)

Marken der schwedischen Insel Isö. Eine Ausgabe, die nur zum Geldverdienen konzipiert wurde und keinerlei postalischen und philatelistischen Charakter hat. (unten)

Auch *Fenster* dienen oftmals als »Schlupfloch« für den Einbrecher, daher sollten Fenster und Oberlichter im Erdgeschoß oder Souterrain und solche, die ohne Hilfsmittel von außen (z. B. über Anbauten, Balkone, Feuerleitern u. ä.) erreichbar sind, grundsätzlich mit abschließbaren Beschlägen versehen werden. Der Fachhandel bietet hierfür ein reichhaltiges Sortiment an.

- Fenster zu Kellerräumen können u. a. auch durch eingemauerte Stahlgitter sowie durch andere Maßnahmen gesichert werden.
- Je nach der Höhe des Sicherheitsrisikos ist in vielen Fällen der Einsatz einer einbruchhemmenden Verbundsicherheitsverglasung in Erwägung zu ziehen.

Diese genannten mechanischen Sicherungsmittel sind geeignet, dem Einbrecher den Zugang zu den angestrebten Werten wesentlich zu erschweren. Sie bieten aber letztendlich keine Garantie dafür, daß es einem professionellen Täter dennoch gelingen könnte, bei Ihnen einzusteigen. Bei hohem Risiko, d. h. bei einer Anhäufung von Wertgegenständen oder Sammlungen, ist die zusätzliche Überwachung des zu schützenden Objektes durch eine qualifizierte *Alarmanlage* (richtiger: *Einbruchmeldeanlage)* erforderlich, zumal derartige Anlagen auch von den Sachversicherern gefordert werden.

<u>Sonstige Sicherheitsmaßnahmen</u>
Eingemauerter Stahlschrank: Ein eingemauerter Stahlschrank mit mehrwandiger Tür ist ein Behältnis mit einwandigen Stahlwänden. Die mehrwandige Tür kann der Sicherheitsstufe A oder B entsprechen.

Um den erforderlichen Sicherheitswert zu erreichen, muß das Behältnis

- im Mauerwerk fest verankert und nicht überstehend eingebaut und
- an allen Seitenwänden und an der Rückseite von einem mindestens 100 mm dicken Betonmantel umgeben sein.
- Das Wertfach sollte mit einem Zuhalteschloß mit mindestens 6 asymmetrischen Zuhaltungen versehen sein.

Anmerkung: In einem eingemauerten Stahlschrank lassen sich wegen ihrer unterschiedlichen Größe nur wenige Briefmarkenalben senkrecht aufbewahren. Auf die gelegentlich hohe Luftfeuchtigkeit in derartigen Behältnissen ist besonders zu achten.

Mehrwandiger Stahlschrank der Sicherheitsstufe B: Die Sicherheitsstufe B bietet leichten Schutz gegen Angriffe mit einfachen Einbruchwerkzeugen sowie leichten Schutz gegen Brände.
Die Behältnisse sind zwei- bis dreiwandig, sie sind etwa 300 kg schwer und sollten gegen Wegnahme selbst im Fußboden oder an der Wand verankert sein.

Mehrwandiger Stahlschrank der Sicherheitsstufe C: Die Sicherheitsstufe C bietet leichten bzw. weitgehenden Schutz gegen Angriffe mit mechanisch wirkenden Einbruchwerkzeugen. Die Behältnisse sind mehrwandig und sollen mindestens 300 kg schwer sein. Die Schränke der Sicherheitsstufe C 1 F und C 2 F bieten auch Schutz gegen leichte Brände.
Auch solche Behältnisse sind zweckmäßigerweise im Fußboden oder an der Wand zu verankern.

Die Wertfächer sollten mit Zuhaltungsschlössern mit mindestens 6 asymmetrischen Zuhaltungen versehen sein.

Sicherheitsraum: Größere Sammlungen können in einem Sicherheitsraum untergebracht werden. Bei der Erstellung derartiger Bauwerke ist folgendes zu beachten:

- Der Raum sollte möglichst fensterlos sein. Aber: ausreichende Belüftung beachten!
- Die Wände des Sicherheitsraumes sollten aus 240 mm dickem Klinkermauerwerk oder 200 mm Stahlbeton bestehen.
- Vorhandene Fenster sind entweder durch Verbundsicherheitsglas mit verstärkter Folie und abschließbaren Beschlägen oder durch Glasbausteine mit Stahlarmierung und geeigneter Lüftungseinrichtung oder auch mit Gittern zu sichern, die einen ausreichenden Sicherheitswert besitzen.
- Die Zugangstür sollte eine einbruchhemmende Tür nach DIN 18103/18105 oder Spezialtür und Zarge aus Panzerholz oder Stahl sein, oder es sollte eine Aufwertung der vorhandenen Tür durch Tiefziehblech St 37.2, 1 bis 2 mm dick, vorgenommen werden.
  Weitere Sicherungsmöglichkeiten: 20 mm dicke Holzplatten auf der Innenseite der Tür und Hinterhaken an der Bandseite sowie ein Stangenriegelschloß oder ein Doppelriegelschloß oder geeignete Zusatzschlösser im oberen und unteren Drittel der Tür. Das Sicherheits-Winkelschließblech sollte im Mauerwerk verankert sein. Vorhandene Zylinderschlösser müssen durch Sicherheitsbeschläge geschützt werden.

Sicherheitsschrank: Eine in letzter Zeit entwickelte Sicherungsart sollte nicht unerwähnt bleiben, nämlich die von manchen Sammlern bevorzugte Sicherheitsschrankwand. Eine solche Konstruktion bietet die Möglichkeit, wertvolle Sammlungen in geeigneter Weise zu präsentieren.

Beim Bau einer solchen Sicherheitsschrankwand sollten folgende Punkte beachtet werden:

- Die seitliche und hintere Begrenzung sollte grundsätzlich durch eine vollsteinige Wand oder eine etwa 200 mm dicke Spezialbetonwand erfolgen.
- Die vordere Begrenzung kann mittels Stahlrolladen, Scherengitter oder Stahlblechplatten vorgesehen werden.
- Die Verriegelung bzw. der Verschluß dieser Sicherungsmittel muß den örtlichen Gegebenheiten entsprechen oder nachträglich angepaßt werden.
- Der eigentliche »Ausstellungsbereich« wird durch Verbundsicherheitsglas mit verstärkter Folie gesichert. Glasschiebetüren sind mit geeigneten Schlössern zu versehen.
- Für höherwertige Gegenstände kann man auch ein zusätzliches Sicherheitsfach in diese Sicherheitsschrankwand einbauen. Dieses Fach sollte den Anforderungen eines Stahlschrankes der Sicherheitsstufe C 2 F entsprechen.
- Die Sicherheitsschrankwand muß in besonderen Fällen auch durch eine Einbruchmeldeanlage überwacht werden. Diese Frage sollte mit dem Sachversicherer erörtert werden.

Zusätzliche Maßnahmen:

- Bei längerer Abwesenheit oder während der Urlaubszeit bietet sich zur sicheren Aufbewahrung besonderer Wertgegenstände ein Schließfach in einem Geldinstitut an, das in den verschiedensten Größen für eine ganz geringe Gebühr angemietet werden kann.
- Bei Diebstahl ist eine Identifizierung der gestohlenen Gegenstände erforderlich, deshalb sollten alle Wertsachen besonders gekennzeichnet sein. Auch genaue Beschreibungen und Lichtbildaufnahmen unterstützen hierbei die Arbeit der Polizei und der Versicherungsgesellschaften. Für Sammlungen bietet sich ferner eine genaue Dokumentation und Katalogisierung der einzelnen Stücke an.
- Da nicht jeder Sammler gleichzeitig auch Sicherheitsfachmann sein kann, ist ein Besuch der jeweils zuständigen kriminalpolizeilichen Beratungsstelle zu empfehlen. Hier haben Sie die Möglichkeit, fachlich neutrale Informationen über sämtliche Sicherungsmittel zu erhalten; individuell und kostenlos!

Nur Nepp im Schlepp – Phantasieprodukte und Gewinnsucht

Man muß sich halt nur etwas einfallen lassen, getreu dem Motto: »Jeden Morgen steht ein Dummer auf!« Macht im Jahr zumindest schon mal 365 Dumme, die alles nehmen, was mit phantasiereichen Werbeaussagen an den Mann gebracht werden soll. Ein Beispiel für Einfallsreichtum liefern jene »Staaten«, die irgendwo im großen Ozean als Inselchen herumschwimmen und ihre Existenz per Briefmarke jedermann auf unserem Planeten kundtun. Muß man schon Atlanten wälzen, um Anguilla, Dominica, Niue oder Palau zu erorten, so wird diese Methode bei Bequia, Nui Tuvalu oder gar Funafuti Tuvalu und bei Nanumea Tuvalu wohl kaum zum Erfolg führen.

Ob Sie es glauben oder nicht, diese Länder bringen Briefmarken heraus, herrliche Stücke mit Eisenbahndarstellungen oder mit Automobilen.

In der Philatelie tut man sich leicht mit dem Geldverdienen, denn die Dummen, die Unwissenden und Naiven sterben gerade hier nicht aus. Es dürfte wohl kaum einen Lebensbereich geben, dem keine philatelistische Würdigung zuteil geworden ist. Doch die Kehrseite der Medaille zeigt sich bei vielen Ausgaben deutlich: Legt z. B. die Deutsche Bundespost besonderen Wert auf die Darstellung kultureller »Errungenschaften«, so richten andere Postverwaltungen ihr Augenmerk mehr auf Trends und Masseninteressen. Insbesondere die außereuropäischen Staaten spekulieren auf die Absatzchancen in den sammlerstarken Regionen unserer Erde. Für einige ist das Postwertzeichen keine Möglichkeit der Selbstdarstellung, sondern lediglich ein bedrucktes Stückchen Papier, das die Staatskassen füllen soll. Augenmaß und seriöse Ausgabenpolitik werden hintenan gestellt, die mehr und mehr zurückgehende Nachfrage wird durch immer neue Ausgaben übertüncht.

Nicht alles, was als Briefmarke angeboten wird, muß auch ein Postwertzeichen sein. Das mag überraschen.

Vor dem Erwerb dieser Erzeugnisse zu überhöhten Preisen muß gewarnt werden, obwohl Stempel und Marke offiziell sind. Nur als »Erinnerungsbeleg« einzustufen.

Aber immer wieder haben es in der Vergangenheit tüchtige Geschäftsleute verstanden, Briefmarken von Phantasieländern drucken zu lassen und gewinnbringend zu veräußern. Dabei wird stets damit spekuliert, daß der unbedarfte Bürger überhaupt nichts mit der eingedruckten Länderbezeichnung anzufangen weiß und sich auch nicht der Mühe unterzieht, in Atlanten oder Lexika nach diesen ominösen Gebieten zu suchen. Jene, die nicht viel von Briefmarken verstehen, kaufen alles, was in irgendeiner Form einem Postwertzeichen ähnelt. Die Reihe der Phantasieprodukte, die auf den Markt strömten, ist lang. Die Gewinnsucht einzelner hat auch vor der Philatelie keinen Halt gemacht. Da waren urplötzlich Marken aus Sedang, einem angeblichen Königreich am Fluß Mekong in Hinterindien, auf dem Markt, Ausgaben aus Wikingland, Sätze aus Nagaland, einem Landesteil der Indischen Union nahe der Grenze zu Birma, Ausgaben der schwedischen Insel »Isö«.

Ein weiterer Geschäftemacher ernannte sich zum Postminister des Staates »Luconia«, den einer niemals finden wird, mag er auch noch so lange suchen.

Viel Wirbel hat es auch um die Serien des Staates »Occussi Ambeno« gegeben, die auf einer bedeutenden philatelistischen Veranstaltung verkauft wurden. Diese Marken kamen sogar auf Briefen in verschiedenen europäischen Ländern an, zumeist von Spanien aus verschickt.

Fragen an den Briefmarkenhändler sind nur zu empfehlen. Er kann in den meisten Fällen sichere Auskunft geben.

Das gilt insbesondere auch für Angebote, in denen absolute Raritäten

offeriert werden: Geschnittene Briefmarken Österreichs – die Sensation, wenn man den Anbietern glauben will.
Auch sogenannte Probedrucke von Schweizer Postwertzeichen entpuppen sich als Schwindel. Sie rechtfertigen auf jeden Fall nicht den Preis, den man dafür verlangt, weil die Schweizer Postverwaltung diese Probedrukke kostenlos zur Verteilung brachte.
Haarsträubend sind manchmal auch Einfälle, die in der »Philatelieszene« geboren werden, aber nichts mit Philatelie zu tun haben. Ein »Großversender« hat sich die »Galerie der Prominenz« einfallen lassen, Fotokarten mit bekannten Persönlichkeiten, auf die eine Sondermarke geklebt wurde und die mit einfachem Tagesstempel versehen sind. Nur »1000 Glückliche« gelangten in den Besitz dieser handsignierten Dokumente. Franz-Josef Strauß hat zu seinem 70. Geburtstag unterschrieben, Vico Torriani zu seinem 65. und Max Schmeling unterzeichnete zu seinem 80. Geburtstag. Jede Karte kostete garantiert nur 17,50 DM! Der Verkaufserfolg wird den Machern sicherlich wieder recht gegeben haben, daß für derartige Produkte eine Nachfrage besteht. Schließlich erhielt man mit der ersten Lieferung ein speziell entwickeltes Album aus »braunem Simili-Wildleder, mit Kassette und Goldprägung«, und eine Spezialtasche mit glasklarem Sichtfenster sorgte dafür, daß Sie Ihrem Lieblings-Star auch immer klar ins Auge sehen konnten.
Allerdings: Nur den »Kreativen in Sachen Philaprodukte« den Schwarzen Peter zuzuschieben, dürfte nicht zutreffen. Produkte, die nicht nachgefragt werden, können auch nicht verkauft werden. Es scheint sie weiterhin in Massen zu geben, jene, die keinerlei Informationen benötigen, sich nicht mit ihrem Hobby beschäftigen und am Ende klagen, sie hätten doch gelesen, daß es so und so sei.
Auch etliche Sammlervereine produzieren zu Veranstaltungen oder Vereinsfesten zumeist einen Unsinn, der nicht besonders beschrieben werden muß. Firlefanz – mehr ist das nicht.

Fälscher und Fälschungen

Unbedarfte Gelegenheitssammler machen sich selten klar, mit welchen Methoden Unwissenheit ausgenutzt wird. Fälschungen und Fälscher sind keine Merkmale der letzten Jahre, sondern haben seit vielen Jahrzehnten die philatelistische Welt aufgeschreckt und verunsichert, gutgläubige Briefmarkensammler um Geld gebracht, aber auch jene dupiert, die sich als besonders Fortgeschrittene bezeichneten. Geändert haben sich nicht die Ansätze, sondern die Methoden der Fälscher, die Art der Fälschungen und Verfälschungen, weil neue technische Hilfsmittel und chemische Möglichkeiten zu einer immer größeren Fälschungsperfektion geführt haben.
Wer von Fälschungen spricht, muß sich zunächst über die unterschiedlichen Ansatzpunkte informieren. Fälschungen sind nicht nur zum Schaden der Sammler angefertigt worden, sondern auch zum Schaden der Post oder gar zum Schaden eines Landes. Machen wir uns die Unterschiede deutlich:

1. Fälschungen zum Schaden der Post
Hierunter fallen Briefmarken, die von privat hergestellt worden sind, aber die gleiche Zeichnung wie ein amtliches Postwertzeichen vorweisen. Da nur geringe Kosten für den Hersteller dieser Fälschungen anfallen, kann man große Gewinne über das gesparte Porto erreichen. Diese Fälschungen zum Schaden der Post sind in den letzten Jahren kaum noch bekannt, wurden aber früher des öfteren eingesetzt (siehe hierzu »Fälschungen zum Schaden der Post«).

2. Propagandafälschungen
Vor allen Dingen im 2. Weltkrieg wurden Marken gedruckt, die nur Propagandazwecken dienten. Der »Feind« benutzte die Zeichnungen gültiger Wertzeichen, veränderte sie aber in entscheidenden Details (siehe Abschnitt »Propagandafälschungen«).

3. Fälschungen zum Schaden der Sammler
Diese Fälschungen werden nur hergestellt, um dem Sammler das Geld aus der Tasche zu ziehen. Hierbei handelt es sich in nahezu allen Fällen nicht um Ganzfälschungen, sondern um Teilfälschungen. Man benutzt z. B. eine ungestempelte Marke, die im Katalog nur mit niedriger Bewertung angesetzt ist, bringt einen falschen Stempel an und erhält eine Marke, die in gestempelter Erhaltung im Katalog wesentlich höher als die ungestempelte Marke notiert ist. Verfälschungen werden auch bei der Zähnung (Nachzähnung!) oder bei der Gummierung (Nachgummierung) vorgenommen.
Ein Tip: Wer teure Marken erwerben will, sollte eine geprüfte Marke (bei sehr teuren Stücken mit Fotoattest eines Prüfers) verlangen.

Historie

Bevor wir über die einzelnen Fälschungsarten berichten, erinnern wir uns kurz des berühmt berüchtigten Fälschers von Weltseltenheiten, der 1957 im Alter von 73 Jahren verstarb: Jean de Sperati. Erst drei Jahre zuvor hatte er sich entschlossen, seiner »Kunst« zu entsagen. Damals verkaufte er seine 600 Druckplatten für die »Speratis«, wie man seine Fälschungen nannte, an die britische »Royal Philatelic Association«. Sein Versprechen, nicht mehr als Fälscher tätig zu werden, hat er eingehalten. Die Geheimnisse seiner »Kunst« nahm er indessen mit ins Grab.

Der gebürtige Italiener, dessen Fähigkeiten an die eines Genies heranreichten, war bereits im Jahre 1948 von einer Pariser Strafkammer zu einem Jahr Gefängnis, zu einer hohen Geldstrafe sowie zu einer beträchtlichen Sühneleistung an den französischen Briefmarkenhändlerverband verurteilt worden, nachdem der sensationelle Prozeß zuvor für viele Schlagzeilen gesorgt hatte.

Sperati war nicht nur ein gottbegnadeter Künstler und tüchtiger Kaufmann, er verstand offensichtlich auch etwas von »Public relations«. So gelang es ihm, den Prozeß trotz seiner Verurteilung als Erfolg zu buchen: Die ganze Welt sprach von ihm und seinen »Kunstmarken«, wie er seine »Speratis« nannte. Wie alle Fälscher vor ihm behauptete auch er im Brustton der Überzeugung, daß er ausschließlich edle Motive gehabt habe. Ihm sei nur daran gelegen gewesen, daß auch der kleine Sammler sich die Weltseltenheiten leisten könne. Tatsächlich verkaufte er seine Fälschungen zu 1 Prozent des Wertes.

Seltener Brief von Jean de Sperati.

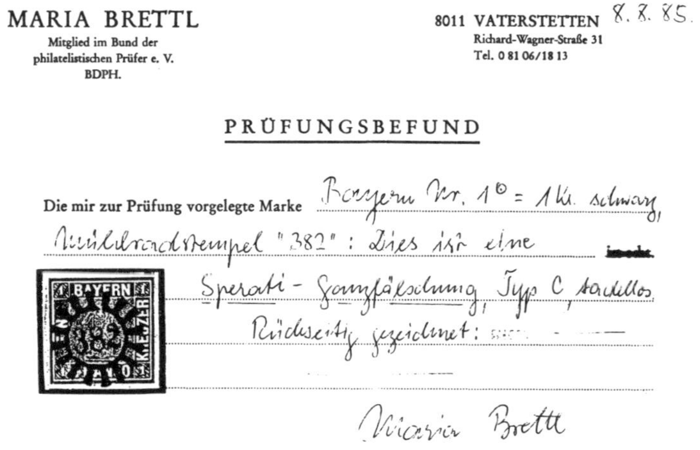

MARIA BRETTL
Mitglied im Bund der philatelistischen Prüfer e. V. BDPH.

8011 VATERSTETTEN 8. 8. 85.
Richard-Wagner-Straße 31
Tel. 0 81 06/18 13

PRÜFUNGSBEFUND

Die mir zur Prüfung vorgelegte Marke Bayern Nr. 1a = 1 Kr. schwarz, Mühlradstempel "382": Dies ist eine ~~echte~~ Sperati-Ganzfälschung, Typ C, tadellos. Rückseitig gezeichnet:

Maria Brettl

Prüfungsattest für eine Sperati-Fälschung.

Der französische Händlerverband holte zum Schlag gegen ihn aus, als Sperati einem Schweden den berühmten Fehldruck zu 3 Skilling, gelb (MICHEL, Schweden Nr. 1F) verkaufte. Problematisch an der ganze Affäre war, daß die Pariser Strafkammer Sperati Betrugsabsichten nachweisen mußte, da es in Frankreich, wie in fast allen anderen Ländern der Welt, kein Gesetz gab, das die Nachahmung von außer Kurs gesetzten Briefmarken mit Strafe bedrohte. Lediglich Fälschungen zum Schaden der Post wurden geahndet.

Sperati hat denn angeblich auch immer seine Fälschungen als solche bezeichnet, ohne indes die einzelnen Marken zu kennzeichnen. So wurden seine Kunden geradezu ermuntert, die Fälschungen als echte Marken zu veräußern. Tatsächlich machte sich auch bald eine erhebliche Unsicherheit breit, weil diese Möglichkeit offensichtlich ausgenutzt wurde. Hinzu kam, daß in den Jahren nach dem letzten Kriege die Maßstäbe in der Philatelie verschoben waren. Es wimmelte nicht nur von Spekulanten, »Auchsammlern« und unseriösen Händlern, sondern auch von angeblich sachverständigen Prüfern. Hinzu kam, daß viele von den anerkannten Prüfern im Kriege ihr Vergleichsmaterial verloren hatten. So brach dann auch prompt eine schwere Vertrauenskrise aus, die der gesamten Prüferschaft abträglich war. Sperati behauptete dann schließlich, er habe auch nur beweisen wollen, daß die Prüfer seinen Methoden nicht gewachsen seien.

Das war objektiv falsch. Denn mit der Verfeinerung der Methoden der Fälscher verbesserten sich auch die der Prüfer. Die renommierten Prüfer beeilten sich denn auch, Sperati das Gegenteil nachzuweisen.

Die Affäre Sperati ist ebenso ausgestanden wie die Gefahr, daß kursierende »Speratis« von anerkannten Prüfern als echte Seltenheiten bezeichnet werden. Denn die britische Briefmarkensammlervereinigung hat außer den Druckplatten auch ein Album aller Fälschungen erworben, die den Prüfern als Vergleichsmöglichkeit dienen und für alle Ewigkeit als Faksimile gekennzeichnet sind.

Fälschungen zum Schaden der Post

Fälschungen wurden, wie schon gezeigt, nicht nur zum Schaden der Sammler getätigt, sondern auch zum Schaden der Post, um sich auf diese Weise das Porto zu erschleichen. Die Elbinger Postfälschung mag als Beispiel für diese Art von Fälschungen angeführt werden.

Ein Blick in den MICHEL Deutschland-Spezialkatalog vermittelt die Information, daß von der *Deutschen Reich MICHEL-Nr. 6* Fälschungen zum Schaden der Post existieren. Hinter diesem Hinweis steckt eine höchst interessante Geschichte.

Im Jahre 1930 wurde ein gestempeltes Exemplar der 5 Groschen graubraun, kleiner Brustschild (DR MICHEL-Nr. 6) aufgefunden, das so starke Abweichungen aufwies, daß es sich nicht um ein echtes handeln konnte. Eine Prüfung bestätigte dies. Auffallend war aber der eindeutig echte Poststempel Elbing vom 21. Mai 1873. Dieses Exemplar wurde noch im selben Jahr auf der Köhler-Auktion anläßlich der IPOSTA in Berlin versteigert. Ein weiteres Exemplar dieser Fälschung mit Elbinger Poststempel vom 2. April 1873 wurde entdeckt.

Beide Exemplare der Elbinger Postfälschung galten eine Zeitlang als verschollen, aber nach dem 2. Weltkrieg tauchten sie wieder auf und verschwanden in Spezialsammlungen. Vor nicht allzu langer Zeit entdeckte ein Sammler eine Wertbriefvorderseite mit waagerechten Paaren der 2 Groschen blau (DR MICHEL-Nr. 20) und der 5 Groschen graubraun, großer Brustschild (DR MICHEL-Nr. 22). Die Abweichungen des waagerechten Paares der 5-Groschen-Briefmarke waren bei einem Vergleich mit denen der beiden bekannten Elbinger Postfälschungen identisch. Wiederum erfolgte die Entwertung mit dem echten Poststempel von Elbing (20. 12. 1873).

Die damals am häufigsten verwendete Portostufe war 1 Groschen. Welchen Sinn hatte es, mit 5 Groschen eine Portostufe zu fälschen, für die offensichtlich kein großer Bedarf bestand? Das Auftauchen der Wertbriefvorderseite führte unter den Experten zu der Ansicht, daß der damalige Postbeamte in Elbing für die Fälschung verantwortlich war und den Gewinn zur Aufbesserung seines Gehaltes verwendete. Als die Reichspost eine Dauerserie mit großem Brustschild herausgab, hat der Postbeamte entsprechend reagiert. »Für diese Theorie spricht, daß bereits 2 ähnlich gelagerte Fälle in der Philatelie bekannt sind«, erklärte John J. Volny, Experte des Briefmarkenauktionshauses Grobe in Hannover. »In einem tschechischen Ort namens Weipert fälschte ein Postbeamter gleich mehrere Briefmarken (CSSR MICHEL-Nr. 5, 8, 9 und 22). Ähnlich verfuhr ein

Postbeamter am Telegrammschalter des Postamtes in der Londoner Börse in den 70er Jahren des letzten Jahrhunderts. Er verkaufte gefälschte 1-Schilling-Briefmarken (GB MICHEL-Nr. 33).«

Alle drei bekannten Elbinger Postfälschungen kamen auf der *Grobe-Auktion* vom 19.–23. März 1986 zum Ausruf. Christa Grobe über den Stellenwert dieses Ereignisses: »Es ist sensationell und noch nie dagewesen, daß alle bekannten Elbinger Postfälschungen auf einer Auktion angeboten wurden. Die beiden Einzelmarken befanden sich lange in Spezialsammlungen und waren deshalb bisher nicht greifbar. Eine Sensation für sich ist die neuaufgefundene Postfälschung, weil fünf Jahrzehnte nach dem Auffinden der ersten beiden Postfälschungen und 120 Jahre seit der Fälschung vergangen sind. Wir hofften, daß sich Spezialisten finden würden, die die Preise bezahlten. Der Ausruf der beiden Einzelstücke betrug 10 000,– DM und der der Wertbriefvorderseite 45 000,– DM. Es waren durchaus günstige Ansatzpreise in Relation zu klassischen Raritäten, von denen häufig noch genügend Stücke existieren.«

Übrigens erbrachte das Einzelstück 12 500,– DM, die Briefvorderseite 72 000,– DM (Preise ohne Nebenkosten).

Propagandafälschungen

Wie zu Beginn des Kapitels erwähnt, werden auch Fälschungen hergestellt, um einem Land, besser den politischen Gegebenheiten, zu schaden. Spätestens seit dem Ersten Weltkrieg beschäftigen sich auch Briefmarkensammler mit der Propaganda mittels Postwertzeichen, mehr oder weniger notgedrungen.

Der Journalist Wolfgang F. Robinow hat in der Zeitung »Neue Ärztliche« am 14. August 1986 zu diesem Philateliezweig Stellung genommen. Wir zitieren:

»Das wichtigste im Leben eines Spions ist, daß weder er noch irgendeine seiner Handlungen im feindlichen Gebiet auffallen. Er muß die Sprache des Feindlandes sprechen und versuchen, den ihm gegebenen Auftrag auszuführen und die gesammelte Information an seine Auftraggeber zu schaffen, ohne daß er mehr als absolut nötig in der Öffentlichkeit in Erscheinung tritt. Unter anderem muß der Spion versuchen, möglichst wenig mit vielen Menschen zusammenzukommen. Schon ein Postamt, wo man oft Schlange stehen muß, selbst um ein paar Briefmarken zu kaufen, kann zum Verhängnis werden.

Zur Ausrüstung eines Spions gehört deshalb auch Porto. Das gleiche trifft für Agenten zu, die durch Propaganda, durch zersetzende Briefe an Hunderte von Menschen, die Moral der Bevölkerung beeinflussen sollen. Manchmal wurden regelrechte Massensendungen samt Briefmarken über Grenzen geschmuggelt.

Eines der früheren Beispiele aus der deutschen Philatelie waren die drei Werte zu 5, 10 und 15 Pfennig aus der bayerischen König-Ludwig-Ausgabe, welche im Ersten Weltkrieg gefälscht wurden, um Agenten das Erscheinen in einem Postamt zu ersparen. Allerdings wurden sie in relativ geringen Mengen hergestellt.

Anders war es bei den 10- und 15-Pfennig-Germania-Marken der Deutschen Reichspost während des Ersten

Elbinger Fälschungen.

Fälschungen zum Schaden der Post

Chemnitzer Fälschung – Die Marken Deutsches Reich MICHEL-Nr. 56 und 71 sind 1902 in Chemnitz zum Schaden der Post (Postfälschung) gefälscht worden. Die falschen Produkte wurden in kleinen Geschäften anstelle von Bargeld in Zahlung gegeben oder umgetauscht. Die Fälscher wurden während ihrer Arbeit dadurch überrascht, daß die Germania-Marken mit Inschrift REICHSPOST im April 1902 durch gleiche mit Inschrift DEUTSCHES REICH abgelöst wurden, weshalb sie nach MICHEL-Nr. 56 nun MICHEL-Nr. 71 fälschten.
Eine weitere Fälschung der MICHEL-Nr. 71 ist als Deistel-Fälschung zum philatelistischen Begriff geworden. Die gleiche Marke soll ferner in Schweidnitz/Sachsen gefälscht worden sein.
Auch von der seltenen Marke MICHEL-Nr. 195a der Sowjetischen Besatzungszone von 1958 wurden im Raum Chemnitz während der Kurszeit Fälschungen festgestellt, die in geringer Menge auf Bedarfsbriefen verwendet vorkommen. Der größte Teil der Auflage wurde beschlagnahmt.

Dresdner Fälschung – Die Marke Deutsches Reich MICHEL-Nr. 47 wurde zwischen 1890 und 1898 von vier verschiedenen Seiten zum Schaden der Post gefälscht, die nach ihren Herkunftsorten benannt und zum philatelistischen Begriff geworden sind. Die Dresdner Fälschung aus dem Jahr 1896 soll in rd. 3000 Exemplaren in den Verkehr gebracht worden sein.

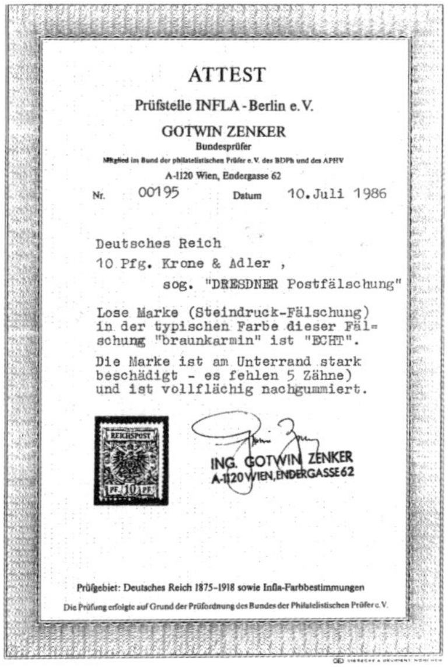
ATTEST

Prüfstelle INFLA - Berlin e.V.

GOTWIN ZENKER
Bundesprüfer
Mitglied im Bund der philatelistischen Prüfer e.V. des BDPh und des APHV
A-1120 Wien, Endergasse 62

Nr. 00195 Datum 10. Juli 1986

Deutsches Reich
10 Pfg. Krone & Adler ,
sog. "DRESDNER Postfälschung"

Lose Marke (Steindruck-Fälschung) in der typischen Farbe dieser Fälschung "braunkarmin" ist "ECHT".

Die Marke ist am Unterrand stark beschädigt - es fehlen 5 Zähne) und ist vollflächig nachgummiert.

ING. GOTWIN ZENKER
A-1120 WIEN, ENDERGASSE 62

Prüfgebiet: Deutsches Reich 1875–1918 sowie Infla-Farbbestimmungen

Die Prüfung erfolgte auf Grund der Prüfordnung des Bundes der Philatelistischen Prüfer e.V.

Höchster Fälschung – Die Höchster Fälschung von 1890/1891 gelangte als Zahlungsmittel über kleine Geschäfte in derart großen Mengen zur Freimachung, daß an zahlreichen Postschaltern im Bereich der Oberpostdirektion Frankfurt/Main der Verkauf von 10-Pf-Marken auffallend zurückging, wodurch die Post erst auf die Existenz dieser gefährlichen Fälschung aufmerksam wurde.
Da die gefälschten Marken anstelle von Bargeld als Zahlungsmittel auch Briefen beigelegt wurden, kommen Abstempelungen aus verschiedenen Orten Deutschlands vor.

Mailänder Postfälschung – Bezeichnung für die Marken MICHEL-Nr. 3 bis 5 von Lombardei-Venetien (Österreich), die 1857 in grobem Holzschnittdruck statt original Buchdruck als Postfälschung teils unerkannt verwendet wurden und gestempelt bzw. auf Ganzbrief sehr selten und entsprechend wertvoll sind.

Rixdorfer Fälschung – Die Rixdorfer Fälschung von 1895 (Deutsches Reich MICHEL-Nr. 47) wurde nur in kleinerem Umfang hergestellt und lediglich in Rixdorf (Berlin) postalisch verwendet.

Veroneser Fälschung – Bezeichnung für die Marken MICHEL-Nr. 3 und 4 von Lombardei-Venetien (Österreich), die 1853 in Kupfertiefdruck statt Buchdruck als Postfälschung teils unerkannt verwendet wurden; gestempelt bzw. auf Ganzbrief sind sie äußerst selten und wertvoll.

Veroneser Postfälschung als Einzelmarke.

Veroneser Postfälschung auf Brief. Ex CORINPHILA-Auktion, März 1987 Zürich.

Mailänder Postfälschung. Ex CORINPHILA-Auktion, März 1987 Zürich.

Weltkrieges. Die Alliierten hatten in Den Haag eine Propaganda-Stelle mit dem Namen Patrie é Liberté eingerichtet. Leiter war ein Belgier namens Dr. Terwange. Aufgabe war es, die deutschen Städte, vor allem aber die Front, mit Propaganda zu versorgen. Hierzu benötigte Dr. Terwange eine große Anzahl von Briefmarken, weil der Postweg einer der besten ist, um Massen-Propaganda zu verbreiten. Er hatte zwar Agenten, die für ihn häufig nach Deutschland fuhren (meist Holländer), aber jeder dieser Ausflüge, um Marken zu kaufen, war äußerst gefährlich. Daher veranlaßte er, daß die 10- und 15-Pfennig-Werte der damals gültigen Marken in England nachgedruckt wurden. Jetzt wurden die Sendungen freigemacht, bevor Agenten sie in das feindliche Gebiet schafften. Während des Krieges wurden diese Propaganda-Fälschungen, wie sie heute heißen, nicht entdeckt. Im Gegenteil, auch nach dem Waffenstillstand wurden Tausende von ihnen an alliierte Besatzungstruppen gegeben. Selbst dann noch hat die Reichspost diese Marken anstandslos angenommen.

Auf deutscher Seite wurden im Zweiten Weltkrieg und zuvor Spionage- und Propaganda-Marken hergestellt. Zum 25jährigen Jubiläum von Georg V., 1935, gab England eine Marke heraus, die dann von deutscher Seite gefälscht wurde. Dabei ersetzten die Deutschen den Kopf Georg V. durch den von Josef Stalin. Auch eine im Jahre 1937 von England herausgegebene Marke, aus Anlaß der Krönung von Georg VI., wurde 1943 von deutscher Seite gefälscht. In beiden Fällen wurden nicht nur die Köpfe ausgetauscht, sondern auch die Inschrift geändert. Bei der Jubiläums-Marke:

›This war is a Jewish war‹. Dann hat man selbst da noch einen Druckfehler gemacht und schrieb ›Jewsh‹. Später wurde er angeblich verbessert, jedoch gibt es von der korrigierten Marke bisher nicht ein Stück.

Bei der Krönungsmarke, 1937, sind die Köpfe des Königspaares einzeln abgebildet. Hier hat man den Kopf der Königin ersetzt durch den Stalins. Oder man hat die Inschrift durch ›SSSR-Britannia‹ ersetzt. Im selben Jahr, 1937, hat man eine Dauerserie von einfachen Marken mit dem Kopf Georg VI. mit kleinen Veränderungen gefälscht. Diese wurden dann Agenten und Spionen mitgegeben, damit sie nicht zum Postamt gehen mußten, um Briefe zu frankieren. Außerdem wurden Dauerserien mit einer Reihe verschiedener Aufdrucke wie ›Murder – Ruin‹ (Cathedrale von Rouen); ›Empires Liquidation at Teheran‹ versehen.

Die Amerikaner haben die deutsche Dauerserie mit dem Kopf Hitlers gefälscht und ihm ein Totenkopf-Gebiß gegeben. Diese Marken wurden in Italien von einer Einheit der OSS (Office of Strategy Services), dem Vorgänger der CIA, hergestellt.

Auch die Engländer waren auf diesem Gebiet sehr aktiv. Sie haben die Dauerserie mit dem Hindenburgkopf im Medaillon gefälscht, nicht zu Propagandazwecken, sondern zum Gebrauch für Agenten. Allerdings haben sie diese Marken auf einem Papier ohne Wasserzeichen gedruckt, während alle Originale ein Wasserzeichen aus diversen Hakenkreuzen hatten.

Im Laufe des Krieges haben englische Agenten auch Marken in Deutschland verwendet, bei denen der Kopf Hitlers durch den Himmlers ersetzt

war. Nur sehr wenige davon sind erhalten geblieben. Sehr große Mengen wurden allerdings nach dem Krieg zum Schaden der Sammler ›gefälscht‹.
Es gab noch eine Reihe weiterer ›Original-Fälschungen‹ für Propagandazwecke. Zum Beispiel General von Witzleben statt Hitler, mit der Inschrift ›gehängt am 8. August 1944‹. Oder eine Winterhilfsmarke mit einem Landser mit eingeschlagenem Kopf und im Hintergrund die Köpfe von Hitler und Göring.
Die Engländer wollten aber auch Propaganda in den von Deutschland besetzten Gebieten betreiben. Zum Beispiel tauchte in Polen eine in England hergestellte Marke mit dem Kopf von Generalgouverneur Frank auf. Diese Marken wurden von Mitgliedern der polnischen Untergrundbewegung verwendet, meistens auf Briefen oder Karten mit Propagandatexten.
1952 wurden in Berlin durch die ›Kampfgruppe gegen Unmenschlichkeit‹ zwei Werte mit dem Kopf von Wilhelm Pieck gefälscht. Er hatte einen Strick um den Hals und die Landesinschrift hieß ›undeutsche undemokratische Diktatur‹. Andere Ausgaben hatten Inschriften wie: ›Berlin Stalin Allee, Straße des 17. Juni‹, oder ›Arbeite langsam‹ immer gefolgt von dem Satz ›undeutsche undemokratische Diktatur‹.
Fast alle der genannten Marken sind heute sehr gesuchte Sammelobjekte und Thema von viel Literatur. Sammlungen mit solchen Marken haben schon Goldmedaillen auf internationalen Ausstellungen gewonnen.«

Fälschungen zum Schaden der Sammler

Grundsätzlich sollte jeder Sammler einen Merksatz immer vor Augen haben: Niemand hat etwas zu verschenken! Das gilt auch für die Philatelie. Die Gier, eine seltene Marke preiswert erstehen zu können, vernebelt aber zuweilen den Blick. Und dies wissen insbesondere jene, die aus der Sammelleidenschaft Profit ziehen wollen. Sie besorgen sich wertlose oder nur geringwertige Postwertzeichen und manipulieren sie. Dabei machen sie sich nicht die Mühe einer Ganzfälschung, sondern verändern Elemente, die den Wert der verfälschten Marke deutlich anheben.
Über die zahlreichen *Stempelfälschungen* chronologisch zu berichten, ist schier unmmöglich. Immer wieder tauchen neue Falschstempel auf, mit deren Hilfe geringwertige Marken erheblich teurer gemacht werden, denn es kommt nicht gerade selten vor, daß eine Ausgabe in gestempelter Erhaltung die gleiche Ausgabe in postfrischer Erhaltung um ein Vielfaches in der Katalogbewertung übertrifft. Also: Bei wertvollen gestempelten Marken immer besonders aufmerksam sein (besondere Vorsicht ist bei teuren deutschen Marken aus der Inflationszeit und bei den Saar-Marken bis 1955 geboten!).
Alle Briefmarkensammler müssen mit den obligatorischen Definitionen vertraut sein und die von den international anerkannten Katalogen gewählten Zeichenerklärungen genau kennen. Nur diese Zeichen bestimmen beispielsweise den Beschaffenheitsgrad der Marke und sagen damit bereits etwas über die Qualität aus. Es ist handelsüblich, daß die philatelistischen Zeichen auch in den Anzeigen der Fachprese benutzt werden.
Vergleichen wir einmal zur Verdeutlichung die Definitionen eines in der Bundesrepublik Deutschland und auch im westlichen Ausland maßgeblichen Katalogs mit den Beschreibungen mancher Händler:

Katalogangaben

xx = ungebraucht mit Originalgummi (postfrisch)
x = ungebraucht mit Originalgummi (Falz)
(x) = ungebraucht ohne oder mit Teilgummi
■ = Marke auf Bedarfsbrief, Postkarte, Paketkarte oder Drucksache, bei Flugpostmarken auf Flugpostbrief oder -karte

Händlerangaben

xx = ungebraucht ohne Falz
x = ungebraucht mit Falz
■ = auf Brief

Augenscheinlich werden die Definitionen von einigen wenigen Händlern verändert. Es muß dabei gefragt werden, warum? Nun, die Antwort ist einfach: Diese Händler liefern keine postfrische Ware, wollen dies aber vortäuschen.
Wenn man Sammler fragt, sind die meisten ganz sicher, die jeweiligen Zeichen richtig erklären zu können. Doch die Wirklichkeit sieht leider anders aus. Kaum einer macht sich tatsächlich die Mühe, die Zeichenerklärungen nachzuschlagen. Dabei lohnt sich diese Mühe vor dem Erwerb teurer Stücke besonders, und es dürfte dann jedem schnell deutlich werden, in welcher Weise die Erklärungen von unlauteren Geschäftemachern verändert worden sind.

Messen – Die philatelistischen Drehscheiben!

In jedem Jahr werden in der Bundesrepublik Deutschland und in den angrenzenden Ländern Hunderte von Veranstaltungen durchgeführt. Ausstellungen und Werbeschauen, Tauschtage und Börsen bieten jedem Sammler eine hervorragende Informationsmöglichkeit.

Zur Drehschreibe der philatelistischen Szene ist die *Essener Briefmarken-Messe* geworden, die erstmals 1976 durchgeführt wurde und seitdem mehrere hunderttausend Besucher in ihren Bann zog. Stets wird eine breite Informationspalette geboten, die vom Sammlungsaufbau bis hin zur Fälschungserkennung reicht. Groß ist auch das Angebot der Fachhändler, die aus aller Welt nach Essen kommen und ihr Sortiment mit Briefmarken aller Preisklassen präsentieren. Postverwaltungen und Agenturen bieten den Neuheiteneinkauf zum Postpreis.

Essen wird allgemein als *die* Veranstaltung in der Philatelie angesehen, die die Maßstäbe setzt.

Seit Beginn der 80er Jahre hat sich eine zweite Messe etabliert; die *PHILATELIA* (wechselnde Standorte. Bisher: Frankfurt, Hannover, Stuttgart, Köln). Auch dort ist das Angebotsspektrum überaus vielseitig, kommen Sammler in den Genuß eines günstigen Einkaufs.

Jeder Sammler sollte diese Großveranstaltungen nicht verpassen, denn neben den kommerziellen Gesichtspunkten steht die Information mit an erster Stelle. Man trifft Experten vieler Sammelgebiete, kann mit Gleichgesinnten diskutieren und viele neue Erkenntnisse mit nach Hause nehmen.

Die Briefmarken-Messe in Essen und die PHILATELIA sind immer eine Reise wert!

Klar erkannt werden muß auch, daß der Erwerb dieser »ungebrauchten« Marken wirklich verlockend ist. Die Händler verlangen zumeist weniger als die Seriösen, die nur einwandfreie »postfrische« Marken liefern. Und da ja jeder glaubt, er könnte mit seiner Schlauheit das beste Geschäft machen, werden die billigeren Angebote wahrgenommen. Nur, in den meisten Fällen erweist sich das »Schnäppchen«, der günstige Einkauf, als Verlust.

Jeder sollte sich immer vor Augen halten: Gute Ware ist nicht billig, und ein »billiger Jakob« liefert eben keine Qualitätsprodukte!

Deshalb die eindringliche Warnung: Augen auf beim Markenkauf. Billiges ist oft viel teurer als Sie glauben.

In allen größeren Städten befinden sich Briefmarkenfachgeschäfte. Aber in kleineren Gemeinden und Ortschaften sind keine Läden dieser Branche anzutreffen, weil sich dort kein Handel lohnt. Sie zu bedienen, ist die Aufgabe der Versandgeschäfte, deren Zahl gerade in den letzten Jahren zugenommen hat. Gerade die Sammler in Kleinstädten oder auf dem Lande sind in besonderer Weise auf den Kauf per Versand angewiesen.

Der größte Teil zählt zu den seriösen Unternehmen, aber immer wieder nutzen geschickte Betrüger den Weg des Versandhandels aus, um problemlos das eigene Vermögen zu vermehren.

Diese zwielichtigen Gestalten wissen natürlich allzu genau, daß viele Käufer immer darauf bedacht sind, besonders günstig einzukaufen. Die Geschäftemacher wissen ebenfalls, daß viele Sammler sich als besonders schlau einstufen, daß sie die »Weisheit in Sachen Briefmarke mit dem Löffel gegessen« haben, auch wenn sie überhaupt nichts davon verstehen. Zudem kennen auch die unseriösen Händler den Trend, qualitativ hochwertige Ware zu kaufen. Und außerdem kennen die Schwindler den Hang vieler Sammler zu den Katalognotierungen, die nicht immer »alles« aussagen.

Betrüger machen sich dies zunutze. Sie bieten an, locken mit phantastisch klingenden Angeboten gelegentlich selbst den Vorsichtigen zum Kauf.

Die entscheidenden Punkte: Dummheit und Habgier (kommt von unbedingt haben wollen!). Alle noch so gute Fälschungsbekämpfung, alle noch so richtigen und berechtigten Ratschläge wohlmeinender Experten, jede noch so gutgemeinte Hilfestellung in klugen Broschüren und Büchern ändern leider nichts an der Tatsache, daß die Dummheit, zuweilen auch das Nichtwissen, häufig aber auch der Ehrgeiz die beste Garantieversicherung für das Unwesen der Fälscher und Trickbetrüger sind.

Wer sich dem Hobby Briefmarkensammeln verschrieben hat, sollte sich stets umfassend informieren. Das Studium der Katalogpreise allein bietet keine Gewähr für erfolgreiches Sammeln. Erst wenn man Fachzeitschriften liest, Fachliteratur zu Rate zieht, sich um Hintergrundwissen bemüht, offenbart sich auf Dauer, was dieses Hobby weltweit so erfolgreich hat werden lassen: die Faszination Philatelie.

KLEINES LEXIKON DER PHILATELIE

A

Abarten – sind durch Zufall entstandene und von der Post nicht beabsichtigte Abweichungen von der gesamten Ausgabe hinsichtlich Papier, Farbe, Stellung des Wasserzeichens des Auf- und Überdrucks, der Zähnung etc. Nicht zu verwechseln mit reinen Druckzufälligkeiten!

Aerogramm (Luftpostbrief) – Amtlich verausgabter Briefbogen mit Wertstempeleindruck, der nach Vorschrift gefaltet und zu einem Einheitsporto mit Luftpost an jeden Ort des Erdballs transportiert wird.

Aerophilatelie – beschäftigt sich mit Marken, Stempeln und Belegen aus dem Bereich der Luftpost.

Album – Je nach Sammelzweck bedient man sich eines Normalalbums (mit vordrucklosen Blättern), Vordruckalbums, Einsteckalbums, Falzlosalbums (mit Klarsichttaschen), eines Brief- bzw. Ganzsachenalbums oder eines Bogenalbums.

Altbrief – Im Gegensatz zum »alten Brief« ein Brief etc. aus der Zeit vor Einführung von Briefmarken in dem entsprechenden Land. Damit beschäftigt sich die Altbriefkunde oder Vorphilatelie.

Altdeutschland – Sammelgebiet, das die Briefmarken und Ganzsachen jener Postgebiete umfaßt, die bis zur Gründung des Deutschen Reiches 1871 und teilweise auch noch lange danach (bis 1920) eigene Wertzeichen herausgaben.

Anhängsel – durch Perforierung von der eigentlichen Marke abgetrenntes Feld mit Inschrift oder Abbildung, auch TAB genannt, (z. B. bei Marken Belgiens oder Israels).

Ankunftsstempel – Abstempelung beim Auslieferungspostamt; früher allgemein gebräuchlich (in Deutschland seit 1909), heute nur noch bei besonderen Sendungen wie zum Beispiel Eilzustellung.

Aptierter Stempel – Weiterverwendeter Stempel unter Ausfeilung nicht mehr gültiger oder zutreffender Inschriftenteile (häufig bei Besetzungen).

Aufdruck – Durch Bedrucken mit Worten, Buchstaben oder Zeichen werden Marken für einen anderen als den ursprünglichen Zweck verwendbar gemacht, auch Überdruck genannt (z. B. Freimarken als Portomarken).

Attest – Schriftliches Gutachten eines Prüfers hinsichtlich Echtheit, Erhaltungszustand etc. einer zur Prüfung eingesandten Marke.

Auflage – Die Gesamtzahl einer bestimmten Ausgabe von Marken, Sätzen oder Ganzsachen.

Automatenmarken – Automatenfreistempel, neue Form von Briefmarken; nur in Orten erhältlich, in denen Automaten stehen. (Schweiz, Norwegen, Frankreich, Jugoslawien; im Bereich der Deutschen Bundespost versuchsweise seit 1981)

B

Bahnpost – Postbeförderung mit der Bahn im eigens dafür bestimmten Bahnpostwagen. Für den Sammler wegen der Bahnpoststempel interessant. Erstmals 1838 in England auf der Strecke London-Birmingham durchgeführt; in Deutschland seit 1875.

Bandaufdruck – Bezeichnung für die Marken der deutschen Kontrollratsserien anläßlich der Währungsreform 1948, die mit mehrfacher Wiederholung eines Posthorns zwischen Zierleisten bedruckt wurden (auch Netzaufdruck kommt vor).

Barfreimachung – Postamtliche Bezeichnung für Sendungen, die ohne Freimachung durch Briefmarken am Schalter aufgegeben werden.

Bedarfsbrief oder -postkarte – Ein tatsächlich durch die Post beförderter Privat- oder Geschäftsbrief (-postkarte), der nicht überfrankiert ist und keine offensichtliche Gefälligkeitsentwertung trägt.

Bildpostkarte – Amtliche Postkarte mit Wertstempeleindruck und Bildzudruck in der linken oberen Hälfte der Karte. Als Ganzsache anzusehen.

Block – Ein kleiner Bogen mit oft verziertem und beschriftetem Rand und normalerweise ein bis vier (in Überseeländern häufig auch mehr) bildgleichen oder bildverschiedenen Marken.

Botenbrief – Ein nicht durch die Post, sondern durch einen Boten beförderter Brief (kommt vor in früheren Jahrhunderten oder bei Poststreiks).

Briefstück – Ausschnitt aus einem mit einer Marke freigemachten Brief; auch Briefausschnitt genannt, muß die Marke(n) und den ganzen Stempelabdruck enthalten.

Buntfrankatur – Eine mit mindestens drei verschiedenen Marken unterschiedlicher Wertstufen bzw. Farben freigemachter Beleg, auch Mischfrankatur genannt.

C

CEPT – Abkürzung für Conférence Européene des Postes et des Télécommunications (Europäische Konferenz der Post- und Fernmeldeverwaltungen); 1959 in Montreux ins Leben gerufen.

Cholerabrief – Desinfizierte Post aus Seuchengebieten; mit einem sog. Cholerastempel versehen.

Christkindl-Stempel – Der in der Weihnachtszeit verwendete besondere Stempel des österreichischen Ortes Christkindl (seit 1950).

D

Dauermarken – Marken, die zum Teil auch bei wechselnden Portostufen bildlich gleich sind und mehrere Jahre in Gebrauch bleiben. Mehrere Marken der gleichen Art nennt man Dauerserie.

Deutsche Bundespost – Ist die offizielle Bezeichnung der Postverwaltung in der Bundesrepublik Deutschland. Die BP, in Sammlerkreisen auch kurz »Bund« genannt, trat erstmals unter dieser Bezeichnung am 28. 7. 1950 bei der Herausgabe der beiden J.-S.-Bach-Marken auf.

Dienstmarken – Spezielle Marken, die zur Freimachung von Behördenpost dienen.

Doppeldruck – Verschobenes Markenbild, wenn der Papierbogen zweimal durch die Druckmaschine läuft (von Spezialsammlern sehr gesuchte Stücke).

Doppelkreisstempel – Bezeichnung für einen Kreisstempel mit doppelter kreisförmiger Einfassung.

Dublette – Alle Objekte, die der Sammler doppelt oder mehrfach besitzt; häufiger Einsatz als Tauschmaterial.

Durchstich – Anstelle der Zähnung gelegentlich verwendete Trennungsart der Marken im Bogen: besteht aus feinen Schnitten, die zwischen den Markenreihen verlaufen. Das Verfahren ist so alt wie die Zähnung oder Perforation, hat sich aber als nicht so praktisch erwiesen.

E

Eckrandstück – Marke aus der Bogenecke mit anhängendem Bogenrand an zwei Seiten (bei vier Marken: Eckrandviererblock).

Echtheitszeichen – Nach der Prüfung einer Marke wird auf der Rückseite ein Stempelabdruck mit dem Namen des Prüfers angebracht. Aus der Stellung des Stempels kann man entnehmen, ob die Marke gebraucht oder ungebraucht, gezähnt, gestochen oder geschnitten ist.

Einschreibzettel – In Österreich auch Reko-Zettel genannt; Klebezettel zur Kennzeichnung von eingeschriebenen Sendungen; auch als R-Zettel bezeichnet (R = Rekommandation, nach dem franz. recommandé).

Eisenbahnmarken – Wertzeichen zur Verrechnung der Gebühr für eisenbahnbeförderte Sendungen; heute kaum mehr gebräuchlich (in Belgien gibt es sie noch als Eisenbahnpaketmarken).

Entfalzt – Bezeichnung für eine ungebrauchte Marke, die von dem Falz befreit wurde.

Ergänzungswert – Eine nachträglich notwendig gewordene Marke zu einer bereits seit längerer Zeit verwendeten Dauerserie; meist bei Portoveränderungen erforderlich. Das Bild entspricht den Marken der bisherigen Serie.

Ersttag – Erster Gültigkeitstag für eine neu verausgabte Marke oder Ganzsache.

Ersttagsblatt (ETB) – Zum ersten Gültigkeitstag neuer Marken hergestelltes Schmuckblatt mit der entsprechenden Marke und meist mit dem Ersttagsstempel versehen.

Ersttagsbrief, FDC = First Day Cover – Von privater Seite oder der Post hergestellter Schmuckumschlag mit den neuen Marken und dem entsprechenden Ersttagsstempel.

Ersttagsstempel – Meist ein Sonderstempel zu einer Markenneuerscheinung (oft mit passendem Motiv oder/und Inschrift).

Europamarken – Bezeichnung für die seit 1956 alljährlich verausgabten, zunächst bildgleichen, heute unterschiedlichen, aber mit einem Einheitsthema versehenen Marken westeuropäischer Staaten.

F

Falz – Siehe Klebefalz.

Federzugentwertung – Eine handschriftliche Entwertung der Marke (früher für hohe Wertstufen zum Teil vorgeschrieben).

Fein – Begriff aus der Auktionssprache; bedeutet Durchschnittserhaltung, Mängel können vorhanden sein.

Feinst – Obwohl Steigerung von fein, schlechtere Qualität als »Fein«.

Feldpost – Begriff für Sendungen, die in Kriegszeiten durch besondere Feldpostorganisationen befördert werden. Es gibt Feldpostmarken, Feldpoststempel.

Frankatur – Bezeichnung für die einer Postsendung aufgeklebten und den Portobetrag darstellenden Marken.

G

Ganzbrief, Ganzstück – Ein vollständig erhaltener, mit aufgeklebten Marken freigemachter Brief.

Ganzsachen – Postamtlich verausgabte Briefumschläge, Postkarten etc. mit Wertstempeleindruck in Höhe des Portos (meist im Muster der Dauermarken; manchmal auch mit einem besonderen Wertstempeleindruck: Sonderganzsache).

Gebraucht – Anderer Ausdruck für gestempelt.

Gemischter Satz – Aus gestempelten und ungestempelten Marken zusammengestellter vollständiger Satz.

Geschnitten – So heißen Marken, die nicht durch Perforation aus dem Bogen herausgetrennt werden (mit Zähnung), sondern per Schere geschnitten werden müssen (ohne Zähnung).

Gezähnt – So heißt eine Marke, wenn sie zum leichteren Abtrennen aus dem Schalterbogen perforiert ist.

Gültigkeitsdauer, Kurszeit – Der Zeitraum, in dem eine Dauer- oder Sondermarke zum Freimachen verwendet werden kann.

H

Halbiert – Philatelistischer Begriff für eine senkrecht, waagerecht oder diagonal zerschnittene Marke, wovon jede Hälfte zum halben Nennwert als Frankatur verwendet wurde (früher häufig vorgekommen bei Fehlen entsprechender Frankaturwerte; vor allem bei kleinen Poststationen).

Handstempel – Mit der Hand abzudrückender bzw. abzuschlagender Stempel zur Markenentwertung in Form von Fauststempel mit kurzem Stiel; im Gegensatz zum Maschinenstempel bei automatisierter Entwertung.

Hufeisenstempel – Stempelform, die einem Hufeisen ähnelt (verwendet in altdeutschen Staaten ca. 1864–1893).

I

Infla-Marken – Bezeichnung für Marken des Deutschen Reiches aus der Inflationszeit (1919–1923); gestempelt selten oder gar kleine Raritäten (sollten geprüft sein).

Inselpost – Aufdruck in verschiedenen Typen auf deutschen Zulassungsmarken und Päckchensendungen für die gegen Ende des Zweiten Weltkrieges auf den griechischen Inseln Kos, Kreta, Leros und Rhodos eingeschlossenen deutschen Truppen.

Inselzähnung – Zähnungsart für eine oder mehrere Einzelmarken, die auf einem Sonderblock freistehend inmitten einer Zeichnung plaziert sind.

Interniertenpost – Postalische Belege aus Gefangenenlagern etc. während des Zweiten Weltkrieges.

J

Jul-Marken – Es handelt sich nicht um Postwertzeichen, sondern um Vignetten, die privat von Wohltätigkeitsorganisationen hergestellt und vertrieben werden (meist zur Weihnachtszeit; verbreitet vor allem in Skandinavien und Nordamerika).

K

Kabinettstück – Qualitätsbegriff aus der Auktionssprache: fehlerfreie Marke/Ganzsache u. ä. von bildlich überdurchschnittlichem Aussehen, bei gestempelten Stücken mit sauberem, gut lesbarem Stempelabdruck.

Kastenstempel – Bezeichnung für Rechteck- oder Rahmenstempel (viele Unterarten).

Katalog – Markenverzeichnis mit Abbildungen, wesentlichen Daten und Bewertungen. Der Briefmarkenkatalog ist für den Sammler ein unentbehrliches Hilfsmittel.

Kehrdruck, Tête-bêche (franz.) – Waagerechtes oder senkrechtes Markenpaar, von dem eine Marke im Vergleich zur anderen kopfsteht. Sie hängen unmittelbar oder durch Zwischensteg getrennt zusammen.

Klassische Marken – Begriff aus der Sammlersprache für alle vor 1900 erschienenen Postwertzeichen.

Klebefalz, Falz – Gummierter, meist vorgefalzter Papierstreifen, der zur Befestigung gestempelter Marken im Album dient; früher auch für ungebrauchte Marken benutzt, was bei Ausgaben ab ca. 1920 aber eine Wertminderung bedeutet (seit den Falzlos-Alben nur noch selten verwendet).

Kleinbogen – Bogen mit weniger als den üblichen 50 oder 100 Marken; im Unterschied zu Block oder Schalterbogen.

Kolonialmarken – Begriff für die von einem Staat für seine (meist) überseeischen Besitzungen verausgabten Postwertzeichen (z. B. Kolonialmarken für Deutsch-Südwestafrika, heute Namibia).

Kopfstehender Aufdruck – Werden die mit einem Aufdruck zu versehenden Markenbogen der Druckmaschine verkehrt zugeführt, steht der Aufdruck zum Markenbild kopf.

Kreisstempel – Begriff für die im Postdienst bis heute wohl am häufigsten gebrauchte Stempelform.

Kurzsatz – Bezeichnung für einen nur die niedrigeren Werte enthaltenen Markensatz.

L

Letzttagsstempel – Gegenstück zum Ersttagsstempel (aber nicht so populär geworden).

Liebhaberpreis – Bewertung in Katalogen für meist sehr seltene Marken und Belege, deren Marktwert schwer ermittelbar ist. Abkürzung: Lp.

Lokalmarken – Mit oder ohne behördliche Genehmigung meist in Notzeiten mit primitiven Mitteln hergestellte und verausgabte Wertzeichen zur Freimachung in einem begrenzten Gültigkeitsbereich.

Los – Bezeichnung bei Auktionen für Einzelmarke, Satz, Beleg oder Sammlung.

Lot – Vom Händler angebotene abgepackte Zusammenstellung von Marken oder Sätzen eines oder mehrerer Postgebiete, das meistens auch Dubletten enthält.

Luftpost, Flugpost – Amtliche Bezeichnung für durch die Luft beförderte Postsendungen (z. B. Taubenpost, Ballonpost, Zeppelinpost; Post, befördert mit Flugzeugen).

Luxusstück – Qualitätsbezeichnung aus der Auktionssprache für absolut fehlerfreie, sehr gute Marken, Ganzsachen etc.

M

Markenheftchen – Zusammenstellung von einem oder mehreren Heftchenblättern mit mehreren Marken gleicher oder verschiedener Wertstufen, die so verteilt sind, daß ein runder Verkaufsbetrag entsteht. Die Heftchen werden zumeist über Automaten abgegeben.

Maximumkarte – Ansichtskarte, die auf der Bildseite das völlig oder weitgehend mit einer Sonder-, Gedenk- oder auch Dauermarke übereinstimmende, stark vergrößerte Markenbild zeigt.

Mehrfachfrankatur – Freimachung einer Postsendung mit zwei oder mehr Marken gleicher Ausgabe und Wertstufe (im Rahmen des notwendigen Portos).

Motivphilatelie – Sammlungen, zusammengestellt nach besonderen Motiven. Im Reglement der Motivkommission der FIP von 1966 heißt es dazu: »Eine Motivsammlung ist eine philatelistische Gesamtarbeit, die nach einem bestimmten Plan aufgebaut ist. In ihr wird mit Briefmarken und anderen philatelistischen Dokumenten ein bestimmtes Thema bearbeitet, eine These belegt und ein Leitgedanke illustriert. Es muß ihr notwendigerweise ein erläuternder Text hinzugefügt werden.«
Zu den am meisten gesammelten Themen und Motiven zählen: Luftfahrt, Raumfahrt, Automobile, Schiffe, Sport, Olympische Spiele, Fußballweltmeisterschaft, berühmte Persönlichkeiten, Nobelpreise, Zoologie, Botanik, Landwirtschaft und Forsten, Landschaften, Kunst, Religion, Musik, Literatur, Märchen, Weihnachten, Medizin, Architektur, Berufe, Industrie, Druck und Papier, Post.

Mühlradstempel – Begriff für die in Bayern zur Entwertung der Marken MICHEL-Nr. 1–21 benutzten Stempel, deren erste Ausführungsart einem Mühlrad ähnelt.

Muster – Handstempelaufdruck am unteren Markenrand auf neuen Marken, die einige Wochen vor Erscheinen zwecks Abbildung und Beschreibung an die Presse verschickt werden (engl. specimen).

N

Nachverwendet – Begriff für Stempel einer nicht mehr bestehenden Postverwaltung, die jedoch von der Nachfolgeverwaltung über kürzere oder längere Zeit unverändert weiter benutzt werden, bis neue eigene Stempel zur Verfügung stehen.

Nachzähnung – Reparierung einer nicht mehr tadellos gezähnten Marke (Wertverlust).

Nebenstempel – Postamtliche Stempel, die nicht der Markenentwertung dienen (z. B. Stempel »Zurück an Absender«).

Nennwert – Bezeichnung für den auf einer Marke, Ganzsache u. a. in Ziffer und/oder Zahlwort aufgedruckten Betrag, zu welchem das Postwertzeichen am Schalter abgegeben und zur Freimachung verwendet werden kann (auch Frankatur- oder Nominalwert genannt).

Notopfer-Marken – Zur Unterstützung für die notleidende Wirtschaft in den Westsektoren Berlins verausgabte Zwangszuschlagsmarke zu 2 Pf, die vom 1. 12. 1948 bis 31. 3. 1956 auf Inlandssendungen zum normalen Porto beigeklebt werden mußte.

Nummernstempel – In verschiedenen äußeren Formen gestaltete Stempel mit einer Ziffer in der Mitte, ohne oder mit Buchstaben davor oder dahinter, die früher vorwiegend zur Markenentwertung dienten; den Postorten entsprach jeweils eine nach verschiedenen Systematiken erstellte bestimmte Nummer.

O

OPD – Abkürzung für Oberpostdirektion.

Originalgummi – Qualitätsbezeichnung für eine Marke, die noch die Gummierung aufweist, mit welcher sie verausgabt wurde. Gegensatz: nachgummiert = ganz oder teilweise mit neuem Gummi repariert.

Ortsdatumsstempel – Die gebäuchlichste Stempelart; außer dem Namen des Postortes wird das Datum angegeben, das früher durch Stecktypen, heute durch Stellrädchen entsprechend verstellt werden kann (amtliche Bezeichnung: Tagesstempel).

P

Paar – Bezeichnung für zwei waagerecht oder senkrecht zusammenhängende Marken gleicher Wertstufe und Farbe.

Perforation – Fremdwort für jede Art der Durchlochung bzw. Zähnung.

Philatelie – Aus den altgriechischen Wörtern philos = Freund und atéleia = Gebührenfreiheit (weil die Marke den Empfänger davon befreite, den

Boten zu bezahlen) abgeleitetes Kunstwort, das schon um 1865 für das Sammeln von Postwertzeichen vorkommt. Angeblich wurde der Begriff von Georges Herpin aus Paris geprägt als Alternative zu dem Wort »Timbromanie«, das zu jener Zeit im Umlauf war. Philatelie bedeutet das systematische Sammeln von Marken und die wissenschaftliche Beschäftigung mit ihnen sowie mit anderen postalischen Belegen und Dokumenten.

Plattenfehler – Fehler im Markenbild, im Auf- oder Überdruck u. ä., die infolge Beschädigung der Druckform entstanden sind, von Anfang an vorhanden waren oder während des Drucks auftraten und bei den Marken der ganzen Auflage oder, wenn der Fehler bemerkt und bald ausgemerzt wird, nur bei einer Teilauflage erscheinen.

Portomarken – Spezielle Marken, die bei Nachportoerhebung auf die unterfrankierte Sendung geklebt werden (in Höhe des Nachportos).

Postfrisch – Nicht benutzte Marke, die sich in dem Zustand befindet, in welchem sie am Postschalter abgegeben wurde, das heißt, Rückseite und Gummierung sind völlig unberührt, auf der Bildseite befindet sich kein Stempel.

Postkrieg – Bezeichnung für Situationen zwischen zwei oder mehreren Staaten, wenn Briefmarken im zwischenstaatlichen Verkehr meist aus politischen Gründen nicht als gültige Postwertzeichen anerkannt werden und die Sendungen mit Ablehnungsvermerk zurückkommen. Beispiel: 1971 wurden von der Bundespost keine DDR-Ersttagsbriefe zum 10jährigen Bestehen der Berliner Mauer befördert.

Prüfer – Experte, der philatelistische Objekte auf Echtheit und Qualität prüft, sie mit einem Prüferstempel oder Prüferzeichen kennzeichnet und Expertisen (Atteste) bzw. Fotoatteste ausstellt. (Bund der Philatelistischen Prüfer)

Prüfordung – Reglement, das für Prüfer und Auftraggeber verbindlich ist. In der Bundesrepublik: Prüfordnung des Bundes Philatelistischer Prüfer.

PTT – In vielen Sprachen und Ländern Abkürzung für Post, Telefon, Telegraf; verschiedentlich in Markeninschriften zu finden.

R

Randstück – Bezeichnung für eine Marke, der noch ein Teil des Ober-, Unter- oder Seitenrandes des Schalterbogens anhängt.

Rollenmarken – Bezeichnung für die aus Markenrollen (in Automaten eingesetzt) stammenden Postwertzeichen.

Rote Adenauer – Bezeichnung für die Bundespost-Marke MICHEL-Nr. XI (nach MICHEL-Nr. 565) zum ersten Todestag Konrad Adenauers; nicht zur Ausgabe gelangt; es existieren nur einige Mustermarken.

Rückdatiert – Datum im Stempel auf einer Marke entspricht nicht dem Tag, an dem der Stempel tatsächlich verwendet wurde.

Rücklos – Bezeichnung aus der Auktionssprache für ein Los, das keinen Käufer gefunden hat und an den Einlieferer zurückgeht.

Rückschein – Vordruckkarte, auf der der Empfänger den Erhalt einer Einschreibe- oder Wertsendung zu bestätigen hat.

S

Saisonstempel – Bezeichnung für Stempel mit Werbeeinsätzen oder auch für normale Tagesstempel, die nur zu bestimmten Zeiten benutzt werden.

Sammlung, Briefmarkensammlung – Als Sammlung gilt in der Philatelie das systematische Zusammentragen philatelistischer und vorphilatelistischer Belege. Unterschieden wird generell zwischen Ländersammlung und Motivsammlung bzw. Mottosammlung. Anspruchsvollere, d. h. über den Rahmen einer Katalogsammlung hinausgehende Formen der Sammlung sind die thematische Sammlung, die dokumentarische Sammlung und die heimatgeschichtliche Sammlung. Den Höhepunkt philatelistischer Sammlungen bildet die Forschungssammlung.

Satz – Bezeichnung für zwei oder mehrere durch den Ausgabeanlaß zusammengehörige Marken mit gleichen oder verschiedenen Abbildungen und Wertangaben (meist mit gleichem Ersttag). Für den Sammler: geschlossene Markenserie, in der kein Stück fehlt.

Schädliche Ausgaben – Unseriöse Briefmarkenausgaben, die die Interessen der Sammler verletzen und von der internationalen Sammlerorganisation (FIP) in einer sogenannten Boykottliste geführt werden.

Schiffspost – Amtlicher und philatelistischer Begriff für Posteinrichtungen an Bord von Schiffen, die nur vom Zahlmeister des Schiffes betreut werden (Schiffspost-Brief, -Marke, -Stempel).

Schwarzdrucke – Amtliche Neudrucke von alten Markenausgaben auf Originaldruckstöcken in schwarzer Farbe (besonders bekannt als Separatdrucke der Österreichischen Post).

Schwärzungen – Bezeichnung für die Unkenntlichmachung einer Markenabbildung, um diese Marke weiterhin verwenden zu können. Beispiel: 1945 mußten in Deutschland auf Marken mit dem Hitlerkopf die Portraits geschwärzt werden.

Seepost – Amtliche und philatelistische Bezeichnung für Posteinrichtungen an Bord von Schiffen, die von Postbeamten begleitet werden (Unterschied: Schiffspost).

Sehr schön – Qualitätsbezeichnung aus der Auktionssprache für Marken oder Belege mit Durchschnittserhaltung (kleine Mängel möglich).

Sondereinschreibzettel – Einschreibzettel, die bei besonderen Veranstaltungen, bei Philatelie-Ausstellungen, von der Post eingesetzt werden (in der Bundesrepublik seit mehreren Jahren nicht mehr genehmigt).

Sonderpostamt – Für einen oder mehrere Tage anläßlich einer Veranstaltung eingesetztes, provisorisch bei der Veranstaltung eingerichtetes Postamt, das meist auch einen entsprechenden Sonderstempel führt.

Stecherzeichen – Name oder Buchstabe unter dem oder im Markenbild, mit dem sich der Graveur (Stecher) der Marke verewigt hat.

Stockflecken – Bräunliche Verfärbung im Papier von Marken und Ganzsachen, die durch hohe Luftfeuchtigkeit und zu geringe Frischluftzufuhr entstehen (Wertminderung).

Strafporto – Volkstümliche Bezeichnung für amtliche Nachgebühr.

Stummer Stempel – Bezeichnung für Stempel, die keinen direkten Hinweis auf den Verwendungsort enthalten.

Sympathieausgaben – Bezeichnung für Marken, die im Anschluß an vorhergehende Briefmarken (zum Beispiel Europa-Marken) von Ländern herausgegeben werden, die mit dem entsprechenden Thema nichts zu tun haben.

T

Tagesstempel – Amtliche Bezeichnung (siehe Ortsdatumsstempel).

Taxmarken – In der Schweiz üblicher Begriff für Portomarken.

Transitstempel – Alle Arten von alten Grenzübergangs-, Durchgangs- und Leitstempeln.

Trauermarken – Bezeichnung für Marken, die anläßlich des Todes eines Staatsoberhauptes kurz nach dessen Ableben verausgabt werden. Vielfach in Schwarzdruck gehalten oder unter Verwendung bestehender Marken, die mit einem Trauerrand versehen werden.

U

Überdruck – Marke oder Ganzsache, die aus besonderem Anlaß (zum Beispiel Portoerhöhung) mit neuer Wertangabe überdruckt wurde.

Überfrankatur – Beleg mit Marken in höherem Wert, als für das Porto notwendig ist.

Ungebraucht – Bezeichnung für eine Marke oder Ganzsache, die noch nicht postalisch gebraucht wurde (keine Abstempelung).

UPU – Internationale Abkürzung für Weltpostverein (französisch: Union Postale Universelle).

V

Vignetten – Privat hergestellte und vertriebene markenähnliche Drucke, oft mit Wertangabe, aber ohne postalische Frankaturkraft (meist zur Finanzierung von Veranstaltungen u. ä. hergestellt und verkauft.

Vorläufer – Bezeichnung für Postwertzeichen, die unter bestimmten Voraussetzungen ohne Kennzeichnung durch Aufdruck in zwei oder mehreren Postgebieten verwendet werden; es werden meist ältere Ausgaben weiterverwendet, bis für das entsprechende Gebiete eigene Marken erscheinen.

Vorphilatelie – Bezeichnung für die Beschäftigung mit postalischen Belegen aus der Zeit vor der Verwendung von Briefmarken.

V-Zettel – Orangeroter Klebezettel mit großem V links, international zur Kennzeichnung von Wertsendungen (V verweist auf französisch valeur = Wert).

W

Wasserzeichen – Zur Erschwerung der Fälschung von Marken zum Schaden der Post werden in das Papier Zeichen unterschiedlichster Art eingearbeitet.

Werbestempel – Bezeichnung für Stempel, die durch Text und/oder Bild für irgend etwas werben (z. B. Stadtjubiläum).

Z

Zähnung – Markenbogen werden zur bequemeren Abtrennung der Marken zwischen den waagerechten und senkrechten Reihen mittels besonderer Maschinen perforiert, das heißt, es werden in bestimmten Abständen kleine Löcher eingestanzt.

Zensur-Post – In Kriegs-, Besetzungs- oder Krisenzeiten unterliegen Postsendungen aller Art der Zensur durch militärische oder zivile Stellen (der Inhalt wird überprüft, die Sendung folglich geöffnet).

Zensur-Stempel – Besonderer Stempel zur Kennzeichnung von Sendungen, die überprüft wurden und an den Adressaten weitergeleitet werden dürfen.

Zeppelinpost – Bezeichnung für Postsendungen, die mit dem Luftschiff transportiert wurden (Zeppelin-Marken).

Zuschlagsmarken – Zur Freimachung beliebiger Sendungen zum angegebenen Frankaturwert verwendbare Marken, die mit einem Zuschlagsbetrag für besondere Zwecke belastet sind und von der Post zum Gesamtpreis abgegeben werden (z. B. Wohlfahrtsmarken oder Jugendmarken).

Zwangszuschlagsmarken – Marken mit einem bestimmten Wert, die zum notwendigen Porto hinzugeklebt werden müssen, damit die Sendung befördert wird (z. B. Notopfermarke für Berlin).

Zweisprachige Stempel – In Ländern mit zwei oder mehr Amtssprachen üblich (heute noch in Teilen der Nieder- und Oberlausitz/DDR mit starker sorbischer Bevölkerung).

VERZEICHNIS WICHTIGER ANSCHRIFTEN

Organisationen und Behörden

Bund Deutscher Philatelisten – BDPh
Neue Mainzer Landstr. 221–223
6000 Frankfurt a. M.

Bundesdruckerei
Oranienstr. 91
1000 Berlin 61

Bundesverband der Deutschen Briefmarkenversteigerer e. V.
Geschäftsführer: Joachim Steltzer
Rudolfstraße 13–17
6000 Frankfurt 11

Bundesministerium für das Post- und Fernmeldewesen
Postfach 8001
5300 Bonn 1

Bundesverband des Deutschen Briefmarkenhandels – APHV
Geibelstr. 4
5000 Köln 41

Deutsche Philatelisten-Jugend
Postfach 1426
5880 Lüdenscheid

Zentrale für Fälschungsbekämpfung
Geibelstr. 4
5000 Köln 41

Zeitungen und Zeitschriften

atm • forum
Verlag Thomas von Loeper
Postanschrift:
Wolfgang Maassen
Postfach 10
4056 Schwalmtal 1

Briefmarken-Magazin
EMS-Verlag Wolfgang Erzinger
Waldstr. 30
7000 Stuttgart 70

Briefmarken-Spiegel
Verlag Göttinger Tageblatt
Abteilung Philapress-Verlag
Postfach 3042
3400 Göttingen

Briefmarkenwelt
Verlag Richard Borek
Theodor-Heuss-Str. 7
3300 Braunschweig

Deutsche Briefmarken-Zeitung
DBZ-Verlag
Feldstr. 6
5408 Nassau

Junge Sammler
Verbandsorgan der Deutschen Philatelisten-Jugend (siehe dort)

MICHEL-Rundschau
Schwaneberger-Verlag
Muthmannstr. 4
8000 München 45

philatelie
Verbandsorgan des BDPh (siehe dort)

sd/sammlerdienst
R.v. Decker's Verlag G. Schenck
Im Weiher 10
6900 Heidelberg
Postanschrift:
Dieter Stein
Postfach 130434
5630 Remscheid

Fachpublikationen des Auslands

Berner Briefmarken-Zeitung
Zumstein & Cie.
Zeughausgasse 24
CH-3000 Bern

Die Briefmarke
Getreidemarkt 1
A-1060 Wien

L'Echo de la Timbrologie
37 Rue des Jacobins
F-80036 Amiens Cedex

Le Monde des Philatélistes
24 Rue Chauchat
F-75009 Paris

Mijn Stokpaardje
Adenauerlaan 268
NL-3527 RN Utrecht

Postzegel Revue
Canadalaan 8a
NL-7316 BX Apeldoorn

Schweizer Briefmarken Zeitung
Eigerstr. 71
CH-3001 Bern

Stamp Monthly
Stanley Gibbons Publications Ltd.
391 Strand
GB-London WC2R OLX

Zubehörhersteller

Richard Borek GmbH
Theodor-Heuss-Straße 7
3300 Braunschweig

DAVO
Edelgard Brühning
Adolf-Kolping-Straße 174
4792 Bad Lippspringe

KA-BE
Volkhardt GmbH & Co. KG
Daimlerstraße 15
7320 Göppingen-Ursenwang

Kobra
Rudi Schlattner
Siemensstraße 4
7440 Nürtingen

Kronen-Alben
J. und G. Löwer
Werkstraße 5
6123 Bad König

Leuchtturm-Albenverlag
Paul Koch KG
Am Spakenberg 45
2054 Geesthacht

Lindner-Falzlos GmbH
Rottweiler Straße 38
7464 Schömberg

MICHEL
Schwaneberger-Verlag
Muthmannstraße 4
8000 München 45

Prinz-Verlag
Dr. Geiger-Weg 1
8390 Passau

SAFE
Schwäbische Albumfabrik
Ermsstraße 60
7445 Bempflingen

Schaubek
H. M. Cortrie
Heidenkampsweg 76a
2000 Hamburg 1

Hawid-Philatelie GmbH
Postfach 908
8192 Geretsried 2

Philatelistische Literatur – einige Hinweise

Bibliothek des Bundespostministeriums
Adenauer-Allee 81
5300 Bonn 1

Bibliothek des Vereins für Briefmarkenkunde 1878 e. V.
Gutzkow Str. 2
6000 Frankfurt a. M.-Sachsenhausen

Bundespostmuseum
Schaumainkai 53
6000 Frankfurt a. M. 70

R.v. Decker's Verlag G. Schenck
Im Weiher 10
6900 Heidelberg

Philatelistische Bücherei
Hohenfelder Str. 10
2000 Hamburg 76

Postbibliothek Berlin
Lübecker Str. 1
1000 Berlin 21

Stadtbibliothek München
Philatelistische Bibliothek
Rosenheimer Str. 5
8000 München 80

Verlag für den BDPh e. V.
Papenweg 12
Postfach 430
4770 Soest
(Anmerkung: »Neues Handbuch für Briefmarkenkunde«)

Schweiz

Bibliothek und Dokumentation der Generaldirektion PTT
Abteilung Philatelie
Viktoriastr. 21
CH-3030 Bern

Österreich

Österreichische Post
Bibliothek Philatelie
A-1211 Wien

Versandstellen in der Bundesrepublik Deutschland

Postanschriften:	Postamt 12 Versandstelle für Postwertzeichen Postfach 2000 1000 Berlin 12	Postamt 1 Versandstelle für Postwertzeichen Postfach 2000 6000 Frankfurt 1	Postamt Versandstelle für Postwertzeichen Postfach 2000 8480 Weiden
Fernsprecher:	(030) 34092409	(069) 74402795 oder 7440-1	(0961) 80-661
Verkaufsstellen:	Goethestraße 2 1000 Berlin 12	Mainzer Landstraße 187–189 6000 Frankfurt 1	Prüfeninger Straße 2 8400 Regensburg

Weitere Informationen über »Briefmarken von der Post«: **Btx-Leitseite ∗20000 #**

Europäische Versandstellen – Leistungen und Kosten

Zeichenerklärung: FDC = Ersttagsbriefe, Maxi = Maximumkarte, GS = Ganzsachen; *Sprachen:* LS = Sprache des Landes; *Zahlungsweisen:* PG = Postgiro, BÜ = Banküberweisung, IPA = Internationale Postanweisung, BN = Banknoten im Einschreibebrief, ec = Euroscheck, IRC = Internationale Antwortscheine, NN = Nachnahme, *Porto/Gebühr:* Ebf = Einschreibebrief; *Gegenwert:* SM = Sondermarken, ⊙ = Bogengestempelte einzelne Sondermarken, ✳✳ = ungestempelte (postfrische) Marken.

Land	Man kann bestellen					Sprachen				Zahlungsw.	Porto/ Geb.	Gegenwert
	✳✳	⊙	FDC	Maxi	GS	dt.	engl.	frz.	LS			
Belgien Postregie, Abt. 1.3.0.2 Sammlerdienst B-1000 Brüssel	+					+		+	+	PG/ec	–	–
Dänemark Postens Filateli Rådhuspladsen 59 DK-1550 Kobenhavn V	+	+	+			+	+	+	+	PG/ec/BN	–	–
Faröer Postverk Foroya Frimerkjadeildin 3800 Tórshavn Faroe Islands	+	+	+	+		+	+	+	+	PG/ec/IPA/BN	–	–
Finnland (auch Åland) Posti-ja telehallitus Postimerkkeilyjaos PL 654 SF-00101 Helsinki 10	+	+	+		+	+	+	+	+	PG	–	–
Frankreich Service Philatélique des P.T.T. 18, rue F.-Bonvin F-75758 Paris Cedex 15	+				+	+	+	+	+	ec/PG/IPA	ja	–

Land	Man kann bestellen					Sprachen				Zahlungsw.	Porto/ Geb.	Gegenwert
	**	⊙	FDC	Maxi	GS	dt.	engl.	frz.	LS			
Gibraltar Gibraltar Philatelic Bureau P.O.Box 5662 Gibraltar	+		+	+	+		+			ec/BÜ	ja	SM-Frankatur
Griechenland Griechische Post, Generaldirektion Direktion Postwertzeichen und Philatelie Aeoloustr. 100 131 Athen	+	+	+			+	+	+	+	ec/IPA/BN	ja	⊙-Marken
Grönland Den Kongelige Gronlandske Handel Gronlands postvaesen Postboks 100 DK-1004 Kobenhavn K	+					+	+	+	+	PG/ec/IPA/IRC	–	–
Großbritannien British Philatelic Bureau 20 Brandon Street Edinburgh EH3 5TT	+	+	+	+	+		+		+	PG/ec/IPA/ Creditcard	ja	–
Guernsey Philatelic Bureau Postal Headquarters Guernsey, Ch. I.	+	+	+	+	+		+			ec/PG/BN	ja	SM-Frankatur
Isle of Man Post Office Authority Philatelic Bureau Douglas Isle of Man	+		+	+	+		+			IPA/PG/ecl Creditcard	ja	–
Irland An Steirbhis Stampshanais An Roinn Poist agus Telegrafa, A.O.P. Baile Athe Cliath 1	+		+		+	+	+	+	+	ec	ja	SM-Frankatur
Island Frimerkjasalan P.O.Box 8445 128 Reykjavik	+	+	+			+	+	+	+	PG/ec/BÜ	–	–
Italien Amministrazione delle Poste e Telecomunicazioni Ufficio Principale Filatelico Via Mario de' Fiori 103/A I-00187 Roma	+		+		+		+		+	IPA/PG/BÜ	ja	SM-EbF-Frank.
Jersey Dept. of Postal Administrations Philatelic Bureau Jersey, Ch. I.	+	+	+				+			PG/ec	ja	–

Land	Man kann bestellen					Sprachen				Zahlungsw.	Porto/ Geb.	Gegenwert
	✱✱	⊙	FDC	Maxi	GS	dt.	engl.	frz.	LS			
Liechtenstein Postwertzeichenstelle der Fürstl. Regierung FL-9490 Vaduz	+	+	+	+		+	+			PG/NN	ja	⊙-Marken
Luxemburg Direction des Postes Office des Timbres L-2020 Luxemburg	+	+	+			+	+	+	+	PG/BÜ/ec/BN	ja	⊙-Marken
Malta Philatelic Bureau G.P.O. Auberge d'Italie Valletta, Malta	+	+	+				+			BÜ/IPA	ja	Ebf SM-Frank.
Monaco Office des Emissions de Timbres-Poste M.C. 98030 Monaco Cedex	+		+			+	+	+		PG/BÜ/ec	ja	–
Niederlande PTT Centrale Directie Filatelistische Dienst Postbus 30051 9700 RN Groningen	+		+		+	+	+	+	+	PG/BÜ/NN	ja	–
Norwegen Postdirektoratet Postens Filatelitjeneste Postboks 1085 Sentrum Oslo 1	+		+		+	+	+	+	+	PG	ja	–
Österreich Österreichische Post Briefmarkenversandstelle A-1211 Wien	+	+	+	+	+	+			+	PG/BÜ/EC/BN	ja	⊙-Marken
Portugal Direccao General de Correios Servicos de Filatelia Av. Casal Ribeiro 28 1096 Lisboa Cedex	+	+	+	+	+		+	+	+	BN/ec	ja	FDC-Ebf
San Marino Azienda Autonoma di Stato Filatelica e Numismatica C.P. 1 San Marino I-47031 Repubblica di San Marino	+					+	+	+	+	PG	ja	SM-Frankatur
Schweden Postens Frimärkavdelning S-10502 Stockholm	+	+	+	+	+	+	+	+	+	PG	–	–
Schweiz Wertzeichenverkaufsstelle Parkterrasse 10 CH-3030 Bern	+	+	+	+	+	+	+	+	+	PG/NN	ja	⊙-Marken

Land	Man kann bestellen					Sprachen				Zahlungsw.	Porto/ Geb.	Gegenwert
	**	⊙	FDC	Maxi	GS	dt.	engl.	frz.	LS			
Spanien Direccion General de Correos y Telecomunicacion Servicio Filatelico Internacional Madrid 14	+				+				+	ec/BÜ	ja	SM-Ebf-Frankatur
Türkei PTT Genel Müdürlügü Posta Dairesi Daskanligi Filateli Servisi Ankara	+	+	+	+	+		+		+	IPA/ec/PG	ja	⊙-Marken
Vatikan Governatorato Segretaria Generale Ufficio Filatelico-Numismatico I-00120 Città del Vaticano	+	+			+	+	+	+	+	IPA/ec/BN	ja	Ebf-SM-Frank.
UNO Genf UNPA, Palais des Nations CH-1211 Geneva 10	+		+	+	+		+			PG/ec	ja	⊙-Marken
UNO Wien Postfach 900 A-1400 Wien	+		+	+	+	+	+	+		PG/BÜ/ec	ja	⊙-Marken
Zypern (griech.) Philatelic Service G.P.O., Nicosia	+	+	+			+	+	+	+	PG	ja	SM-Frankatur
Zypern (türk.) Philatelic Branch Postal Department Lefkosa, Mersin 10 Türkei	+		+		+		+		+	BÜ/ec/BN/IPA	ja	SM-Frankatur

Stempel selbst beschaffen

»Kulant« heißt, daß die Postämter oft Überschreitungen von 1–2 Wochen hinnehmen und Ihren Stempelwunsch akzeptieren. »Sehr kulant« kann heißen, daß es den Postlern auch nach 4 Wochen noch recht ist – und bei »äußerst kulant«en Ländern kann man auch nach einem 1/4 Jahr mit seinen Stempelvorlagen kommen.
Einen Rechtsanspruch auf den Sonderstempel, womöglich auch noch vier Monate nach Stempeldatum, hat ein Sammler nicht. Auf die Freundlichkeit und die Kulanz des zuständigen Beamten kommt es an. Und die kann man stimulieren, wenn man knapp, klar, aber freundlich seine Wünsche äußert. Mit Deutsch kommt man in Österreich, der Schweiz, Belgien, der DDR gut zurande, in allen Ländern wird Englisch meist verstanden – und wer gar in der Landessprache schreiben kann, hat den Postbeamten schon für sich eingenommen.

BELGIEN – Adresse: Régie des Postes, Administration générale, Div. 1.3.0.2., B-1000 Bruxelles / Versand von Stempelinformationen für Sammler: ja, in deutscher Sprache, Anforderungen an vorstehende Adresse / Terminüberschreitungen: sehr kulant.

DÄNEMARK – Adresse: Postkontor, DK-... Vermerk »Saerstempel« (Sonderstempel) oder »Stempelklisjer« (Maschinenwerbestempel) und den Text des gewünschten Stempels auf dem Außenumschlag vermerken / Versand von Stempelinformationen für Sammler: Abonnement des Amtsblattes »Officielle Meddelelser« bei Post- og Telegrafvaesenet, Blanketdepotet, Vester Voldgade 123, DK-1552 Kobenhavn V.

DDR – Adresse: Postamt... / Versand von Stempelinformationen an Sammler: Abonnement der Zeitschrift »sammler-express« bei: Helios-Literatur-Vertriebs GmbH, Eichborndamm 141–167, 1000 Westberlin 52 / Terminüberschreitungen: sehr kulant bis äußerst kulant.

FINNLAND – Adresse: Postamt..., Vermerk »Sonderstempel« auf dem Außenumschlag/ Versand von Stempelinformationen an Sammler: nein.

FRANKREICH – Adresse: Monsieur le Receveur, Bureau de poste temporaire en occasion de... (Stempeltext), Vermerk »Timbre à date grand format« (Sonderstempel) auf dem Außenumschlag: Monsieur le Receveur, Office des P.T.T., ... »Flamme d'oblitération« (Maschinenwerbestempel)... « auf dem Außenumschlag vermerken/Versand von Stempelinformationen an Sammler: nein/Terminüberschreitungen: kulant.

GROSSBRITANNIEN – Adresse: Postmaster..., Vermerk: »Special Handstamp« (Sonderstempel) oder »Postmark Slogan« (Maschinenwerbestempel) auf dem Außenumschlag mit Hinweis auf den gewünschten Stempeltext anbringen / Versand von Stempelinformationen an Sammler: Abonnement des Postmark Bulletin beim Philatelic Bureau / Terminüberschreitungen: Einsendungen mit Aufgabestempel vom Veranstaltungsdatum gelten als rechtzeitig, kulante Handhabung.

ITALIEN – Adresse: Ufficio p. t., ..., Vermerk »Annullo speziale« (Sonderstempel) oder »targhetta publicitaria« (Maschinenwerbestempel) unter Benennung des gewünschten Stempels auf dem Außenumschlag / Versand von Stempelinformationen an Sammler: nein / Terminüberschreitungen: sehr kulant.

ISLAND – Adresse: Postamt..., Versand von Stempelinformationen an Sammler: ja, beim Philatelic Sales Department, P. O. Box 1445, IS-121 Reykjavik.

NIEDERLANDE – Adresse: Postkantoor..., Vermerk »Bijzonder Poststempel« (Sonderstempel) oder »bijzondere Stempelvlag« (Maschinenwerbestempel) auf dem Außenkuvert / Versand von Stempelinformationen an Sammler: Abonnement des Amtsblattes »PTT-Dienstorders« beim Directeur van het Postdistrict, Postfach 9 91 00, 2500 NA's-Gravenhage / Terminüberschreitungen: kulant.

NORWEGEN – Adresse: Postkontoret..., Vermerk »Motivdatostempler« (Sonderstempel) oder »Stempelklisjeer« (Maschinenwerbestempel) mit dem Text des gewünschten Stempels auf dem Außenumschlag / Versand von Stempelinformationen an Sammler: »Filatelinytt« in norwegischer Sprache kostenlos von Postdirektoratet, Postboks 1181 Sentrum, 0107 Oslo 1 (die deutschsprachigen Neuheiteninformationen enthalten keine Stempelankündigungen!).

ÖSTERREICH – Adresse: Postamt..., Vermerk »Sonderpoststempel« oder »Maschinenwerbestempel« auf dem Außenumschlag / Versand von Stempelinformationen an Sammler: ja, bei Österreichische Post, Briefmarkenversand, Prinz-Eugen-Str. 8–10, A-1011 Wien / Terminüberschreitungen: kulant.

SCHWEDEN – Adresse: Postkontoret..., Vermerk »Minnespoststämpel« auf dem Außenumschlag / Versand von Stempelinformationen an Sammler: Abonnement der »Meddelande Minnespoststämplar« bei Postens Frimärkavdelning, S-10502 Stockholm.

SCHWEIZ – Adresse: Postamt... / Versand von Stempelinformationen an Sammler: Abonnement des PTT-Amtsblatt beim Zeitungsamt. PTT-Zeitschriften, Bern / Terminüberschreitungen: unterschiedlich.

SPANIEN – Adresse: Oficio de Correos, ..., Vermerk »matasello especial« (Sonderstempel) oder »Rodillo« (Werbestempel) auf dem Außenumschlag / Versand von Stempelinformationen an Sammler: Abonnement des Amtsblattes »Boletin Oficial« bei Dirección General de Correos, Servicio Filatelico International, Plaza de las Cibles, Madrid 14 / Terminüberschreitungen: kulant.

USA – Adresse: Postmaster... und Ziffernfolge -9998 an den ZIP-Code anhängen; Vermerk »Special postmarker« (Sonderstempel) oder »Postmark Slogan« auf dem Außenumschlag / Versand von Stempelinformationen an Sammler: nein / Terminüberschreitung: äußerst kulant.

Bitte unbedingt beachten!
Wenn Sie sich aus dem Ausland Stempel besorgen wollen, müssen Sie einen an Sie adressierten und mit den Marken des jeweiligen Landes frankierten Umschlag beilegen. Die ausländischen Marken erhalten Sie im Fachgeschäft oder bei den Versandstellen. Bitte erkundigen Sie sich unbedingt über die in den einzelnen Ländern geltenden Portosätze (Auskunft bei jedem deutschen Postamt).
Wenn Sie Stempel in der Bundesrepublik Deutschland erhalten wollen: Schreiben Sie an das Postamt, das im Stempel erwähnt ist, also Hamburg 36 oder Köln 2. Legen Sie stets einen an Sie adressierten und frankierten Umschlag bei.
Alle Sonderstempel sind noch bis zu vier Wochen nach ihrem Ersteinsatz erhältlich, allerdings nicht mehr »echt gelaufen«. Soll die Sonderstempelpost zu Ihnen befördert werden, müssen Sie Ihre Briefe zum Ersttag beim jeweils stempelführenden Postamt vorliegen haben. Über Sonderstempel informiert die Fachpresse!
Der »sd/sammlerdienst« (Postfach 13 04 34, 5630 Remscheid) bietet einen Leserservice für Ersttagsabstempelungen der Deutschen Bundespost und der Deutschen Bundespost Berlin. Sie werden über die Frankaturmöglichkeiten und die Selbstbeschaffung vor jeder Neuausgabe unterrichtet.

Hinweise für post-historisch interessierte Sammler

Arbeitsgemeinschaft Postgeschichte und Philatelie im Landesverband Mittelrhein e. V.
a) Willy Hinderichs, Templergraben 81, 5100 Aachen
b) Prof. Wigand Bruns, Trierer Str. 851, 5100 Aachen

Bundesarbeitsgemeinschaft für Philatelie und Postgeschichte im Landesverband Bayern e. V.
a) Rolf C. Hofmann, Coburger Str. 14, 8500 Nürnberg 20
b) Robert Fischer, Sandackerstr. 1, 8450 Amberg-Gailoh

Bundesarbeitsgemeinschaft für Postgeschichte und Philatelie des Landesverbandes Hessischer Philatelistenvereine e. V.
a) Hans Köhler, Liebigstr. 67, 6300 Gießen
b) Dr. Walter Gundel, Ludwig-Schwank-Str. 4, 6482 Bad Orb

Bundesarbeitsgemeinschaft Philatelistische Postgeschichte in Nordrhein-Westfalen e. V.
a) Donald Pflitsch, Paulinenstr. 87, 4300 Essen 1

Deutscher Altbriefsammler-Verein e. V. – DASV –
a) Ulrich Brunnert, Leipziger Str. 3, 3418 Uslar
b) Prof. Wigand Bruns, Trierer Str. 851, 5100 Aachen

Philatelistische und postgeschichtliche Arbeitsgemeinschaft Oldenburg und Oldenburger Land
a) Horst Klatt, Suedenburg 30, 2932 Zetel 1
b) Udo Meyer, Robert-Koch-Str. 7, 2903 Bad Zwischenahn-Rost.

Poststempelgilde »Rhein-Donau« e. V.
a) Emil W. Mewes, Spielberger Weg 5, 4000 Düsseldorf 30
b) Rolf Ritter, Postfach 1566, 4708 Kamen

Altdeutschland

Baden
a) Dr. Heinz Jaeger, Tumringer Str. 228, 7850 Lörrach
b) Rupert Ernst, Hirschstr. 17, Pf 2244, 7500 Karlsruhe

Braunschweig
a) Prof. Horst Wölper, Fallsteinweg 21, 3340 Wolfenbüttel
b) Uwe Harz, Holstert 4, 4056 Schwalmtal

Hamburg
(siehe Schleswig-Holstein)

Hannover
a) Friedrich Nölke, Große Bergstr. 24, 3007 Gehrden
b) Max Gelowik, Triftweg 5 A, 3306 Lehre

Lübeck
(siehe Schleswig-Holstein)

Mecklenburg
Arbeit ruht

Norddeutscher Postbezirk
a) Heinrich Lahrmann, Ratiborweg 26, 2000 Hamburg 70
b) Ingo von Garnier, Jahnstr. 34, 5204 Lohmar

Oldenburg
(siehe Postgeschichte)

Preußen
a) Max Bals, Breddestr. 21, 5870 Hemer
b) Dr. Walter Möbs, Carolinenweg 14, 4220 Dinslaken

Sachsen
a) Jürgen Herbst, Müllerwegstangen 13 A, 3570 Stadtallendorf
b) Eberhard Gebauer, Schachenweg 4, CH-4242 Laufen

Schleswig-Holstein
a) Wilhelm Steinhagen, Plessenstr. 15, 2380 Schleswig
b) Werner Haselbach, Deckerstr. 38, 2280 Westerland/Sylt

Thurn und Taxis
a) Karl-Heinz Kremer, Sandweg 147, 6000 Frankfurt/Main 1
b) Paul Dinges, Körnerstr. 14, 6365 Rosbach 3

Württemberg
a) Hartmut Winkler, Burgstr. 13, 7433 Dettingen
b) Dr. Wilfried Kiefner, Gausstr. 28, 7410 Reutlingen
(Bezug der Handbücher: Verlag Neues Handbuch, Papenweg 12, 4770 Soest)

Arbeits- und Forschungsgemeinschaften, Vereine und Sammlergruppen

Deutsches Reich bis 1945

Böhmen und Mähren
a) Dieter Hübner, Lindenstr. 14, 3201 Söhlde 3
b) Egbert Hamann, Wildermuthstr. 20, 7400 Tübingen 1

Brustschilde und Nachverwendete Altdeutschlandstempel
a) Karl-Peter Klein, Bäckerstr. 31, 3250 Hameln
b) Günther Hesselbarth, Multhoepen 13, 3258 Aerzen 14

Danzig
a) Karl Kniep, Goerdelerstr. 15, 6200 Wiesbaden
b) Siegfried Stoye, Ernst-Wöllstein-Str. 7, 6544 Kirchberg

Deutsche Feldpost 1914 / 1918
a) Bernhard Roubin, Staudingerstr. 57, 8000 München 83
b) Dr. Otto Menzel, Scharnhorststr. 15, 2300 Kiel 1

Deutsche Feldpost 1939 / 1945
a) Gustav Mogler, Düsseldorfer Str. 11, 6000 Frankfurt/M 1
b) Adolf Knauf, Am Höheweg 28, 3501 Fuldatal 1

Deutsche Gelegenheitsstempel
a) Günther Depiereux, Arnoldsweiler Str. 48, 5160 Düren

Generalgouvernement
a) Günter Kliche, Kampsriede 6A, 3000 Hannover 51
b) Hans-Hermann Paetow, Züricher Str. 110, 2800 Bremen 44

Germania-Marken
a) Hans Friedrich, Auf dem Schneeberg 1, 5000 Köln 50
b) Dr. Rasso Epple, Riedingerstr. 24, 8900 Augsburg 1

Infla Berlin e. V.
a) Günter Bechtold, Rosenstr. 24, 8120 Weilheim
b) Gotwin Zenker, Ender Gasse 62, A-1120 Wien

Deutsche Kolonialpostwertzeichen
a) Hermann Branz, Podbielski-Allee 79, 1000 Berlin 33
b) Eugen Welti, Essigkrug 19, 8700 Würzburg

Oberschlesien
a) Rolf Ritter, Postfach 1566, 4708 Kamen
b) Rudolf Jackes, Hocheister Str. 13, 5000 Köln 80

Deutsche Ostgebiete
a) Prof. Dr. Wolfhart Haacke, Tannenweg 11, 4790 Paderborn
b) Erwin Lemke, Fasanenpfad 5, 4518 Bad Laer 1

Saar
a) Manfred Schmitt, Dorfstr. 7, 6610 Lebach-Falscheid
b) Walter Marchlewski, Brückenstr. 27, 6683 Dillingen

Schleswig
a) Johannes F. Freiberg, Postfach 706, 6800 Mannheim 1

Deutschland ab 1945

Deutsche Barfrankaturen und Notentwertungen ab 1945
a) Hans-J. Richter, Rostockstr. 19, 3300 Braunschweig
b) Horst Kahl, Parallelstr. 13B, 2000 Norderstedt 1

Bautenserie
a) Heinz-Jürgen Langwost, Nibelungenweg 5, 3000 Hannover 91
b) Dieter Krengel, Schückingstr. 13, 4410 Warendorf 1

Berlin
a) Wolf J. Pelikan, Haager Weg 27, 5300 Bonn-Venusberg
b) Eduard Fiege, Steinäcker 27, 3500 Kassel

Bezirksstempelaufdrucke SBZ 1948
a) Lutz Maigatter, Am Neumarkt 1, 4060 Viersen 11
b) Günter Lieder, Postfach 53 02 46, 2000 Hamburg 53

DDR
a) Erwin Kirchberg, Tepl.-Schönauer Str. 17, 6000 Frankfurt 70
b) Hans Weisel, Emilienstr. 7A, 6650 Homburg/Saar

Alliierte Feld- und Dienstpost in Deutschland
a) Hans Egon Vesper, Am Mühlenberg 19V, 4100 Duisburg 1

Französische Zone
a) Wolfgang Straub, Wasserweg 1, 6369 Schöneck 1
b) Rudolf Kammermeier, Hunsrückstr. 31, 8400 Regensburg

LOKNOT e. V.
a) Herbert Stephan, Carl-Peters-Str. 11, 7500 Karlsruhe 21
b) Hans Findeisen, Dürkheimer Str. 12, 6520 Worms

Mecklenburg-Vorpommern
a) Einar Thom, Alter Kirchweg 75B, 2105 Seevetal 2
b) Udo Kairies, Sonnhalde 13, 7768 Stockach 14

Notopfer Berlin und Wohnungsbauabgabe 1948–1956
a) Reinhold Henke, Schuckertstr. 16, 4400 Münster
b) Markus Kreckel, Arnswalderstr. 16, 3050 Wunsdorf 1

Thüringen – SBZ/OPD-Ausgaben 1945/46
a) Eberhard Frötschner, Laichlestr. 31/I, 7016 Gerlingen
b) Dr. L. Buchelt, Meisenweg 3, 7320 Göppingen

Sondergebiete

Aerogramme
a) Ewald Hüls, Leidener Str. 93, 4150 Krefeld 29
b) Günther Calvi, Joh.-Brassel-Str. 6, CH-9430 St. Margarethen

Internationale Antwortscheine
a) Prof. Dr. Paul-August Koch, Kemmerhofstr. 299, 4150 Krefeld
b) Horst Hoffmann, Schillerstr. 3, 3110 Uelzen

Bahnpost
a) Heinz Post, Neuenhof 1, 5207 Ruppichteroth 4
b) Erich Stöcker, Königsberger Ring 28, 7951 Tannheim/Württ.

Briefpostautomation e. V.
a) Claus Seelemann, Ferdinand-Kobell-Str. 62, 8013 Haar
b) Rolf Goebel, Bergstr. 15A, 3220 Alfeld

Deutsche Bundes- und Philatelistentage
a) Wolfgang Jahn, Friedenstr. 51, 8011 Vaterstetten
b) Wolfgang Fendler, Mainzer Landstr. 221–223, 6000 Frankfurt 1

Deutsche Postfreistempel
a) Karl Topf, Vosskamp 21, 4500 Osnabrück

Erinnophilie
a) Herbert Geier, Alberadastr. 13, 8623 Staffelstein
b) Heinz Patzer, Hoffmannstr. 18, 6100 Darmstadt

Farbrandstreifen u. Bogenrandsignaturen
a) Werner Asbach, Holschbacher Str. 49, 5248 Wissen 3
b) Walter Schießl, Kirchplatz 1A, 8011 Hofolding

Postgeschichtliche Heimatsammlungen
a) Hermann Halemeier, Helmarshauser Weg 2A, 4790 Paderborn

Leipziger Messe
a) Klaus von Freyberg, Klosterweg 2A, 7803 Gundelfingen
b) Klaus-Dieter Kuesters, Am Trotz 44, 2359 Henstedt-Ulzburg

Lochungen
a) Manfred Kinkel, Wuppertalstr. 73, 5090 Leverkusen 31
b) Dr. Hans D. Hillmann, Maschwiese 29, 3163 Sehnde

Luftpost
a) Kurt Dahmann, Fuggerstr. 38, 1000 Berlin 30
b) Heinz Perschau, Maennertresweg 8B, 1000 Berlin 47

Normen und Formen deutscher Stempel
a) Prof. Dr. Hans-J. Anderson, Goldbergstr. 23, 3550 Marburg

Polarphilatelie e. V.
a) Gerhard Trögel, Akazienweg 22, 5090 Leverkusen 31
b) Kurt Behrensdorf, Neue Str. 15, 3140 Lehrte

Posteigenwerbung
a) Dieter Obrecht, Seckenheimer Str. 38, 6800 Mannheim 1
b) Ralf Essic, Blütenweg 29, 6900 Heidelberg

Postleitzahlen
a) Siegfried Baumann, Stauffenbergstr. 25, 4170 Geldern

Privat- und Stadtpost
a) Horst Müller, Am Hedreisch 37, Pf 5030, 5810 Witten
b) Dr. Michael Ahrens, Marg-Gramberg-Str. 16, 2900 Oldenburg

RSV – Rollenmarken, Markenheftchen, Automatenmarken
a) Daniel Cart, Postfach 214, CH-4016 Basel
b) Frank-Peter Lellek, Postfach 156, 4230 Wesel

Deutsche R- und V-Zettel
a) Dr. Friedrich Schembra, Rossertstr. 55, 6374 Steinbach
b) Friedrich J. Oparterny, Ortliebstr. 29, 8500 Nürnberg 60

Sonderpostämter
a) Kurt Rollfinke, Postfach 1426, 5407 Boppard
b) Johannes Berkle, Postfach 99 01 01, 5000 Köln 91

Schiffspost
a) Friedrich Steinmeyer, Große Fuhren 35, 2816 Kirchlinteln
b) Alfred Fabke, Nelkenweg 1, 2095 Marschacht 1

Tag der Briefmarke
a) Wolfgang Jahn, Friedenstr. 51, 8011 Vaterstetten
b) Ernst Brockmann, Alfred Lingg Str. 2, 8025 Unterhaching

Vorausentwertungen
a) Ernst-August Alberts, Virchowstr. 34, 4300 Essen 1
b) Gerhard Meier, Siemensallee 83, 7500 Karlsruhe 21

Zensurpost
a) Alfred Klabes, Ochtumer Str. 9, 2870 Delmenhorst
b) Erich Daniel, Schillerstr. 28, 2870 Delmenhorst

Zeppelinpost
a) Edmund Sedlmayr, Rudolf-von-Habsburg-Str. 39, 6740 Landau
b) Günter Passet, An der Trift 15, 6078 Neu-Isenburg 1

Europäische Staaten

Andorra
a) Karl-Heinz Liedel, Schlesienstr. 8, 6054 Rodgau 6
b) Christian P. Knipp, Heinrich-Heine-Str. 46, 5609 Hückeswagen

Baltische Staaten
A. Estland
a) Artur Menzen, V.d. Goltz-Str. 5, 4600 Dortmund 1
b) Erich Meyer, Reimerde Str. 1, 4500 Osnabrück
B. Lettland
a) Harry von Hofmann, Postfach 52 05 18, 2000 Hamburg 52

Frankreich
a) Rainer von Scharpen, Tucholskyweg 5, 6500 Mainz 31
b) Horst Warnecke, Im Krugfeld 23, 3256 Coppenbrügge 6

Gibraltar – Malta – Zypern
a) Peter C. Hansen, Süderstr. 66B, 2398 Harrislee
b) Hans-J.Teichmann, Washingtonallee 30E, 2000 Hamburg 80
A. Gruppe Malta
Peter C. Hansen, Süderstr. 66B, 2398 Harrislee
B. Gruppe Zypern
Hans-J.Teichmann, Washingtonallee 30E, 2000 Hamburg 80

Griechenland
a) Wolf Dinslage, Griegweg 6, 4400 Münster
b) Michael Feldmann, V-Holte-Str. 87A, 4400 Münster

Großbritannien
a) Heinz Reck, Heideweg 109, 4000 Düsseldorf 30
b) Ernst Eckhart, Kamperweg 174, 4000 Düsseldorf 12

Irland
a) Frank Holzmüller, Auenstr. 21A, 8000 München 5
b) Heinz-Jürgen Kumpf, Euckenstr. 5, 8000 München 70
(Veröffentlichungen sind über folgende Anschrift zu beziehen:
Udo Jarczynski, Ritter-Tuschl-Str. 29, 8359 Aldersbach)

Jugoslawien
a) Gerhard Mensing, Kantstr. 7, 3007 Gehrden
b) Dr. Hermann Dietz, Steinbeißstr. 48, 7016 Gerlingen

Kirchenstaat und Vatikan
a) Hans-W. Vespermann, Eppendorfer Weg 211, 2000 Hamburg 20
b) Dietrich Lenz, Lenzhalde 25, 7000 Stuttgart 1

Ring der Liechtensteinsammler e. V.
a) Hans-Werner Gabriel, Brüderstr. 35, 5650 Solingen 15
b) Karl Luberger, Alpenstr. 8, 8122 Penzberg

Niederlande
a) Dr. Adrian Brinkhoff, Franz-Ludwig-Str. 7, 5500 Trier
b) Hans-Walter Hönes, Schnorrenburg 9, 4400 Münster

Nordische Staaten e. V.
a) Jürgen Tiemer, Am Vörkamp 13, 2303 Altwittenbek
b) Dieter Fullrich, Postfach 1422, 2090 Winsen/Luhe
A. Gruppe Dänemark
Dieter Mickel, Hahner Weg 18, 6204 Taunusstein 2
B. Gruppe Färöer
Axel Mielke, Klopstockstr. 25, 1000 Berlin 21
C. Gruppe Finnland
Werner Friedrichs, Hügelstr. 65, 5600 Wuppertal 2
D. Gruppe Grönland
Dieter Fullrich, Postfach 1422, 2090 Winsen/Luhe
E. Gruppe Island
Werner Stöwahse, Dietrichsdorfer Höhe 11, 2300 Kiel 14
F. Gruppe Norwegen
Jürgen Tiemer, Am Vörkamp 13, 2303 Altwittenbek
G. Gruppe Schweden
Wolfgang Löhrich, Meerholzer Str. 33, 6000 Frankfurt 61
(Veröffentlichungen sind über folgende Anschrift zu beziehen:
Georg Bodner, Pleidelsheimer Str. 3, 7140 Ludwigsburg)

Polen
a) Stefan Petriuk, Neue Str. 3, 2391 Langballigholz
b) Hans-Jürgen Dobiat, Helmholtzstr. 35, 5600 Wuppertal 1

Rumänien
a) Fritz Heimbüchler, Bosettistr. 9, 8000 München 60
b) Hans Georg, Oberfeldstr. 24, 7570 Baden-Baden 24

Rußland/UdSSR
a) Wolfgang Nietsch, Spessartstr. 5, 5300 Bonn 1
b) Horst Schmenkel, Am Steinhügel 16, 5860 Iserlohn

Schweiz
a) Werner Bensing, Broichstr. 12, 5170 Jülich-Broich
b) Rudolf Dewina, Havelstr. 9, 5300 Bonn 1

Spanien
a) Ernst Heller, Sedanstr. 8, 6800 Mannheim 24
b) Dr. Henning Saeftel, Fasanenweg 6A, 2359 Henstedt-Ulzburg 4

Tschechoslowakei e. V.
a) Hans-Peter Vouhsem, Ackerstr. 11, 4236 Hamminkeln 4
b) Jürgen Hammer, Balanstr. 77, 8000 München 90
(Veröffentlichungen sind über folgende Anschrift zu beziehen:
Lit.-Stelle der Bundesarge. Tschechoslowakei e.V., Ackerstr. 11, 4236 Hamminkeln 4)

Türkei
a) M. Kühut Alanyali, Bahnhofstr. 1, 7032 Sindelfingen
b) Wilhelm Weber, Mecklenburger Str. 7, 5600 Wuppertal 22

Ukraine – Philatelisten Verband e. V.
a) Iwan Bobyn, Herzogstr. 114, 8000 München 40
b) Willem O.A. Lans, Westzeedijk 126F, NL-3016 AJ Rotterdam

Ungarn
a) Rudolf Grillenberger, Kanalstr. 14, 8830 Treuchtlingen 1
b) Michael Riegger, Haferbuckel 15, 4019 Monheim

UNO - Philatelie
a) Hans H. von Renesse, An der Schanz 2/37 4, 5000 Köln 60
b) Michael Leck, Wersch 31, 5203 Much
(Veröffentlichungen sind über folgende Anschriften zu beziehen:
UNOP-Versandstelle, Michael Leck, Wersch 31, 5203 Much; oder/und:
Verlag für den BDPh e.V., Postfach 430, 4770 Soest)

Überseeische Staaten

Argentinien
(siehe Lateinamerika spanisch)

Australien
a) Hans H. Fabricius, Beethovenstr. 18, 4300 Mülheim 1
b) Hans Sorge, Carl-Petersen-Str. 8, 2000 Hamburg 26

Bangladesh
(siehe Indien)

Bolivien
(siehe Lateinamerika spanisch)

Brasilien
a) Karlheinz Wittig, Heidestr. 20, 5204 Lohmar 1
b) Wolfgang Maassen, Sechs Linden 25, Pf 10, 4056 Schwalmtal 1

Bhutan
(siehe Indien)

Canada
(siehe USA/CANADA)

China Philatelie e. V.
a) Horst Bödicker, Kunigundastr. 1, 4300 Essen 1
b) Klaus Leister, Burgstr. 59, 4231 Raesfeld

Ceylon
(siehe Indien)

Indien e. V.
a) Prof. Dr. Axel Werner, Römerberg 23, 6200 Wiesbaden
b) Margit Ulmer, Heidrade 5, 2061 Oering
A. Gruppe Bangladesh
Werner Gras, Hörnleweg 7, 7442 Neuffen
B. Gruppe Bhutan/Nepal
Karl-Heinz Michel, Tannenstr. 22, 6700 Ludwigshafen
C. Gruppe Ceylon – Sri Lanka
Rainer Schäfer, Haselstr. 45, 6482 Bad Orb
D. Gruppe Pakistan
Dieter Cramer, Bahnhofstr. 12, 3360 Osterode

Israel
a) Wolf Ising, Moordamm 72, 2081 Ellerbek
b) Herbert Wermelskirchen, Römerstr. 2a, 5170 Jülich 1

Japan
a) Heinz Warmuth, Postfach 410467, 1000 Berlin 41
b) Leo Stehr, Goethestr. 36, 5040 Brühl

Kolumbien
(siehe Lateinamerika spanisch)

Lateinamerika (spanisch)
a) Josef Lorbach, Postfach 1265, 7247 Sulz
b) Jörg Maier, Postfach 53, 8526 Bubenreut

Pakistan
(siehe Indien)

Südamerika spanisch
(siehe Lateinamerika spanisch)

UNO New York
(siehe UNO unter europäische Staaten)

USA / CANADA
a) Gernot Stephan, Plessenstr. 5, 2380 Schleswig
b) Werner Eggert, Unterbergstr. 11A, 4250 Bottrop

Motivgruppen

Anschriften von Kontaktpersonen, die Auskunft erteilen und Druckerzeugnisse liefern

Archäologie
(siehe Kunstwissenschaften)

Astronomie
a) Eckehard Schmidt, Postfach 4616, 8500 Nürnberg 1
b) Reinhard Sitter, Postfach 2342, 8390 Passau

Bergbau – Erdöl – Geologie
a) Hubert Heuschneider, Zum Nonnenberg 9, 4350 Recklinghausen
b) Josef Eichhorn, Dorstener Str. 333, 4630 Bochum 1

Botanik
a) Helmut Otto Schwab, Postfach 63 01 05, 6000 Frankfurt/M 63
b) Drs. E. A. Mennega, Mauritsstraat 87, NL-3583 HK-Utrecht

Dürer – Philatelisten e. V.
(siehe Kunstwissenschaften)

Eisenbahnwesen
a) Franz Wollansky, Obere Hauptstr. 27, A-3071 Böheimkirchen
b) Rolf Treyde, Windthorststr. 70, 5090 Leverkusen 1

Entomologie
(siehe Zoologie)

Europa – Philatelie
a) Hans Paikert, Konkordiastr. 13, 4000 Düsseldorf 1
b) Winfried Hauer, Postfach 91 03 45, 5000 Köln 91

Feuerwehr
a) Ortwin Kern, Cheruskerweg 46, 6230 Frankfurt/M 80
b) Karl Busch, Breslauer Str. 23, 6760 Rockenhausen

100 Jahre Briefmarken
a) Alfred Gerth, Im Mühlenfelde 1, 1000 Berlin 37
b) Johannes Kohlstrung, Kahden 25, 2000 Hamburg 65

IMOS Intern. Motivgruppe Olympiaden und Sport
a) Herbert Huber, Justus-v-Liebig-Str. 14, 6707 Schifferstadt
b) Günter Nuyken, Auf der Egge 107, 4800 Bielefeld 1

Ingenieurbauten
a) Gerhard Kutschbach, I. d. Taufe 6/VIII, 5060 Bergisch-Gladbach
b) Herbert Wesener, Corray 6, 5583 Zell/Mosel

Kraftfahrzeuge
a) Siegfried Müller, Römerstr. 26A, A-6900 Bregenz
b) Klaus Merkert, Firnhaberstr. 2, 8900 Augsburg

Kunstwissenschaften
A. Archäologie
a) Ulrich Eckstein, Jawlenskystr. 6, 2900 Oldenburg
B. Dürer – Philatelisten e.V.
a) Maria Wey, Gehmehret 39A, B-4701 Kettenis
b) Ernst Nattermann, Wolfsburger Str. 10, 3180 Wolfsburg 11
C. Kunstgeschichte
a) Heinrich Ente, Karl-Marx-Str. 8, 3014 Laatzen
b) Ernst Nattermann, Wolfsburger Str. 10, 3180 Wolfsburg 11

Landkarten – Vermessungen – Entdeckungsgeschichte der Erde
a) Dr. Manfred Helbich, Hedwigstr. 4A, 8400 Regensburg
b) Dieter Hertling, Im Erlich 24, 6100 Darmstadt

Landwirtschaft – Weinbau – Forstwirtschaft
a) Gerlinde Weber, Mecklenburger Str. 7, 5600 Wuppertal 22
b) Erwin Roos, Lindenstr. 13, 6363 Echzell

Literatur – Theater – Märchen
a) Dr. Florian Fischer, Henneberger Str. 39, 8600 Bamberg
b) Rudolf Thiem, Hauptstr. 34, 7923 Königsbronn 5

Luftfahrt
a) Erwin Armbruster, Cheruskerstr. 39, 7000 Stuttgart 40
b) Günter Waldhelm, Nürnberger Str. 51, 4200 Oberhausen 12

Medizin
a) Dr. Rudolf Wallossek, Herzogenfeld 9, 5068 Odenthal
b) Dagmar Uhlich, Postfach 2434, 6300 Bad Homburg

Mineralologie – Paläontologie – Speläologie
a) Johan Chr. van Soeren, Steinknöck 3, 8520 Erlangen
b) Hans Müller, Bahnhofstr. 50, 6737 Böhl-Iggelheim

Münzen und Geldwesen – Numisphilatelie
a) Heinz Gollisch, Stakenholt 59, 4300 Essen 12
b) Günter Wagner, Mörikestr. 39, 4300 Essen

Musik
a) Hans-Jürgen Kaufmann, Am Birkenhain 6, 4223 Voerde 2
b) Hans-Otto Vornekahl, Jürgenstorf 33, 2127 Lüdersburg

Nobelpreisträger
a) Dieter Elsner, Hermannstr. 23, 4930 Detmold 1
b) Hans-Jürgen Wittig, Georg-Simon-Ohm-Str. 15, 4352 Herten

Papier und Druck
a) Dieter Kügler, Alsenstr. 23, 6503 Mainz-Kastel
b) Franz-Josef Koensler, Schuirweg 14, 4300 Essen 16

Pfadfinder
a) Gottfried Steinmann, Güntherstr. 9, 8711 Marksteft
b) Günter Hohenstein, Dahlkeweg 12, 4730 Ahlen

Polizei – Philatelie
a) Horst A. Deitrich, Ernst-Reuter-Str. 2, 6450 Hanau 9

Post- und Fernmeldewesen
a) Fritz E. Baeker, Am Osterberg 19, 3122 Hankensbüttel 1
b) Marita Jacob, Rosenstr., 3122 Steimke

Rotes Kreuz
a) Wilhelm Lange, Freilingstr. 4, 3558 Frankenberg
b) Rudolf Prenzel, Gneisenaustr. 19, 2300 Kiel

Sankt Gabriel
a) Gerhard Baron, Steinenbergstr. 4, 7410 Reutlingen 1
b) Gerhard J. Teschner, Am Niederwald 15, 6140 Bensheim 2

Schiffe und Schiffahrt – NAVICULA –
a) Ingo Maahs, Am Nordhafen 5, 1000 Berlin 65
b) Joachim Engelhardt, Am Prinzenrain 6, 5300 Bonn 1

Trachten – Folklore – Völkerkunde
a) Bruno Jochum, Kuckucksweg 14, 2167 Himmelpforten
b) Prof. Dr. Olaf Boustedt, Karl Witthalmstr. 9, 8000 München 70

Umwelt – Philatelie e.V.
a) Dr. Gerhard Drude, Witzlebenstr. 2/II, 1000 Berlin 19
b) Jürgen Barz, Am Waldessaum 68, 1000 Berlin 21

Weihnachten
a) Doris Weil, Häherweg 7, 2000 Hamburg 65
b) Wilhelm Fischer, Schweiggerstr. 23, 8500 Nürnberg 30

Weltraum – Philatelie e.V.
a) Peter Wilhelm, Nelkenstr. 2A, 8206 Bruckmuehl
b) Herbert Rieger, Postfach 1224, 8942 Ottobeuren

Zoologie
A. Entomologie
a) Klaus Melchinger, Eberhardstr. 66, 7900 Ulm
b) Dietrich Hein, Böblinger Str. 79, 7036 Schönaich
B. allgemeine Zoologie
a) Wolfgang Teuber, Am Rabenstein 15, 6508 Alzey 1

Spezielle Kontaktadressen

Arbeitsgemeinschaft Ganzsachen
a) Dr. Hans-Georg Meißner, Zavelsteinstr. 54, 7000 Stuttgart 30
1) Berliner Ganzsachensammler-Verein e. V. Franz-Eberhard Krause, Ortrudstr. 3, 1000 Berlin 41
2) Münchner Ganzsachensammler-Verein e. V. Dr. Erich Rogal, Bahnhofstr. 48A, 8056 Neufahrn

Deutsche Motivsammler-Gemeinschaft e. V. – DMG –
a) Hans Walter Bosserhoff, Fuggerstr. 19, 1000 Berlin 30
b) Gerhard Binder, Auf der Roethe 27, 8700 Würzburg 25

Frauen Philatelisten Club
Ellen Holz
Reuterplatz 1
1000 Berlin 44

Gemeinschaft für **Gegenwartsphilatelie e. V.**
Postfach 10 04 07
5090 Leverkusen 1

Internationaler Briefmarkenclub für Frauen
Brigitte Stengelin
2901 Großenkneten

Philatelistische Akademie Bayern e. V.
Parkstr. 3
8702 Rottendorf

Prüferliste

Prüfgebiete

1. Altdeutschland

Baden (einschl. Vorphilatelie): Englert Nr. 13 bc, 17 bc, 22, LP 1–3: Prüfung durch den Prüfungsausschuß der Arb.-Gem. Baden (Dr. Jaeger, Würger) unter Federführung von Herrn Englert
Bayern: 1849/1875 (Kreuzerausg.): Brettl, (Schmitt z. Zt. nur auf Anfrage)
1876/1920 (Pfennigausg.): Helbig
Infla-Stempel (1914/20): Helbig, Dr. Oechsner
Bergedorf: Jakubek
Braunschweig: Brettl
Bremen: Dr. Fischer
Hamburg: Jakubek, Löhden
Hannover: Berger
Helgoland: Lemberger
Lübeck: Brettl
Mecklenburg-Schwerin: Berger
Mecklenburg-Strelitz: Berger
Norddeutscher Postbezirk (einschl. Elsaß-Lothringen und Feldpost 1870/71): Blecher, Spalink
Oldenburg: Berger, Brettl
Preußen: Kastaun
Sachsen: Pröschold
Schleswig-Holstein: Jakubek
Thurn und Taxis: Dr. Sommer
Württemberg (einschl. Vorphilatelie, ohne Infla): Thoma
Nr. 44–62: Klinkhammer, Thoma
Dienstmarken (einschl. Farben): Klinkhammer, Winkler
Hufeisenstempel: Spalink

2. Deutsches Reich 1872–1945

Hufeisenstempel: Spalink
Nr. 31–50: Gotwin Zenker
Nr. 52–97 (ohne 67): Dr. Hochstädter, Jäschke
Nr. 67 (Vineta): Bothe, Jakubek
Flugpost 1912 (I–VI): Brettl, Sieger
Nr. 98–337: Bechtold, Dr. Düntsch, Gaedicke, Dr. Oechsner, Tworek
Farbbestimmungen Nr. 98–337: Dr. Oechsner, Gotwin Zenker
Nr. 338–910: Schlegel
Probedrucke und Essays (1872/1945): Ludin
Dienstmarken Nr. 1–14: Dr. Hochstädter, Jäschke
Dienstmarken Nr. 16–98: Bechtold, Dr. Düntsch, Gaedicke, Dr. Oechsner, Tworek
Dienstmarken Nr. 52–64 (Württemberg): Klinkhammer
Dienstmarken Nr. 99–177: Schlegel
POL-Lochungen 1926/65: Vieth
Flugpost- und Zeppelinmarken: Sieger
Flugpostbriefe 1918/39: Aisslinger, Sieger

3. Deutschland ab 1945

Alliierte Besetzung (Nr. 911–970): Dr. Herbst, Schlegel
Zehnfachfrankaturen: Gaedicke, Dr. Herbst
Französische Zone: Schlegel
Württemberg-Wohnungsbau: Harlos
Bizone Nr. 1–72 (einschl. Posthörnchen): Schlegel
Nr. 73–100 (Bauten): Novak
Nr. 69–72 und 101–110: Schlegel
Bundesrepublik: Schlegel
Notopfermarken: Harlos
Lufthansa: Sieger
Zusammendrucke, Markenheftchen, Rollenmarken: Schmidl
POL-Lochungen: Vieth
Berlin: Lippschütz, Schlegel
Zusammendrucke, Markenheftchen, Rollenmarken: Schmidl

Sowjetische Zone:
Berlin-Brandenburg (Nr. 1–7): Zierer
Mecklenburg-Vorpommern (Nr. 8–40): Thom, Zierer
Sächsische Schwärzungen: Findeisen, Rehn, Zierer
Ostsachsen (Nr. 41–65): Findeisen, Ströh, Zierer
Provinz Sachsen (Nr. 66–91): Zierer
Thüringen (Nr. 92–115): Herpichböhm, Zierer
Westsachsen (Nr. 116–165): Zierer
Bezirkshandstempel (Nr. 166–181, I–IV):
Bezirk 3: Ballschmidt, Busse
Bezirke 16, 20, 29, 36, 37, 38: Ballschmidt
ab Nr. 182: Weigelt, Zierer
ab Nr. 212: Rehn, Weigelt, Zierer

DDR (ohne Dienst): Rehn, Weigelt, Zierer
Diestmarken Gruppe A: Jahn, Weigelt, Zierer
Diestmarken Gruppen B, C, D (ZKD): Heimann, Jahn, Weigelt

Lokalausgaben 1945/46:
Alle Ausgaben: Zierer
Altdöbern: Weigelt, Zierer
Altentreptow: Thom, Zierer
Demmin: Thom, Zierer
Döbeln: Zierer
Eckartsberga: Zierer
Freudenstadt: Dr. Penning, Zierer
Glauchau: Findeisen, Dr. Penning, Zierer
Görlitz: Findeisen, Ströh, Zierer
Grabow: Thom, Zierer
Holzhausen: Zierer
Löbau: Findeisen, Zierer
Meißen: Findeisen, Zierer
Naumburg: Zierer
Netzschkau-Reichenbach: Findeisen, Zierer
Niesky: Findeisen, Ströh, Zierer
Plauen: Findeisen, Zierer
Roßwein: Zierer
Schwarzenberg: Findeisen, Zierer
Wittenberg-Lutherstadt: Zierer
Wurzen: Zierer

4. Deutsche Auslandspostämter und Kolonien

Vorläufer: Dr. Steuer
Neuguinea: Dr. Lantelme (ohne GRI)
Ostafrika: Siebentritt
Südwestafrika: Bothe, Czimmek
Kamerun: Eibenstein (ohne GRI)
Karolinen: Dr. Lantelme
Marianen: Dr. Lantelme
Marshall-Inseln: Dr. Lantelme (ohne GRI)
Samoa: Dr. Lantelme (ohne GRI)
Togo: Eibenstein (ohne GRI)
Seepost: Bothe – desgl. nur HAPAG Nr. 1–2: Dr. Debo

5. Deutsche Besetzungsausgaben 1914/18 und Abstimmungsgebiete 1920
Besetzungsausgaben (Belgien, Etappe West, Ob.-Ost, Polen, Rumänien): Dr. Hochstädter
– Libau: Dr. Hochstädter, A. Schlegel
Allenstein: Dr. Hochstädter
Marienwerder: Dr. Hochstädter
Schleswig: Dr. Hochstädter
Danzig: Kniep
Memel: Matheisen, Dr. Petersen
Saar: Nr. 1–52: Burger
ab Nr. 53 und Diestmarken: K. Hoffmann

6. Deutsche Besetzungsausgaben 1938/45
Sudetenland (6 amtl. Ausgaben): Mahr
Albanien: Dr. Rommerskirchen
Böhmen und Mähren: Mahr
Elsaß: Krischke
Estland: Krischke
Frankreich: Tust
Generalgouvernement: Jungjohann, Sieger
Kanalinseln: Möhle, Dr. Rommerskirchen
Kotor: Ludin
Kurland: van Loo
Laibach: Krischke, Schlenger
Lettland: Krischke
Litauen: Krischke
Lothringen: Krischke
Luxemburg: Krischke
Mazedonien: Hristov, Krischke, Dr. Zydek
Montenegro: Krischke
Ostland: Krischke
Rußland: Dr. Rommerskirchen
Serbien: Krischke, Dr. Zydek
Ukraine: Krischke
Zante: Ludin
Zara: Ludin

7. Deutsche Feldpost 2. Weltkrieg
Nr. 1–4: Mogler
Nr. 5 (Tunis): Kesselstatt
Nr. 6–12 (Inselpost): Mogler
Nr. 13 (U-Boot Hela): Kreft
Nr. 14–15 (Kuban, Krim): Sauer
Nr. 16 (Kurland): van Loo
Ostpreußen-Feldpost: Kreft

8. Europa
Luftpostbriefe 1918–1939: Aisslinger, Sieger
Ägäische Inseln: Dr. Diena
Albanien (bis 1945, einschl. Lokalausgaben): Dr. Rommerskirchen
Lokalausgabe Koriza: Dr. Rommerskirchen, Schmitt
Andorra: Liedel
Bosnien und Herzegowina: Gisbert Zenker
Dänemark: Dr. Debo
Epirus: Schmitt
Färöer: Dr. Debo
Frankreich (einschl. Kolonien und Auslandspostämter): Brun, Calves
Franz. Post Kreta: Schmitt
Gibraltar (bis 1970): Pröschold
Griechenland:
Nur Vorphilatelie, Auslandspostämter, Cholera- und sonst. Nebenstempel: Simmermacher
Nur Lokalausgaben Chios, Dedeagatsch, Mytilene: Schmitt
Grönland: Dr. Debo
Großbritannien (Nr. 1–338): Pröschold
Ikarien: Schmitt
Ionische Inseln (Vorphilatelie u. Nr. 1–3): Simmermacher
Irland (bis 1966): Pröschold
Island: Dr. Debo
Italien: Dr. Diena
Altitalien: Dr. Diena
Kirchenstaat: Dr. Diena, Vespermann (einschl. Vorphilatelie)
Ital. Besetzungsgebiete u. Auslandspostämter: Dr. Diena
Ital. Besetzung Laibach: Dr. Diena, Ercegović
Ital. Besetzung Montenegro: Dr. Diena, Ercegović
Ital. Post Albanien: Dr. Diena, Dr. Rommerskirchen
Ital. Post Kreta: Schmitt
Jugoslawien: Zrinjscak
ab 1918, ohne Lokalausgaben: Ercegović
Karpaten-Ukraine: Bulat
Kirchenstaat: Dr. Diena, Vespermann
Kreta: Schmitt
Kroatien: Ercegović, Dr. Rommerskirchen
Lettland: von Hofmann
Liechtenstein: Reinhardt (ab 1712 bis heute), Sieger (ab 1912)
Lombardei-Venetien: Dr. Ferchenbauer, Gisbert Zenker
Luxemburg: Demuth
Malta (bis 1972): Pröschold
Niederlande: Dr. Louis
Norwegen: (einschl. Vorphilatelie, ohne Bypost): Moldenhauer
Österreich: (einschl. Lombardei-Venetien, Levante, DDSG, Feldpost): Gisbert Zenker
Altösterreich mit Nebengebieten: Dr. Ferchenbauer
Levante, nur Kreta-Stempel: Schmitt
Polen (einschl. Vorphilatelie, poln. Korps und Lokalausgaben): Jungjohann
Port Gdansk: Jungjohann, Kniep
Rumänien (bis 1880, einschl. Vorphilatelie): Helmbüchler
Rußland (nur Kreispost Wenden und Westarmee): von Hofmann
Samos: Schmitt
San Marino: Dr. Diena
Schweiz:
1843–1907: Abt. Kimmel, Rellstab
1908 bis heute: Abt. Rellstab
Dienstmarken (ohne Kreuzdurchloch): Abt, Dr. Trabert
Hotelpost: Abt, Kimmel
Intern. Organisationen: Abt, Dr. Trabert, Weggler
Serbien:
Nur Exilpost Corfu: Simmermacher
Slowakei: Mahr
Thessalien: Schmitt
Thrazien (nur Gümüldschina 1913): Schmitt
Triest (nur Zone B): Schlenger, Zrinjscak
Tschechoslowakei: Hefer, Mahr
Ukraine: Bulat
Ungarn (nur 1871/72): Gisbert Zenker
Vatikan: Dr. Diena, Vespermann
Vereinte Nationen – Genf: Dr. Trabert
Westukraine: Bulat
Zypern (bis 1960): Pröschold

9. Übersee
Afghanistan: Dietrich
Chile: Maier
China:
Lokalpostsystem Shanghai: Benzinger
Kaiserreich China (ohne Halbierungen): Benzinger
Kaiserl.-Chin. Post Formosa: Heddergott
Kaiserl.-Chin. Post Tibet: Dahnke, Heddergott
Corrientes: Brettl
Dänisch-Westindien: Dr. Debo
Formosa: Heddergott
Haiti: Windel
Heiliges Land: Steichele
Indien (bis 1947, einschl. Vorphilatelie, ohne Vertrags- und Feudalstaaten): Heddergott
Brit.-Ind. Post Nepal, Pers. Golf, Zanzibar: Heddergott
Iran (bis 1881): Heddergott
Israel: Ising, Muentz (einschl. Vorphilatelie)
Italienische Kolonien: Dr. Diena
Japan (ohne Besetzungsausgaben 2. Weltkrieg): Mayer
Konföderierte Staaten: Jakubek
Korea: Eichhorn
Mongolei (bis 1945, einschl. russ. u. chines. Post): Dr. Orth
Persien (bis 1881): Heddergott
Stellaland: Helbig
Sudan: Helbig
Thailand (Siam): Gmaehle (bis 1925)
Tibet: Dahnke
USA (vor 1914 einschl. Postmeisterausgaben, ferner Flugpost- und Zeppelinmarken): Jakubek
Flugpost und amtliche Raketenpost (ganze Welt): Sieger

Anschriften der Bundesprüfer

Geschäftsstelle: Hubertus Eibenstein, Bundesallee 57, 1000 Berlin 31, Tel. 0 30/8 53 60 35
Abt, Walter, Postfach 82
CH-3601 Thun (Schweiz) (Tel. 0 33/22 21 00)
Aisslinger, Horst, Ulmer Straße 60,
7080 Aalen (Tel. 0 73 61/3 10 33)
Ballschmidt, Günter, Postfach 41 05 01,
1000 Berlin 41, (Tel. 0 30/7 92 59 76)
Bechtold, Günter, Postfach 209,
8120 Weilheim
(Tel. 08 81/20 05)
Benzinger, Prof. Heinz, Leonrodstraße 6,
8000 München 19
(Tel. 0 89/13 40 89)
Berger, Florian, Mozartstraße 16,
6250 Limburg 8
(Tel. 0 64 31/7 28 89)
Blecher, F. W., Postfach 1093,
5788 Winterberg
(Tel. 0 29 81/77 11)
Bothe, Hans, Marienhöher Weg 34,
1000 Berlin 42
(Tel. 0 30/7 53 85 50)
Brettl, Frau Maria, Richard-Wagner-Straße 31,
8011 Vaterstetten,
(Tel. 0 81 06/18 13)
Brun, Jean Francois, 84 Galerie Beaujolais,
F-75001 Paris (Frankreich)
Bulat, John, P. O. Box 91, Main Station,
Yonkers, N.Y. 10702 (USA) (nur englische Korrespondenz)
Burger, Alfred, Postfach 1165,
6670 St. Ingbert
(Tel. 0 68 94/84 54)
Busse, Joachim, Neuwerkstr. 2 F,
2000 Wedel
(Tel. 0 41 03/1 37 85)
Calves, Roger, 2 Rue Fléchier,
F-75009 Paris (Frankreich)
Czimmek, Ulrich, am Püttkamp 66,
4000 Düsseldorf 12
(Tel. 02 11/29 45 32)
Dahnke, Kurt H., Wodanstraße 81,
8500 Nürnberg 40 (Tel. 09 11/46 81 97)
Debo, Dr. Arno, Laufzorner Straße 5,
8000 München 90
(Tel. 0 89/64 75 25)
Demuth, René, 7, rue Nic. Goedert,
L-8133 Bridel
(Luxemburg) (Tel. 33 87 95)
Diena, Dr. Enzo, Via Crescenzio 19,
I-00193 Roma
(Italien) (Tel. 6 54 21 76)
Dietrich, Horst, Ludgerusstraße 33,
4044 Kaarst 2
(Tel. 0 21 01/51 42 96)
Düntsch, Dr. Gerhard, Hortensienstraße 12,
1000 Berlin 45 (Tel. 0 30/8 34 40 48)
Eibenstein, Hubertus, Bundesallee 57,
1000 Berlin 31
(Tel. 0 30/8 53 60 35)
Eichhorn, Florian, Veilchenweg 79,
6200 Wiesbaden
(Tel. 0 61 21/2 28 28)
Englert, Josef, Godelsberg 25,
8750 Aschaffenburg
(Tel. 0 60 21/9 33 29)
Ercegović, Prof. Velimir, Ilindenska Poljana 11/III,
YU-4100 Zagreb (Jugoslawien)
(Tel. 0 41/51 80 41)
Ferchenbauer, Dr. Ulrich, Spitlelauer Lände 7/11,
A-1090 Wien (Österreich)
Findeisen, Hans, Dürkheimer Str. 12,
6520 Worms
(Tel. 0 62 41/5 74 71)
Fischer, Dr. Peter, Postfach 1127,
2723 Scheeßel
(Tel. 0 42 63/17 66)
Gaedicke, Fritz, Radelandstraße 36,
1000 Berlin 20
(Tel. 0 30/3 75 22 26)
Gmaehle, Markus, Schellingstr. 40,
8000 München 40
Harlos, Peter, Wilhelm-Raabe-Straße 12,
3050 Wunstorf 1 (Tel. 0 50 31/7 37 84)
Heddergott, Jochen, Bauerstraße 9,
8000 München 40
(Tel. 0 89/2 72 16 83)
Hefer, Fred W., Postfach 211,
8022 Grünwald
(Tel. 0 89/64 10 11)
Heimann, Karl, An der Turnhalle 40,
3500 Kassel
(Tel. 05 61/40 19 20)
Heimbüchler, Fritz, Bosettistraße 9,
8000 München 60
(Tel. 0 89/8 11 12 51)
Helbig, Joachim, Postfach 81 04 45,
8000 München 81
(Tel. 0 89/93 18 78)
Herpichböhm, Erich, Radolfzeller Straße 7a,
8000 München 60 (Tel. 0 89/8 34 39 38)
Hochstädter, Prof. Dr. Dieter, Heidweg 3,
6380 Bad Homburg v.d.H.,
(Tel. 0 61 72/8 13 77)
Hoffmann, Klaus, Kindergartenweg 18,
6635 Schwalbach (Tel. 0 68 31/5 25 51)
von Hofmann, Harry, Postfach 52 05 18,
2000 Hamburg 52 (Tel. 0 40/89 12 22)
Hristov, Prof. Stojan, ul. Bagdadska br. 18,
YU-91000 Skopje (Jugoslawien) (Tel. 5 14 52)
Ising, Wolf, Moordamm 72, 2081 Ellerbek
(Tel. 0 41 01/3 39 46)
Jäschke, Paul Peter, Rüdesheimer Straße 4,
2800 Bremen 1 (Tel. 04 21/50 64 55)
Jahn, Wolfgang, Postfach 11 11,
8011 Vaterstetten
(Tel. 0 81 06/3 19 77)
Jakubek, Wolfgang, Alsterufer 18,
2000 Hamburg 36 (Tel. 0 40/35 30 74
Jungjohann, Heinz Erwin, Jahnweg 7,
2252 St.-Peter-Ording (Tel. 0 48 63/15 70)
Kastaun, Jürgen, Martin-Luther-Str. 8,
4400 Münster
(Tel. 02 51/27 75 73)
Kesselstatt, Franz E. Graf, 5559 Föhren
(Tel. 0 65 02/24 48)
Kimmel, Kurt, Glärnischstraße 10,
CH-8805 Richterswil
(Schweiz) (Tel. 01/7 84 03 47)
Klinkhammer, Hubert, Postfach 51 25,
7257 Ditzingen 5
(Tel. 0 71 56/3 40 82)
Kniep, Karl, Goerdelerstraße 15,
6200 Wiesbaden
(Tel. 0 61 21/46 13 47)
Kreft, Wilhelm, Postfach 10 02 55,
3002 Wedemark 1
(Tel. 0 51 30/5 80 80)
Krischke, Gerhard, Elkartallee 17,
3000 Hannover 1
(Tel. 05 11/88 68 09)
Lantelme, Dr. Horst W., Heideweg 11a,
8011 Baldham
(Tel. 0 81 06/74 98)
Lemberger, Hellmuth, Postfach 61 05 07,
2000 Hamburg 61 (Tel. 0 40/58 12 80)
Liedel, Karl-Heinz, Schlesienstraße 8,
6054 Rodgau 6
(Tel. 0 61 06/93 57)
Lippschütz, Alfred, Hoeppnerstraße 93a,
1000 Berlin 42
(Tel. 0 30/7 85 74 72)
Löhden, Klaus, Deiler Weg 5,
3032 Fallingbostel
van Loo, Wilhelm, Aussemstraße 26,
5100 Aachen
(Tel. 02 41/5 99 20)
Louis, Dr. Albert, Nibelungenstraße 7,
5030 Hürth
(Tel. 0 22 33/7 37 40)
Ludin, Emil, Postfach 13 25, 7518 Bretten
(Tel. 0 72 52/22 34)
Mahr, Max, Postfach 12 03 06,
4000 Düsseldorf 12
(Tel. 02 11/28 98 67)
Maier, Jörg, Postfach 53, 8526 Bubenreuth
Matheisen, Karl-Heinz, Postfach 10 09 42,
4040 Neuß 1
(Tel. 0 21 01/8 25 38)
Mayer, M. J., Schönfeldstraße 26,
8000 München 22
(Tel. 0 89/2 80 96 81)
Möhle, Heinz, Rembrandtstraße 18,
2100 Hamburg 90
(Tel. 0 40/7 63 43 30)

Mogler, Gustav, Düsseldorfer Straße 11, 6000 Frankfurt 1 (Tel. 0 69/25 16 74)
Moldenhauer jr., F. C., Postboks 65, N-5032 Minde (Norwegen) (Tel. 05/23 08 05)
Muentz, Hans Georg, P. O. Box 4174, IL-61041 Tel Aviv (Israel) (Tel. 42 84 68)
Novak, Roland, Postfach 11 08 65, 6300 Gießen 11 (Tel. 06 41/5 21 29)
Oechsner, Dr. Helmut P., Gustav-Weißkopf-Weg 19, 8500 Nürnberg 10 (Tel. 09 11/52 98 61)
Orth, Dr. Alfred, Postfach 5 71, 6430 Bad Hersfeld (Tel. 0 66 21/7 57 22)
Penning, Dr. Hans-Karl, Kaiserstr. 73b, 5040 Brühl (Tel. 0 22 32/2 83 43)
Petersen, Dr. E. N., Im Immenthal 42, 5206 Neunkirchen-Seelscheid 1 (Tel. 0 22 47/58 24)
Pröschold, Horst, Raimundstr. 151, 6000 Frankfurt 1 (Tel. 0 69/56 18 06)
Rehn, Erhard, Zschokkestraße 48, 8000 München 21 (Tel. 0 89/57 19 63)
Reinhardt, Werner, Reichsgasse 61, CH-7000 Chur (Schweiz) (Tel. 0 81/22 23 32)
Rellstab, Emil, Widenbüelstr. 50, CH-8617 Mönchaltorf (Schweiz) (Tel. 01/9 48 06 56)
Rommerskirchen, Dr. H., Nernstraße 23–25, 4150 Krefeld (Tel. 0 21 51/31 17 40)
Sauer, Erich, Arndtstraße 19, 5900 Siegen 1 (Tel. 02 71/2 14/63)
Schlegel, Andreas, Kurfürstendamm 34, 1000 Berlin 15 (Tel. 0 30/8 81 34 18)
Schlegel, Hans-Georg, Kurfürstendamm 34, 1000 Berlin 15 (Tel. 0 30/8 81 34 18)
Schmidl, Horst K., Mittenwalder Str. 50, 8038 Gröbenzell (Tel. 0 81 42/62 72)
Schmitt, Joh. Ulrich, Watzmannstraße 11, 8011 Vaterstetten (Tel. 0 81 06/66 97)
Siebentritt, Reinhold, Negeleinstr. 32, 8820 Gunzenhausen (Tel. 0 98 31/25 97)
Sieger, Hermann W., Postfach 11 60, 7073 Lorch (Tel. 0 71 72/40 31)
Simmermacher, René, Postfach 14 52, 7800 Freiburg (Tel. 07 61/7 36 76)
Sommer, Dr. Erwin, CH-8784 Braunwald (Schweiz) (Tel. 0 58/84 33 33)
Spalink, Friedrich, Linnéstraße 24, 7800 Freiburg (Tel. 07 61/8 52 57)
Steichele, Anton, Höheweg 15, 3500 Kassel
Steuer, Dr. Friedrich F., Stubenring 6, A-1010 Wien (Österreich) (Tel. 5 12 18 80)
Ströh, Bodo, Postfach 1128, 2359 Henstedt-Ulzburg (Tel. 0 41 93/18 91)
Thom, Einar, Alter Kirchweg 75b, 2105 Seevetal 2 (Tel. 0 40/7 68 78 83)
Thoma, Heinz, Im Bürgle 12, 7057 Winnenden 5 (Tel. 0 71 95/6 11 36)
Trabert, Dr. C.H., Otto-Flake-Str. 16, 7570 Baden-Baden (Tel. 0 72 21/2 43 24)
Tust, Wolfgang, 4, rue Chanteprime, F-89100 Paron-Sens (Frankreich) (Tel. 0 86/65 04 24)
Tworek, Rolf, Ehrlichweg 6, 4770 Soest (Tel. 0 29 21/1 24 84)
Vespermann, H.-Waldemar, Eppendorfer Weg 211, 2000 Hamburg 20 (Tel. 0 40/4 22 13 27)
Vieth, Günter, Elbchaussee 360, 2000 Hamburg 52 (Tel. 0 40/82 09 39)
Weggler, Max, Limmatquai 3, CH-8024 Zürich (Schweiz) (Tel. 2 52 13 96)
Weigelt, Helmut, Schillerstraße 22, 7262 Althengstett 3 (Tel. 0 70 51/31 31)
Windel, Wolfgang, Parkallee 18, 2000 Hamburg 13 (Tel. 0 40/4 10 25 42)
Winkler, Hartmut, Burgstr. 13, 7433 Dettingen
Zenker, Gisbert, Wallrißstraße 11/8, A-1180 Wien (Österreich) (Tel. 47 77 42)
Zenker, Gotwin, Endergasse 62, A-1120 Wien (Österreich) (Tel. 8 44 55 84)
Zierer, Hanns, Am Hirtberg 1–2, 8412 Burglengenfeld (Tel. 0 94 71/56 67)
Zrinjscak, Predrag, Industriestr. 21, 7530 Pforzheim-Hu
Zydek, Dr. Hans, Postfach 41 01 16, 5300 Bonn 1 (Tel. 02 28/66 43 54)

In- und ausländische Auktionshäuser

Auktionshaus	Schwerpunkte	Auktionen jährlich	Auktionskatalog	Provisionssatz für Einlieferer	Provisionssatz für Bieter
Bergische Auktion Postfach 130434, 5630 Remscheid	Spezialthemen (UNO, Thematische Philatelie)	1	kostenlos	15%	15%
Richard Brenner GmbH, Endterstraße 15, 8500 Nürnberg 40	klassische Gebiete, Altdeutsche Staaten, deutsche Kolonien, Europa, Übersee	3	kostenlos	15% unter 1000,– DM 10% über 1000,– DM	15%
Georg Bühler Nachf., Kurfürstendamm 220, 1000 Berlin 15	alle Gebiete, insbesondere Sammlungen und Posten	3	10,– DM (wird bei Kauf verrechnet)	15% (bessere Konditionen bei Großeinlieferungen)	15%
Dr. Wilhelm Derichs, Burgmauer 22, 5000 Köln 1	Blockausgaben, Briefe, Nachlässe	1	kostenlos	15% (Sonderkonditionen möglich)	15%
Dietzel KG, Goethestraße 84, 1000 Berlin 12	Deutschland und Westeuropa	10	kostenlos	15%	12%
Heinrich Dornhöfer GmbH, Zähringer Straße 349, 7800 Freiburg	alle Gebiete, neben Einzellosen auch zahlreiche Sammlungen und Posten	7	kostenlos	18% unter 1000,– DM 15% über 1000,– DM 13% über 5000,– DM 10% über 15000,– DM (Sonderregelungen möglich)	15%
Arnold Ebel, Stephanstraße 3, 6000 Frankfurt	gesamte Welt	4–5	15,– DM für Erstbieter	15%	15%
Gebrüder Ehrengut, Pumpen 17, 2000 Hamburg 1	Westeuropa und alle deutschen Gebiete	mindestens 2	kostenlos	bis 15%	15%
Joachim Erhardt GmbH, Relenbergstraße 78, 7000 Stuttgart 1	Altdeutsche Staaten	4	10,– DM, Jahres-abo 30,– DM	10–15% nach Umfang und Qualität	15%
Exclusiv-Philatelie, Sendlinger Straße 23, 8000 München 2	Sammlungen und Posten, hochwertige Einzellose aller Gebiete	3	kostenlos	nach Vereinbarung, durchschnittlich 8%	15%
Willi Fehr Nachf., Goethestraße 24, 7800 Freiburg	ganze Welt, hauptsächlich Klassik	3	kostenlos	10–15%	15%
Ulrich Felzmann, Bismarckstraße 96, 4000 Düsseldorf 1	Deutschland ab 1848 mit allen Gebieten	4	kostenlos	10–15%	13,5%
Dr. Peter Fischer, Ostervesede 56, 2723 Scheeßel	gesamte Philatelie, insbesondere Klassik	2	kostenlos	bis 15%	15%

Auktionshaus	Schwerpunkte	Auktionen jährlich	Auktionskatalog	Provisionssatz für Einlieferer	Provisionssatz für Bieter
Friebel's Auktionen, Postfach 1241, 5172 Linnich 1	Heimatbelege, deutsche Kolonien, Preußen	4	kostenlos	10–15%	15%
Jürgen Götz, Appenweierer Straße 45, 7602 Oberkirch	Sammlungen, Posten, Einzellose	11	kostenlos	10%	15%
Hans Grobe, Theaterstraße 7, 3000 Hannover 1	klassische Ausgaben der ganzen Welt, insbesondere Altdeutschland und deutsche Kolonien	2 oder 3	kostenlos	15% (Vereinbarungen möglich)	15%
Torsten Hornung, Wilhelmstraße 40, 6200 Wiesbaden	alle Gebiete der Philatelie	3	kostenlos	15% (Sonderkonditionen möglich)	12,5%
Jakubek-Auktionen, Poststraße 17, 2000 Hamburg 36	attraktives Material aus allen Epochen	2	10,– DM (für Erstbieter)	10–15%	15%
Peter Kirstein, Landwehrstraße 79, 8000 München 2	alle philatelistischen Gebiete	2	kostenlos	11,4% (inkl. MwSt.)	15%
Heinrich Köhler KG, Bahnhofstraße 63, 6200 Wiesbaden	alle philatelistischen Gebiete	4 (zusätzl. bis 1988 Boker-Auktionen)	10,– DM (für Erstbieter)	10–15%	15%
Kraus und Silbernagel, Fritschestraße 77, 1000 Berlin 10	Briefe, Ganzsachen und ungewöhnliche Postbelege	4	kostenlos	15% bis 500,– DM 10% ab 500,– DM	15%
Walter Kruschel, Bernadottestraße 9, 1000 Berlin 33	Altdeutsche Staaten	1	Kostenanteil (für Erstbieter)	nach Vereinbarung	15%
Gerd Ladewig, Zähringerstraße 349, 7800 Freiburg	gesamte Welt der Philatelie	2	kostenlos	10–18%	15%
Heinrich Lenz, Thurgauer Straße 1, 7700 Singen	Deutschland allgemein, Liechtenstein, Österreich, Schweiz, Westeuropa	2	kostenlos	10–15%	18% (inkl. MwSt.)
Gunter Loth, Neubrunnenstraße 12, 6500 Mainz	die ganze Welt	4	10,– DM	10–15%	15%
Mercurphila, Große Bockenheimer Straße 35 A, 6000 Frankfurt 1	Baltische Staaten, Alt-Griechenland, Großbritannien und Commonwealth, Österreich, Polen, Rußland, Deutschland gesamt	2	10,– DM (15,– DM Ausland)	15%	15%
Michaelis KG, Martinstraße 22, 5000 Köln 1	Postgeschichte	6–8	–	–	–

Auktionshaus	Schwerpunkte	Auktionen jährlich	Auktionskatalog	Provisionssatz für Einlieferer	Provisionssatz für Bieter
AJM Mönkemeier, Schlegelweg 6, 3400 Göttingen	klassische Marken ab Nr. 1, deutsche Gebiete	2	kostenlos	10%	15%
Edgar Mohrmann & Co., Hopfenmarkt 33, 2000 Hamburg 11	klassische Philatelie, Seltenheiten der ganzen Welt, Sammlungen und Nachlässe	2	10,– DM (nur für Erstbieter)	15%	15%
Hans Mohrmann GmbH, Theatiner Straße 47, 8000 München 2	klassische Ausgaben und Besonderheiten	2–4	kostenlos	10–15%	–
Gert Müller Kaiserstraße 177, 7500 Karlsruhe	deutschsprachige Gebiete	1 oder 2	kostenlos	15%	13%
Eugen Novak v.-Kobell-Weg 6, 8031 Gilding	Deutschland gesamt, Westeuropa	1 oder 2	kostenlos	15%	15%
Eugen Peinelt, Kennedy-Platz 5, 4300 Essen 1	klassische Ausgaben	2	kostenlos	15%	15%
Karl Pfankuch & Co., Hagenbrücke 19, 3300 Braunschweig	Deutschland – Vorphilatelie, Abstempelungen, Briefe	3	kostenlos	bis 500,– DM 15% ab 500,– DM 10%	15%
Klaus Pieper, Ermlandstraße 2, 3004 Isernhagen 2	Belege für Thematik- und Heimatsammler	4	5,– DM	12–15%	15%
H. Pumpenmeier, Waldemeinestraße 81, 4902 Bad Salzuflen	Postgeschichte, Heimatbelege	4	10,– DM für Erstbieter	10–15%	12%
Südphila, Tübinger Straße 5, 7000 Stuttgart 1	Philatelie gesamt	6–8	kostenlos	15% (Sonderkonditionen möglich)	15%
Berndt Schlitt, Große Friedberger Straße 43, 6000 Frankfurt	Sammlungen	2	kostenlos	10–15%	15%
Schneider-Auktionen, Flachsmarkt 11, 4300 Essen 1	alle philatelistischen Gebiete	6	kostenlos	15%	15%
Interphila Schöpke & Lange, Rathenaustraße 13/14, 3000 Hannover	alle philatelistischen Gebiete	2	kostenlos	10–15%	15%
Gernot Schulz, Jauerstraße 21, 8500 Nürnberg 50	alle philatelistischen Gebiete	4 (davon 2 Sammlungsauktionen)	kostenlos	bis 5000,– DM 14% ab 5000,– DM 10%	15%

Auktionshaus	Schwerpunkte	Auktionen jährlich	Auktionskatalog	Provisionssatz für Einlieferer	Provisionssatz für Bieter
Schwanke & Sohn, Kleine Reichenstraße 1, 2000 Hamburg 11	Deutschland mit allen Gebieten	10–11	3 Probehefte kostenlos, sonst 20,– DM im Jahr	15% (Sonderkonditionen möglich)	15%
Hans-Jürgen Steffen GmbH, Trierer Straße 42, 6600 Saarbrücken	Saargebiet/Saarland	3–4	5,– DM (für Erstbieter)	13% (Sonderkonditionen möglich)	13%
Rudolf Steltzer, Rudolfstraße 13–17, 6000 Frankfurt 11	internationales Material	3	kostenlos	10–15%	15%
Waigand und Waigand, Mühlenhang 3, 8700 Würzburg	Deutschland und alle anderen Gebiete	2	kostenlos	10–15%	15%
Christian Wapler, Nollendorfstraße 25, 1000 Berlin 30	Postgeschichte, Motivphilatelie	2–4	Schutzgebühr	–	–
Dr. Heinrich Wittmann, Bayerstraße 15 V, 8000 München 2	alle deutschen Gebiete	2	Portoanteil	10%	15%

Weitere deutsche Auktionsfirmen

Behnke und Buchholz (Postgeschichte)
Wurth 30
2071 Hammoor

Carsten Fuchs (Weltraum-Belege)
Schloßstr. 2
7320 Göppingen

Hans Kleisz
Königstr. 42
7000 Stuttgart 1

Jürgen Kraft
Königsplatz 36 a
3500 Kassel

A. Larisch
Maximiliansplatz 18
8000 München 2

Rösner KG
Breite Gasse 82/84
8500 Nürnberg 1

Schaub & Brablec
Hüttenstr. 5
4000 Düsseldorf 1

Sta-Phila
Josef-Jägerhuber-Str. 7
8130 Starnberg

Utermöhle
Kanzleistr. 7
7750 Konstanz

Auktionshaus	Schwerpunkte	Auktionen jährlich	Auktionskatalog	Provisionssatz für Einlieferer	Provisionssatz für Bieter
Liechtenstein					
Peter Marxer, Werdenbergerweg 7, FL-9490 Vaduz	Liechtenstein, Schweiz, Österreich, Deutschland	2	kostenlos	unter 200,– sFr. 15% über 200,– sFr. 10%	15%
Niederlande					
W. H. de Munnik, Noordeinde 130, NL-2514 GN 's-Gravenhage	Europa, UNO, Kolonien	9	kostenlos	15%	15%

Auktionshaus	Schwerpunkte	Auktionen jährlich	Auktionskatalog	Provisionssatz für Einlieferer	Provisionssatz für Bieter
Österreich					
Austrophil, Graben 15, A-1010 Wien	Österreich gesamt	2	kostenlos	15%	15% für ausländische Kunden
Dorotheum, Dorotheergasse 17, A-1010 Wien	Deutschland, Schweiz, Liechtenstein, Österreich	6	ÖS 35,–	15%	10%
Schweiz					
AHAG, Bahnhofstraße 80, CH-8001 Zürich	alle Gebiete	3–4	kostenlos	15%	15%
Chiani, Hochschorenstraße 31, CH-9202 Gossau	klassische und moderne Raritäten aller Sammelgebiete	1	kostenlos	nach Vereinbarung	15%
CORINPHILA, Bahnhofstraße 1, CH-8022 Zürich	Spezialsammlungen klassischer Marken und Raritäten	1	kostenlos	15% (gestaffelt)	15%
David Feldman/Habsburg 175 Route de Chancy, CH-1213 Onex-Geneva	Weltraritäten aller Sammelgebiete	2 (1 Fernauktion)	10 sFr.	unter 50 000,– sFr. 15% unter 200 000,– sFr. 12,5% über 200 000,– sFr. 10%	15%
Perucchi, Hirschmattstraße 29, CH-6003 Luzern	Europa-Posten und Sammlungen	2	kostenlos	15%	15%
Peter Rapp AG, Toggenburgerstraße 139, CH-9500 Wil	Klassische Philatelie der ganzen Welt	1	kostenlos (Ausland 10,– DM)	10–15%	15%
Rölli-Schär AG, Kapellgasse 21/II, CH-6004 Luzern	Schweiz, Liechtenstein, internationale Motive (Rotes Kreuz, Pfadfinder)	2	10,– DM für Erstbesteller	10–20%	15%
Schaetzle AG, Hauptstraße 31, CH-8832 Wollerau	Deutschland, Schweiz, Liechtenstein, USA, Großbritannien, Kolonien	2	kostenlos	10–15%	15%

Sondertip: Bedeutende Fernauktionen

Europas größtes Fernauktionshaus befindet sich in Kiel. Eine Fernauktion wird nicht öffentlich abgehalten; die Gebote werden über den Postweg übermittelt.
Interessenten wenden sich an: nordphila, Niemannsweg 127, 2300 Kiel

Versicherung – ein Hinweis

Dieter Brocks
Otto-Ernst-Straße 55
2000 Hamburg 52

REGISTER